L'anglais de A à Z

Michael Swan
M. A. Oxon

Françoise Houdart
Professeur agrégé d'anglais

Conception de la maquette : Sandra Chamaret
Illustrations : Laurent Lolmède
Mise en pages : MCP-Jouve
Suivi éditorial : Barthélemy de Lesseps

© Hatier, Paris 2011
ISBN 978-2-218-94732-2

Toute représentation, traduction, adaptation ou reproduction, même partielle, par tous procédés, en tous pays, faite sans autorisation préalable est illicite et exposerait le contrevenant à des poursuites judiciaires. Réf. : loi du 11 mars 1957, alinéas 2 et 3 de l'article 41. Une représentation ou reproduction, sans autorisation de l'éditeur ou du Centre français d'exploitation du droit de copie (20, rue des Grands-Augustins, 75006 Paris), constituerait une contrefaçon sanctionnée par les articles 425 et suivants du Code pénal.

Avant-propos

Pourquoi *L'anglais de A à Z* ?

- *L'anglais de A à Z* est un **dictionnaire pratique** des principaux problèmes de grammaire et de vocabulaire que l'anglais pose aux francophones.
- Il est destiné aux lycéens, aux étudiants et à tous ceux qui souhaitent améliorer leur compétence linguistique.
- Il peut être utilisé comme dictionnaire ou comme grammaire.

Comment est organisé l'ouvrage ?

- Le corps de l'ouvrage est composé de **420 fiches** consacrées chacune à un point particulier de la langue et classées dans l'ordre alphabétique. Chaque fiche comprend :
→ des **explications** étayées sur de nombreux exemples ;
→ un ou des **exercices** (« **Entraînez-vous !** »), pour une première application de la règle. Ces exercices sont suivis de leur corrigé.
- À la fin de l'ouvrage, un **index** détaillé permet d'atteindre facilement l'article recherché.

Comment l'utiliser ?

- **AZ dictionnaire : consultez l'index**

Vous vous posez une question précise : par exemple, « Comment traduit-on aucun ? », « C'est *for* ou *since* ? » « On met *-ing* ou l'infinitif après *stop* ? »
1. Cherchez « aucun », *for* (ou *since*), *stop* dans l'index (p. 394).
2. Étudiez la fiche ou le paragraphe correspondant à votre question.

Notez que, dans l'index, les expressions ne sont parfois présentées qu'au premier mot (ex. : *in front of* est à *in*, non pas à *front*).

- **AZ grammaire : consultez le sommaire ou l'index**

Vous souhaitez réviser toute une catégorie grammaticale : par exemple, les comparatifs, le discours indirect.

Consultez le sommaire ou l'index, qui vous permettront de retrouver toutes les fiches de cette catégorie.

- Notez que les nombreux **renvois** signalés par un rectangle jaune (exemple : 154), à l'intérieur des fiches permettent de compléter ou d'approfondir un problème particulier.

Nous espérons que l'ouvrage vous rendra service et vous en souhaitons une bonne utilisation !

N'hésitez pas à nous adresser vos remarques en nous écrivant à l'adresse :
c/o Editions Hatier - 8, rue d'Assas - 75278 Paris Cedex 06

Les lecteurs qui souhaiteraient trouver des explications plus approfondies sur la langue anglaise pourront se reporter à l'ouvrage de Michael Swan, *Practical English Usage*, publié par Oxford University Press.

Sommaire

Vous trouverez ci-après la liste de l'ensemble des fiches composant *L'anglais de A à Z*. Chacune d'elles est associée à un numéro d'ordre (numéro en bleu).

a

1. *about* (au sujet de)
2. *about* (environ)
3. *about to*
4. accepter
5. *according to*
6. *across* et *through*

adjectifs

7. adjectifs (1) : place et accord
8. adjectifs (2) : ordre des épithètes
9. adjectifs (3) : emploi de *and*
10. adjectifs (4) : *friendly* et *lovely*
11. adjectifs (5) : adjectifs composés
12. adjectifs (6) : adjectifs substantivés
13. admettre
14. *afraid*
15. *afraid of* +V*-ing* et *afraid to* + V
16. *again* et *back*
17. âge (comment l'exprimer)
18. *ago*
19. *agree*
20. *all* et *every*
21. *all* et *everything*
22. *all* et *whole*
23. *all right* et *OK*
24. alphabet
25. *also, too* et *as well*
26. *also* et *so*
27. *although, though* et *in spite of*
28. *always* et les temps progressifs
29. *and* après *try, come, go* et *wait*
30. *and* et *or* : omission de mots
31. anglais britannique et américain : grammaire
32. anglais britannique et américain : vocabulaire
33. *another*
34. *any* (n'importe quel)
35. *any* et *no* : adverbes
36. apprendre
37. après
38. arriver

articles

39. articles (1) : *a/an* (cas général)
40. articles (2) : *a/an* (cas particuliers)
41. articles (3) : *the* (cas général)
42. articles (4) : *the* (les généralisations)
43. articles (5) : *the* (cas particuliers)
44. *as ... as*
45. *as* et *like*
46. *as* et *since*
47. *as if* et *as though*
48. *as long as* (et *provided that*)
49. *as much/many ... as*
50. *ask*
51. *asleep, sleeping* et *sleepy*
52. *at, in, on* (lieu)
53. *at, in, on* (temps)
54. *at, in* et *to*
55. *at first* et *first*
56. aussi
57. aussi : moi aussi, moi non plus
58. avant

b

be

59. *be* : formes
60. *be* + V
61. *be* et *have*
62. *be able to*
63. *be allowed to*
64. *be born*
65. *be supposed to*
66. *because* et *because of*
67. *both*
68. *bring* et *take*
69. *Britain, the United Kingdom* et *England*
70. *but* (= except)
71. *by (the time)*

c

can

72. *can* (1) : formes (*can, could* et *be able to*)
73. *can* (2) : capacité, possibilité
74. *can* (3) : permission
75. *can* (4) : *can see, car hear, can feel*
76. *can* (5) : *could* et *was able to*
77. *can* (6) : *can/could* + infinitif passé
78. chercher
79. chez

comparaison
- 80 comparaison (1) : les adjectifs (plus ... que, le plus ...)
- 81 comparaison (2) : les adverbes
- 82 comparaison (3) : formes irrégulières
- 83 comparaison (4) : moins, le moins
- 84 comparaison (5) : beaucoup/encore + comparatif
- 85 comparaison (6) : *than* + pronom
- 86 comparaison (7) : doubles comparatifs
- 87 comparaison (8) : *the* + comparatif (plus ... plus, d'autant plus ... que)
- 88 comparaison (9) : *the* avec les superlatifs
- 89 comparaison (10) : préposition après un superlatif
- 90 comparaison (11) : comparatif ou superlatif?

conditionnel
- 91 conditionnel (1) : futur et conditionnel présent
- 92 conditionnel (2) : conditionnel présent
- 93 conditionnel (3) : conditionnel passé

- 94 contractions
- 95 *cry, shout, scream*

d
- 96 *dare*
- 97 dates
- 98 *dead, died, death*
- 99 *déjà*
- 100 *depuis*
- 101 *devant*
- 102 *devoir*

discours indirect
- 103 discours indirect (1) : les temps
- 104 discours indirect (2) : les interrogations
- 105 discours indirect (3) : pronoms, déterminants et adverbes

- 106 *do* : insistance/contraste
- 107 *do* : reprise
- 108 *do* et *make*
- 109 *dont*
- 110 *during* et *for*
- 111 *during* et *while*

e
- 112 *each* et *every*
- 113 *each other* et *one another*
- 114 *-ed* et *-ing*
- 115 *either* et *neither* + nom
- 116 *either ... or* et *neither ... nor*
- 117 *either* : *not either*
- 118 *else*
- 119 *en* + participe présent
- 120 *encore*
- 121 *en face de*
- 122 *English*
- 123 *enjoy*
- 124 *ennuyer*
- 125 *enough*
- 126 *être* + participe passé
- 127 *être d'accord*
- 128 *even*
- 129 *ever* et *never*
- 130 *ever* : ses composés
- 131 exclamations : *how* ...! et *what* ...!
- 132 exclamations : *isn't* ...! *aren't* ...!
- 133 *explain*

f
- 134 *faire du, de la, des* (activités, sports)
- 135 *faire faire*
- 136 *fairly*
- 137 *far*
- 138 faux amis
- 139 *feel* et *feel like*
- 140 *finally* et *at last*
- 141 *for* (expression du but)
- 142 *for* + complément d'objet + *to* + V
- 143 *forget* et *leave*
- 144 formules de politesse
- 145 franglais
- 146 *from*

futur
- 147 futur (1) : structures de base
- 148 futur (2) : *will* et *shall*
- 149 futur (3) : *be going to*
- 150 futur (4) : présent français = présent anglais
- 151 futur (5) : présent français = *will/shall* + V
- 152 futur (6) : futur antérieur
- 153 futur (7) : futur progressif
- 154 futur (8) : futur dans le passé
- 155 futur et conditionnel : temps après *when, after*...

g

get
- 156 *get* (1) : sens principaux
- 157 *get* (2) : *get* + participe passé
- 158 *get* (3) : *get* + objet direct + *to* + V

- 159 *go* : *been* et *gone*
- 160 *go* et *get*
- 161 *go/come* + V-*ing*
- 162 *grand*

h

163 *had better*
164 *half*
165 *happen*
166 *hard* et *hardly*

have
167 *have* (1) : formes
168 *have* (2) : auxiliaire
169 *have* (3) : *have (got)*
170 *have* (4) : activités
171 *have* (5) : *have (got) to*

172 *hear* et *listen (to)*
173 *hear from, of, about*
174 *here* et *there*
175 heure (l'expression de l'heure)
176 *holiday* et *holidays*
177 *home* et *house*
178 *hour* et *time*

how...?
179 *how?* et *what ... like?*
180 *how do you do?* et *how are you?*
181 *how long ...?* (durée)
182 *how much ...?* et *how many ...?*
183 *how often ...?* et *how many times ...?*
184 *how tall/high/long/wide/far ...?*

i

if
185 *if* (1) : concordance des temps
186 *if* (2) : cas particuliers

187 il faut
188 il y a
189 impératif
190 *in* et *into, on* et *onto*
191 *in case*

infinitif
192 infinitif (1) : avec *to*
193 infinitif (2) : sans *to*
194 infinitif (3) : infinitifs passé, passif et progressif
195 infinitif (4) : *to* (pour), *in order to, so as to*
196 infinitif (5) : la proposition infinitive
197 infinitif (6) : reprise par *to*

-ing
198 *-ing* (1) : sujet, attribut du sujet, complément
199 *-ing* (2) : *it* + V-*ing*
200 *-ing* (3) : après certains verbes
201 *-ing* (4) : après les prépositions
202 *-ing* (5) : *to* + V-*ing*
203 *-ing* (6) : après avoir ... = *after* + V-*ing*
204 *-ing* (7) : forme progressive abrégée

205 interdire

inversion
206 inversion (1) : anglais formel
207 inversion (2) : en français, pas en anglais

208 *it (I find it difficult to ...)*
209 *it is ... that* (structure emphatique)
210 *it's time*

j, k

211 *jeans, shorts, trousers...*
212 jusqu'à
213 *just* (je viens de...)
214 *know* (savoir, connaître)

l

215 laisser (*let* et *leave*)
216 *last, the last* et *the latest*
217 lettres (courrier)
218 *let's*
219 *like* et *would like*
220 *likely*
221 *a little, a few* ; *little, few* ; *a bit*
222 *long* et *(for) a long time*
223 *look* (+ adjectif) et *look like*
224 *look (at), see, watch*
225 *look forward to*
226 *a lot (of), lots (of)*

m

227 manquer
228 *marry* et *divorce*

may et might
229 *may* et *might* (1) : formes
230 *may* et *might* (2) : permission
231 *may* et *might* (3) : possibilité, probabilité
232 *may* et *might* (4) : avec un infinitif passé
233 *may* et *might* (5) : souhaits avec *may*
234 *may, might, can, could* : comparaison

235 *meet*
236 *mind* (verbe)
237 modaux : formes
238 modaux : emploi (synthèse)
239 *most* et *most of*
240 mots de liaison
241 mots voisins
242 *Mr, Mrs, sir...*
243 *much, many, a lot*

must
244 *must*
245 *must have* + participe passé
246 *must* et *have (got) to*

n

247 nationalités
248 *need*
249 négation
250 *next* et *the next*

nombres

251 nombres (1) : *dozen(s), hundred(s)*...
252 nombres (2) : nombres ordinaux (1er, 2e, 3e...)
253 nombres (3) : problèmes divers

noms

254 noms (1) : formation du pluriel
255 noms (2) : singulier et pluriel (emploi)
256 noms (3) : indénombrables
257 noms (4) : masculin et féminin
258 noms (5) : noms composés
259 noms (6) : nom composé, cas possessif ou préposition ?

260 *not ... any, not ... a, no, none*
261 *not ... anything* et *nothing, not ... anybody* et *nobody, not ... anywhere* et *nowhere*
262 *not ... any more, not ... any longer, no more, no longer* (ne ... plus)
263 *now (that)* et *once* (conjonctions)

o

264 s'occuper de
265 *of* après *some, many, all, both* ...
266 omission de mots après un auxiliaire
267 omission de mots en début de phrase
268 « on » : équivalents anglais
269 *one(s)*
270 *one* et *a/an*
271 *open* et *opened*

orthographe

272 orthographe (1) : orthographe américaine
273 orthographe (2) : majuscules
274 orthographe (3) : quelques mots difficiles
275 orthographe (4) : redoublement de la consonne finale
276 orthographe (5) : *y* et *i*

277 *other* et *others*
278 *ought*
279 *ought* + infinitif passé
280 parler de

p

passé

281 passé (1) : emploi des temps
282 passé (2) : temps français (équivalents)

passif

283 passif (1) : formation
284 passif (2) : emploi
285 passif (3) : verbes à deux compléments
286 passif (4) : verbes suivis d'une proposition infinitive
287 passif (5) : *believe, think, say, know, understand*

288 *pay (for), buy, give, offer*
289 permettre
290 *person* et *people*
291 *place* et *room*

place des adverbes

292 place des adverbes (1) : à côté du verbe
293 place des adverbes (2) : *perhaps* et *maybe*
294 place des adverbes (3) : *very much, well, a lot, at all*
295 place des adverbes et compléments en fin de phrase

296 plaire

pluperfect

297 pluperfect (1) : simple
298 pluperfect (2) : progressif

possessifs

299 possessifs (1) : « adjectifs possessifs »
300 possessifs (2) : pronoms possessifs
301 possessifs (3) : *whose*?
302 possessifs (4) : *a friend of mine, of John's*...
303 possessifs (5) : cas possessif (formation)
304 possessifs (6) : cas possessif (emploi)

305 préfixes et suffixes (mots dérivés)

prépositions

306 prépositions (1) : après un verbe, un adjectif ou un nom
307 prépositions (2) : en début d'expression
308 prépositions (3) : en fin de groupe verbal

présent

309 présent (1) : formation du présent simple
310 présent (2) : emploi du présent simple
311 présent (3) : formation du présent progressif
312 présent (4) : emploi du présent progressif
313 présent (5) : comparaison des deux présents
314 présent (6) : traduction du présent français

present perfect
315 present perfect (1) : formation du present perfect simple
316 present perfect (2) : present perfect simple et prétérit simple
317 present perfect (3) : present perfect progressif
318 present perfect et pluperfect après *this is the first time*, etc.

prétérit
319 prétérit (1) : formation du prétérit simple
320 prétérit (2) : emploi du prétérit simple
321 prétérit (3) : prétérit progressif et prétérit simple

322 *pretty*

pronoms personnels
323 pronoms personnels (1) : sujets
324 pronoms personnels (2) : compléments
325 pronoms personnels (3) : *he, she, it* (genre)
326 pronoms personnels (4) : « c'est »
327 pronoms personnels (5) : *they = he or she*

328 pronoms réfléchis

pronoms relatifs
329 pronoms relatifs (1) : *who(m)* et *which*
330 pronoms relatifs (2) : *that*
331 pronoms relatifs (3) : ce qui, ce que
332 pronoms relatifs (4) : *whose* et *of which*
333 pronoms relatifs (5) : *when, where, why*
334 pronoms relatifs (6) : préposition + qui/lequel
335 pronoms relatifs (7) : non emploi de *that*
336 pronoms relatifs (8) : non emploi de la proposition relative

prononciation
337 prononciation (1) : l'alphabet phonétique
338 prononciation (2) : accent tonique et accent de phrase
339 prononciation (3) : la voyelle /ə/
340 prononciation (4) : formes fortes et formes faibles
341 prononciation (5) : accentuation emphatique

342 proposer

q

343 quantité (exprimer la) : synthèse

questions
344 questions (1) : règles de base
345 questions (2) : sans inversion
346 questions (3) : interronégation

347 *quite*

r

348 *rather*
349 *remember* et *forget* + "*to* + V" ou V-*ing*
350 *remember* et *remind*
351 rendez-vous
352 réussir

s

353 *same*
354 *say* et *tell*
355 *see* et *hear* + V ou V-*ing*
356 seul
357 *shall* et *will*

should
358 *should* (je devrais, je dois)
359 *should* + infinitif passé
360 *should* après *how* et *why*
361 *should* après *that*
362 *should* et *must*

since
363 *since* (1) : temps
364 *since* (2) : *it is ... since*

365 *small* et *little*
366 *so* et *not* : reprise
367 *so* et *such*
368 *so much* et *so many*
369 *so that, in order that* + *should, could, would...*

some
370 *some* et *any*
371 *some, any, every, no* : composés
372 *some* (certains)

373 *steal* et *rob*
374 *still* et *yet*
375 *stop* + "*to* + V" ou V-*ing*
376 *strange, stranger, foreign* et *foreigner*
377 subjonctif
378 *suggest*
379 *sure, surely, certainly*

t

tags
380 tags (1) : les « question tags »
381 tags (2) : reprises interrogatives (ah oui ? ah bon...)
382 tags (3) : réponses courtes
383 tags (4) : réponses courtes avec *so* et *neither/nor*

384 *talk* et *speak*
385 temps : les conjugaisons actives
386 *than, as, that* (que)

387 *that* : omission
388 *there is/are, there will be* ...
389 *think*
390 *this, that, these, those*
391 *tonight* et *last night*
392 *toujours*
393 *tout*
394 *travel, journey, trip, voyage*
395 *trop*
396 *try* + "*to* + √" ou V-*ing*

u

397 *unless*
398 *used to*
399 *used to* et *would*
400 *(be) used to* + nom ou V-*ing*

v

verbes
401 verbes à deux compléments
402 verbes irréguliers
403 verbe + particule
404 verbes sans formes progressives
405 vouloir bien

w, z

406 *wait* et *expect*
407 *want*
408 *well* : adverbe ou adjectif (bien)
409 *what*? et *which*?
410 *when* + présent ou futur
411 *whether*
412 *while* et *whereas*
413 *who*? et *whom*? (qui ?)
414 *will* et *would* (sens fréquentatif)
415 *will* et *would* (volonté)
416 *(I) wish*
417 *work* (nom)
418 *worth* (+ V-*ing*)
419 *would rather*
420 *zero*

Index .... p. 394

Quelques termes grammaticaux

actif / passif
Dans *My uncle makes them*, le verbe est actif.
Dans *They are made in Hong Kong*, le verbe est passif.

adjectif
L'adjectif épithète est placé à côté du nom (ex. : *a small house*),
l'adjectif attribut après des verbes comme *be, seem* (sembler)
(ex. : *The house is small.*).

adverbe
Un adverbe peut indiquer « où », « quand » ou « comment » une action se produit (ex. : *here, often, completely*). Il peut aussi modifier un adjectif (ex. : *very big*) ou une proposition entière (ex. : *Then she got on the bus.*).

auxiliaire
Have, be et *do* lorsqu'ils « aident » un autre verbe à former, par exemple, un temps composé ou un passif. Voir aussi **modaux**.

complément
Dans *I gave my sister a book*, *a book* est un complément d'objet direct, *my sister* un complément d'objet indirect (= à ma sœur).

conjonction
Une conjonction relie deux propositions (ex. : *but, because*).

dénombrables
Ce sont les noms que l'on peut compter (ex. : *a book, five books*). Ils peuvent être mis au pluriel.

déterminant
Mot qui précède un nom, mais qui n'est pas un adjectif. Les déterminants incluent les articles (*a/an, the*), les possessifs (ex. : *my, your*), les démonstratifs (ex. : *this, that*) et les quantifieurs (ex. : *some, every*). Certains déterminants (ex. : *this*) peuvent aussi être des pronoms.

formel
Good morning est formel (comme « Bonjour, Monsieur. »).
Hi est informel (comme « Salut! »).

indénombrables
Ce sont les noms que l'on ne peut pas compter.
Ex. : *unemployment* (chômage). Ils ne peuvent être mis au pluriel.

modaux
Les auxiliaires modaux sont *can, could, may, might, must, will, would, shall, should, ought.*

participe passé
Ex. : *wanted* (voulu), *broken* (cassé).

participe présent
Ex. : *wanting* (voulant), *breaking* (cassant).

particule (adverbiale)
Ex. : *up, on, back* dans *give up, go on, come back*.

préposition
Ex. : *at, in, on* dans *at the door, in the house, on them*.

progressif
Temps progressif, forme progressive : *be* + V-*ing*.
Ex. : *She's coming. – Were they listening?*

pronom
Un pronom remplace un nom. Il existe plusieurs sortes de pronoms : personnels (ex. : *he, him*), réfléchis (ex. : *himself*), réciproques (*each other, one another*), relatifs (ex. : *who, which*), interrogatifs (ex. : *what?*), démonstratifs (ex. : *this* = « celui-ci »).

proposition
Une phrase peut être formée d'une seule proposition ou de plusieurs.
Ex. : *He sleeps a lot. – He sleeps a lot when he's in the country* (proposition principale + proposition subordonnée).

quantifieur
Déterminant ou pronom exprimant une idée de quantité.
Ex. : *some, several, a few, none*.

tags
Ce sont les petites phrases abrégées (ex. : *he is, am I?, they don't*) qu'on utilise souvent en anglais en fin de phrase et dans les réponses courtes.

1 — *about* (au sujet de)

① About s'emploie au sens de « au sujet de » après des mots comme *think, talk, discussion, idea, book, angry, sorry,* qui se réfèrent à la pensée, la communication ou l'émotion. Il se traduit souvent par « de », « à » ou « sur ».

> What are you **thinking about**?
> À quoi pensez-vous ?
> We **talked about** her brother.
> On a parlé de son frère.
> There was a long **discussion about** the budget.
> Il y a eu une longue discussion sur le budget.
> a **book about** music
> un livre sur la musique
> I'm **sorry about** the delay.
> Je suis désolé pour le retard.

② **What about** + **V-*ing*** ou **how about** + **V-*ing*** s'emploie pour faire une suggestion. Cette expression correspond au français « Et si… ? »

> **What about going** to see a film?
> Et si on allait au cinéma ?

ENTRAÎNEZ-VOUS !

Traduisez en anglais.

1. parler d'un projet (*a plan*) 2. rêver à un voyage (*a journey*) 3. Je ne sais rien sur Shakespeare. 4. un bon film sur la Chine 5. Il est toujours en colère à propos de quelque chose. 6. Je pense souvent à mes vacances. 7. Et si on allait à la piscine ? 8. Et si on restait à la maison ?

CORRIGÉ

1. to talk about a plan 2. to dream about a journey 3. I don't know anything about Shakespeare. (I know nothing about Shakespeare.) 4. a good film about China 5. He's always angry about something. 6. I often think about my holiday(s) 7. What/How about going to the swimming pool? (… going swimming?) 8. What/How about staying at home?

2 — *about* (environ)

— *About* peut signifier « environ », « à peu près », « vers ».

> He's **about** fifty.
> Il a environ cinquante ans.
> We arrived **about** four.
> Nous sommes arrivés vers quatre heures.

— Attention à l'ordre des mots.

> **about** three weeks (et non ~~three weeks about~~)
> trois semaines, environ / environ trois semaines

ENTRAÎNEZ-VOUS !

Traduisez en anglais.
1. environ cinq minutes 2. trois jours, environ 3. à peu près six mois 4. une année, environ 5. vers six heures 6. environ cent euros

CORRIGÉ

1. about five minutes 2. about three days 3. about six months 4. about a (one) year 5. about six o'clock 6. about a (one) hundred euros

3   *about to*

Be about to = « être sur le point de ».

> Call back later: we'**re about to** go out.
> Rappelez plus tard : nous sommes sur le point de sortir.
> I **was** just **about to** go to bed when she arrived.
> J'étais juste sur le point de me coucher quand elle est arrivée.

ENTRAÎNEZ-VOUS !

Traduisez en anglais.
1. Il est sur le point d'émigrer *(emigrate)*. 2. Elle était sur le point de pleurer. 3. Nous sommes juste sur le point de signer le contrat *(sign the contract)*. 4. Le film est sur le point de commencer. 5. Nous étions sur le point d'abandonner *(give up)*. 6. Il était juste sur le point de payer.

CORRIGÉ

1. He's about to emigrate. 2. She was about to cry. 3. We are just about to sign the contract. 4. The film is about to start (begin). 5. We were about to give up. 6. He was just about to pay.

Pour *to be going to* et les autres façons de parler de l'avenir, **149**.

4   accepter

❶ « Accepter de » se traduit par ***to agree to*** (**19**), et non par ~~to accept to~~.

> He **agreed to** see me. (et non ~~He accepted to see me.~~)
> Il a accepté de me voir.

❷ « Accepter que » peut se traduire par une structure avec ***let*** lorsqu'il s'agit d'une permission.

> Do your parents **let you go out** in the evenings? (et non ~~Do your parents accept that you go out~~...?)
> Est-ce que tes parents acceptent que tu sortes le soir ?
> They don't **let me come** home late. (et non ~~They don't accept that~~...)
> Ils n'acceptent pas que je rentre tard.

ENTRAÎNEZ-VOUS !
Traduisez en anglais.
1. Elle a accepté de m'aider. 2. Est-ce que tu accepterais de travailler le samedi matin ? 3. Je n'ai pas accepté de payer pour tout le monde. (prétérit) 4. Son amie n'accepte pas qu'il voie d'autres filles.

CORRIGÉ
1. She agreed to help me. 2. Would you agree to work on Saturday morning(s)? 3. I didn't agree to pay for everybody. 4. His girlfriend doesn't let him see other girls.

5 *according to*

❶ *According to* peut correspondre à « **selon** » ou « **d'après** ». Cette expression s'emploie pour introduire ce qui a été dit par une personne **autre que soi-même** sur un fait quelconque.

> **According to** this journalist, the economic situation is improving.
> Selon ce journaliste, la situation économique s'améliore.
> **According to** her neighbour, the children were alone at home.
> D'après sa voisine, les enfants étaient seuls à la maison.

❷ On ne dit pas ~~according to me~~ (*according to* n'introduit pas l'expression de l'opinion).

« d'après/selon moi » = *I think* ou *in my opinion*

> **I think** he's right.
> D'après moi, il a raison.
> **In my opinion**, it's a very bad film.
> Selon moi, c'est un très mauvais film.
> Who **do you think** has the best chance of winning?
> D'après toi, qui a la meilleure chance de gagner ?

Pour *I think* et *in my opinion*, **240**.

❸ « Pour moi » (au sens familier de « à mon avis ») peut se traduire par *I think* ou *in my opinion/view*, mais pas par ~~for me~~, ~~as for me~~ ou ~~as to me~~. On ne dit pas non plus ~~for my part~~.

To my mind est très rare en anglais moderne.

ENTRAÎNEZ-VOUS !
Traduisez en anglais.
1. D'après Camille, Éric va déménager *(to move)*. 2. D'après moi, c'est un projet *(plan)* très intéressant. 3. Pour moi, la vie est merveilleuse. 4. Selon le *Times*, cette guerre peut être évitée *(avoided)*.

CORRIGÉ
1. According to Camille, Éric is going to move. 2. I think it is (it's) a very interesting plan. (In my opinion, it is …) 3. I think life is marvellous / wonderful. (In my opinion, …) 4. According to the Times, this war can be avoided.

a

6 — across et through

1 On emploie *across* quand « à travers » se réfère à un espace à deux dimensions. Pour un espace à trois dimensions, on emploie normalement *through*. (Il y a entre *across* et *through* le même rapport qu'entre *on* et *in*.)

across the fields
à travers champs

through the forest
à travers la forêt

2 Un verbe anglais suivi de *across* ou *through* se traduit souvent par « **traverser** ».

At that moment I **was walking across** the road.
À ce moment-là, je traversais la rue (à pied).

On emploie *across* (et non *through*) lorsqu'il s'agit de traverser une rivière, un lac, etc., à la nage.

She **swam across** the Thames.
Elle traversa la Tamise à la nage.

ENTRAÎNEZ-VOUS !

Mettez *across* ou *through*.
1. ... the desert 2. ... the crowd *(la foule)* 3. ... the empty street 4. ... the jungle
5. ... the market *(le marché)* 6. ... the glacier

CORRIGÉ
1. across 2. through 3. across 4. through 5. through 6. across

7 — adjectifs (1) : place et accord

1 L'adjectif épithète se place avant le nom, **même s'il est précédé** de *very, more* ou *most*.

place : adjectif épithète + nom

a **wild** animal
un animal sauvage
a **more interesting** film
un film plus intéressant

a **very expensive** restaurant
un restaurant très cher
the **most difficult** problem
le problème le plus difficile

2 Les adjectifs ne prennent jamais d'*s* au pluriel.

accord : jamais d'*s* aux adjectifs

wild animals (et non ~~wilds animals~~)
des animaux sauvages
We were **ill**. (et non ~~We were ills.~~)
Nous étions malades.

ENTRAÎNEZ-VOUS !

Traduisez en anglais.
1. une opinion différente 2. de hautes montagnes 3. une robe longue 4. des jeunes gens 5. une femme très célèbre 6. les autres voitures 7. une chose très importante 8. des livres très intéressants 9. la Maison Blanche 10. Ils sont très riches. 11. l'enfant le plus intelligent 12. de bons résultats *(results)*

CORRIGÉ

1. a different opinion 2. (some) high mountains 3. a long dress 4. (some) young people 5. a very famous woman 6. the other cars 7. a very important thing 8. (some) very interesting books 9. the White House 10. They're very rich. 11. the most intelligent child 12. (some) good results

❸
Le premier terme d'un nom composé est aussi invariable, dans la plupart des cas, car il sert alors d'adjectif (258).

> a **computer** exhibition (et non a computers exhibition)
> une exposition d'ordinateurs

❹
Notez qu'en général un adjectif ne peut pas se séparer du sujet pour se placer en tête de phrase comme en français.

> She was annoyed and answered him ... (et non Annoyed, she ...)
> Agacée, elle lui répondit...

Pour *others*, 277 .
Pour *afraid* et *asleep*, 14 et 51 .

8   adjectifs (2) : ordre des épithètes

Lorsqu'un nom est précédé de plusieurs adjectifs, il est parfois difficile de savoir dans quel ordre les mettre. Les règles sont assez compliquées. Voici juste quelques indications.

❶ Adjectifs indiquant la couleur, l'origine, la matière et la fonction

— Ils se placent juste avant le nom, généralement dans cet ordre lorsqu'il y en a plusieurs.

> **black** boots
> **black Spanish** boots
> **black Spanish leather** boots
> **black Spanish leather walking** boots
> des chaussures de randonnée en cuir noir, d'origine espagnole

— Les autres adjectifs les précèdent.

> a **big** white dog
> un grand chien blanc
> a **well-known** Japanese writer
> un écrivain japonais bien connu

❷ Adjectifs exprimant un jugement subjectif

Ils précèdent les autres.

> **remarkabl**e blue eyes
> des yeux bleus remarquables
> a **pleasant** modern house (et non a modern pleasant house)
> une maison moderne agréable

❸ *First, next, last*

En règle générale, *first*, *next* et *last* précèdent les nombres.

the **first three** days (plus naturel que the three first days)
les trois premiers jours
the **next ten** minutes
les dix minutes suivantes
my **last two** jobs
mes deux derniers emplois

ENTRAÎNEZ-VOUS !

Mettez les mots dans le bon ordre.
1. white a cat small **2.** German film interesting that **3.** red liquid warm a **4.** songs traditional Spanish beautiful some **5.** trainers blue dirty **6.** old village the lovely **7.** weeks the three next **8.** girlfriends first my two

CORRIGÉ

1. a small white cat **2.** that interesting German film **3.** a warm red liquid **4.** some beautiful traditional Spanish songs **5.** dirty blue trainers **6.** the lovely old village **7.** the next three weeks **8.** my first two girlfriends

9 adjectifs (3) : emploi de *and*

❶ *And* entre deux épithètes

— *And* s'emploie rarement pour séparer les adjectifs épithètes.

a dirty, torn coat
un manteau sale et déchiré
a practical economical car
une voiture pratique et économique

— Mais on l'emploie toujours lorsqu'on parle des différentes parties d'un même objet.

a concrete **and** glass building
un bâtiment en béton et en verre
red **and** yellow socks
des chaussettes rouge et jaune

❷ *And* entre deux attributs

And s'emploie presque toujours pour séparer les deux derniers adjectifs attributs.

She felt lonely, tired **and** depressed.
Elle se sentait seule, fatiguée, déprimée.

ENTRAÎNEZ-VOUS !

Mettez *and* lorsque c'est nécessaire.
1. a small ... round table **2.** a green ... black carpet **3.** The weather was cold ... depressing. **4.** a happy ... confident child **5.** Her expression was cold ... enigmatic. **6.** a metal ... plastic chair.

CORRIGÉ

1. a small round table **2.** a green and black carpet **3.** The weather was cold and depressing. **4.** a happy confident child **5.** Her expression was cold and enigmatic. **6.** a metal and plastic chair

10   adjectifs (4) : *friendly* et *lovely*

— *Friendly* et *lovely* sont des adjectifs et non des adverbes.

      a **friendly** letter   a **lovely** view
      une lettre amicale   une vue ravissante

— Les adverbes « amicalement » et « aimablement » se traduisent par *in a friendly way*.

      They were talking **in a friendly way**. (et non ~~They were talking friendly~~.)
      Ils discutaient amicalement.

11   adjectifs (5) : adjectifs composés

Il y a plusieurs sortes d'adjectifs composés en anglais. En voici trois types très courants.

❶ Adjectif + nom + *-ed*

dark-haired	blue-eyed	old-fashioned
aux cheveux foncés	aux yeux bleus	démodé
good-tempered	narrow-minded	absent-minded
qui a bon caractère	borné	étourdi/distrait
short-sighted	middle-aged	left-handed
myope	d'âge mûr	gaucher

❷ Nom, adverbe ou adjectif + participe présent

tennis-playing	fast-talking
qui joue au tennis	qui parle vite
slow-moving	nice-looking
qui se déplace lentement	joli/beau

❸ Adjectif + adjectif (couleurs)

red-brown	blue-green
grey-green	grey-white

NOTEZ

On dit *He is twenty years old* mais *a twenty-year-old man*.

ENTRAÎNEZ-VOUS !

Construisez des adjectifs composés pour exprimer les idées suivantes.
1. with long hair 2. who plays football 3. who looks stupid 4. between orange and brown 5. with one eye 6. which moves fast 7. which looks interesting 8. between grey and black

CORRIGÉ

1. long-haired 2. football-playing 3. stupid-looking 4. orange-brown 5. one-eyed 6. fast-moving 7. interesting-looking 8. grey-black

a

12 adjectifs (6) : adjectifs substantivés

En général, on ne peut pas utiliser un adjectif épithète sans nom, en anglais. Voici quelques exemples :

« La pauvre ! » = *The poor girl/woman!* (et non ~~The poor!~~)

« un mort » = *a dead man* (et non ~~a dead~~)

« L'important, c'est de… » = *The important thing is to …* (et non ~~The important is to…~~)

Mais il y a des exceptions.

1 Certains adjectifs s'emploient avec *the*, sans nom, pour désigner **toute une catégorie de personnes**. Le verbe qui suit est au pluriel.

the rich	the old	the handicapped
les riches	les vieux	les handicapés
the poor	the dead	the blind
les pauvres	les morts	les aveugles
the unemployed	the sick	the deaf
les chômeurs	les malades	les sourds
the young	the mentally ill	
les jeunes	les malades mentaux	

He stole from **the rich** to help **the poor**.
Il volait les riches pour aider les pauvres.
Do **the deaf** have more problems than **the blind**?
Les sourds ont-ils plus de problèmes que les aveugles ?

NOTEZ

- Cette structure est assez formelle. Dans la langue parlée, on dira plutôt *old people*, *young people*, etc.

- La plupart des autres adjectifs ne peuvent pas s'employer sans nom : « les égoïstes » = *selfish people*, « les avares » = *mean people*.

2 *The* s'emploie aussi devant les adjectifs de nationalité terminés par *-sh*, *-ch* et *-ese* (**247**), pour désigner **la nation entière**.

the Irish	the French	the Japanese
les Irlandais	les Français	les Japonais

Mais : « un Irlandais » = *an Irishman* (et non ~~an Irish~~) ;
« un Français » = *a Frenchman*, etc.

❸ Le cas possessif est impossible avec les adjectifs substantivés.

> the future of the young (et non ~~the young's future~~)
> l'avenir des jeunes
> the role of the British in Europe (et non ~~the British's role~~...)
> le rôle des Britanniques en Europe

ENTRAÎNEZ-VOUS !

Considérez les expressions suivantes. Dans quels cas la structure « *the* + adjectif sans nom » serait-elle également possible ?
1. the most difficult thing 2. The poor girl! 3. a rich man 4. rich people 5. selfish people 6. unemployed people 7. unhappy people 8. Welsh people *(les Gallois)* 9. American people 10. Chinese people

CORRIGÉ

4. the rich 6. the unemployed 8. the Welsh 10. the Chinese

13 admettre

❶ « J'admets que »

« J'admets que… » (au sens de « je veux bien que… ») = *I don't mind* + V-*ing* ou *I don't object to* + V-*ing*.

> **I don't mind you playing / I don't object to you playing** video games but not all day. (et non ~~I admit that you play~~...)
> J'admets que tu joues à des jeux vidéo, mais pas toute la journée.

I don't object to it = « je n'ai rien contre », « je l'admets ».

> He goes out every evening but his wife **doesn't object to it**.
> Il sort tous les soirs, mais sa femme l'admet.

❷ « Je n'admets pas que »

« Je n'admets pas que » peut se traduire par *I object to* + V-*ing*.

> **I object to him lying to** me.
> Je n'admets pas qu'il me mente.

I object to it = « je ne l'admets pas », « je suis contre ».

Pour les structures avec *to* + V-*ing*, **202**.

ENTRAÎNEZ-VOUS !

Imaginez que vous êtes un parent qui s'adresse à l'un de ses enfants.
Écrivez deux phrases commençant par *I don't mind you ...* (« J'admets que tu... ») et deux phrases commençant par *I object to you ...* (« Je n'admets pas que tu... »).

a

14   *afraid*

❶ *Afraid* n'est pas un verbe, c'est un adjectif.

— « Avoir peur » = **to be afraid**. « J'ai peur » = **I'm afraid**.

> I'**m** not **afraid** of mice (et non ~~I don't afraid~~...)
> Je n'ai pas peur des souris.
> **Were** you **afraid** of the dark when you were a child?
> Est-ce que tu avais peur du noir quand tu étais enfant ?

— « Faire peur à quelqu'un » = **to frighten somebody**.

> That noise **frightened** me.
> Ce bruit m'a fait peur.

❷ *Afraid* ne peut pas s'employer devant un nom. « Un enfant apeuré/qui a peur » = *a frightened child* (et non ~~an afraid child~~).

ENTRAÎNEZ-VOUS !
Traduisez en anglais.
1. Je n'ai pas peur de l'avenir. 2. Oh! Tu m'as fait peur! (prétérit) 3. Est-ce que vous avez peur des cambrioleurs *(burglars)* ? 4. les choses qui nous font peur 5. des enfants apeurés

CORRIGÉ
1. I'm not afraid of the future. 2. Oh! You frightened me! 3. Are you afraid of burglars? 4. the things that frighten us 5. frightened children

❸ *I'm afraid* peut aussi vouloir dire *I'm sorry to tell you*. C'est une manière polie d'introduire une information négative. On peut le placer en tête ou en fin de phrase.

> I won't be able to come to your party, **I'm afraid**. (ou **I'm afraid** I won't be able to come ...)
> Je suis désolé mais je ne pourrai pas venir à votre soirée.
> "Did they lose?" "**I'm afraid so**." (Pour *so*, **366** .)
> « Ils ont perdu ? » « J'en ai bien peur. »

ENTRAÎNEZ-VOUS !
Comment diriez-vous poliment à quelqu'un que... ?
1. vous avez oublié d'acheter le pain (present perfect) 2. vous ne pouvez pas l'aider 3. vous serez en retard pour le dîner *(for dinner)*

CORRIGÉ
1. I'm afraid I've forgotten to buy the bread. 2. I'm afraid I can't help you. 3. I'm afraid I'll be late for dinner.

15   *afraid of* + V-*ing* et *afraid to* + V

❶ On emploie *afraid of* + V-*ing* pour évoquer la crainte d'un événement désagréable.

> I'm **afraid of having** an accident.
> J'ai peur d'avoir un accident.

I'm **afraid of being** mugged in the street.
J'ai peur de me faire agresser dans la rue.

❷ Pour dire qu'on hésite à faire quelque chose de difficile ou de dangereux, on peut employer *afraid of* + **V-ing** ou *afraid to* + **V** indifféremment.

I'm not **afraid of telling / to tell** her the truth.
Je n'ai pas peur de lui dire la vérité.

ENTRAÎNEZ-VOUS !
Traduisez en anglais.
1. J'ai peur de tomber. **2.** Est-ce que tu as peur de te faire cambrioler *(to burgle)* ? **3.** Je n'ai pas peur de dire ce que je pense.

CORRIGÉ
1. I'm afraid of falling (down). **2.** Are you afraid of being burgled? **3.** I'm not afraid of saying (to say) what I think.

16 *again* et *back*

— Ces deux mots correspondent souvent au préfixe « **re-** » (« revenir » = *come again/back*, « renvoyer » = *send again/back*, etc.).

— En règle générale, ***again*** exprime une répétition, tandis que ***back*** exprime un retour au point de départ. *Again* se met généralement en fin de proposition.

We must do it **again**.
Il faut le refaire.
Read the letter **again**. (et non ~~Read again the letter~~.)
Relis la lettre.
She gave me **back** my money.
Elle m'a rendu mon argent.
Can you put the plates **back** in the cupboard?
Tu peux remettre les assiettes dans le placard ?

ENTRAÎNEZ-VOUS !

❶ Mettez *again* ou *back*.
1. He didn't understand, so I asked … **2.** Could I hear the disc …? **3.** Put my watch … on the table, please. **4.** If you do it …, I'll be very angry.

❷ Traduisez en anglais.
1. Il ne rejouera pas. **2.** J'ai ramené votre bicyclette. (present perfect) **3.** N'oublie pas de renvoyer les livres. **4.** Je voudrais revoir les photos.

CORRIGÉ
❶ 1. again **2.** again **3.** back **4.** Again
❷ 1. He won't play again. **2.** I've brought your bicycle (bike) back. (I've brought back your…) **3.** Don't forget to send the books back. (… to send back the books.) **4.** I'd like to see the photos again.

Pour *again* = « encore », « à nouveau », **120**.4.
Pour *again* = « déjà », **99**.4.

17 âge (comment l'exprimer)

« J'ai 15 ans » = ***I'm** 15* ou ***I am** 15 years old* (formel), et non ~~I'm 15 years~~.

❶ Pour parler de l'âge, on emploie toujours ***be*** (et non ~~have~~).

How old **are** you?
Quel âge avez-vous ?
When I **was** your age…
Quand j'avais ton âge…

We **are** the same age.
Nous avons le même âge.
He **will be** 40 next year.
Il aura 40 ans l'année prochaine.

ENTRAÎNEZ-VOUS !

Traduisez en anglais.
1. Quel âge a ta sœur ? **2.** Elle a 23 ans. (Mettez les deux possibilités.) **3.** Vous avez le même âge que (*as*) ma mère. **4.** Quand elle avait mon âge…

CORRIGÉ

1. How old is your sister? **2.** She's 23. / She's 23 years old. **3.** You are the same age as my mother. **4.** When she was my age …

❷ Notez la structure ***to be in one's twenties (20s)***, *thirties (30s)*, etc., et la variété des traductions françaises.

He is **in his 20s**.
Il a une vingtaine d'années.
He is **in his mid 40s**.
Il a dans les 45 ans.

She was **in her early 30s**.
Elle avait un peu plus de 30 ans.
She was **in her late 50s**.
Elle approchait de la soixantaine.

❸ Dans les adjectifs composés épithètes, on dit ***year-old*** (sans *s*).

a **15-year-old** boy (et non ~~a 15 years old boy~~)
un garçon de 15 ans

Mais le nom composé *year-old* peut se mettre au pluriel.

a class of **12-year-olds**
une classe d'enfants de 12 ans

ENTRAÎNEZ-VOUS !

Traduisez en anglais.
1. Elle a une trentaine d'années. **2.** Il approche de la cinquantaine. **3.** Je pense qu'elle a dans les 35 ans. **4.** Ils ont une fille de 17 ans.

CORRIGÉ

1. She's in her thirties (30s). **2.** He's in his late forties (40s). **3.** I think (that) she's in her mid thirties (30s). **4.** They've got (They have) a 17-year-old (seventeen-year-old) girl (daughter).

Pour *When were you born?* etc., **64**.

18 *ago*

❶ *Ago* = « il y a » **au sens temporel** (**188**). C'est un adverbe, qui se place toujours après l'expression de temps.

« il y a deux jours » = *two days **ago***

six weeks **ago** (et non ~~there are six weeks~~)
il y *a* six semaines
a long time **ago**
il y a longtemps

❷ *Ago* s'emploie normalement avec le **prétérit** (320.2).

I **met** him six weeks **ago.** (et non ~~I have met him~~...)
Je l'ai rencontré il y a six semaines.

ENTRAÎNEZ-VOUS !
Traduisez en anglais.
1. il y a une semaine 2. il y a des années 3. il y a deux jours 4. J'ai vu Robert il y a cinq minutes. 5. Elle est arrivée il y a une heure. 6. Je me suis levé il y a longtemps.

CORRIGÉ
1. a week ago 2. years ago 3. two days ago 4. I saw Robert five minutes ago. 5. She arrived an hour ago. 6. I got up a long time ago.

❸ Avec le pluperfect, on emploie généralement *before* (58.2).

Two days **ago** I saw a film that **I had** already **seen** a week **before**!
Il y a deux jours, j'ai vu un film que j'avais déjà vu une semaine avant !

19 *agree*

« Je suis d'accord avec vous. » = ***I agree** with you.* (et non ~~I am agree~~...)

I **agree** with Alice.   **Do** you **agree**?
Je suis d'accord avec Alice.   Êtes-vous d'accord ?

I **don't agree** about the dates.
Je ne suis pas d'accord pour les dates.

ENTRAÎNEZ-VOUS !
Traduisez en anglais.
1. Elle est toujours d'accord avec tout le monde. 2. Est-ce qu'il est d'accord avec nous ? 3. « C'est très facile. » « Je ne suis pas d'accord. » 4. Je ne suis pas d'accord pour le cadeau.

CORRIGÉ
1. She always agrees with everybody. 2. Does he agree with us? 3. « It's very easy. » « I don't agree. » 4. I don't agree about the present.

Pour *agree* = « accepter de », 4.1 .

NOTEZ
Agree ne traduit « être d'accord » que s'il s'agit d'une opinion (127).

20 — *all* et *every*

❶ ***All*** correspond généralement à « tout » ou « tous ».

all my life   I know them **all**.
toute ma vie   Je les connais tous.

Mais quand « tout » ou « tous » a le sens de « chaque », il faut utiliser ***every***.

« tout, tous » (= « chaque ») : ***every*** + singulier

every man   **very** day
tout homme (chaque homme)   tous les jours (chaque jour)

❷ Ne confondez pas :

every	all
every day : tous les jours	**all** day : toute la journée
every morning : tous les matins	**all** (the) morning : toute la matinée
every time : à chaque fois (que)	**all** the time : tout le temps

Comparez :

I worked **every day.**   I worked **all day.**
J'ai travaillé tous les jours.   J'ai travaillé toute la journée.
Every time he sees me he cries.   He cries **all the time**.
À chaque fois qu'il me voit, il pleure.   Il pleure tout le temps.

❸ Notez qu'on dit toujours ***all day***, ***all night*** (sans article), mais *all (the) morning/afternoon/evening/week/year/winter/summer* (article facultatif).

ENTRAÎNEZ-VOUS !

Traduisez les mots en italique, en utilisant *all* ou *every*.

1. *Tous mes amis* sont partis. 2. *Toute la famille* a participé à la réunion. 3. *Toute famille* a droit à un logement correct. 4. *Toute femme* comprendra ce problème. 5. *Toute la ville* était inondée. 6. J'y vais *tous les ans*. 7. L'hôtel est ouvert *toute l'année*. 8. Je fais du sport *tous les jours*. 9. J'ai fait du sport *tout l'après-midi*. 10. Elle travaille *tout le temps*.

CORRIGÉ

1. All my friends 2. All the family 3. Every family 4. Every woman 5. All the town 6. every year 7. all (the) year 8. every day 9. all (the) afternoon 10. all the time

❹ Lorsqu'on met à la forme négative une phrase commençant par *all* ou *every* (ou un composé de *every*), *not* se place le plus souvent en début de phrase, et le verbe reste à la forme **affirmative**.

Not all English people drink tea. (et non ~~All English people don't~~ …)
Tous les Anglais ne boivent pas de thé.
Not everybody thinks like you.
Tout le monde ne pense pas comme toi.

ENTRAÎNEZ-VOUS !

Traduisez en anglais.
1. Tous les Américains ne sont pas des cowboys. 2. Tout le monde n'aime pas la mer. 3. Tout n'est pas prêt.

CORRIGÉ

1. Not all Americans are cowboys. 2. Not everybody likes the sea. 3. Not everything is ready.

> Pour *all* et *all of*, **265.3**.
> Pour *all* et *whole*, **22**.
> Pour *every* et *each*, **112**.
> Pour « tous les deux jours », etc. (*every two days*, etc.), **183**.
> Pour « tout » au sens de « n'importe quel » (= *any*), **34**.
> Pour la place de *all* avec un verbe, **292**.
> Pour « tous les deux » = *both*, **67**.

21 *all et everything*

❶ Lorsque « tout » est employé comme pronom (sans nom), il se traduit par ***everything*** et non par ~~*all*~~. Comparez :

> She lost **all her money**.
> Elle a perdu tout son argent.
> She's lost **everything**. (et non ~~She's lost all.~~)
> Elle a tout perdu.

❷ Devant *that* (exprimé ou sous-entendu) + proposition relative, on peut employer ***all*** ou ***everything***.

> She's lost **all/everything (that) she had**.
> Elle a perdu tout ce qu'elle avait.

ENTRAÎNEZ-VOUS !

Traduisez en anglais.
1. Tout est parfait. 2. Tout son travail est parfait. 3. J'ai tout oublié (present perfect). 4. J'ai oublié (present perfect) tous leurs noms. 5. Tout est prêt. 6. Dis-moi tout. 7. Je te dirai tout ce que je sais. 8. J'ai tout fini.

CORRIGÉ

1. Everything is perfect. 2. All her (his) work is perfect. 3. I've forgotten everything. 4. I've forgotten all their names. 5. Everything is ready. 6. Tell me everything. 7. I'll tell you all (everything) I know (... that I know). 8. I've finished everything.

> Pour les autres équivalents de « tout », **393**.

22 *all et whole*

❶ En règle générale, ***all*** /ɔːl/ = « tout » et ***whole*** /həʊl/ = « entier » (ou « tout entier », « en entier », etc.). Notez l'ordre des mots :

> **all** my life   I know them **all**.
> toute ma vie   Je les connais tous.

Mais, avec les dénombrables singuliers, *whole* peut aussi correspondre à « tout ».

> **My whole body** was hurting.
> Tout mon corps me faisait mal.

② *All* s'emploie rarement devant *a/an*. On préfère ***a whole***.

> She ate **a whole** loaf. (et non ~~She ate all a loaf.~~)
> Elle a mangé tout un pain/ un pain entier.
> I spent **a whole** day doing the housework.
> J'ai passé toute une journée/ une journée entière à faire le ménage.

③ Devant un nom propre ou un pronom, on emploie ***the whole of*** ou ***all of***.

> I've read **the whole of/all of** *War and Peace*.
> J'ai lu tout *Guerre et Paix*.
> Look at the kitchen! She's cleaned **the whole of** it/**all of** it.
> Regarde la cuisine ! Elle l'a entièrement nettoyée.

ENTRAÎNEZ-VOUS !

Choisissez.
1. … the morning (all/whole) 2. the … afternoon (all/whole) 3. … week (all a/a whole) 4. her … life (all/whole) 5. We visited … London. (the whole of/whole) 6. I didn't read … (whole of it/all of it)

CORRIGÉ

1. all 2. whole 3. a whole 4. whole 5. the whole of 6. all of it

23   *all right* et *OK*

All right et *OK* sont synonymes (mais *OK* est très familier). Ces expressions ont plusieurs sens.

① *All right/OK* = « **pas mal** » (appréciation positive mais non enthousiaste) ou « **bien** ».

> "What was the film like?" "(It was) **all right/OK**."
> « Comment était le film ? » « Pas mal. »
> Don't worry, everything will be **all right/OK**.
> Ne t'en fais pas, tout ira bien.

② *It's/That's all right/OK* = « **de rien** », « **ce n'est pas grave** » (réponse polie à une excuse).

> "Sorry." "**It's OK.**"
> « Excusez-moi. » « De rien. »
> "I'm sorry to disturb you." "**That's all right.**"
> « Je suis désolé de vous déranger. » « Oh, ce n'est pas grave. »

That's all right/OK s'emploie aussi comme réponse à « merci ».

> "Thanks for looking after the children." "**That's all right.**"
> « Merci d'avoir gardé les enfants. » « De rien. »

③ *All right/OK* = « **d'accord** » (consentement).

> "I'll pick you up at 5." "**All right.**"
> « Je passe te prendre à 5 heures. » « D'accord. »
> I'll go with Patrick if **it's** OK **with him**. (et non … ~~if he's OK~~.)
> J'irai avec Patrick s'il est d'accord.

4 Ne confondez pas :

(It's) all right/OK. = « (Je suis) d'accord. » (consentement)

I agree. = « Je suis d'accord. » (opinion, 127)

I'm all right/OK. = « Je vais bien./ Ça va. »

ENTRAÎNEZ-VOUS !
Traduisez les mots en italique.
1. « Merci pour votre aide. » *« De rien. »* 2. J'inviterai Jim *si ma mère est d'accord.* 3. « Excusez-moi, j'ai pris votre manteau. » *« Ce n'est pas grave. »* 4. « Comment trouves-tu mes nouvelles chaussures ? » *« Elles sont bien. »* 5. « Cette musique n'est pas terrible. » « Moi, *je la trouve pas mal.* » 6. « Comment vas-tu ? » *« Je vais bien. »*

CORRIGÉ
1. That's all right. (That's OK.) 2. if it's OK with my mother 3. It's (That's) all right (OK) 4. They're all right (OK) 5. I think it's all right (OK) 6. I'm all right (OK).

NOTEZ
All right s'écrit parfois *alright*, mais c'est souvent considéré comme incorrect.

24 alphabet

1 Attention à la prononciation des lettres dans l'alphabet. (Pour la signification des signes phonétiques, 337 .)

a /eɪ/	b /biː/	c /siː/	d /diː/
e /iː/	f /ef/	g /dʒiː/	h /eɪtʃ/
i /aɪ/	j /dʒeɪ/	k /keɪ/	l /el/
m /em/	n /en/	o /əʊ/	p /piː/
q /kjuː/	r /ɑː(r)/	s /es/	t /tiː/
u /juː/	v /viː/	w /dʌbljuː/	x /eks/
y /waɪ/	z /zed/ (GB), /ziː/ (US)		

❷ Retenez les deux expressions suivantes :

Could you spell your name, please?
Pouvez-vous épeler votre nom, s'il vous plaît ?
How do you spell it?
Comment ça s'écrit ?

ENTRAÎNEZ-VOUS !
Épelez tout haut votre nom, votre prénom et votre adresse.

25 *also, too,* et *as well*

❶ Ces trois expressions ont le même sens (« aussi », « également ») mais ne se placent pas au même endroit. En général, ***also*** se place à côté du verbe (292), ***too*** et ***as well*** en fin de proposition.

> She's a good pianist, and she **also** plays the violin.
> She's a good pianist, and she plays the violin **too/as well**.
> C'est une bonne pianiste ; elle joue aussi du violon.

Notez bien que ~~she plays too the violin~~ serait impossible: on ne peut pas séparer un verbe de son complément d'objet, en anglais.

❷ ***As well as*** = « ainsi que », « et aussi » ou « non seulement…, mais aussi ». L'expression peut alors être suivie de la forme en -*ing*.

> I speak German **as well as** French.
> Je parle le français et aussi l'allemand.
> She acts **as well as dancing**.
> Elle fait non seulement de la danse, mais aussi du théâtre.

À ne pas confondre avec :

> She acts **as well as she dances**.
> Elle joue aussi bien qu'elle danse.

ENTRAÎNEZ-VOUS !
Mettez *also* ou *too/as well*.
1. His wife is a well-known dramatist. She … writes novels. **2.** "Would you like something to eat?" "Yes, and something to drink …" **3.** "Alice and Jessica are coming." "Is Cathy coming …?" **4.** Eskimos live in Canada and Alaska. They … live in Siberia. **5.** He teaches maths … as English.

CORRIGÉ

1. also 2. too (as well) 3. too (as well) 4. also 5. as well

Pour « moi aussi » (*me too*, etc.), **57**.1 .

26 — *also* et *so*

Ne les confondez pas.

also = « aussi », « également » (**25**)

so = « alors », « donc », parfois « aussi » (« par conséquent », **56.3**)

❶ *Also* se place généralement à côté du verbe (**292**).
> I like tennis. I **also** like table-tennis.
> J'aime le tennis. J'aime aussi le ping-pong.

❷ *So* se trouve généralement en tête de phrase ou de proposition.
> **So** what shall we do?
> Alors, qu'est-ce qu'on fait ?
> I didn't know what to do **so** I went to bed.
> Je ne savais pas quoi faire, alors j'ai été me coucher.
> I had no map **so** I didn't know where I was.
> Je n'avais pas de carte, je ne savais donc pas où j'étais.

ENTRAÎNEZ-VOUS !
Mettez *also* ou *so*.
1. She speaks German, and she can … read Spanish. 2. The weather was bad, … we stayed at home. 3. I'd like a pound of tomatoes. I … need some potatoes. 4. "Everybody's gone home." "… why are you here?" 5. He works hard, … he gets very tired. 6. She likes music and painting. She … goes dancing very often.

CORRIGÉ
1. also 2. so 3. also 4. So 5. so 6. also

> Pour *so* = « si », « aussi » (intensif), **367** .
> Pour « moi aussi », etc., **383.1** .

27 — *although*, *though* et *in spite of*

❶ Pour traduire « bien que », « quoique », on peut employer **although** ou **though** (moins formel).
> **(Al)though** I don't agree with her, I think she's sincere.
> Bien que je ne sois pas d'accord avec elle, je pense qu'elle est sincère.

❷ Seul *though* peut être employé après *even* ou *as*.

— **Even though** (« même si ») sert à souligner un contraste.
> **Even though** I love her, I'm not blind.
> Même si je l'aime, je ne suis pas aveugle.

— **As though** = *as if* (« comme si »), **47** .
> He had his eyes closed **as though** he was asleep.
> Il avait les yeux fermés comme s'il dormait.

❸ En fin de phrase, **though** veut souvent dire « pourtant » ou « quand même » (style familier).
> The hotel's very cheap. It's comfortable, **though**.
> L'hôtel n'est pas cher du tout. Pourtant, il est confortable.

4 **In spite of** = « malgré » (jamais « bien que »).

> We went out **in spite of** the rain.
> Nous sommes sortis malgré la pluie.
> **in spite of** them
> malgré eux

Cette expression ne peut donc pas, comme *(al)though*, s'employer devant le groupe « sujet + verbe ».

ENTRAÎNEZ-VOUS !

Mettez *although, though* ou *in spite of*.
1. … I like him, he's a bit strange. **2.** He's very friendly, … **3.** I can't speak Spanish, … I can read it quite well. **4.** She didn't eat anything, even … she was hungry. **5.** You look as … you need help. **6.** We went swimming … the cold.

CORRIGÉ

1. Although (Though) 2. though 3. although (though) 4. though 5. though 6. in spite of

28   *always* et les temps progressifs

1 *Always* s'emploie parfois avec le présent ou le prétérit progressif (formes en *be* + V-*ing*) pour indiquer une **répétition**. En ce cas, *always* correspond à « tout le temps », « sans arrêt », « constamment ».

> I**'m always making** mistakes.
> Je me trompe tout le temps.
> He **was always forgetting** things.
> Il oubliait tout le temps quelque chose.

2 Cette structure implique souvent un **élément affectif** (irritation, admiration, etc.).

> She**'s always asking** stupid questions.
> Elle pose sans arrêt des questions idiotes.
> He **was always winning** new medals.
> Il remportait tout le temps de nouvelles médailles.

3 Elle peut aussi s'employer pour parler d'événements qui arrivent fréquemment mais de façon **inattendue**. Comparez :

> I**'m always meeting** interesting people at concerts.
> Je rencontre tout le temps des gens intéressants au concert.
> I **always meet** Susie after school.
> Je retrouve toujours Susie après l'école.

ENTRAÎNEZ-VOUS !

Traduisez en anglais.
1. Il perd tout le temps ses lunettes. **2.** J'oublie tout le temps mes clés *(keys)*. **3.** Elle rit tout le temps. **4.** Nous perdions constamment notre chemin *(way)*.

CORRIGÉ

1. He's always losing his glasses. 2. I'm always forgetting my keys. 3. She's always laughing. 4. We were always losing our way.

29 *and* après *try, come, go* et *wait*

Après *try, come, go* et *wait* à l'infinitif ou à l'impératif, on emploie souvent ***and*** + V au lieu de *to* + V, surtout en anglais parlé.

> I'm going to try **and answer** your questions.
> Je vais essayer de répondre à vos questions.
> Come **and have** a drink.
> Viens prendre un verre.
>
> Go **and see** who it is.   Wait **and see**.
> Va voir qui c'est.   Vous verrez bien.

ENTRAÎNEZ-VOUS !
Traduisez en anglais.
1. Essaie de comprendre. 2. Allons voir Hassan. 3. Viens déjeuner *(have lunch)* avec nous demain. 4. Je veux aller voir un film.

CORRIGÉ
1. Try and understand. 2. Let's go and see Hassan. 3. Come and have lunch with us tomorrow. 4. I want to go and see a film.

30 *and* et *or* : omission de mots

Souvent, après *and* et *or*, on ne répète pas un mot ou une expression utilisés antérieurement. C'est souvent le cas pour les articles, les pronoms sujets et les prépositions.

> **a** knife **and** fork
> un couteau et une fourchette
> **a** dog **or** cat
> un chien ou un chat
> **She** opened the letter **and** read it.
> Elle ouvrit la lettre et (elle) la lut.
> It's **for** me **and** all my friends.
> C'est pour moi et pour tous mes amis.
> in France **and** Spain
> en France et en Espagne

ENTRAÎNEZ-VOUS !
Récrivez ces expressions en omettant des mots lorsque c'est possible.
1. my friends and my family 2. the house and the garden 3. in England and in Scotland 4. I sing and I play the guitar. 5. He's asleep or he's deaf *(sourd)*. 6. Do you want some wine or some beer?

CORRIGÉ
1. my friends and family 2. the house and garden 3. in England and Scotland 4. I sing and play the guitar. 5. He's asleep or deaf. 6. Do you want some wine or beer?

31 anglais britannique et américain : grammaire

❶ Différences grammaticales

Il y en a très peu entre ces deux sortes d'anglais. Voici les plus importantes :

britannique	américain
He's just **gone** home.	He just **went** home.
Have you ever **been** to the US?	**Did** you ever **go** to the US ?
She's **got** very fat.	She's **gotten** very fat.
It's important that he **should be** told.	It's important that he **be** told.
(on the phone) Is **that** Andrew?	Is **this** Andrew?
He looked at me **really strangely**.	He looked at me **real strange**. (fam.)
I **made** him do it.	I **had** him do it.
play **(the)** guitar	play guitar

❷ Prépositions et particules

britannique	américain	français
check something	check something **out**	vérifier qqch.
do something **again**	do something **over**	refaire qqch.
meet somebody	meet **with** somebody	rencontrer qqn
protest **against** something	protest something	protester contre qqch.
stay **at** home	stay home	rester à la maison
visit somebody	visit **with** somebody	aller voir quelqu'un
Monday **to** Friday	Monday **through** Friday	de lundi à vendredi
in Oxford Street	**on** Broadway	rue...
twenty **past** six	twenty **after** six	six heures vingt
at weekends	**on** weekends	le week-end
different **from/to**	different **from/than**	différent de
I haven't seen her **for** ten years.	I haven't seen her **in** ten years.	Je ne l'ai pas vue depuis dix ans.

Pour les différences d'orthographe, **272**.
Pour les dates, **97**.
Pour *have you got / do you have...?*, **169**.4.

32 anglais britannique et américain : vocabulaire

S'il existe très peu de différences grammaticales entre ces deux variétés d'anglais, les différences lexicales sont considérables. Voici quelques exemples.

britannique	américain	français
angry	mad	en colère
anywhere	anyplace	n'importe où, quelque part
autumn	fall, autumn	automne
barrister, solicitor	attorney	avocat, notaire
car park	parking lot	parking
corn, wheat	wheat	blé
(potato) crisps	(potato) chips	chips
cross roads	intersection	carrefour
CV	résumé	CV
engaged (phone)	busy	occupé
film	movie	film
flat	apartment	appartement
flat tyre, puncture	flat, blow-out	pneu crevé
ground floor	first floor	rez-de-chaussée
handbag	purse, pocket-book	sac à main
holiday(s)	vacation	vacances
lift	elevator	ascenseur
lorry	truck	camion
maize, sweet corn	corn	maïs
mad	crazy	fou
mark	grade	note (scolaire)
mean	stingy	radin
motorway	freeway, turnpike	autoroute
nasty, vicious	mean	méchant
pavement	sidewalk	trottoir
petrol	gas(oline)	essence
(work) placement	internship	stage (professionnel)
pub, bar	bar	café, bar
queue	stand in line	faire la queue
railway	railroad	chemin de fer

return (ticket)	round trip	aller-retour
reversed charge (call)	collect (call)	(appel) en p.c.v.
rise	raise	augmentation (de salaire)
road surface	pavement	chaussée
rubber	eraser	gomme (à effacer)
shop	store	magasin
single (ticket)	one-way	aller simple
somewhere	someplace	quelque part
stupid	dumb, stupid	stupide
sweets	candy	bonbons
tap	faucet	robinet
taxi	cab	taxi
trainers	sneakers	tennis (chaussures)
tin	can	boîte (en métal)
torch	flashlight	lampe de poche
trainee	intern	stagiaire
trousers	pants	pantalon
underground, tube	subway	métro
underpants	shorts	slip (d'homme)
zip	zipper	fermeture éclair

33   *another*

❶ Dans la plupart des cas, *another* est suivi d'un nom dénombrable au singulier ou utilisé comme pronom.

another (+ **singulier**) = « un(e) autre »

> Have **another** piece of cake
> Prends un autre morceau de gâteau.
> Give me **another**.
> Donne-m'en un autre.

Notez bien qu'*another* s'écrit toujours en un seul mot. ~~An another~~ n'existe pas.

❷ *Another* peut aussi être suivi d'un nom au pluriel précédé de *few* ou d'un nombre.

another (+ **pluriel**) = « encore » (quantité) ou « de plus »

> I'm staying for **another three weeks.**
> Je reste encore trois semaines.
> We need **another few chairs**.
> Nous avons besoin de quelques chaises de plus.

❸ **Ne confondez pas** *another* avec *the other(s)* (« l'autre », « les autres ») et *other(s)* (« d'autres »).

Pour la différence entre *other* et *others*, **277**.

ENTRAÎNEZ-VOUS !

Traduisez en anglais.
1. un autre morceau de pain 2. Est-ce que je peux en avoir un autre ? (Ne pas traduire « en ».) 3. J'ai besoin de quelques minutes de plus. 4. C'était dans un autre pays. 5. Est-ce que tu peux rester encore deux jours ? 6. Pouvez-vous me donner un autre verre, s'il vous plaît ?

CORRIGÉ

1. another piece of bread 2. Can (May) I have another? 3. I need another few minutes. 4. It was in another country. 5. Can you stay another two days? 6. Can you give me another glass, please?

Pour *one another*, **113**.

34 *any* (n'importe quel)

❶ *Any*

Any peut correspondre à « n'importe quel », ou à « tout » utilisé en ce sens. C'est souvent le cas dans des phrases affirmatives.

> **Any** day will suit me.
> N'importe quel jour me conviendra.
> He may arrive at **any** moment.
> Il peut arriver à tout moment.

❷ Les composés de *any*

Cet emploi de *any* se trouve aussi dans les composés *anything* (n'importe quoi), *anybody/anyone* (n'importe qui) et *anywhere* (n'importe où).

> "What would you like to drink?" "**Anything.**"
> « Qu'est-ce que vous voulez boire ? » « N'importe quoi. »
> "Where shall we sit?" "**Anywhere.**"
> « Où est-ce qu'on se met ? » « N'importe où. »

ENTRAÎNEZ-VOUS !

Mettez *any* ou l'un de ses composés.
1. "When would you like to come?" "Oh, ... time." 2. "Where would you like to live?" "... but not here." 3. She doesn't go out with ..., she's snobbish. 4. Our dog will eat ... you give him.

CORRIGÉ

1. any 2. Anywhere 3. anybody (anyone) 4. anything

Pour *any* = « du, de la, des, de », et la différence avec *some*, **370**.
Pour *not any* et *no*, **260**.
Pour les traductions de « tout », **393**.

35 *any* et *no* : adverbes

❶ *Any* et *no* peuvent se placer devant un **comparatif**, *any* pour l'atténuer et *no* pour renforcer la négation.

> Can you go **any faster**?
> Tu peux aller un peu plus vite ?
> The weather's **no better** than yesterday.
> Le temps n'est vraiment pas meilleur qu'hier.

❷ On peut aussi employer *any* et *no* avec **different**.

> You don't look **any different**.
> Tu n'as vraiment pas changé.
> She's **no different** from the rest.
> Elle n'est absolument pas différente des autres.

❸ Notez les expressions ***any/no good*** et ***any/no use*** (+ V-*ing*).

> Was the film **any good**?   It's **no use** crying.
> Il était bien, ce film ?   Ça ne sert à rien de pleurer.

Pour les autres emplois de *any, not any* et *no*, **370** et **260**.
Pour *much, far, a lot* et *even* + comparatif, **84**.

ENTRAÎNEZ-VOUS !

Mettez *any* ou *no*.
1. You don't look ... older than before. 2. Do you think the weather's going to get ... better? 3. This school isn't ... different from the last one. 4. You must be home ... later than 10 o'clock. 5. I'm afraid the film was ... good. 6. Is it ... use asking Mary to help?

CORRIGÉ

1. any 2. any 3. any 4. no 5. no 6. any

36 apprendre

❶ « Apprendre » (ce que fait un élève) = **to learn**.
   Did you **learn** German at school?
   Est-ce que vous avez appris l'allemand à l'école ?

❷ « Apprendre » au sens d' « enseigner » = **to teach**.
   I'll **teach** you tennis.
   Je t'apprendrai le tennis.

ENTRAÎNEZ-VOUS !
Traduisez en anglais:
1. Je vais apprendre le piano. 2. Qui t'a appris (prétérit) à jouer au rugby ? 3. Apprends-moi une chanson. *(a song)* 4. Je t'apprendrai à conduire.

CORRIGÉ
1. I'm going to learn the piano. 2. Who taught you to play rugby? 3. Teach me a song. 4. I'll teach you to drive.

❸ « Apprendre » (communiquer une information) = **to tell**.
   Ted **told** me that his father was dead; I didn't know.
   Ted m'a appris que son père était mort, je ne le savais pas.

❹ « Apprendre » (recevoir une information) = **to hear (about)**.
   I've **heard** that Jim is back.
   J'ai appris que Jim est de retour.
   I had just **heard about** her cousin's marriage.
   Je venais d'apprendre le mariage de son cousin.

Pour *hear about*, **173**.

ENTRAÎNEZ-VOUS !
Traduisez en anglais.
1. Je viens d'apprendre qu'ils se marient *(are getting married)*. 2. J'ai une bonne nouvelle *(some good news)* à t'apprendre. 3. Je viens d'apprendre la naissance *(birth)* de votre fils.

CORRIGÉ
1. I've just heard that they are getting married. 2. I have (I've got) some good news to tell you. 3. I've just heard about the birth of your son.

37 après

❶ En français, on emploie souvent « après » comme adverbe. En général, *after* ne s'emploie pas de cette manière. On peut alors utiliser ***afterwards*** ou ***after that***. Comparez :

   What shall we do **after** dinner?
   Qu'est-ce qu'on fait après dîner ? (préposition)
   What shall we do **afterwards / after that**? (et non ~~What shall we do after?~~)
   Qu'est-ce qu'on fait après ? (adverbe)

a

« Et après… » se traduit souvent par **and then**… (et non par ~~and after~~…).

I did the washing up, **and then** I went to bed.
J'ai fait la vaisselle, et après j'ai été me coucher.

❷ *After* s'emploie toutefois comme adverbe dans des expressions où il est précédé d'un nom ou d'un autre adverbe.

a few days **after**   shortly **after**   long **after**
quelques jours après   peu de temps après   longtemps après

ENTRAÎNEZ-VOUS !

Mettez *after*, *afterwards/after that* ou *then*.
1. We saw a film and went out for a drink … 2. They lived in Edinburgh … their marriage. 3. the day … tomorrow 4. I have to work now, but I'll be free … for a few hours. 5. I wrote some letters, and … I had a bath. 6. Years …, I understood what had really happened.

CORRIGÉ

1. afterwards (after that) 2. after 3. after 4. afterwards (after that) 5. then (afterwards/after that) 6. after

Pour *after* + V-ing, **201** et **203**.

38 arriver

❶ « Arriver à » (dans un lieu) = **to arrive** (**at/in**), **to get** (**to**).

We **arrived at** the station just before six. (et non ~~We arrived to~~ …)
Nous sommes arrivés à la gare juste avant six heures.
The train **arrives in** Paris tomorrow morning.
Le train arrive à Paris demain matin.
I'll **get to** the ice rink before you.
J'arriverai à la patinoire avant toi.

Pour la différence entre *at* et *in* (+ lieu), **52** et **54.3**.

❷ « Arriver » (se passer, se produire) = **to happen** (**165**).

It **happened** during the night.
C'est arrivé pendant la nuit.

❸ « Arriver à » (réussir à faire quelque chose) = **to manage** (to do something).

I can't **manage to** lift it.   I'll never **manage!**
Je n'arrive pas à le soulever.   Je n'y arriverai jamais !

❹ « Arriver » (venir) = **to come.**

"Hurry up." "**I'm coming!**"   Look, the bus is **coming**.
« Dépêche-toi ! » « J'arrive ! »   Regarde, le bus arrive.

❺ « Qu'est-ce qui t'arrive ? » = **What's the matter with you?**

❻ « (Est-ce que) ça t'arrive de… ? » = ***Do you ever* …?** (**129**)

Do you ever think about your own death?
Est-ce que ça t'arrive de penser à ta propre mort ?

ENTRAÎNEZ-VOUS !

Traduisez en anglais.
1. Elle est arrivée à cinq heures. 2. À quelle heure êtes-vous arrivé à l'hôtel ? *(What time ...?)* 3. On *(We)* arrivera à Los Angeles demain soir. 4. Je n'arrive pas à les comprendre. 5. Sais-tu ce qui est arrivé hier ? 6. « Où est Jennifer ? » « Elle arrive. » 7. Ça t'arrive d'oublier ton numéro de téléphone ? 8. Qu'est-ce qui leur arrive ?

CORRIGÉ

1. She arrived at five (o'clock). 2. What time did you arrive at the hotel? 3. We'll arrive at Los Angeles tomorrow evening. 4. I can't manage to understand them. 5. Do you know what happened yesterday? 6. "Where's Jennifer?" "She's coming." 7. Do you ever forget your (tele)phone number? 8. What's the matter with them?

39 articles (1) : *a/an* (cas général)

❶ On emploie généralement *a* devant une consonne et *an* devant une voyelle.

 a school *an* animal

Le choix entre *a* et *an* dépend, en fait, de la prononciation et non de l'orthographe. Comparez :

 a house /haʊs/ *an* (h)our /aʊə/
 a university /juːnɪˈvɜːsətiː/ *an* umbrella /ʌmˈbrelə/
 a one-hour lesson /wʌn/ *an* ocean /ˈəʊʃən/

NOTEZ

Il y a très peu de mots dans lesquels le *h* n'est pas prononcé : les plus importants sont *hour, honour* et *honest*.

Pour la lecture des signes phonétiques, **337**.
Pour *another* (écrit en un seul mot), **33**.

❷ Dans l'ensemble, *a/an* s'emploie comme l'article indéfini « un(e) » français.

 I've got **a** dog. She lives in **an** old house.
 J'ai un chien. Elle habite dans une vieille maison.

Pour les exceptions, **40**.

❸ *A/an* n'a pas de pluriel.

 a school → schools **an** animal → animals
 une école → des écoles un animal → des animaux

On emploie parfois *some* comme équivalent de « des » : pour les détails, **370**.

ENTRAÎNEZ-VOUS !

1 Mettez *a* ou *an*.
... woman 2. ... ice cream 3. ... horse 4. ... uniform /ˈjuːnɪfɔːm/ 5. ... accident 6. ... horrible dream 7. ... one-way street 8. ... MP /emˈpiː/ *(député)* 9. ... euro /ˈjuːrəʊ/

2 Traduisez en anglais, sans employer *some*.
un hôtel - des hôtels - une orange - des oranges - des garçons - des fleurs - un autre jour - une chose impossible

CORRIGÉ

1. 1. a 2. an 3. a 4. a 5. an 6. a 7. a 8. an 9. a
2. a hotel – hotels – an orange – oranges – boys – flowers – another day – an impossible thing

40 articles (2) : *a/an* (cas particuliers)

❶ Les professions, etc.

Lorsqu'on définit la profession, le rôle ou le statut de quelqu'un, il faut employer *a/an*.

> My father's **a** mechanic.   She's **an** invalid.
> Mon père est mécanicien.   Elle est invalide.

❷ Les prépositions

On n'omet pas *a/an* après les prépositions.

> **without an** umbrella (et non ~~without umbrella~~)
> sans parapluie
> I used my shoe **as a** hammer.
> J'ai utilisé ma chaussure comme marteau.

Pour des exceptions, **43.11**.

❸ *What* et *such*

Après *what* et *such*, on emploie *a/an* devant les dénombrables singuliers.

> **What a** nice dress!   It's **such a** pity.
> Quelle jolie robe !   C'est tellement dommage !

❹ *Twice a day*, etc.

Notez l'emploi de *a/an* dans les expressions de fréquence, vitesse, etc. (en français « par », « à »).

> twice **a** day   50 miles **an** hour   € 100 **a** week
> deux fois par jour   80 km à l'heure   100 € par semaine

❺ Expressions

Notez l'emploi de *a/an* dans :

> to have **a** headache   to have **a** sore throat
> avoir mal à la tête   avoir mal à la gorge
> to have **a** sense of humour   to have **a** clear conscience
> avoir le sens de l'humour   avoir la conscience tranquille

ENTRAÎNEZ-VOUS !

Traduisez en anglais.
1. Mon frère est dentiste. 2. Ne sors pas sans manteau. 3. Quelle belle journée! 4. C'est un tel problème *(problem)* ! 5. Elle m'écrit trois fois par semaine. 6. Il a le sens de l'humour.

CORRIGÉ

1. My brother is (My brother's) a dentist. 2. Don't go out without a coat. 3. What a nice (beautiful/fine/lovely) day! 4. It's such a problem! 5. She writes to me three times a week. 6. He has (He's got) a sense of humour.

6 *Quite* et *rather*

En général, *a/an* se place après *quite* (« assez », 347) et *rather* (« plutôt », 348).

It's **quite an** original idea.
C'est une idée assez originale.

She's **rather a** nice girl.
C'est une fille plutôt sympa.

7 *As, so, too* et *how*

— En anglais littéraire, l'article se place **après** l'adjectif dans les structures avec *as, so, too* et *how*.

as large a room as possible
une pièce aussi grande que possible
too hard a task
une tâche trop difficile

so beautiful a day
une si belle journée
How wonderful a sensation!
Quelle merveilleuse sensation!

— Dans un style plus familier, on dira plutôt :

a room that's as large as possible
a task that's too hard

such a beautiful day
such a wonderful sensation

Pour *half a/an*, 164 .
Pour *a/an* et *one*, 270 .

41 articles (3) : *the* (cas général)

1 *The* se prononce généralement /ðə/ devant une consonne et /ði:/ devant une voyelle.

the /ðə/ **s**chool   **the** /ði:/ **a**nimal

Le choix entre /ðə/ et /ði:/ dépend, en fait, de la prononciation et non de l'orthographe. Comparez :

the house /ðə haʊs/
the university /ðə juːnɪˈvɜːsətiː/
the one-hour lesson /ðə wʌn/

the (h)our /ði: aʊə/
the umbrella /ði: ʌmˈbrelə/
the ocean /ði: ˈəʊʃən/

NOTEZ

Il y a très peu de mots dans lesquels le *h* n'est pas prononcé : les plus importants sont *hour, honour* et *honest*.

Pour la lecture des signes phonétiques, 337 .

2 *The* a le même sens que l'article défini « le, la, les » en français, et souvent le même emploi.

the sun   **the** sea   **The** guests are here.
le soleil   la mer   Les invités sont là.

Mais « le, la, les » ne se traduisent pas toujours par *the* (42 et 43).

ENTRAÎNEZ-VOUS !

Traduisez en anglais et lisez à haute voix.

l'orange - le chat - la lune - l'université - le président américain - la main - la fin

CORRIGÉ

the /ði:/ orange – the cat – the moon – the /ðə/ university – the /ði:/ American president – the /ðə/ hand – the /ði:/ end

42 articles (4) : *the* (généralisations)

❶ En règle générale, on n'emploie pas *the* dans les généralisations, **même si le nom est précédé d'un adjectif**.

> I like **nature.** (et non ~~the nature~~)
> J'aime la nature.
> I don't like **towns**. (et non ~~the towns~~)
> Je n'aime pas les villes.
> **Indian tea** is the best in the world. (et non ~~The Indian tea~~ ...)
> Le thé indien est le meilleur du monde.

Dans les exemples précédents, il s'agit de la nature, des villes et du thé indien « en général ».

Autres exemples :

society	**Life** is hard.
la société	La vie est dure.
space	**Meat** is expensive.
l'espace	La viande est chère.

❷ Lorsqu'il ne s'agit pas d'une généralisation, on emploie l'article défini comme en français. Comparez :

I like **music**.	I didn't like **the music** in the film.
J'aime la musique (en général).	Je n'ai pas aimé la musique du film.
Children are tiring.	**The children** were tiring yesterday.
(Tous) les enfants sont fatigants.	Les enfants ont été fatigants hier.
People are strange.	**The people** that he knows are strange.
Les gens sont bizarres.	Les gens qu'il connaît sont bizarres.

❸ On emploie parfois *the* pour généraliser avec les dénombrables singuliers.

> Who invented **the telephone**?
> Qui a inventé le téléphone ?
> **The whale** is a protected species.
> Les baleines sont une espèce protégée.
> I love **the sea**.
> J'adore la mer.
> Do you prefer going to **the cinema** or to **the theatre?**
> Tu préfères aller au cinéma ou au théâtre ?

NOTEZ

On dit *listen to **the** radio, on **the** radio,* mais *watch television/TV, on television/TV* (et non ~~the television/TV~~).

ENTRAÎNEZ-VOUS !

Mettez *the* ou Ø.

1. These days, ... hotels are very expensive. 2. ... British hotels are even more expensive than ... French ones. 3. ... people are more interesting than ... books. 4. Did you like ... books that I gave you? 5. The origin of ... life is a mystery. 6. I'm studying ... life of Beethoven. 7. ... milk contains a lot of protein. 8. Did you remember to put ... milk in ... fridge? 9. Not everybody appreciates ... modern art. 10. I don't go to ... cinema much; I prefer to watch ... television.

CORRIGÉ

1. ø 2. ø 3. ø 4. the 5. ø 6. the 7. ø 8. the, the 9. ø 10. the, ø

43 articles (5) : *the* (cas particuliers)

① Titre + nom propre : sans *the*.

> King John (et non ~~the King John~~)
> le roi Jean
>
> President Lincoln
> le président Lincoln

② Les noms de villes + principaux bâtiments : généralement sans *the*.

> Oxford University (et non ~~the Oxford University~~)
> l'université d'Oxford
>
> Leeds Town Hall
> l'hôtel de ville de Leeds
>
> Birmingham Airport
> l'aéroport de Birmingham

③ Les noms propres à la forme possessive : sans *the*.

> Jack's coat (et non ~~the Jack's coat~~)
> le manteau de Jack
> Julie's brother
> le frère de Julie

④ Les noms de repas : souvent sans *the*.

> What time will you have **breakfast**? (et non ...~~have the breakfast~~?)
> Vous prendrez le petit déjeuner à quelle heure ?
> **Dinner**'s ready!
> À table ! (Le dîner est servi.)

⑤ Les noms de jeux et de sports : normalement sans *the*.

> Arthur's playing **tennis** just now. (et non ~~playing the tennis~~)
> Arthur joue au tennis en ce moment.

⑥ Les noms d'instruments de musique : parfois sans *the*, surtout quand il s'agit de jouer d'un instrument.

> He learnt **(the) guitar** from his father.
> Il a appris la guitare avec son père.
> That was Miles Davis on **trumpet**.
> C'était Miles Davis à la trompette.

ENTRAÎNEZ-VOUS !

Traduisez en anglais.
1. la reine - la reine Elizabeth 2. la gare de Folkestone 3. la maison de Monica 4. Voulez-vous déjeuner avec moi ? 5. Je n'aime pas le football. 6. Le président Smith prendra le thé à l'hôtel de ville de Portsmouth.

CORRIGÉ

1. the Queen – Queen Elizabeth 2. Folkestone Station 3. Monica's house 4. Do you want (Would you like) to have lunch with me? 5. I don't like football. 6. President Smith will (is to) have tea at Portsmouth Town Hall.

⑦ Les noms de langues : sans *the*.

> **French** is threatened.
> Le français est menacé.

8 Les **noms de pays** : normalement sans *the*.

France	Japan	Australia
la France	le Japon	l'Australie

Exceptions : les noms de pays qui contiennent un nom commun et ceux qui sont au pluriel.

the United **Kingdom**	**the** United **States**/**the** USA
le Royaume-Uni	les États-Unis
the Philippines	**the** Netherlands
les Philippines	les Pays-Bas

9 Les **autres noms géographiques :** le plus souvent comme en français. Quelques exceptions :

Mount Everest, **Mont** Blanc …	**Lake** Michigan, **Lake** Geneva …
l'Everest, le Mont Blanc…	le lac Michigan, le lac de Genève…

10 « **Le lundi** », « **le mardi** », etc. se traduisent sans *the* (mais avec une préposition).

I always go to the country **on Saturday(s)**.
Je vais toujours à la campagne le samedi.

11 **Expressions fixes fréquentes** sans *the* :

at/to/from school	at/to university
in/to/out of prison	at/to/from work
in/to/out of bed	at night
to/at/in church	by car/train, etc.
at/from home	on television
in/to hospital	on holiday (en vacances)
to go to sleep (s'endormir)	

12 « **Il a les yeux bleus** », etc. Ces expressions peuvent se traduire de deux façons différentes, mais toujours sans *the*.

He's got **blue eyes**.	She's got **pink cheeks**.
His eyes are blue.	Her cheeks are pink.
Il a les yeux bleus.	Elle a les joues roses.

13 *The … of a …* Comparez l'emploi des articles en français et en anglais :

the mother **of a** family	**the** wheel **of a** bicycle
une mère de famille	une roue de bicyclette

ENTRAÎNEZ-VOUS !

Traduisez en anglais.
1. Je sors souvent le samedi. 2. L'anglais est une très belle langue. 3. Il habite aux États-Unis. 4. Nous sommes en vacances cette semaine. 5. Elle a les cheveux blonds. 6. Mon grand-père est à l'hôpital.

CORRIGÉ

1. I often go out on Saturday(s). 2. English is a very beautiful (nice) language. 3. He lives in the United States (the USA / the US). 4. We are on holiday this week. 5. She has (She's got) fair (blonde) hair. 6. My grandfather is in hospital.

Pour l'omission de *the* après *all* et *both*, **20** et **67**.
Pour *mine, yours* (« le mien », etc.), **300**.
Pour *next* et *the next*, **250**. Pour *last* et *the last*, **217**.

44 as ... as

1 *As ... as* = « aussi… que ».

Cette structure s'emploie avec un adjectif seul (sans nom) ou avec un adverbe.

> She's **as tall as** me now.
> Elle est aussi grande que moi maintenant.
> My motorbike goes **as fast as** yours.
> Ma moto roule aussi vite que la tienne.

2 *Not as/so ... as* = « pas aussi… que », « moins… que ».

> It's not **so/as cold as** yesterday.
> Il fait moins froid qu'hier.
> I don't walk **as fast as** you.
> Je ne marche pas aussi vite que toi.

3 « Deux fois plus… que », « trois fois plus… que », etc. = ***twice as ... as, three times as ... as***, etc.

> He's **twice as strong as** me.
> Il est deux fois plus fort que moi.

4 Dans un style familier, on emploie un pronom personnel complément (*me, him*, etc.) après *as* (**323.5**). Dans un style plus soigné, on emploie un pronom sujet (*I, he*, etc.) + auxiliaire.

> She's as tall as **me**. (style familier)
> She's as tall as **I am**. (style soigné)

5 Notez la tournure ***as ... as possible*** (« le plus… possible »).

> Please do it **as quickly as possible.**
> Faites-le le plus vite possible, s'il vous plaît.

ENTRAÎNEZ-VOUS !

Traduisez en anglais.

1. Elle est aussi intelligente que sa sœur. 2. Je suis moins fatigué qu'hier. 3. Nous sommes venus le plus vite possible. (prétérit) 4. Il fait deux fois plus froid que ce matin. 5. Je ne travaille pas aussi bien que toi. 6. Je sors moins souvent qu'autrefois (*I used to*).

CORRIGÉ

1. She's as intelligent as her sister. 2. I'm not as (so) tired as yesterday. 3. We came as quickly (fast) as possible. 4. It's twice as cold as this morning. 5. I don't work as/so well as you. 6. I don't go out as often as/so I used to.

Pour *as much/many as*, **49**.
Pour *as long as*, **48**.
Pour *as well as*, **25.2**.

45 — *as* et *like*

❶ *As* et *like* peuvent tous deux correspondre à « **comme** » mais ne s'emploient pas de la même manière. En principe, on utilise :

as + sujet + verbe ***as*** + préposition	***like*** + nom ou pronom personnel complément
He's a doctor, **as his father and grandfather were** before him. Il est médecin, comme son père et son grand-père l'étaient avant lui. It happened **as in** a dream. Ça s'est passé comme dans un rêve.	My sister isn't **like me**, she's more **like my mother**. Ma sœur n'est pas comme moi, elle est plutôt comme ma mère.

Notez ces autres exemples avec *as* :

as you like   as she said
comme vous voulez   comme elle a dit

❷ *As* peut aussi s'employer devant un nom. C'est alors une préposition qui correspond à « comme » au sens de « **en tant que** ».

He worked **as a bus driver**.
Il a travaillé comme conducteur d'autobus.
I used my shoe **as a hammer.**
J'ai utilisé ma chaussure comme marteau.

ENTRAÎNEZ-VOUS !

Mettez *as* ou *like*.
1. There aren't many people … you. **2.** I like to eat pork with apple sauce, … they do in England. **3.** You look … your father. **4.** I can resist anything except temptation, … Oscar Wilde said. **5.** I'd like to cross Africa in a balloon, … they did in Jules Verne's story. **6.** My friend Frank is … a brother to me. **7.** I love the sea, in summer … in winter. **8.** I'm going to work … a tourist guide during the summer.

CORRIGÉ

1. like 2. as 3. like 4. as 5. as 6. like 7. as 8. as

NOTEZ

En anglais parlé, on emploie souvent *like* au lieu de *as* devant un verbe.

Nobody loves you **like I do.**
Personne ne t'aime comme moi.

46 — *as* et *since*

As (« comme ») et *since* (« puisque ») peuvent exprimer la **cause**. *Since* est assez formel.

As she was not ready, I went out without her.
Comme elle n'était pas prête, je suis sortie sans elle.

Since you never reply to my emails, I'll stop writing to you.
Puisque tu ne réponds jamais à mes mails, je ne t'écrirai plus.

Pour *since* = « depuis (que) », **100** et **363**.
Pour *as* (sens temporel), **119**.3.

47 *as if* et *as though*

❶ *As if* et *as though* ont le même sens. Ils s'emploient souvent après *look, seem* et *feel* pour exprimer une **impression**. L'équivalent français est alors « avoir l'air », « avoir l'impression » ou « on dirait que ». Attention à la concordance des temps.

She **looks/seems as if** she's enjoying herself.
Elle a l'air de bien s'amuser.
I **felt as though** I was falling.
J'avais l'impression de tomber.
It **looks as if** it's going to rain.
On dirait qu'il va pleuvoir.

ENTRAÎNEZ-VOUS !
Traduisez en anglais.
1. Il a l'air d'avoir faim. (Utilisez « look ».) **2.** J'ai l'impression de rêver. (Utilisez « feel ».) **3.** On dirait qu'elle ne comprend pas. **4.** Il avait l'air de réfléchir. **5.** On dirait que vous avez froid. **6.** J'avais l'impression d'être seul au monde.

CORRIGÉ
1. He looks as if (though) he's hungry. **2.** I feel as if (though) I'm dreaming. **3.** She looks (seems) as if (though) she doesn't understand. **4.** He looked (seemed) as if (though) he was thinking. **5.** You look as if (though) you're cold. (You look cold.) **6.** I felt as if (though) I was alone in the world.

❷ Dans un style familier (et surtout en américain), *like* s'emploie souvent au lieu de *as if/though*.

I feel **like** I've got a cold.
Je crois bien que j'ai attrapé un rhume.

48 *as long as* (et *provided that*)

❶ *As long as* = « du moment que », « à condition que/de »

I'll lend you my motorbike **as long as** you buy some petrol.
Je te prête ma moto à condition que tu achètes de l'essence.

So long as et *provided* (*that*), un peu plus formel, expriment la même idée.

I'll be here at six **so long as** the train's not late.
Je serai là à six heures à condition que le train ne soit pas en retard.
The economy will improve, **provided that** we can control inflation.
La situation économique s'améliorera, pourvu que nous puissions maîtriser l'inflation.

2 As long as = « tant que »

— Attention à la concordance des temps.

> I'll stay here **as long as** you need me (présent, **155**.1).
> Je resterai là tant que vous aurez besoin de moi.

— Notez qu'une proposition négative avec « tant que » se traduit par une proposition **affirmative** avec *until*.

> We can't start **until she's agreed** (present perfect, **155**.2).
> Nous ne pouvons (pourrons) pas commencer tant qu'elle n'a pas (n'aura pas) donné son accord.

ENTRAÎNEZ-VOUS !

Traduisez en anglais.
1. Je resterai à la campagne tant qu'il fera beau. 2. Nous viendrons ce soir à condition que tu invites Maria. 3. Tu peux manger avec nous à condition de nous aider. 4. Du moment que j'ai des amis, je suis heureux. 5. Tant que tu n'auras pas téléphoné, il ne saura rien. 6. Vous pouvez y aller pourvu que vous soyez de retour *(back)* à 9 heures.

CORRIGÉ

1. I'll stay in the country as long as it's fine. 2. We'll come this evening as/so long as (provided that) you invite Maria. 3. You can eat with us as/so long as (provided / provided that) you help us. 4. As long as/so long as I have friends, I'm happy. 5. Until you've (tele)phoned, he won't know anything. 6. You can go (there) provided / provided that you're back at nine (o'clock).

49   as much/many ... as

1 *As much/many ... as* = « autant de… que ».

Not as much/many ... as (ou *not so much/many…as*) = « pas autant de… que ».

— *As much* s'emploie devant un **singulier** ; *as many* devant un **pluriel** (**243**).

> There's **as much traffic** in London **as in Paris**.
> Il y a autant de circulation à Londres qu'à Paris.
> There aren't **so many parks** in Paris **as** in London.
> Il n'y a pas autant de parcs à Paris qu'à Londres.

— On peut employer ces tournures sans nom, ou avec un nom sous-entendu.

> I don't work **as much as** I should.
> Je ne travaille pas autant qu'il le faudrait.
> "Look at my posters." "I haven't got **as many as** you."
> « Regarde mes posters. » « Je n'en ai pas autant que toi. »

2 *Twice as much/many ... as*, etc. = « deux fois plus… que », etc.

> There's **three times as much** traffic today as yesterday.
> Il y a trois fois plus de circulation aujourd'hui qu'hier.

3 *As much/many ... as possible* = « le plus possible de… ».

> We need **as much space as possible** for the exhibition.
> Il nous faut le plus possible de place pour l'exposition.
> Please send us **as many copies as possible**.
> Veuillez nous envoyer le plus possible d'exemplaires.

ENTRAÎNEZ-VOUS !

Traduisez en anglais.
1. Je n'ai pas autant de temps libre que l'année dernière. 2. Il y a autant de restaurants japonais *(Japanese)* à Londres qu'à Paris. 3. Vous pouvez manger autant que vous voulez pour 12 €. 4. « Est-ce que tu as beaucoup de cousins ? » « Pas autant que toi. » 5. Il n'y a pas autant d'essence *(petrol)* que je croyais. 6. J'ai deux fois plus d'amis que ma sœur. 7. Il me faut le plus possible d'argent. 8. J'ai invité le plus possible de gens.

CORRIGÉ

1. I haven't got (haven't/don't have/do not have) as (so) much free time as last year. 2. There are as many Japanese restaurants in London as in Paris. 3. You can eat as much as you want (like) for £12. 4. "Have you got many cousins?" "Not as (so) many as you." 5. There isn't as (so) much petrol as I thought. 6. I have (I've got) twice as many friends as my sister. 7. I need as much money as possible. 8. I (have) invited as many people as possible.

50 ask

❶ Ask (for) something

« Demander une chose ou un service » = *to ask **for** something*.
« Demander un renseignement » = *to ask something*.

> I **asked for** a glass of water.
> J'ai demandé un verre d'eau.
>
> I **asked** the time.
> J'ai demandé l'heure.

❷ Ask somebody (for) something

On ne met pas *to* devant l'objet indirect (la personne à laquelle on fait la demande).

> I **asked Mark for** a glass of water.
> J'ai demandé un verre d'eau à Mark.
> I **asked Mary** the time. (et non I asked the time to Mary.)
> J'ai demandé l'heure à Mary.

ENTRAÎNEZ-VOUS !

1 Mettez *for* où c'est nécessaire.
1. I asked ... his name. 2. He asked me ... money. 3. I'll ask ... an appointment *(rendez-vous)* with Mr Brown. 4. She asked me ... a glass of wine. 5. We asked ... the way *(le chemin)* to the church.

2 Traduisez en anglais.
1. Demande à Harry. 2. Je demanderai à Sophie de venir. 3. Peux-tu demander à Dan son adresse ? 4. J'ai demandé l'heure à mon voisin. 5. Demande le chemin à un agent de police. 6. Il demanda de l'aide à mon père.

CORRIGÉ

1 1. Ø 2. for 3. for 4. for 5. Ø
2 1. Ask Harry. 2. I'll ask Sophie to come. 3. Can you ask Dan his address? 4. I asked my neighbour the time. 5. Ask a policeman the way. 6. He asked my father for help.

51 — asleep, sleeping et sleepy

1 *Asleep* = « endormi » ; on emploie souvent **to be asleep** (« dormir ») et, en anglais soigné, *to fall asleep* (« s'endormir »).

> She's **asleep**. (plutôt que She's sleeping.)
> Elle dort.
> I **fell asleep** at once.
> Je me suis endormi tout de suite.

Notez qu'en anglais courant, on dirait plutôt *I went to sleep at once.*

2 *Asleep* ne peut pas être utilisé devant un nom.

> a **sleeping** baby (et non ~~an asleep baby~~)
> un bébé endormi

3 Ne confondez pas *asleep* et **sleepy**.

> She's **sleepy**.
> Elle a sommeil.

ENTRAÎNEZ-VOUS !

Traduisez en anglais.
1. J'ai sommeil. 2. Est-ce que tu dors ? 3. Je me suis endormi à trois heures. 4. La femme était endormie. 5. une femme endormie

CORRIGÉ

1. I'm sleepy. 2. Are you asleep? 3. I fell asleep at three o'clock. 4. The woman was asleep. 5. a sleeping woman

52 — at, in, on (lieu)

1 En règle générale, quand on parle du lieu où se trouve quelqu'un ou quelque chose : **at** = « à », **in** = « dans » et **on** = « sur ».

> **at** school   **in** the house   **on** the table
> à l'école   dans la maison   sur la table

2 Dans les **adresses**, on emploie *at* devant le numéro d'une maison. (Il peut n'y avoir aucune préposition en français.)

> She lives **at** number 73.
> Elle habite au 73.
> I live **at** 15 Anderson Gardens.
> J'habite 15, Anderson Gardens.

Mais on dit **in** devant le nom d'une **rue** ou d'une **ville**.

> My doctor lives **in** Nelson Street.
> Mon médecin habite Nelson Street.
> Shakespeare lived **in** Stratford.
> Shakespeare habitait à Stratford.

3 La préposition « à » ne se traduit pas lorsqu'on indique une distance.

> I live three miles from here.
> J'habite à cinq kilomètres d'ici.
> Two hundred yards from my house there's a chemist's.
> À deux cents mètres de chez moi, il y a une pharmacie.

4 On emploie *on* pour parler des **trains**, des **autobus** et des **avions**.

> He's arriving **on** the 3.15 train.
> Il arrive par le train de 15 h 15.
> There's no room **on** the bus, so let's get off again.
> Il n'y a pas de place dans l'autobus, alors redescendons.

Notez l'emploi de *off* (contraire de *on*) dans le dernier exemple.

Pour *by bus*, etc., **307**.

5 *On* s'emploie aussi pour désigner l'**étage** dans une maison.

> I live **on** the 5th floor.
> J'habite au 5ᵉ étage.

6 On dit :

> **at** home/school/work/university/college (**138**),
>
> **in** bed (au lit), **in** hospital (à l'hôpital) et **in** prison (en prison),
> **in** the picture/cartoon/photo (sur l'image, etc.),
> **in** heaven (au ciel/au paradis), **in** the rain (sous la pluie),
> **in** a hat/glasses (avec un chapeau/des lunettes),
>
> **on** page 30 (page 30), mais **in** line 13 (à la ligne 13).

7 Quand il y a un **changement de lieu**, l'emploi des prépositions est tout à fait différent. Comparez :

> He's **at** school.   He's gone **to** school.
> Il est à l'école.   Il est parti à l'école.

Pour les détails, **54**.

ENTRAÎNEZ-VOUS !

Mettez *at, in, on* ou Ø.

1. I live … 62, High Street. 2. It's … half a mile from here. 3. I've got a flat … the second floor. 4. We're leaving for New York … the first plane tomorrow. 5. I was … university from 1995 to 1998. 6. My sister lives … George Street. 7. There's a word that I don't understand … page 25. 8. It's … line 13. 9. I like walking … the rain. 10. She's arriving … the next train.

CORRIGÉ

1. at 2. Ø 3. on 4. on 5. at 6. in 7. on 8. in 9. in 10. on

53 — at, in, on (temps)

1 **At** s'emploie pour indiquer à quelle **heure** une action se produit.

> I'll be there **at** six o'clock. She arrives **at** 7.15.
> Je serai là à six heures. Elle arrive à 7 h 15.

Mais on dit normalement *What time …?* sans préposition.

> **What time** will you be ready?
> À quelle heure seras-tu prêt ?

2 On dit **at** *Christmas* (« à Noël »), **at** *Easter* (« à Pâques »), etc. ; **at** *weekends/* **at** *the weekend*.

> What are you doing **at Christmas**?
> Qu'est-ce que tu fais à Noël ?
> I often go skiing **at weekends**.
> Je fais souvent du ski le week-end.

3 Pour traduire « le matin », « l'après-midi », etc. (compléments de temps), on dit **in** *the morning/afternoon/evening* mais **at** *night*.

> I usually stay at home **in the evening.**
> Je reste généralement chez moi le soir.
> I love walking **at night.**
> J'adore marcher la nuit.

4 On emploie **in** avec les **mois**, les **années** et les **siècles**.

> **in** July **in** 1945 **in** the 21st century
> en juillet en 1945 au xxıe siècle

5 **On** s'emploie devant les **noms de jour** et les **dates précises.**

> She arrived **on Monday.** I do yoga **on Fridays.** (pluriel)
> Elle est arrivée lundi. Je fais du yoga le vendredi.
> See you **on Tuesday evening.** He died **on April 7th.**
> À mardi soir. Il est mort le 7 avril.

Rappel

le matin : **in** the morning	en avril : **in** April
(le) lundi : **on** Monday(s)	le 7 avril : **on** April 7th
le lundi matin : **on** Monday mornings	en 1945 : **in** 1945
la nuit : **at** night	le 7 avril 1945 : **on** April 7th, 1945

ENTRAÎNEZ-VOUS !

Mettez *at, in, on* ou Ø.

1. I'll be free … four o'clock. 2. I don't like getting up … the morning. 3. What are you doing … Saturday evening? 4. We're going to Portugal … Easter. 5. I was born … August. 6. I'm always busy … weekends. 7. Our neighbours make a lot of noise … night. 8. My birthday is … March 21st. 9. … what time will you be ready? 10. Shakespeare was born … the 16th century.

CORRIGÉ

1. at 2. in 3. on 4. at 5. in 6. at 7. at 8. on 9. Ø 10. in

54 · *at, in* et *to*

❶ On emploie *at* ou *in* quand il n'y a **pas de changement de lieu** (par exemple après *be, stay*).

He**'s at** school.　　Lucy **is at** Dan's.　　I want to **stay in** bed.
Il est à l'école.　　Lucy est chez Dan.　　Je veux rester au lit.

Pour le choix entre *at* et *in*, **52**.

❷ En règle générale, on emploie *to* lorsqu'il y a un **changement de lieu** (par exemple, après *go, come, bring, take*).

Aren't you **going to** school? (et non ...~~going at school?~~)
Tu ne vas pas à l'école ?
Come to the cinema with us.
Viens au cinéma avec nous.
Lucy **went to** Dan's yesterday.
Lucy est allée chez Dan hier.
Take me **to** your room.
Emmène-moi dans ta chambre.

Exceptions :

— On ne met **pas *to*** devant *home*. Comparez :

He's **at home**.　　　　　　　　He came back **home** at five.
Il est chez lui.　　　　　　　　Il est rentré chez lui à 5 heures.

— Après ***arrive***, on emploie *at* (ou parfois *in* devant les noms de grandes villes).

We arrived **at** Chartres at 7.30. (et non ~~We arrived to Chartres~~...)
Nous sommes arrivés à Chartres à 7h30.
When we arrived **in** London, it was raining.
Quand nous sommes arrivés à Londres, il pleuvait.

ENTRAÎNEZ-VOUS !
Mettez *at, in, to* ou Ø.
1. I spent the evening ... Peter's. 2. Why don't you come ... our house next weekend? 3. Can you bring some discs ... the party? 4. It's time to go ... home. 5. She's been (*Elle est*) ... hospital for two weeks. 6. I usually drive ... work in the morning. 7. What time do we arrive ... the airport?

CORRIGÉ
1. at 2. to 3. to 4. Ø 5. in 6. to 7. at

❸ *At* s'emploie après certains verbes pour indiquer une **intention agressive**. Comparez :

He threw the ball **at** my face.　　　　He threw the ball **to** his partner.
Il m'a lancé la balle à la figure.　　　Il a lancé la balle à son partenaire.

Stop shouting **at** me!　　　　　　　　Shout **to** Lucy and tell her it's suppertime.
Arrête de crier après moi !　　　　　　Appelle Lucy et dis-lui que le dîner est prêt.

I don't like shooting **at** animals.
Je n'aime pas tirer sur les animaux.

4 Si l'on indique le but d'un déplacement **avant sa destination**, on emploie *at/in* devant celle-ci. Comparez :

Let's go and have coffee **at** John's.
Let's go **to** John's and have coffee.
Allons prendre un café chez John.

I went to see my father **in** India.
I went **to** India to see my father.
Je suis allé voir mon père en Inde.

ENTRAÎNEZ-VOUS !

Mettez *at*, *in* ou *to*.
1. Stop throwing stones *(des cailloux)* … your sister. 2. My neighbours are always shouting … their children. 3. I'm going … Heidelberg to study German. 4. I'm going to study German … Heidelberg.

CORRIGÉ

1. at 2. at 3. to 4. in (at)

Pour *in* et *into*, **190**.
Pour la traduction de « chez », **79**.

55   *at first* et *first*

Ne confondez pas *at first* et *first*.

1 *At first* = « au début », « au premier abord », parfois « d'abord ».

On l'emploie (souvent avec … *but*) pour marquer un contraste avec ce qui se passe plus tard.

At first they were happy, **but** then things went wrong.
Au début ils étaient heureux, mais après les choses ont mal tourné.
The work was hard **at first**, **but** I got used to it.
Le travail était dur au début, mais je m'y suis habitué.
At first I thought it was a burglar, **but** it was my husband.
J'ai d'abord cru que c'était un cambrioleur, mais c'était mon mari.

2 *First* = « d'abord », « en premier », « pour la première fois ».

First we'll do the shopping, **then** we'll write postcards, and after that we'll go swimming. (et non ~~At first we'll do the shopping~~ …)
D'abord on fera les courses, puis on écrira des cartes postales, et ensuite on ira se baigner.

It's mine : I saw it **first**! (et non … ~~I saw it at first!~~)
C'est à moi : c'est moi qui l'ai vu d'abord! (en premier)
I **first** met her at a party.
Je l'ai rencontrée pour la première fois à une soirée.

ENTRAÎNEZ-VOUS !

Mettez *at first* ou *first*.
1. … I thought she was his sister, but then I realised she was his wife. 2. I will always remember the day when I … saw you. 3. … I want to talk about our plans, then we'll discuss the cost. 4. I didn't like him … , but later we became good friends. 5. I wonder who will arrive … 6. … I thought English was hard, but now it's OK.

CORRIGÉ

1. At first 2. first 3. First 4. at first 5. first 6. At first

56 aussi

❶ « Aussi… que » = **as … as**.
« Pas aussi… que » = **not so/as … as** (44).

He's nearly **as** big **as** me.
Il est presque aussi grand que moi.
She's **not so/as** pretty **as** her sister.
Elle n'est pas aussi jolie que sa sœur.

❷ « Aussi » au sens de « si », « tellement » = **so** ou **such** (367).

I didn't know he was **so** stupid.
Je ne savais pas qu'il était aussi bête.
I've never seen **such** a wonderful landscape.
Je n'ai jamais vu un aussi beau paysage.

❸ « Aussi » au sens de « par conséquent » = **so, as a result** (240).

We did not have a lamp, **so** we had to go back.
Nous n'avions pas de lampe, aussi nous avons dû rebrousser chemin.

❹ « Aussi » au sens de « également » = **also, too** ou **as well** (25).

She **also** plays the guitar.
Elle joue aussi de la guitare.
I know his parents **too/as well**.
Je connais aussi ses parents.

ENTRAÎNEZ-VOUS !

Mettez *as, so* ou *also*.
1. I like jazz. I … like classical music. 2. I'm sorry you're … unhappy. 3. London is … far away … Amsterdam. 4. The weather was fine, … she decided to go for a walk. 5. He's very good-looking, and he's … a nice person. 6. I speak German … badly … English.

CORRIGÉ

1. also 2. so 3. as … as 4. so 5. also 6. as … as

Pour « moi aussi », « moi non plus », etc. 57 .

57 aussi : moi aussi, moi non plus

« Moi aussi » et « moi non plus » se traduisent différemment selon le niveau de langue.

❶ « Moi aussi »

me too (très familier)

I am too, I do too, etc. (familier)

so am I, so do I, etc. (neutre, 383.1)

"I'm tired." "**Me too**."
« Je suis fatigué. » « Moi aussi. »
"I hate this music." "**I do too.**"
« Je déteste cette musique. » « Moi aussi. »
"I've forgotten my watch." "**So have I.**"
« J'ai oublié ma montre. » « Moi aussi. »

❷ « Moi non plus »

nor me (très familier)

I'm not either, I don't either, etc. (familier, 117)

neither/nor am I, neither/nor do I, etc. (neutre, 383.2)

"I wouldn't like to end up in jail" "**Nor me.**"
« Je ne voudrais pas finir en prison. » « Moi non plus. »
"I can't understand a word." "**I can't either.**"
« Je ne comprends pas un mot. » « Moi non plus. »
"I haven't been on holiday this year" "**Neither have I.**"
« Je ne suis pas parti en vacances cette année. » « Moi non plus. »

ENTRAÎNEZ-VOUS !

Exprimez les réponses en italique d'une façon moins familière (deux possibilités).
1. "I'm bored." *"Me too."* 2. "I like doing nothing." *"Me too."* 3. "I haven't had breakfast yet." *"Nor me."* 4. "I don't like her attitude." *"Nor me."*

CORRIGÉ

1. So am I./I am too. 2. So do I./I do too. 3. Neither (Nor) have I./I haven't either. 4. Neither (Nor) do I./I don't either.

Pour les différentes traductions de « aussi », 56 .

58 avant

1 « Avant » se traduit généralement par ***before***.

> **before** Christmas
> avant Noël
>
> Where did you live **before?**
> Où vivais-tu avant ?

2 Mais lorsque « avant » signifie « d'abord », on utilise ***first*** ou ***before that***.

> I'll cook dinner, but I'll have a bath **first**. (et non … have a bath before.)
> Je veux bien faire le dîner, mais je prends un bain avant.
> They're going to get married, but **before that** she's got to find a job.
> Ils vont se marier, mais, avant, il faut qu'elle trouve un travail.

3 Une phrase française qui commence par « Avant,… » (ou « Autrefois… », « Auparavant… ») se traduit souvent par une phrase avec ***used to*** (398).

> I **used to** smoke, but now I've stopped. (et non Before, I smoked…)
> Avant, je fumais, mais maintenant j'ai arrêté.

ENTRAÎNEZ-VOUS !
Traduisez les mots en italique.
1. *avant* Pâcues 2. J'ai téléphoné *avant,* mais il n'y avait personne. 3. Je veux faire le tour du monde, mais *avant* il faut que je trouve de l'argent. 4. Je pars ce soir. Est-ce qu'on peut se voir *avant* ? 5. *Avant, je voyageais beaucoup,* mais je n'en ai plus envie. 6. *Avant, elle était très timide* (shy), mais elle a changé.

CORRIGÉ
1. before 2. before 3. first (before that) 4. before that (first) 5. I used to travel a lot. 6. She used to be very shy.

59 *be* : formes

❶ Affirmation

Be n'a de formes particulières qu'au présent et au prétérit. Aux autres temps, il se conjugue comme un verbe ordinaire (385).

présent	I am, you are, he/she/it is, we are, you are, they are
prétérit	I was, you were, he/she/it was, we were, you were, they were
futur	I will be, etc.
conditionnel	I would be, etc.
present perfect	I have been, etc.
pluperfect	I had been, etc.
futur antérieur	I will have been, etc.
conditionnel passé	I would have been, etc.
participes	being, been
impératif	be, don't be

Pour les contractions, 94 .

❷ Questions et négations

Il n'y a **jamais *do*** dans les questions et les phrases négatives. *Be* précède le sujet dans les questions, il est suivi de *not* dans les phrases négatives.

> **Are you** happy? (et non <del>Do you be …?</del>)
> Es-tu heureux ?
> They **were not** with us.
> Ils n'étaient pas avec nous.

Mais *do* s'emploie avec *be* aux impératifs négatif et emphatique (189).

> **Don't be** stupid!   **Do be** quiet.
> Ne sois pas bête !   Voulez-vous vous taire !

❸ Interronégation

L'interronégation suit la règle générale (346) sauf la forme contractée de la première personne du singulier. On dit *aren't I?* (mais *am I not?* en anglais formel).

> I'm lucky, **aren't I**? (et non … <del>Amn't I?</del>)
> J'ai de la chance, hein ?
> **Wasn't** he a cook?
> N'était-il pas cuisinier ?

❹ Formes progressives (en *be* + V-*ing*)

Be ne s'emploie pas normalement aux formes progressives. (On dit *I'm happy now* et non ~~*I'm being happy now.*~~)

▬ Mais on utilise la forme progressive pour parler du comportement actuel de quelqu'un.

> You**'re being** ridiculous!
> Tu te comportes d'une façon ridicule !
> That child**'s being** very good today.
> Cet enfant est très sage aujourd'hui.

▬ *Be* peut également se mettre à la forme progressive lorsqu'il est employé comme auxiliaire du passif.

> You**'re being** watched.
> On vous regarde.

ENTRAÎNEZ-VOUS !

1 **Traduisez en anglais les mots en italique.**
1. *Nous sommes* en retard. 2. *Il n'est* pas riche. 3. *Est-ce qu'elles sont* libres demain ? 4. *N'êtes-vous pas* Bob Wilson ? 5. *Nous étions* jeunes. 6. *Je n'ai pas été* surprise. (prétérit) 7. *Tu étais* triste hier. 8. *Est-ce qu'il sera* là ? 9. *Je ne serai pas* avec toi. 10. *Je serais* contente si je gagnais.

2 **Mettez *be* à la forme qui convient.**
1. I'm right, ... I? 2. I ... pleased if you come. 3. She ... pleased if you came. 4. ... you at home last night? 5. He has always ... lazy. 6. I ... never ... to Canada. But I'd like to. 7. What would you have done if you ... there? 8. Don't ... late! 9. I don't like ... looked at. 10. Stop it! You're ... stupid!

CORRIGÉ
1 1. We are (We're) 2. He is not (He isn't/He's not) 3. Are they 4. Aren't you be 5. We were 6. I was not (wasn't) 7. You were 8. Will he be 9. I will not (won't) be 10. I would (I'd) be
2 1. aren't 2. will be ('ll be) 3. would be ('d be) 4. Were 5. been 6. have ('ve) been 7. had ('d) been 8. be 9. being (to be) 10. being

Pour *ain't* (am/are/is not), **94.2** .
Pour *be* et *have*, **61** .

60 *be to* + V

❶ On emploie la structure *be to* + V en anglais formel, pour parler d'**actions établies à l'avance** (surtout lorsqu'il s'agit d'un programme officiel). Elle existe au présent et au passé.

> The President **is to visit** Canada next month.
> Le président se rendra en voyage officiel au Canada le mois prochain.
> The Foreign Minister **is to fly** to Moscow for urgent talks.
> Le ministre des Affaires étrangères doit se rendre à Moscou pour des entretiens urgents.
> I felt sad because **I was** soon **to leave** home.
> Je me sentais triste parce que je devais bientôt quitter la maison.

Was/were to + V peut exprimer l'idée de destin, de fatalité.
> He **was to die** at the age of 23.
> Il devait mourir à l'âge de 23 ans.

❷ Pour indiquer qu'une action prévue ne s'est pas réalisée, on emploie *was/were to* + **infinitif passé**.
> She **was to have arrived** last week, but she was delayed.
> Elle devait arriver la semaine dernière, mais elle a été retardée.

❸ L'expression *you're (not) to* +V est souvent utilisée pour donner des ordres, surtout aux enfants.
> You**'re to do** your homework, and you**'re not to watch** TV!
> Tu fais tes devoirs, et tu ne regardes pas la télé !

❹ Dans les instructions et les modes d'emploi, on utilise normalement *is/are* + **infinitif passif**.
> This medicine **is to be taken** twice a day. (et non ... ~~is to take~~...)
> Ce médicament est à prendre deux fois par jour.

❺ Ne confondez pas *be to* (actions établies à l'avance, ordres) et *have to* (obligation). Comparez :
> Our Japanese visitor **is to** leave on Friday.
> Notre visiteur japonais doit partir vendredi (c'est convenu).
> Our Japanese visitor **has to** leave on Friday.
> Notre visiteur japonais doit (est obligé de) partir vendredi.
>
> He **was to** write to us in English.
> Il devait (était censé) nous écrire en anglais.
> He **had to** write to us in English.
> Il devait (était obligé de) nous écrire en anglais.

ENTRAÎNEZ-VOUS !

Traduisez en anglais (utilisez *be to* +V).
1. Demain le président inaugurera *(to open)* un nouvel hôpital à New York. 2. Ce jour-là, j'ai vu pour la première fois la maison où nous devions passer dix ans de notre vie. 3. Vous ne devez pas lire mes lettres. 4. Tu dis merci à papa. 5. Vous prendrez le train à 8 h 15. 6. Les enfants ne doivent pas jouer avec ma chaîne hi-fi *(stereo)*. 7. Ce sirop *(syrup)* est à prendre tous les soirs. 8. Les soldes *(The sales)* doivent commencer la semaine prochaine.

CORRIGÉ

1. Tomorrow the President is to open a new hospital in New York. 2. That day I saw for the first time the house where we were to spend ten years of our lives. 3. You are not (You aren't/You're not) to read my letters. 4. You are (You're) to say thank you to Daddy. 5. You are (You're) to take the train at 8.15. 6. The children are not (aren't) to play with my stereo. 7. This syrup is to be taken every evening. 8. The sales are to begin (start) next week.

Pour les différentes traductions de « devoir », 102.

61 be et have

Ne confondez pas *to be* et *to have*.

❶ **To be** correspond généralement au verbe « être », **to have** correspond généralement au verbe « avoir ».

He **is** tall.
Il est grand.
We **were** very pleased.
Nous étions très contents.

He **has** two brothers.
Il a deux frères.
We **had** a cat.
Nous avions un chat.

❷ Mais dans certaines expressions, le français « **avoir** » se traduit par **be** et non par *have*. Les plus courantes sont :

avoir faim, soif	to be hungry, thirsty
avoir froid, chaud	to be cold, warm/hot
avoir peur	to be afraid
avoir sommeil	to be sleepy
avoir raison, tort	to be right, wrong
avoir de la chance	to be lucky
avoir… de long, large, etc	to be… long, wide, etc. (**184**)
avoir 15 ans, 20 ans, etc	to be 15, 20, etc. (**17**)

I**'m** hungry. (et non ~~I have hungry~~.)
J'ai faim.
I**'m** hot.
J'ai chaud.
You**'re** wrong.
Vous avez tort.

She**'s** lucky.
Elle a de la chance.
The room **is** 10 metres long.
La pièce a 10 mètres de long.
I**'m** 16 (years old).
J'ai 16 ans.

❸ *Be* s'emploie aussi pour parler de la **taille** (« mesurer », « faire »), du **poids** (« peser », « faire ») et de la **santé** (« aller »).

I**'m** 1 m 91.
Je mesure 1,91 m.

I**'m** 85 kilos.
Je pèse 85 kilos.

How **are** you?
Comment allez-vous ?

❹ Certains verbes français se conjuguent avec « être » au passé composé et au plus-que-parfait (ex. : « je suis arrivé » ; « elle était partie »). *To be* ne s'emploie pas comme **auxiliaire** des **temps parfaits** (= present perfect et pluperfect).

I **have** arrived.
(et non ~~I am arrived~~.)
Je suis arrivé.

She **had** left.
Elle était partie.

NOTEZ

Attention à la forme contractée **'s** : aux temps parfaits, elle signifie toujours *has* et non *is*.

She**'s** gone home. (She **has** gone home.)
Elle est rentrée chez elle.
He**'s** fallen. (He **has** fallen.)
Il est tombé.

Pour *be*, auxiliaire du passif, **283** .
Pour les formes de *have*, **167** .

b

ENTRAÎNEZ-VOUS !

Traduisez en anglais.

1. Elle est américaine. 2. Elle a deux enfants. 3. Avez-vous soif ? 4. J'ai trop de travail. 5. Tu es fatigué. 6. Je n'ai pas peur de vous. 7. Vous avez tort. 8. Est-ce que vous avez mon adresse ? 9. Le film est mauvais. 10. Nous avons des amis en Écosse. 11. Ils sont très sympathiques *(nice)*. 12. Mes parents ont tous les deux *(both)* quarante ans. 13. Vous êtes sûr ? 14. Je n'ai aucune idée *(no idea)*. 15. Ma chambre n'a que deux mètres *(metres)* de large. 16. J'ai sommeil. 17. Il est parti. (present perfect) 18. J'étais tombé. (pluperfect) 19. Nous sommes arrivés. (present perfect) 20. Pourquoi êtes-vous venu ? (present perfect)

CORRIGÉ

1. She is (She's) American. 2. She has (She's got) two children. 3. Are you thirsty? 4. I have (I've got) too much work. 5. You are (You're) tired. 6. I am (I'm) not afraid of you. 7. You are (You're) wrong. 8. Have you (got) / Do you have my address? 9. The film is (The film's) bad. 10. We have (We've got) friends in Scotland. 11. They are (They're) very nice. 12. My parents are both forty. 13. Are you sure? 14. I have (I've) no idea. 15. My room is (My room's) only two metres wide. 16. I am (I'm) sleepy. 17. He has (He's) left (gone). 18. I had (I'd) fallen. 19. We have (We've) arrived. 20. Why have you come?

62 be able to

1 *Be able to* = « pouvoir », « savoir », « être capable de ».

Some people **are able to** go for three days without sleeping.
Il y a des gens qui peuvent/sont capables de rester trois jours sans dormir.

Au présent et au prétérit, *can* est plus courant que *be able to*, sauf dans un style formel.

2 *Be able to* remplace *can* à l'**infinitif** et au **participe** (**72**).

I'd like **to be able** to swim well. (et non ... ~~to can swim well~~.)
J'aimerais savoir bien nager.
You must **be able** to find a taxi round here.
Vous devez pouvoir trouver un taxi par ici.
I hope I'll **be able** to see him.
J'espère que je pourrai le voir.
I've never **been able** to understand maths.
Je n'ai jamais pu comprendre les maths.

Pour la différence entre *could* et *was able to*, 76 .

3 Notez la forme négative *unable* (formel).

I am unable to wait any longer.
Il ne m'est pas possible d'attendre plus longtemps.
We regret that we **are unable to help** you.
Nous regrettons de ne pas être en mesure de vous aider.

ENTRAÎNEZ-VOUS !

Traduisez en anglais.

1. Il y a des gens qui sont capables de marcher sur les (their) mains. 2. Je n'ai jamais su faire la cuisine (cook). 3. Je saurai bientôt parler anglais couramment (fluently). 4. Dans cent ans, les gens pourront voyager partout. 5. Il est utile (useful) de savoir conduire. 6. Nous ne sommes pas en mesure de vous prêter (lend) de l'argent.

CORRIGÉ

1. Some people are able to (can) walk on their hands. 2. I've never been able to cook. 3. I'll soon be able to speak English fluently. 4. In a hundred years, people will be able to travel everywhere. 5. It's useful to be able to drive. 6. We are unable to lend you (any) money.

63   be allowed to

❶ *Be allowed to* = « avoir la permission/le droit de ».

> Minors **are not allowed to** drink alcohol in pubs.
> Les mineurs n'ont pas le droit de boire de l'alcool dans les pubs.

❷ *Be allowed to* ne s'emploie jamais avec un sujet impersonnel : on ne dit pas ~~It isn't allowed to~~ …

> Smoking **isn't allowed** on buses. (et non ~~It isn't allowed to smoke on buses.~~)
> Il est interdit de fumer dans les autobus.

❸ Attention ! Dans un jugement moral, « avoir le droit de » se traduit par **to have the right to.**

> Nobody **has the right** to kill. (et non ~~Nobody is allowed to kill.~~)
> Personne n'a le droit de tuer.

ENTRAÎNEZ-VOUS !

Traduisez en anglais.

1. Nous n'avons pas le droit de choisir. 2. Vous n'avez pas le droit de marcher sur l'herbe. 3. Est-ce que tu as le droit de sortir en semaine (on weekdays) ? 4. Il est interdit de stationner ici, Madame. 5. Nous n'avons pas le droit de juger les autres.

CORRIGÉ

1. We're not (We aren't) allowed to choose. 2. You're not (You aren't) allowed to walk on the grass. 3. Are you allowed to go out on weekdays? 4. Parking here is not allowed, madam. (Parking is not allowed here … / You are not allowed to park here …) 5. We don't have the right to judge others (other people).

> Pour *allow* à la forme active (« permettre »), **289.1** .
> Pour l'expression de la permission, voir aussi **74**   (*can*)
> et **215.1** , **4.2** , **127.2** , **405.1** (*let* et *doesn't / don't mind*).

64   *be born*

« Naître » se traduit en anglais par une structure passive : *to be born*.

« Je suis né le… » = ***I was born on*** … (et non ~~*I am born the*~~ …)

"When **were you born**?" (et non ~~When are you born?~~)
« Quand es-tu né ? »
"I **was born** on 3rd March, 1995." (= on the third of March)
« Je suis né le 3 mars 1995. »
Most babies **are born** in hospital.
La plupart des bébés naissent à l'hôpital.
The baby **will be born** in June.
Le bébé naîtra en juin.

Pour la lecture des dates, **97**.

ENTRAÎNEZ-VOUS !
Mettez *be born* au temps qui convient.
1. Both my sister and I … in March. 2. Oliver … on Christmas Day. 3. Three babies … in our village last week. 4. Where … you …? 5. Do you know how many babies … every minute in the world? 6. Her baby … in a few weeks.

CORRIGÉ
1. were born 2. was born 3. were born 4. were … born 5. are born 6. will be born

Pour *on* et *in* dans les expressions de temps, **53**.
Pour l'expression de l'âge, **17**, **62**.1, **63**.1, **64**.

65   *be supposed to*

❶ *Be supposed* + *to* + infinitif = « être censé » + infinitif.

He's **supposed** to be very rich.
Il est censé être très riche.
You'**re supposed to be** at school this afternoon.
Tu es censé être à l'école cet après-midi.

❷ *Be supposed to* peut aussi correspondre à « devoir » au sens d'« être censé » (**102**).

We **were supposed to meet** at six, but I was late.
On devait se retrouver à six heures, mais j'étais en retard.

ENTRAÎNEZ-VOUS !
Traduisez en anglais.
1. Tu n'es pas censé le savoir. 2. Je dois être à Paris dans une heure, je n'y arriverai jamais *(I'll never make it)*.

CORRIGÉ
1. You're not (You aren't) supposed to know. 2. I'm supposed to be in Paris in an hour, I'll never make it.

66 — *because* et *because of*

Because = « parce que » ; *because of* = « à cause de ». Comparez :

because it was raining   **because of** the rain
parce qu'il pleuvait   à cause de la pluie
because he was ill   **because of** his illness
parce qu'il était malade   à cause de sa maladie

ENTRAÎNEZ-VOUS !

Mettez *because* ou *because of*.
1. ... I was tired 2. ... the exams 3. ... the elections 4. ... we didn't have any money 5. ... I speak Japanese 6. ... my bad pronunciation

CORRIGÉ

1. because 2. because of 3. because of 4. because 5. because 6. because of

67 — *both*

❶ *Both* = « tous les deux », parfois « les deux ».
Both peut se mettre à côté du verbe (**292**) ou devant un nom.

My parents **are both** doctors. / **Both** my parents are doctors.
Mes parents sont tous les deux médecins.
Our children **both like** skiing. / **Both** our children like skiing.
Nos enfants aiment tous les deux le ski.

❷ On peut dire **both the** ou **both**, mais pas ~~the both~~.

I've lost **both (the)** keys.
J'ai perdu les deux clés.

❸ Devant un nom précédé d'un déterminant, on peut employer **both** ou **both of**. Mais devant un pronom, il faut dire *both of*. Comparez :

both (of) these vases   **both of** them
ces deux vases   tous les deux

❹ *Both* et *the two* sont souvent interchangeables.

I liked **both** films / **the two** films.
J'ai aimé les deux films.

Mais *both* est rare lorsqu'on parle des différences.

> **The two** sisters are very different. (et non ~~Both sisters~~...)
> Les deux sœurs sont très différentes.

5 ***Both ... and*** = « à la fois... et » ou « et... et ».

> She's **both** charming **and** intelligent.
> Elle est à la fois charmante et intelligente.
> I play **both** the guitar **and** the trumpet.
> Je joue et de la guitare et de la trompette.

ENTRAÎNEZ-VOUS !

Traduisez en anglais, en utilisant *both* lorsque c'est possible.
1. Mes frères vont tous les deux à l'université. 2. Les deux fenêtres sont cassées. 3. Il est à la fois intelligent et sensible *(sensitive)*. 4. Mes deux poches sont déchirées *(torn)*. 5. Je joue et au football et au rugby. 6. Les deux voitures ne sont pas pareilles *(the same)*.

CORRIGÉ

1. Both my brothers go to university. (My brothers both go to ...) 2. Both the windows are broken. (The windows are both broken.) 3. He's both intelligent and sensitive. 4. Both my pockets are torn. (My pockets are both torn.) 5. I play both football and rugby. 6. The two cars aren't the same.

68 *bring* et *take*

bring : « ... vers moi » ou « ... vers toi » ; *take* : « ... ailleurs »

1 *Bring* ne s'emploie, en règle générale, que lorsqu'il s'agit d'un mouvement vers **celui qui parle** ou **celui qui écoute**.

> Could you **bring me** a glass of beer?
> Peux-tu m'apporter un verre de bière, s'il te plaît ?
> I'll **bring you** some flowers tomorrow.
> Je t'apporterai des fleurs demain.

2 Dans les autres cas, on utilise ***take***. Notez la variété des traductions françaises et l'emploi de *to*.

> Can you **take** the paper **to** Granny? She's in the garden.
> Tu peux porter/apporter le journal à Mamie ? Elle est dans le jardin.
> I **took** him **to** the zoo.
> Je l'ai emmené au zoo.
> I'll **take** you home.
> Je te ramènerai (chez toi). (= Je te raccompagnerai.)

ENTRAÎNEZ-VOUS !

Mettez *bring* ou *take* à la forme qui convient.
1. Could you ... me a plate, please? 2. I'll ... Joanne to London with me tomorrow. 3. We ... the children to the circus last week. 4. I ... back some whisky from Scotland last summer. 5. ... this letter to the post office. 6. If you don't want to walk home, I'll ... you in my car.

CORRIGÉ

1. bring 2. take 3. took 4. brought 5. Take 6. take

Pour *take* («emmener», «apporter»), **401.1** .

69 — *Britain, the United Kingdom et England*

❶ Théoriquement, il y a une distinction entre *(Great) Britain* et *the United Kingdom* (ou *the UK*).

Britain désigne une unité géographique, dont les composantes sont *England*, *Scotland* (l'Écosse) et *Wales* (le pays de Galles).

The UK désigne l'unité politique composée de *Great Britain* et *Northern Ireland* (l'Irlande du Nord).

Mais, en fait, le terme *(Great) Britain* s'emploie souvent pour parler du *United Kingdom*.

❷ N'employez pas ***England*** comme synonyme de *Britain*. L'Angleterre, l'Écosse et le pays de Galles sont trois pays bien distincts ; les Écossais *(Scots)* et les Gallois *(Welsh)* n'apprécient pas du tout qu'on les appelle *English*.

70 — *but (= except)*

❶ *But* s'emploie au sens de ***except*** après *every*, *any*, *no* (et leurs composés), *all* et *none*.

> **Everyone but** me was dancing.
> Tout le monde dansait sauf moi.
>
> You cause **nothing but** trouble.
> Vous ne causez que des ennuis.

❷ Après *but*, on emploie normalement l'**infinitif sans *to***.

> This computer does everything **but make** coffee.
> Cet ordinateur fait tout sauf le café.

❸ Notez les expressions *last but one/two/three*, etc., et *next but one/two/three*, etc.

> I was **last but one** in the race.
> Je suis arrivé avant-dernier à la course.
> Alice lives **next** door **but two**.
> Alice habite trois maisons plus loin.

❹ *But for* = « sans », au sens de « s'il n'y avait pas (eu) ».

> **But for** the storm I would have been home before eight.
> Sans l'orage, j'aurais été à la maison avant huit heures.

ENTRAÎNEZ-VOUS !

Traduisez en anglais.
1. Tout le monde parlait sauf Jack. 2. Elle ne mange que des glaces. 3. Rachid habite deux maisons plus loin. 4. Ce livre était son avant-dernier.

CORRIGÉ

1. Everybody but Jack was talking. (Everybody was talking but Jack.) 2. She eats nothing but ice-cream(s). 3. Rachid lives next door but one. 4. This book was his (her) last but one.

71 by (the time)

❶ *By* peut exprimer l'idée de « date ou heure limite ». Notez la diversité des équivalents français.

> Tell me **by** Friday.
> Dis-le moi vendredi au plus tard.
> I'll have finished it **by** Saturday.
> Je l'aurai terminé d'ici samedi.
> She had to be back **by** eleven.
> Elle devait être rentrée pour onze heures.

❷ Devant un verbe, on emploie ***by the time (that)*** … (« le temps que… », « d'ici à ce que… »).

> **By the time (that)** she finished her speech, everybody was asleep.
> Le temps qu'elle finisse son discours, tout le monde dormait.

ENTRAÎNEZ-VOUS !
Traduisez les mots en italique.
1. Je dois être rentré *pour huit heures*. 2. Pouvez-vous le réparer *d'ici mercredi* ? 3. Je vous appellerai *à dix heures au plus tard*. 4. J'aurai l'argent *d'ici Noël*. 5. *Le temps qu'il arrive*, j'étais parti. 6. *D'ici à ce que tu reçoives* (présent) cette lettre, je serai marié.

CORRIGÉ
1. by eight (o'clock) 2. by Wednesday 3. by ten (o'clock) 4. by Christmas 5. By the time he arrived 6. By the time you receive

Pour d'autres emplois de *by*, **119**.4 , **284**.1 , **306**.1 et **307**.1 .

72   *can* (1) : formes (*can*, *could* et *be able to*)

❶ *Can* et *could* sont des **auxiliaires modaux** (237 , 238).
— *Can* ne prend **pas d's** à la 3ᵉ personne du singulier.
— Les questions et les négations se construisent **sans *do***.
— La forme négative de *can* s'écrit en un seul mot : ***cannot***.
— Formes négatives contractées : *can't* /kaːnt/, *couldn't* /ˈkʊdnt/
— *Can* et *could* sont suivis de l'infinitif **sans *to***.

> She **can**.   **Can** you help me?   He **can't** swim.
> Elle peut.   Pouvez-vous m'aider ?   Il ne sait pas nager.

❷ *Can* n'a **ni infinitif ni participes**.
— À l'infinitif, on emploie normalement ***to be able to*** (et non ~~*to can*~~). Au futur, on utilise *will be able to*.

> I'd like **to be able to** sing.
> J'aimerais savoir chanter.
> I**'ll be able to** see them tomorrow.
> Je pourrai les voir demain.

— Au participe passé, on emploie ***been able to*** ; au participe présent, ***being able to***.

> I**'ve** never **been able to** remember dates.
> Je n'ai jamais pu me rappeler les dates.
> I'm afraid of **not being able to** play as well as the others.
> J'ai peur de ne pas pouvoir jouer aussi bien que les autres.

❸ *Could* peut être le prétérit ou le conditionnel de *can*.

> I **couldn't** understand.
> Je ne pouvais pas comprendre.
> **Could** you let him know?
> Pourriez-vous le prévenir ?

❹ Ne confondez pas :

« je pourrai », « tu pourras », etc. (futur) = ***I'll be able to***, etc.

« je pourrais », « tu pourrais », etc. (conditionnel) = ***I could***, etc.

> I **won't be able to** come next week. (et non ~~I couldn't ... next week~~.)
> Je ne pourrai pas venir la semaine prochaine.

ENTRAÎNEZ-VOUS !

Traduisez en anglais.
1. Il peut attendre. 2. Elle ne peut pas venir. 3. Est-ce que vous savez nager ?
4. J'aimerais savoir parler allemand. 5. Je pourrai payer demain. 6. J'ai toujours pu m'entendre facilement *(to get on easily)* avec les gens. 7. Il ne pouvait pas comprendre. 8. Pourriez-vous m'aider un instant *(for a moment)* ?

CORRIGÉ

1. He can wait. 2. She cannot (can't) come. 3. Can you swim? 4. I would (I'd) like to be able to speak German. 5. I will (I'll) be able to pay tomorrow. 6. I have (I've) always been able to get on easily with people. 7. He could not (couldn't) understand. 8. Could you help me for a moment?

Pour l'emploi de *can* et *could*, voir fiches suivantes.

73   *can* (2) : capacité, possibilité

1 *Can* peut exprimer la **capacité** et la **possibilité**. Il correspond alors à « pouvoir » ou « savoir » (faire quelque chose).

    I **can** lift it.   She **can't** be 80!
    Je peux le soulever.   Elle ne peut pas avoir 80 ans !

    "**Can** you drive?" "No, I can't."
    « Savez-vous conduire ? » « Non, je ne sais pas. »

Pour une comparaison entre *can* et *know*, 214 .

2 *Could* exprime les mêmes idées que *can*, au prétérit ou au conditionnel.

    I **couldn't** lift it.
    Je ne pouvais pas le soulever.
    I **could** drive when I was 14.
    Je savais déjà conduire à 14 ans.
    I **could** win if I wanted to.
    Je pourrais gagner si je voulais.

3 *Could* peut aussi exprimer un **reproche**.

    You **could** do the washing up occasionally!
    Tu pourrais faire la vaisselle de temps en temps !
    He **could** telephone before he comes to see us!
    Il pourrait téléphoner avant de venir nous voir !

4 *Could you …?* s'emploie couramment pour **demander un service**.

    Could you tell me the time, please?
    Pourriez-vous me dire l'heure, s'il vous plaît ?
    Could you bring me the bill?
    Pourriez-vous m'apporter l'addition ?

ENTRAÎNEZ-VOUS !

Traduisez en anglais.
1. Désolé, je ne peux pas. 2. Il ne sait pas danser. 3. Je savais déjà lire à l'âge de trois ans. 4. Je ne pouvais rien faire. 5. Pourriez-vous me montrer des pulls *(some pullovers)*, s'il vous plaît ? 6. Tu pourrais me dire la vérité, pour une fois *(for once)* !

CORRIGÉ

1. Sorry, I can't. (I'm sorry .../I'm afraid ...) 2. He cannot (can't) dance. 3. I could (already) read when I was three. 4. I could not (couldn't) do anything. (I could do nothing.) 5. Could you show me some pullovers, please? 6. You could tell me the truth for once!

Pour *can* exprimant la permission, voir fiche suivante.
Pour *can* et *could* + infinitif passé, **77**.
Pour une comparaison avec *may* et *might*, **234**.

74   *can* (3) : permission

❶ *Can* s'emploie pour **demander**, **accorder** ou **refuser** une permission.

> "**Can** I telephone?" "Yes, you **can**."
> « Est-ce que je peux téléphoner ? » « Oui, bien sûr. »
> You **can** stay here if you like.
> Vous pouvez rester ici si vous voulez.
> No, you **can't**.
> Non, vous ne pouvez pas.

❷ *Could I …?* est moins direct que *Can I …?*, et donc **plus poli**.

> **Could I** have a pound of tomatoes, please?
> Est-ce que je peux/pourrais avoir une livre de tomates, s'il vous plaît ?

❸ *Could* s'emploie aussi pour parler de la permission **au passé**.

> When I was 14 I **could** come home as late as I liked.
> Quand j'avais 14 ans, je pouvais rentrer aussi tard que je voulais.

ENTRAÎNEZ-VOUS !

Traduisez en anglais.
1. Je peux prendre un gâteau ? 2. Vous pouvez arrêter maintenant. 3. Est-ce que je pourrais avoir un kilo de pommes, s'il vous plaît ? 4. Pourrais-je vous demander quelque chose ? 5. Tu peux m'aider, si tu veux. 6. Quand j'avais 15 ans, je pouvais partir en vacances (*go on holiday*) sans mes parents.

CORRIGÉ

1. Can I take a cake? 2. You can stop now. 3. Could I have a kilo of apples, please? 4. Could I ask you something? 5. You can help me if you like. 6. When I was 15, I could go on holiday without my parents.

Pour une comparaison avec *may* et *might*, **234**.

75 can (4) : can see, can hear, can feel

1 Les verbes *see*, *hear* et *feel* ne s'emploient pas à la forme en *be* + V-*ing* pour parler des perceptions. Lorsqu'il s'agit d'une perception actuelle, on emploie souvent : *can see*, *can hear*, *can feel*.

> Look, I **can see** the sea! (et non … ~~I'm seeing the sea!~~)
> Regarde, je vois la mer !
> I **can hear** a train.
> J'entends un train.
> I **can feel** rain on my head.
> Je sens des gouttes (de pluie) sur ma tête.

2 *Could* s'emploie de la même manière au passé.

> From her window she **could see** the whole of the town.
> De sa fenêtre, elle voyait la ville entière.

ENTRAÎNEZ-VOUS !

Traduisez en anglais.

1. Tu entends la pluie ? 2. Qu'est-ce que tu vois ? 3. Après la piqûre (*injection*), je ne sentais rien. 4. Je vois Nadia dans la rue. 5. Le chien entend quelque chose. 6. Je sentais sa respiration (*breath*) sur ma figure.

CORRIGÉ

1. Can you hear the rain? 2. What can you see? 3. After the injection, I could not (couldn't) feel anything. 4. I can see Nadia in the street (road). 5. The dog can hear something. 6. I could feel his (her) breath on my face.

76 can (5) : could et was able to

1 On ne peut pas toujours employer *could* comme prétérit de *can*. Dans la plupart des cas :

I could = « je pouvais » ou « je savais » mais non ~~« j'ai pu »~~

En effet, *could* s'emploie pour parler d'une aptitude ou d'une capacité qui existait dans le passé d'une façon plus ou moins permanente.

> I **could** read when I was three.
> Je savais déjà lire à l'âge de trois ans.
> He **could** walk for days.
> Il pouvait marcher pendant des jours.

2 Pour parler de la réalisation d'une action précise, il faut utiliser une autre expression comme *was able to* ou *managed to*.

Finally I **was able to** persuade her. (et non ~~I could persuade her.~~)
Finalement, j'ai pu la convaincre.
I **managed to** get a visa without difficulty. (et non ~~I could get~~ ...)
J'ai pu avoir un visa sans difficulté.

ENTRAÎNEZ-VOUS !

Mettez *could* ou *was able to/managed to*.
1. I ... sing like an angel when I was small. 2. My bike broke down, but I ... repair it myself. 3. It was a difficult problem, but I ... find a solution. 4. Shakespeare ... speak very good Italian. 5. After three hours we ... reach the top of the mountain. 6. My mother ... play the piano very well when she was younger.

CORRIGÉ

1. could 2. was able to (managed to) 3. was able to (managed to) 4. could 5. were able to (managed to) 6. could

❸ *I couldn't*, par contre, peut correspondre à « je n'ai pas pu ».
I **couldn't** see Betty last night; she was out.
Je n'ai pas pu voir Betty hier soir, elle était sortie.

77   *can* (6) : *can/could* + infinitif passé

❶ *Can* s'emploie avec l'infinitif passé (sans *to*), surtout dans les questions et les phrases négatives, pour parler de la possibilité qu'une chose se soit produite.

Where **can** she **have hidden** it?
Où est-ce qu'elle a bien pu le cacher ?
Mary **can't have told** the police! I can't believe it.
Mary n'a pas pu informer la police ! Je ne peux pas le croire.
What **can have happened** to her?
Qu'est-ce qui a bien pu lui arriver ?

❷ *Could* s'emploie avec l'infinitif passé pour parler d'une possibilité (généralement non réalisée) au passé, ou pour exprimer une critique ou un reproche.

I could have + participe passé = « j'aurais pu » + infinitif

You shouldn't drive like that! You **could have killed** somebody.
Tu ne devrais pas conduire comme ça. Tu aurais pu tuer quelqu'un.
He was very talented. He **could have been** an engineer or a doctor.
Il était très doué. Il aurait pu être ingénieur ou médecin.
You **could have phoned** me earlier!
Tu aurais pu me téléphoner plus tôt !

Pour « tu aurais pu »... = *you might have* ..., **232**.

ENTRAÎNEZ-VOUS !

Traduisez en anglais.
1. Mark n'a pas pu prendre ma voiture ! Qui a bien pu la prendre ? 2. J'aurais pu te voir hier. 3. Tu aurais pu m'aider ! 4. Il aurait pu aller plus vite. 5. J'aurais pu étonner *(to surprise)* tout le monde. 6. J'aurais pu mourir à cause de vous. 7. Vous auriez pu me dire que j'aurais tout ce *(this)* travail à faire juste avant Noël !

CORRIGÉ

1. Mark can't have taken my car! Who can have taken it? 2. I could have seen you yesterday. 3. You could have helped me! 4. He could have gone faster (more quickly). 5. I could have surprised everybody. 6. I could have died because of you. 7. You could have told me (that) I'd have all this work to do just before Christmas!

78 chercher

❶ « Chercher » au sens de « essayer de trouver » = ***to look for*** ou ***to seek*** (formel).

> I**'m looking for** my watch.
> Je cherche ma montre.
> Young man **seeks** employment …
> Jeune homme cherche poste…

❷ Au sens de « aller/venir chercher », on utilise ***to fetch*** ou ***to get*** (familier). Attention aux prépositions : le plus souvent, « à » = ***from*** et « dans » (un placard, etc.) = ***out of***.

> I'll **fetch** Granny **from** the station. (et non … ~~at the station~~)
> J'irai chercher Mamie à la gare.
> Can you **get** me a beer **out of** the fridge, please?
> Tu peux (aller) me chercher une bière dans le frigo, s'il te plaît ?

On peut employer ***to pick up*** dans le même sens, surtout lorsqu'il s'agit d'aller chercher quelque chose ou quelqu'un qui vous attend (par exemple, un paquet, une personne à la gare).

> Can you **pick** me **up** at seven?
> Est-ce que tu peux venir me chercher à sept heures ?

ENTRAÎNEZ-VOUS !

Traduisez en anglais.

1. « Qu'est-ce que vous cherchez ? » « Mes lunettes. » 2. Pouvez-vous aller chercher Ben à l'aéroport à midi ? 3. Je vais chercher des cigarettes. 4. Nous cherchons un petit appartement. 5. Je viendrai te chercher demain matin. 6. Va chercher du pain, s'il te plaît.

CORRIGÉ

1. "What are you looking for?" "My glasses." 2. Can you fetch (get/pick up) Ben from the airport at twelve (o'clock) (at midday)? 3. I'm going to get some cigarettes. 4. We're looking for a small flat. 5. I'll pick you up tomorrow morning. 6. Fetch (get) some bread, please.

79 chez

« Chez » se traduit différemment selon le contexte. Voici les principaux équivalents.

❶ At (lieu), **with** (personne) : après des verbes d'état comme *be, stay, live,* etc.

> She's **at** Charlie's **house**.
> Elle est chez Charlie.
> We're staying **at** Sally's tonight. (= at Sally's **house**)
> Nous passons la nuit chez Sally.
> I lived **with** Pete and Ann for three months last year.
> J'ai habité trois mois chez Pete et Ann l'année dernière.

Notez l'expression : *Make yourself at home.* = « Faites comme chez vous. »

Pour le cas possessif incomplet (ex. : *at Sally's*), **303**.

❷ To : après les verbes de mouvement (*go, come, bring,* etc.).

> He came **to** my place.   Can you go **to** the butcher's?
> Il est venu chez moi.   Peux-tu aller chez le boucher ?

❸ On ne met pas **to** devant **home** au sens de « vers/jusqu'à la maison » de la personne dont on parle.

> I'm going **home**.   I took her back **home**.
> Je rentre chez moi.   Je l'ai ramenée chez elle.

Pour *place, home, house*, **291** et **177**.
Pour *bring* et *take*, **68**.

❹ Cas particuliers : « chez » au sens figuré.

> **Among** the Indians, there was a custom …
> Chez les Indiens, il y avait une coutume…
> **In** Shakespeare you can find all of human life.
> Chez Shakespeare, on trouve toute la vie humaine.
> What I like **about** him is …
> Ce que j'aime chez lui, c'est…

ENTRAÎNEZ-VOUS !
Mettez la préposition qui convient ou Ø.
1. I think she's … the butcher's. **2.** We had dinner … Anne's last night. **3.** Ask him to come … my place. **4.** Do you want to go … home? **5.** He's studying social criticism … Balzac. **6.** She wrote a book about marriage customs … the Inuits.

CORRIGÉ
1. at 2. at 3. to 4. Ø 5. in 6. among

80 comparaison (1) : les adjectifs

❶ Adjectifs courts

━ Ce sont les adjectifs d'une syllabe (ex. : *old, fast*), ou de deux syllabes terminés par *-y* (ex. : *happy, easy*).

━ En règle générale, on forme leur comparatif en ajoutant *-er* à l'adjectif superlatif, en ajoutant *-est*.

« plus… que » = …-**er than**	« le plus… » = **(the)** …-**est**
old**er than**	(the) old**est**
fast**er than**	(the) fast**est**
happi**er than**	(the) happi**est**
easi**er than**	(the) easi**est**

Notez que le *y* se change en *i* devant *-er* et *-est*.

— Aux adjectifs terminés par un *-e*, on ajoute seulement *-r* et *-st*.

    lat**e**, later, (the) late**st**

— Lorsqu'un adjectif est terminé par une seule consonne précédée d'une seule voyelle, il faut redoubler la consonne (275).

    bi**g**, bi**gg**er, (the) bi**gg**est
    fa**t**, fa**tt**er, (the) fa**tt**est

❷ Adjectifs longs

— Ce sont la plupart des adjectifs de deux syllabes (sauf ceux terminés par *-y*), et ceux de trois syllabes ou plus (ex. : *pleasant, expensive, intelligent*).

— En règle générale, on forme leur comparatif avec ***more*** et leur superlatif avec ***most***.

« plus… que » = ***more … than***	« le plus… » = ***(the) most …***
more pleasant **than**	(the) **most** pleasant
more expensive **than**	(the) **most** expensive
more intelligent **than**	(the) **most** intelligent

ENTRAÎNEZ-VOUS !

1 **Donnez le comparatif et le superlatif de :**
fine – full – funny – thin – young – hot – short – silly – beautiful

2 **Traduisez en anglais.**
plus intelligent que – le plus intéressant – le plus long – le plus drôle – plus dur que – le plus dur – le plus paresseux – plus paresseux que

3 **Mettez un comparatif ou un superlatif.**
1. History is … than geography. (*interesting*) 2. Spring is the … season of the year. (*nice*) 3. I think the … thing in life is to be happy. (*important*) 4. Biology is … than maths. (*easy*)

CORRIGÉS

1 finer, finest – fuller, fullest – funnier, funniest – thinner, thinnest – younger, youngest – hotter, hottest – shorter, shortest – sillier, silliest – more beautiful, most beautiful
2 more intelligent than – the most interesting – the longest – the funniest – harder than – the hardest – the laziest – lazier than
3 1. more interesting 2. nicest 3. most important 4. easier

Pour les comparatifs et superlatifs irréguliers, 82 .
Pour *the* avec les superlatifs, 88 .

81 comparaison (2) : les adverbes

— Les comparatifs et superlatifs des adverbes se forment comme ceux des adjectifs (80).

> fast, faster, fastest

— Notez qu'on emploie *more/most* avec tous les adverbes qui se terminent en *-y*, à l'exception de *early*.

> slowly, more slowly, most slowly (et non : slowlier, slowliest)
> mais :
> early, earlier, earliest

ENTRAÎNEZ-VOUS !

Écrivez les comparatifs des adverbes suivants.
1. hard 2. loud 3. quickly 4. easily 5. late 6. lightly

CORRIGÉ

1. harder 2. louder 3. more quickly 4. more easily 5. later 6. more lightly

Pour l'emploi de *the* avec les superlatifs, 88 .

82 comparaison (3) : formes irrégulières

❶ Certains adjectifs, adverbes et déterminants ont un comparatif et un superlatif irréguliers.

adjectif	comparatif	superlatif
good, well bon, bien	better meilleur, mieux	(the) best (le) meilleur, (le) mieux
bad, badly mauvais, mal	worse pire, plus mauvais, plus mal	(the) worst (le) pire, (le) plus mauvais, le plus mal
old vieux	older, elder plus vieux, aîné	(the) oldest, (the) eldest (le) plus vieux, l'aîné
far loin	farther, further plus loin	(the) farthest, (the) furthest (le) plus loin
much/many beaucoup (de)	more plus (de)	(the) most (le) plus (de)
little peu (de)	less moins (de)	(the) least (le) moins (de)

Pour *less*, 83 .

❷ *Elder* et *eldest* correspondent au français « aîné ». *Elder* désigne l'aîné de deux, *eldest* l'aîné de plusieurs.

> My **elder** brother lives in Canada.
> Mon frère aîné habite au Canada.
> She's the **eldest** of six children.
> Elle est l'aînée de six enfants.

❸ *Farther* et *further* peuvent tous deux s'appliquer à une distance. Par contre, seul *further* peut signifier « supplémentaire » ou « plus avancé ».

> It was **further/farther** away than I thought.
> C'était plus loin que je ne pensais.
> For **further** information, see p. 120.
> Pour de plus amples renseignements, voir p. 120.

ENTRAÎNEZ-VOUS !

1 **Mettez *better*, *best*, *worse* ou *worst*.**
1. My ... friend has just decided to go to Canada. 2. The film last night wasn't bad – ... than I expected. 3. The ... experience of my life was a car accident last year. 4. This winter is even ... *(encore pire)* than last winter. 5. Everybody speaks English well, but Marie speaks ... 6. We all sing badly, but I sing ... of all.

2 **Mettez *elder*, *eldest*, *farther*, *further*, *farthest* ou *furthest*.**
1. Would you like any ... information? 2. He's got six children; they're all at school except the ... 3. The ... planet from the sun is called Pluto. 4. Their ... son works in a bank, and the other is a doctor.

CORRIGÉS

1 1. best 2. better 3. worst 4. worse 5. best 6. worst
2 1. further 2. eldest 3. farthest (furthest) 4. elder/eldest

83 comparaison (4) : moins, le moins

❶ « Moins que » peut se traduire par ***less ... than***.

> Beer is **less** expensive **than** champagne.
> La bière est moins chère que le champagne.
> I eat **less than** you.
> Je mange moins que toi.

Mais on emploie souvent ***not as/so ... as*** (44).

> Beer is **not as/so** expensive **as** champagne.
> I **don't** eat **as/so** much **as** you.

« moins... que » = ***not as/so ... as***, parfois ***less ... than***

❷ « Moins de » se traduit en principe par *less* devant un nom singulier et *fewer* devant un nom pluriel. Mais, *less* s'emploie aussi très souvent devant un nom pluriel. (Cet usage est parfois considéré comme incorrect.)

> He earns **less money** than he used to.
> Il gagne moins d'argent qu'autrefois.
> I've got **fewer/less friends** than my sister.
> J'ai moins d'amis que ma sœur.

« moins de » = ***less*** + singulier, ***fewer/less*** + pluriel

❸ « Le moins » = ***the least***.

> Crocodiles are **the least attractive** animals I know.
> Les crocodiles sont les animaux les moins attirants que je connaisse.
> It's the song I like **least**.
> C'est la chanson que j'aime le moins.

4 « Le moins de » = ***the least*** + singulier, ***the fewest/the least*** + pluriel.

John took **the least time** to understand.
C'est John qui a mis le moins de temps à comprendre.
But Mary made **the fewest/the least** mistakes.
Mais c'est Mary qui a fait le moins d'erreurs.

5 « Le moins… possible » = ***as little/as few … as possible***.

I want to spend **as little** money **as possible**.
Je veux dépenser le moins d'argent possible. (= aussi peu que possible)
I'm trying to see **as few** people **as possible** at the moment.
J'essaie de voir le moins de gens possible en ce moment.

6 « Au moins », « du moins » = ***at least***.

She's **at least** 70… or **at least**, that's what I thought.
Elle a au moins 70 ans … ou, du moins, c'est ce que je croyais.

ENTRAÎNEZ-VOUS !
Traduisez les mots en italique.
1. This hotel is *(moins cher que)* the other. **2.** I've written *(moins que)* you. **3.** I sleep *(moins d'heures que)* I used to. **4.** I've got *(moins d'argent que)* I thought. **5.** Eva is *(la moins compliquée)* girl I know. (complicated) **6.** I spent *(le moins de temps possible)* at home. **7.** It's the sort of film I like *(le moins)*. **8.** … *(du moins)*, it was my opinion.

CORRIGÉ
1. less expensive than **2.** less than **3.** fewer (less) hours than **4.** less money than **5.** the least complicated **6.** as little time as possible **7.** least **8.** at least

84 comparaison (5) : beaucoup/encore + comparatif

1 « Beaucoup » (+ comparatif) = ***much/far/a lot***.

She's **much** older than him.
Elle est beaucoup plus âgée que lui.
Russian is **far** more difficult than Spanish.
Le russe est beaucoup plus difficile que l'espagnol.
It's **a lot** warmer today.
Il fait beaucoup plus chaud aujourd'hui.

2 « Encore » (+ comparatif) = ***even***.

It's **even** worse.
C'est encore pire.
Her letter made me **even** more depressed.
Sa lettre m'a encore plus déprimé.

ENTRAÎNEZ-VOUS !
Traduisez en anglais.
1. beaucoup plus froid **2.** encore plus froid **3.** beaucoup plus intéressant **4.** beaucoup mieux **5.** encore plus vite **6.** encore plus cher

CORRIGÉ

1. much colder 2. even colder 3. much more interesting 4. much better 5. even faster (more quickly) 6. even more expensive

Pour *even* = « même », **128**.
Pour *any* et *no* avec les comparatifs, **35**.

85   comparaison (6) : *than* + pronom

Than est normalement suivi d'un **pronom personnel complément** (anglais familier) ou d'un pronom personnel sujet suivi d'un auxiliaire.

> She's older **than me.**
> Elle est plus âgée que moi.
> You are more experienced **than I am.**
> Vous avez plus d'expérience que moi.

ENTRAÎNEZ-VOUS !

Traduisez en anglais de deux façons différentes.
1. Il est plus petit que moi. 2. J'ai plus d'amis qu'elle. 3. Ils sont plus heureux que nous. 4. J'ai plus de vacances que vous.

CORRIGÉ

1. He's smaller than me. / He's smaller than I am. 2. I have (I've got) more friends than her. / I have (I've got) more friends than she has. 3. They're happier than us. / They're happier than we are. 4. I have more holidays than you (have).

NOTEZ

Dans un style très soigné, on emploie parfois un **pronom sujet seul**.
> You are more experienced than **I**.

86   comparaison (7) : double comparatif

❶ "De plus en plus"

— « De plus en plus… » = ***more and more*** …, ou …*-er and* …*-er*.
> You're getting **more and more beautiful**.
> Tu deviens de plus en plus belle.
> It's getting **colder and colder**.
> Il fait de plus en plus froid.

— « De plus en plus de » = ***more and more*** (« de » ne se traduit pas).
> There are **more and more** burglaries.
> Il y a de plus en plus de cambriolages.

L'idée d'un changement progressif s'exprime souvent par ***to be getting*** (comme dans les deux premiers exemples).

❷ "De moins en moins"

— « De moins en moins… » = ***less and less …***

> She's getting **less and less** patient.
> Elle est de moins en moins patiente.

— « De moins en moins de » se traduit par ***less and less*** ou ***fewer and fewer***.

Pour la différence, **83.2**.

> I've got **less and less** free time.
> J'ai de moins en moins de temps libre.
> You make **fewer and fewer** mistakes.
> Vous faites de moins en moins de fautes.

ENTRAÎNEZ-VOUS !
Traduisez en anglais.
1. La vie devient de plus en plus difficile (*be* + V-*ing*) 2. Il fait de plus en plus chaud (*warm*). 3. J'ai de plus en plus de travail. 4. Cet exercice est de plus en plus ennuyeux (*boring*). 5. Nous avons de moins en moins d'argent. 6. Il y a de moins en moins d'espaces verts (*open spaces*).

CORRIGÉ
1. Life is getting more and more difficult. 2. It's getting warmer and warmer. 3. I have (I've got) more and more work. 4. This exercise is getting more and more boring. 5. We have (We've got) less and less money. 6. There are fewer and fewer (less and less) open spaces.

87 comparaison (8) : *the* + comparatif

❶ "Plus... plus"

— « Plus… plus » = ***the …-er, the …-er*** ou ***the more … the more***, etc.

> **The more** I rest, **the better** I feel. (et non ~~More I rest,~~ …)
> Plus je me repose, mieux je me sens.
> **The faster** they go, **the more** expensive they are.
> Plus ils roulent vite, plus ils sont chers.

— Attention à **l'ordre des mots** : *the* + expression comparative + sujet + verbe.

> **The more sweets** I eat, **the fatter** I get. (et non ~~More I eat sweets~~…)
> Plus je mange de bonbons, plus je grossis.
> **The more dangerous** it is, **the better** I like it.
> Plus c'est dangereux, plus ça me plaît.

❷ "Plus... moins", "moins... moins"

« Moins… » = ***the less …***

> **The older** I get, **the less** patient I am.
> Plus je vieillis, moins je suis patiente.
> **The less** I work, **the less** I want to work.
> Moins je travaille, moins j'ai envie de travailler.

ENTRAÎNEZ-VOUS !

Traduisez en anglais.

1. Plus je dors, plus je me sens fatigué. 2. Plus je lis de livres, plus j'oublie. 3. Plus vous montez haut, plus c'est dangereux. 4. Plus j'achète de chaussures, plus j'ai envie d'en acheter. 5. Plus j'écoute, moins je comprends. 6. Moins je la vois, moins j'ai envie de la voir.

CORRIGÉ

1. The more I sleep, the more tired I feel. 2. The more books I read, the more I forget. 3. The higher you climb, the more dangerous it is. 4. The more shoes I buy, the more I want to buy. 5. The more I listen, the less I understand. 6. The less I see her, the less I want to see her.

❸ "D'autant plus… que"

« D'autant plus… que » = **all the …-er/more … (because/as/since)**. Cette structure s'emploie surtout dans un style soigné pour parler des émotions et des réactions.

> I was **all the more** annoyed **because** she didn't apologize.
> J'étais d'autant plus fâché qu'elle ne s'est pas excusée.

❹ *All the better* ou *So much the better* = « Tant mieux. »

> "Jane wants to bring Peter with her." **"All the better."**
> « Jane veut amener Peter. » « Tant mieux. »

ENTRAÎNEZ-VOUS !

Traduisez en anglais.

1. J'étais d'autant plus étonné (*surprised*) qu'il n'a rien dit. 2. Elle était d'autant plus gênée (*embarrassed*) qu'elle ne parlait pas un mot de français. 3. « J'ai très faim. » « Tant mieux ! »

CORRIGÉ

1. I was all the more surprised because (as/since) he did (didn't) not say anything. (… he said nothing.) 2. She was all the more embarrassed because (as/since) she did (didn't) speak a word of French. 3. "I'm very hungry." "All the better!" ("So much the better!")

NOTEZ

« Tant mieux ! » se traduit souvent par *Good!*

88 comparaison (9) : *the* avec les superlatifs

❶ On emploie normalement ***the* avec un superlatif**, sauf s'il y a un possessif.

> She's **the best** driver in the team.
> C'est le meilleur pilote de l'équipe.
> Who's **the youngest** here?
> Qui est le plus jeune ici ?
> **Their eldest** son is in the army.
> Leur fils aîné est militaire.

2 On omet parfois *the* devant un **adverbe** superlatif, surtout dans un style familier.

> Who can run **(the) fastest**?
> Qui court le plus vite ?
> It's Jake who sings **(the) worst.**
> C'est Jake qui chante le plus mal.

3 *The* ne s'emploie pas avec un superlatif lorsqu'on compare les **différents états** d'une personne ou d'une chose.
Comparez :

> He's **nicest** when he's had a drink. (et non He's the nicest when …)
> C'est quand il a bu qu'il est le plus agréable.
> I've got a lot of friends, but he's **the nicest.** (et non … he's nicest)
> J'ai beaucoup d'amis, mais c'est le plus sympa.
> English weather's **best** in spring.
> C'est au printemps qu'il fait le plus beau en Angleterre.
> English weather's **not the best** in the world.
> Le climat anglais n'est pas le meilleur du monde.

ENTRAÎNEZ-VOUS !

Mettez *the* ou Ø.
1. Who's … oldest in your family? 2. The lessons are … most interesting when we get a chance to talk. 3. Who has got … loudest voice? 4. The weather is … hottest in August.

CORRIGÉ

1. the 2. Ø 3. the 4. Ø

89 comparaison (10) : la préposition après un superlatif

1 Le superlatif français est souvent suivi de « de ». En anglais, on emploie généralement ***in*** devant un nom au singulier qui représente un **lieu** ou un **groupe**.

> the best beer **in the world**
> la meilleure bière du monde
> the oldest child **in the class**
> l'enfant le plus âgé de la classe

2 Dans les autres cas, on emploie ***of***.

> the best book **of** the year
> le meilleur livre de l'année
> the biggest mistake **of** my life
> la plus grande erreur de ma vie

ENTRAÎNEZ-VOUS !

Traduisez en anglais.
1. la plus belle fille du village 2. la montagne la plus haute du monde 3. le plus grand écrivain du siècle 4. le garçon le plus gentil de la classe 5. la boutique la plus chère de la ville 6. le meilleur moment du film

CORRIGÉ

1. the most beautiful girl in the village 2. the highest mountain in the world 3. the greatest writer of the century 4. the nicest boy in the class 5. the most expensive shop in (the) town 6. the best moment of the film

90 comparaison (11) : comparatif ou superlatif ?

1 « Le plus » se traduit souvent par *the* + comparatif lorsqu'on ne compare que deux éléments, surtout dans un anglais soigné.

Comparez :

> He's **the bigger/biggest** of the two boys.
> Il est le plus grand des deux garçons.
> He's **the biggest** in the family.
> Il est le plus grand de la famille.

2 On emploie souvent un comparatif au lieu d'un superlatif pour exprimer l'idée de « relativement », « par rapport à la moyenne », surtout quand il s'agit d'un groupe. Comparez :

> There's one class for the **better** students and one for the **slower** ones.
> Il y a une classe pour les étudiants les plus forts et une autre pour ceux qui avancent plus lentement.
> The **best** students were two boys from York.
> Les meilleurs étudiants étaient deux garçons de York.

NOTEZ

L'équivalent français d'un tel comparatif peut être un simple adjectif ou un simple adverbe.

> the **lower**-middle class   **sooner** or **later**
> la petite bourgeoisie   tôt ou tard
> the **younger** generation
> la jeune génération

91 conditionnel (1) : futur et conditionnel présent

Attention à ne pas confondre :

	français	anglais
FUTUR	j'ir**ai**, tu ir**as**, il ir**a**...	I/you/he ... **will** go
CONDITIONNEL (PRÉSENT)	j'ir**ais**, tu ir**ais**, il ir**ait**...	I/you/he ... **would** go

ENTRAÎNEZ-VOUS !

Traduisez en anglais.

1. nous irions 2. nous irons 3. elle n'aura pas 4. il aurait 5. je viendrais 6. je viendrai 7. tu parleras 8. tu parlerais 9. je saurai 10. je ne saurais pas

CORRIGÉ

1. we would go 2. we will go 3. she will go 4. he would have 5. I would come 6. I will come 7. you will speak 8. you would speak 9. I will know 10. I would not know

92 conditionnel (2) : conditionnel présent

En français : j'ir**ais**, tu ir**ais**, il ir**ait**…

Pour la comparaison avec le futur, **91**

❶ Formes

— Le conditionnel présent se forme ainsi :

would + infinitif sans *to*

He **would go**.
Il irait.

I **would stop**.
J'arrêterais.

They **would** not **understand**.
Ils ne comprendraient pas.

— *Should* est possible à la première personne (ex. : *I should stop*), mais de moins en moins utilisé en ce sens.

— *Would* et *should* se contractent en *'d*. La contraction négative est *wouldn't* (ou *shouldn't*).

I**'d** be furious.
Je serais furieux.

It **wouldn't** be fair.
Ce ne serait pas juste.

❷ Emploi

Le conditionnel présent anglais s'emploie en général comme le conditionnel français. On l'utilise, par exemple :

— dans la proposition principale lorsque la subordonnée est introduite par *if* + **prétérit** (**185**) ;

If you **told** me the truth, it **would be** easier to help you.
Si tu me disais la vérité, il serait plus facile de t'aider.

— au **discours indirect** (**103**) ;

I **said** it **would be** difficult.
J'ai dit que ce serait difficile.

— pour parler de ce qui se passerait à l'avenir.

He looked for the last time at the house that he **would** never **see** again.
Il jeta un dernier regard à la maison qu'il ne reverrait jamais.

❸ Modaux

« Je pourrais », « tu pourrais », etc., se traduisent le plus souvent par ***could*** ou ***might*** (**73** , **74** , **231**) ; « je devrais », « tu devrais », etc., par ***should*** (**358**).

You **could** go and see your aunt.
Tu pourrais aller voir ta tante.
Don't! You **might** fall off.
Ne fais pas ça ! Tu pourrais tomber.
I know I **should** work harder.
Je sais bien que je devrais travailler davantage.

C

ENTRAÎNEZ-VOUS !

Traduisez en anglais.
1. Je savais qu'il viendrait. 2. Elle croyait que je ne comprendrais pas. 3. Si j'avais le temps, j'irais avec toi. 4. Que ferais-tu si je n'étais pas là *(here)* ? 5. Je trouve *(think)* que tu pourrais venir me voir plus souvent. 6. Ils devraient moins dépenser *(spend)*.

CORRIGÉ

1. I knew (that) he would (he'd) come. 2. She thought (that) I would not (wouldn't) understand. 3. If I had (the) time, I would (I'd) go with you. 4. What would you do if I was not (wasn't)/were not (weren't) here? 5. I think (that) you could come and/to see me more often. 6. They should spend less.

❹ Non emploi

Le conditionnel anglais ne s'emploie pas (contrairement au français) pour parler d'une supposition, ou pour indiquer qu'une information n'est pas forcément vraie.

> According to reliable sources, the leader of the group is now in China.
> (et non ... ~~would be~~ ...)
> Selon des sources bien informées, le chef du groupe serait actuellement en Chine.

Pour les autres emplois de *would*, voir l'index.
Pour *should*, voir l'index.
Pour le prétérit à la place du conditionnel français (après *when*, etc.), 155.3.

93 conditionnel (3) : conditionnel passé

En français : j'**aurais** compris, tu aur**ais** compris… ; je ser**ais** allé, tu ser**ais** allé…

❶ Formes

— Le conditionnel passé se forme comme en français :

would have + participe passé

> I **would have understood**.
> J'aurais compris.
> He **wouldn't have spoken**.
> Il n'aurait pas parlé.

— *Should* existe à la première personne mais est peu employé en ce sens.

NOTEZ

Les verbes anglais se conjuguent avec *have*, même lorsqu'il y a l'auxiliaire « être » en français.

> I would **have** gone.   She would **have** left.
> J'y serais allé.   Elle serait partie.

ENTRAÎNEZ-VOUS !

Traduisez en anglais.
1. j'aurais demandé 2. il serait allé 3. ma mère aurait su 4. personne n'aurait entendu 5. j'aurais oublié 6. elle ne serait pas tombée

CORRIGÉ

1. I would (I'd) have asked 2. he would (he'd) have gone 3. my mother would have known 4. nobody would have heard 5. I would (I'd) have to gotten 6. she would not (wouldn't) have fallen

❷ Emploi

Le conditionnel passé s'emploie généralement de la même manière en anglais et en français : par exemple, lorsqu'il y a *if* + pluperfect dans la proposition subordonnée (185).

> If I had known **I wouldn't have come**.
> Si j'avais su, je ne serais pas venu.

❸ Non emploi

Le conditionnel passé anglais ne s'emploie pas (contrairement au français) pour parler d'une supposition, ou pour indiquer qu'une information n'est pas forcément vraie (92).

> According to a government spokesman, the Cabinet **have decided** …
> Selon un porte-parole du gouvernement, le Conseil des ministres aurait décidé…

94 contractions

Les contractions (ex. : *she's, don't*) s'emploient en anglais familier, parlé ou écrit ; on les évite dans un style formel.

❶ Pronom (ou nom) + forme contractée de *be, have, will, would*

am, is, are	have, has	had	will	would
I'm	I've	I'd	I'll	I'd
you're	you've	you'd	you'll	you'd
he's, she's, it's, John's, where's	he's, she's, it's, Ann's, what's	he'd, she'd	he'll, she'll, it'll	he'd, she'd, it'd (rare)
we're	we've	we'd	we'll	we'd
they're	they've	they'd	they'll	they'd

NOTEZ

- **'s** = *is* ou *has* ; **'d** = *had* ou *would*.

- On ne peut pas utiliser une forme contractée de ce type en fin de phrase, parce que l'auxiliaire doit alors être accentué.

Comparez :

> **You're** late.
> Yes, **you are.**
> (et non Yes, you're.)

> **I've** forgotten.
> Yes, **I have**.
> (et non Yes, I've.)

2 Forme de *be, have, do* ou auxiliaire modal + *n't*

be, have, do + n't	auxiliaire modal + n't
isn't, aren't, wasn't, weren't	can't, couldn't, mightn't, musn't,
hasn't, haven't, hadn't	shouldn't, oughtn't, needn't
don't, doesn't, didn't	shan't (= shall not), won't, wouldn't

NOTEZ

• L'apostrophe se met à la place du *o* supprimé : *has not* = **hasn't**, et non ~~has'nt~~.

• *Am not* se contracte en **aren't**, forme utilisée uniquement dans les questions (379).

> I'm late, **aren't** I?
> Je suis en retard, hein ?

• Une contraction négative peut se trouver en fin de phrase.

> No, you **aren't**.   No, I **haven't**.

• Dans beaucoup de dialectes anglais et américains, on utilise **ain't** comme contraction de *am not, are not, is not, have not* et *has not*. *Ain't* ne s'emploie pas dans la langue « correcte ».

3 Autres points

━ On ne peut pas combiner deux contractions. On peut dire *you're not* ou *you aren't* mais pas ~~you'ren't~~.

━ Le pronom *us* se contracte dans l'expression *Let's* (218).

━ En anglais familier, *going to, got to* et *want to* se prononcent (et s'écrivent parfois) *gonna, gotta* et *wanna*.

ENTRAÎNEZ-VOUS !

Écrivez ces phrases avec des contractions, puis lisez-les.
1. I am tired. 2. What is the time? 3. We are happy. 4. You are quite wrong. 5. They are late. 6. I had forgotten you were coming. 7. I would like to see you again. 8. I shall ring you. 9. I think it will rain tonight. 10. I will not tell you. 11. I do not like them. 12. He does not know.

CORRIGÉ

1. I'm tired. 2. What's the time? 3. We're happy. 4. You're quite wrong. 5. They're late. 6. I'd forgotten you were coming. 7. I'd like to see you again. 8. I'll ring you. 9. I think it'll rain tonight. 10. I won't tell you. 11. I don't like them. 12. He doesn't know.

Pour *it's* et *its*, *who's* et *whose*, 241 .

95   *cry, shout, scream*

❶ En anglais courant, ***to cry*** = « pleurer », ***to shout*** = « crier », « parler fort », ***to scream*** = « crier », « pousser des cris ».

"Why **are** you **crying**?" "I'm lost."
« Pourquoi pleures-tu ? » « Je suis perdue. »
"Stop **shout**ing at me, I'm not deaf."
Ne crie pas comme ça, je ne suis pas sourd.
She **screamed** and fainted.
Elle poussa un cri et s'évanouit.

❷ Dans un style plus littéraire, *to cry* peut s'employer au sens de « crier » ou « s'écrier ».

"Stop!" **cried** Paul.
« Arrêtez ! » s'écria Paul.

ENTRAÎNEZ-VOUS !

Mettez *cry*, *shout* ou *scream* à la forme qui convient.
1. He can't hear us. We'll have to ... **2.** She ... for days after her boy-friend left her. **3.** When we saw the tiger, she ... in panic. **4.** Why do officers always ... at soldiers?

CORRIGÉ

1. shout 2. cried 3. screamed 4. Shout

NOTEZ

To weep (« pleurer », « verser des larmes ») ne s'emploie pas en anglais courant.

96   *dare*

❶ *Dare* est **moins courant** que son équivalent français « oser ».

— En anglais familier, il s'emploie surtout dans les structures **négatives** *don't/doesn't/didn't dare to* … Au présent, on le trouve plus fréquemment sous la forme ***daren't*** + infinitif sans *to*.

> I **didn't dare to ask** her name.
> Je n'ai pas osé lui demander son nom.
> She **daren't go** out alone at night. (ou She **doesn't dare to go** out …)
> Elle n'ose pas sortir seule le soir.

— Dans les autres cas, on emploie plutôt *(not) to be afraid (to)* ou *(not) to have the courage (to)*.

> She **wasn't afraid to** tell him the truth.
> Elle a osé lui dire la vérité.
> Would you **have the courage to** hit him?
> Est-ce que tu oserais le frapper ?

ENTRAÎNEZ-VOUS !

Traduisez en anglais.
1. « Demande-lui où il habite. » « Je n'ose pas. » 2. Elle n'ose pas dire à ses parents qu'elle est enceinte *(pregnant)*. 3. Je n'ai pas osé inviter Jim à danser. 4. Est-ce que tu oserais chanter devant des centaines de gens ? 5. Elle a osé demander une augmentation de salaire *(a rise)*.

CORRIGÉ
1. "Ask him where he lives." "I daren't." ("I don't dare.") 2. She daren't tell her parents that she's pregnant. (She doesn't dare to tell …) 3. I didn't dare to invite Jim to dance. 4. Would you have the courage to sing in front of hundreds of people? 5. She wasn't afraid to ask for a rise. (She had the courage to …)

❷ Notez également les expressions familières suivantes : *How dare you* …? (indignation), *You dare!* (défi).

> **How dare you talk** to me like that?
> Comment osez-vous me parler sur ce ton ?
> "Mummy, can I draw a picture on the wall?" **"You dare!"**
> « Maman, je peux faire un dessin sur le mur ? » « Ose un peu pour voir ! »

❸ *I dare say* (anglais formel) = « je crois », « je suppose », « probablement ».

> **I dare say** you're thirsty after such a long walk.
> Je suppose que vous avez soif après une aussi longue promenade. (ou Vous avez probablement soif…)

97 dates

❶ Comment écrire la date
— Voici la manière la plus courante :

> 8 March 1908
> 21 August 1989
> 14 July 1996
> 3 February 2012

— Autres possibilités :

> 21st August 1989
> August 21(st) 1989
> 21.8.89

> 3rd February 2012
> February 3(rd) 2012
> 3.2.12

— Dans l'usage courant, on ne précise pas le nom du jour (*Monday*, etc.) devant la date, et l'on met toujours une majuscule au nom du mois.

— Les noms de mois sont parfois abrégés (par exemple dans les programmes, les horaires de trains, etc.) : *Jan, Feb, Mar, Apr, Aug, Sept, Oct, Nov, Dec.*

❷ Comment dire la date

> 14 July 1996 = **the** fourteen**th of** July nineteen ninety-six
> ou July **the** fourteen**th** nineteen ninety-six

— On emploie toujours l'ordinal (*fourteenth* et non ~~fourteen~~).

— *The* ne s'écrit jamais mais se prononce toujours en anglais britannique.

— Lorsqu'on dit le nombre d'abord, il est toujours suivi de *of*.

— Le millésime se divise normalement en deux : 19 / 96.

Par contre, à partir de l'an 2000 *(the year two thousand)*, on dit plutôt *two thousand* ...

Donc « en 2012 » se dit : *in two thousand and twelve* (GB) ; *in two thousand twelve* (US).

— 1908 = nineteen O /əʊ/ eight.

ENTRAÎNEZ-VOUS !

1 Lisez les dates suivantes.
13 April - 9 May - Oct 18 1947 - July 4th 1888 - Sept 3rd 2005 - 6 December 2020

2 Écrivez d'une autre façon les dates suivantes.
1. July the fourteenth, eighteen ninety 2. April the seventh, nineteen eighty-two 3. the fifth of November, nineteen sixty 4. the eighth of January, two thousand and three

CORRIGÉS

2 1. 14 July 1890 (14th July 1890 / July 14 1890 / July 14th 1890 / 14.7.1890) 2. 7 April 1982 (7th April 1982 / April 7 1982 / April 7th 1982 / 7.4.82) 3. 5 November 1960 (5th November 1960 / November 5 1960 / November 5th 1960 / 5.11.60) 4. 8 January 2003 (8th January 2003 / January 8 2003 / January 8th 2003 / 8.1.03)

1. the thirteenth of April (April the thirteenth) - the ninth of May (May the ninth) - the eighteenth of October (October the eighteenth), nineteen forty-seven - the fourth of July (July the fourth), eighteen eighty-eight - the third of September (September the third), two thousand and five - the sixth of December (December the sixth), two thousand and twenty.

NOTEZ

4.5.01 signifie *4 May 2001* en anglais britannique, mais *April 5 2001* en américain (on met le mois d'abord).

Pour les nombres ordinaux (*first*, *second*, etc.), **252**.

98 dead, died, death

1 *Dead* et *died* (« il est mort », « ils sont morts »…).

Dead est l'adjectif « mort » (« qui n'est plus en vie »).

Died est le prétérit (ou le participe passé) de *to die* (« mourir »). Comparez :

Our cat **is dead**.
Notre chat est mort.
My parents **are dead**.
Mes parents sont morts.

He **died** last week.
Il est mort la semaine dernière.
They **died** without suffering.
Il sont morts sans souffrir.

Si « est mort » = « n'est plus en vie », c'est **is dead**.

Si « est mort » = « mourut », c'est **died**.

ENTRAÎNEZ-VOUS !
Traduisez les mots en italique.
1. Le président *est mort* hier soir. 2. Il *est mort* à l'hôpital. 3. Ma mère *est morte*. 4. Elle *est morte* en 1984. 5. Tous ses amis *sont morts* maintenant. 6. Plusieurs *sont morts* d'un cancer.

CORRIGÉ
1. died 2. died 3. is dead 4. died 5. are dead 6. (have) died

2 « La mort » = *death*

Are you afraid of **death?**
Est-ce que tu as peur de la mort ?

3 « Un mort » = a *dead man/person*

Have you ever seen **a dead person**? (et non … a dead)
Avez-vous déjà vu un mort ?

« Les morts » (en général) = *dead people* ou *the dead* (**12.**)

Dead people have no more worries.
Les morts n'ont plus de soucis.
the living and **the dead**
les vivants et les morts

4 « Deux/plusieurs/beaucoup, etc. de morts »

Lorsqu'on parle du nombre de morts dans un accident ou une catastrophe naturelle, il est plus fréquent en anglais d'employer un verbe : **be killed** ou **die**.

Three people **were killed** in the accident.
(et non ~~There were three deads~~ ...)
Il y a eu trois morts dans l'accident.
Several people **died** in yesterday's earthquake in southern Iran.
(et non ~~There were several dead people~~ ...)
Le tremblement de terre qui s'est produit hier au sud de l'Iran a fait plusieurs morts.

ENTRAÎNEZ-VOUS !
Traduisez les mots en italique.
1. La police a trouvé *un mort* dans le jardin. 2. *Les morts* ne connaissent pas leur bonheur. 3. *La mort* ne me fait pas peur. 4. Je n'aime pas voir *des morts*, même au cinéma. 5. Une bombe a explosé ce matin, *il y a eu des morts* (= quelques morts). 6. *L'accident a fait cinq morts.*

CORRIGÉ
1. a dead man 2. The dead (dead people) 3. Death 4. dead people 5. some people died (were killed) 6. Five people died (were killed) in the crash.

99 déjà

❶ Dans les phrases affirmatives, « déjà » se traduit le plus souvent par ***already***.

> She's **already** here.
> Elle est déjà là.
>
> I've **already** paid.
> J'ai déjà payé.

❷ Dans les questions, on utilise généralement ***ever*** (pour parler du passé) et ***yet*** (pour parler d'une action à venir). Comparez :

> Have you **ever** been to Russia?
> Êtes-vous déjà allé en Russie ?
>
> Has Maude arrived **yet**?
> Est-ce que Maude est déjà arrivée ?

Utilisé dans une question, *already* exprime la surprise : quelque chose est arrivé plus tôt que prévu.

> Are you up **already**? It's only 7 o'clock!
> Tu es déjà levé ? Il n'est que 7 heures !

❸ Quand on parle d'une action qui a déjà été faite, et qu'on refait, « déjà » peut se traduire par ***before*** (avec le present perfect).

> I've read this book **before**.
> J'ai déjà lu ce livre. (Je suis en train de le relire.)
>
> Have you been here **before**?
> Tu es déjà venu ici ?

❹ « Déjà » s'emploie parfois en fin de question pour demander le rappel d'une information qu'on a oubliée. En anglais, on utilise alors ***again***.

> What's your name **again**?
> Quel est votre nom déjà ? (Je l'ai su mais je l'ai oublié.)

ENTRAÎNEZ-VOUS !
Traduisez en anglais.
1. « Tu viens, Bob ? » « Non, j'ai déjà mangé. » 2. Il est déjà dix heures. 3. Avez-vous déjà rencontré mon père ? 4. Est-ce que le courrier (*the post*) est déjà arrivé ? 5. J'ai déjà vu ce film. (Je suis en train de le revoir.) 6. Je suis déjà

fatigué. **7.** Avez-vous déjà été hospitalisé *(in hospital)* ? **8.** Est-ce que Patricia a déjà téléphoné ? **9.** Vous avez déjà terminé ? Vous mangez vite ! **10.** Quelle est votre adresse déjà ?

CORRIGÉ
1. "Are you coming, Bob?" "No, I've already eaten." 2. It's already ten (o'clock). 3. Have you ever met my father? 4. Has the post arrived (come) yet? 5. I've seen this film before. 6. I'm already tired. 7. Have you ever been in hospital? 8. Has Patricia (tele)phoned yet? 9. Have you finished already? (You've finished already?) 10. What's your address again?

100 depuis

« Depuis » se traduit par *for*, *since* ou *from*, selon le cas.

❶ *For* et *since*

— On emploie *for* devant une expression indiquant une durée. (On pourrait alors remplacer « depuis » par « cela fait ».)

On emploie *since* devant une expression indiquant un point de départ.

for + durée	**since** + point de départ
for half an hour depuis (= cela fait) une demi-heure	**since** three-twenty depuis trois heures vingt
for three days depuis trois jours	**since** Monday depuis lundi
for six months depuis six mois	**since** October depuis octobre
for seven years depuis sept ans	**since** his death depuis sa mort

ENTRAÎNEZ-VOUS !
Traduisez en anglais.
1. depuis trois semaines **2.** depuis six mois **3.** depuis dimanche **4.** depuis la guerre *(the war)* **5.** depuis longtemps **6.** depuis le 4 septembre **7.** depuis 2010 **8.** depuis ce matin

CORRIGÉ
1. for three weeks 2. for six months 3. since Sunday 4. since the war 5. for a long time 6. since 4(th) September (September 4/4th) 7. since 2010 8. since this morning

— Avec *for* (« depuis ») et *since*, le verbe principal est normalement au present perfect (317) ou au pluperfect (298).

> It**'s been raining** since Sunday.
> Il pleut depuis dimanche.
> When I arrived, everybody **had** already **been** there **for** hours.
> Quand je suis arrivé, tout le monde était déjà là depuis des heures.

❷ From

On emploie surtout *from* dans les cas où le verbe principal n'est ni au *present perfect*, ni au *pluperfect*.

> He **loved** music **from** his earliest childhood.
> (et non ... ~~since his earliest childhood~~.)
> Il a aimé la musique depuis / dès sa plus tendre enfance.

since = « depuis » (avec *present perfect* ou *pluperfect*)

from = « depuis », « dès » (avec autres temps)

ENTRAÎNEZ-VOUS !

Mettez *for, since* ou *from*.
1. It's been raining ... three weeks. 2. She had been staying in London ... Sunday. 3. He loved her ... the moment he saw her. 4. I've loved you ... the moment I saw you. 5. We had been walking ... a long time, and we were tired. 6. ... the beginning of history there have been wars. 7. When she arrived I had been waiting ... two hours. 8. I liked the job ... the beginning.

CORRIGÉ

1. for 2. since 3. from 4. since 5. for 6. Since 7. for 8. from

Pour les temps avec *since* (« depuis que »), **363**.
Pour *it is ... since*, **364**. Pour les autres sens de *from*, **146**.

101 devant

❶ En règle générale, « devant » se traduit par **in front of**.
> **in front of** the church
> devant l'église

❷ Mais on emploie **before** :
— pour parler de l'ordre des éléments dans une liste, etc. ;
> Her name comes just **before** mine in the list.
> Son nom vient juste devant le mien dans la liste.
> We normally use *a* **before** a consonant and *an* **before** a vowel.
> On emploie normalement *a* devant une consonne et *an* devant une voyelle.

— pour exprimer l'idée de « en présence de » (une personne d'autorité) ;
> She appeared **before** the judge on Tuesday.
> Elle a comparu devant le juge mardi.

— dans l'expression (*right*) *before one's eyes*.
> "Where are my keys?" "Right **before** your eyes."
> « Où sont mes clés ? » « Juste devant tes yeux. »

ENTRAÎNEZ-VOUS !

Mettez *in front of* ou *before*.
1. I'll wait for you ... the post office. 2. A comes ... B in the alphabet. 3. She had to go ... a lawyer to sign the paper. 4. He put his hands ... his face.

CORRIGÉ

1. in front of 2. before 3. before 4. in front of

NOTEZ

- *In front of* ne s'emploie pas pour traduire « devant » au sens figuré lorsqu'il signifie « face à ». On peut utiliser alors *faced with / in the face of*.

    Faced with / In the face of such injustice, the workers went on strike.
    Devant une telle injustice, les ouvriers se mirent en grève.

- Pour les autres cas, consulter un bon dictionnaire.

    Pour la traduction de « en face de » et la différence avec *in front of*, **121**.
    Pour *before* +V-*ing* **201** et **203**.

102 devoir

Attention à la traduction de « je dois », « je devais », « je devrais ». Pour des explications détaillées, se reporter aux fichiers indiqués.

❶ « Je dois », « tu dois »…

— Obligation, interdiction (**244**.4 , **246**).

> **I must/have to** go.
> Je dois partir.
> You **mustn't** smoke here.
> Tu ne dois pas fumer ici.

— Opinion morale (**278** , **358** , **362**)

> You **shouldn't/mustn't** judge people. (ou You **oughtn't to** judge …)
> On ne doit pas juger les gens.

— Projet (**150** , **65** , **60**)

> I**'m seeing** her tonight. / I**'m supposed to** see her tonight.
> (et non ~~I have to see her tonight.~~)
> Je dois la voir ce soir.
> The two presidents **are to** meet on Saturday.
> Les deux présidents doivent se rencontrer samedi.

— Déduction (**244** , **362**)

> Nine o'clock; she really **must** be home now.
> Neuf heures : elle doit certainement être chez elle maintenant.

ENTRAÎNEZ-VOUS !

Traduisez en anglais.
1. Je dois téléphoner à Catherine. 2. Vous ne devez pas laisser cette porte ouverte. 3. Je dois aller au cinéma avec Pierre ce soir. 4. On ne doit pas dire *(tell)* toute la vérité *(truth)*. 5. Sept heures : la viande doit (certainement) être prête maintenant. 6. Le président doit partir pour Pékin *(Beijing)* demain.

CORRIGÉ

1. I must (tele)phone Catherine. (I have to/I have got to …) 2. You mustn't leave that door open. 3. I'm going to the cinema with Pierre this evening. (I'm supposed to go …) 4. You shouldn't (One should not) tell all the truth (the whole truth). 5. Seven o'clock: the meat really must be ready now (must certainly/certainly must). 6. The President is to leave for Beijing tomorrow.

❷ « Je devais », « tu devais »...

— Obligation (**244**.4)

> When I was an au pair girl I **had to** work hard.
> Quand j'étais au pair, je devais travailler dur.

— Projet (**154**.3, **154**.4, **65**)

> I had a quick shower because I **was seeing** her at six.
> J'ai pris une douche en vitesse parce que je devais la voir à six heures.
> She **was supposed to** interpret for us, but she didn't speak English.
> Elle devait être notre interprète, mais elle ne parlait pas anglais.
> We **were to** make a film together.
> Nous devions faire un film ensemble.

— Fatalité

> **It was bound to** happen.
> Cela devait arriver.

> He **was to** die very young.
> Il devait mourir très jeune.

Pour *be to*, **60**.1.

ENTRAÎNEZ-VOUS !
Traduisez en anglais.
1. Quand j'étais militaire *(in the army)*, je devais me lever à six heures tous les jours. 2. Je me suis couché tôt parce que je devais partir pour le Japon le lendemain *(the next day)*. 3. Il devait m'aider, mais il ne savait rien.

CORRIGÉ
1. When I was in the army I had to get up at six o'clock every day. 2. I went to bed early because I was leaving for Japan the next day. 3. He was supposed to help me, but he didn't know anything (he knew nothing).

❸ « Je devrais », « tu devrais »...

— Conseil (**358**, **278**)

> You **should/ought to** go on a diet.
> Tu devrais te mettre au régime.

— Obligation au conditionnel (**171**, **92**)

> If my husband died, **I would have to** go back to work.
> Si mon mari mourait, je devrais retravailler. (... je serais obligée de...)

ENTRAÎNEZ-VOUS !
Traduisez en anglais.
1. Vous devriez arrêter de fumer. 2. Si je passais une année en Angleterre, je devrais trouver un travail *(a job)*.

CORRIGÉ
1. You should (ought to) stop smoking. 2. If I spent a year in England, I would have to find a job.

Pour « j'ai dû », « tu as dû », etc. *(had to ... ; must have ...)*, **245**.3.
Pour « j'aurais dû », « tu aurais dû », etc., **359** et **279**.

103 discours indirect (1) : les temps

Discours direct : "I won't come," he said.
Discours indirect : He said (that) he wouldn't come.

On emploie le discours indirect lorsqu'on rapporte les paroles ou les pensées de quelqu'un sans les citer directement.

❶ Après un verbe au prétérit comme *said*, *told*, *thought*, *knew*, les temps s'emploient généralement de la même manière en anglais et en français.

Discours direct	Discours indirect
présent	prétérit
"**I'm** happy." « Je suis heureux. » "**I'm** waiting." « J'attends. » "I **smoke** too much." « Je fume trop. »	He said that he **was** happy. Il a dit qu'il était heureux. She said she **was waiting**. Elle a dit qu'elle attendait. I told him I **smoked** too much. Je lui ai dit que je fumais trop.
futur (*will*)	conditionnel (*would*)
"They**'ll help** us." « Ils nous aideront. »	I said that they **would help** us. J'ai dit qu'ils nous aideraient.
present perfect	pluperfect
"I**'ve seen** you before." « Je vous ai déjà vue. »	I thought I**'d seen** her before. Je pensais que je l'avais déjà vue.
prétérit	pluperfect
"I **forgot**." « J'ai oublié. » "He **didn't come**." « Il n'est pas venu. »	She said that she **had forgotten**. Elle a dit qu'elle avait oublié. I knew he **hadn't come**. Je savais qu'il n'était pas venu.
impératif	infinitif
"**Stop** the car." « Arrête la voiture. »	I told her **to stop** the car. Je lui ai dit d'arrêter la voiture.

NOTEZ

- Les verbes ont la même forme (simple ou progressive) dans les deux discours.
- On dit *He told me that* … plutôt que *He said to me that* …
- La conjonction *that* (« que ») est souvent sous-entendue dans un style familier.

② *Can* et *may* deviennent *could* et *might*, les autres modaux ne changent pas, dans la plupart des cas.

Discours direct	Discours indirect
"I **can** swim." Je sais nager.	I told her I **could** swim. Je lui ai dit que je savais nager.
"It **may** rain." Il va peut-être pleuvoir.	He thought it **might** rain. Il pensait qu'il allait peut-être pleuvoir.
"He **must** work harder." Il doit travailler davantage.	I said he **must** work harder. J'ai dit qu'il devait travailler davantage.
"You **shouldn't** smoke." Tu ne devrais pas fumer.	She said I **shouldn't** smoke. Elle m'a dit que je ne devrais pas fumer

Pour la liste des modaux, **237.**

③ Après un verbe au présent (ex. : *he says*), les temps ne changent pas.

Discours direct	Discours indirect
"She **is** happy."	He **says** she **is** happy.
"She **will be** happy."	He **says** she **will be** happy.

ENTRAÎNEZ-VOUS !

1 **Choisissez le verbe qui convient.**
He says he ... come. (will/would) 2. He said he ... come. (will/would) 3. I know she ... still at school. (is/was) 4. I thought they ... crazy. (are/were) 5. We realised that she ... missed the train. (has/had) 6. She thinks you ... forgotten her. (have/had)

CORRIGÉ

1 1. will 2. would 3. is 4. were 5. had 6. have

ENTRAÎNEZ-VOUS !

2 **Traduisez en anglais.**
1. Je pensais que tu serais en retard. 2. J'ai dit que je ne comprenais pas. 3. Je ne savais pas qu'ils avaient acheté une maison. 4. J'ai dit que j'écrirais. 5. Il m'a dit que tu pouvais venir. 6. Je croyais qu'elle avait trouvé un travail. 7. Elle nous a dit qu'elle resterait jusqu'à dimanche prochain.

CORRIGÉ

2 1. I thought (that) you'd be late. 2. I said (that) I didn't understand. 3. I didn't know (that) they'd bought a house. 4. I said (that) I'd write. 5. He told me (that) you could come. 6. I thought (that) she'd found a job. 7. She told us (that) she would (she'd) stay until next Sunday.

ENTRAÎNEZ-VOUS !

3 Mettez au discours indirect.
1. "It's cold." (She said ...) 2. "It's raining." (I thought ...) 3. "Peter likes fish." (I knew ...) 4. "Linda works in a bank." (He told me ...) 5. "It will rain." (The radio says ...) 6. "It will rain." (The radio said ...) 7. "Sam has forgotten to phone." (I think that ...) 8. "Sam has forgotten to phone." (I supposed that ...) 9. "I didn't finish the job." (I told her that ...) 10. "Wait for me." (I told her ...)

CORRIGÉ

3 1. She said (that) it was cold. 2. I thought (that) it was raining. 3. I knew (that) Peter liked fish. 4. He told me (that) Linda worked in a bank. 5. The radio says (that) it will rain. 6. The radio said (that) it would rain. 7. I think that Sam has forgotten to phone. 8. I supposed that Sam had forgotten to phone. 9. I told her that I hadn't finished the job. 10. I told her to wait for me.

Pour plus de détails sur *say* et *tell*, **354**.

104 discours indirect (2) : les interrogations

Interrogation directe : "Where do you work?" he asked me.
Interrogation indirecte : He asked me where I worked.

1 Attention à l'**ordre des mots** et à la **forme du verbe** dans les interrogations indirectes. Le sujet précède toujours le verbe. Il n'y a pas *do/did*.

> He asked me who **the others were**. (et non ~~who were the others~~)
> Il m'a demandé qui étaient les autres.
> I asked her where **her parents lived.** (et non ~~where lived her parents~~
> ou ~~where did her parents live~~)
> Je lui ai demandé où habitaient ses parents.
> I wondered what **my sister was doing**.
> Je me demandais ce que faisait ma sœur.
> Could you tell me what time **it is**?
> Pouvez-vous me dire l'heure (qu'il est) ?

Notez qu'il n'y a pas de point d'interrogation dans les interrogations indirectes – sauf si le verbe principal est lui-même interrogatif, comme dans le dernier exemple ci-dessus.

2 Dans les interrogations indirectes, « si » peut se traduire par *if* ou *whether*. Devant *or*, *whether* est plus fréquent (**411**).

> I don't know **if/whether** you're right.
> Je ne sais pas si vous avez raison.
> Tell me **whether** you like it **or** not.
> Dites-moi si vous aimez cela ou non.

ENTRAÎNEZ-VOUS !

Traduisez en anglais.
1. Dites-moi où je peux trouver une pharmacie *(a chemist's)*. 2. Je me demande combien il gagne *(to earn)*. 3. Elle m'a demandé ce qu'en pensaient mes parents. 4. Pouvez-vous me dire où est la gare ? 5. J'aimerais savoir où habite cette fille. 6. Je ne sais pas qui est cet homme mystérieux *(mysterious)*.

CORRIGÉ

1. Tell me where I can find a chemist's. 2. I wonder how much he earns. 3. She asked me what my parents thought about it (of it). 4. Can you tell me where the station is? 5. I'd like to know where this (that) girl lives. 6. I don't know who this (that) mysterious man is.

105 discours indirect (3) : pronoms, déterminants et adverbes

Discours direct : Je lui ai dit : « **Tu** dois être **ici demain**. »
Discours indirect : Je lui ai dit qu'**il** devait être **là le lendemain**.

❶ En anglais, comme en français, les pronoms, les déterminants et les adverbes du discours indirect sont souvent différents de ceux du discours direct. Comparez :

DISCOURS DIRECT	DISCOURS INDIRECT
"**You**'re right, Ann."	He told Ann **she** was right.
« **Tu** as raison, Ann ».	Il a dit à Ann qu'**elle** avait raison.
"I like **this** house."	She said she liked **the** house.
« J'aime **cette** maison. »	Elle a dit qu'elle aimait **la** maison.
"Who lives **here**?"	She asked me who lived **there**.
« Qui habite **ici** ? »	Elle m'a demandé qui habitait **là**.
"I'll come **tomorrow**."	He said he'd come **the next day**.
« Je viendrai **demain**. »	Il a dit qu'il viendrait **le lendemain**.

❷ De la même manière :

DISCOURS DIRECT	DISCOURS INDIRECT
next week	the following week (la semaine suivante)
yesterday	the day before (la veille)
last week	the week before (la semaine précédente)
ago	before (avant/auparavant 18)

ENTRAÎNEZ-VOUS !
Choisissez l'expression qui convient.
1. Shakespeare told his wife that ... understand ... (you didn't/she didn't ; me/him) 2. He went to Moscow, but he said he didn't like ... city. (this/the) 3. When she phoned me she said that Anne was ... with her. (here/there) 4. I saw him on April 6, and said I'd finish the job ... (tomorrow/the next day) 5. I explained that I had sent the letter three weeks ... but he said that he had only received it ... (ago/before; yesterday/the day before)

CORRIGÉ

1. she didn't him 2. the 3. there 4. the next day 5. before, the day before

106   *do* : insistance, contraste

L'auxiliaire *do* s'emploie parfois dans une phrase affirmative.

❶ Pour insister sur ce qu'on dit.

You **do** look tired!
Tu as l'air vraiment fatigué !
Do sit down!
Veuillez vous asseoir !

I **do** like caviar!
Qu'est-ce que j'aime le caviar !
Do come in!
Mais entrez donc !

"Can I take a biscuit?" "Please **do**." (= "Please do take a biscuit.")
« Est-ce que je peux prendre un biscuit ? »
« Allez-y. »/«Je vous en prie. »

❷ Pour exprimer un contraste, une exception ou un désaccord avec ce qui a été dit auparavant.

I'm not very fond of the piano. I **do** like Chopin, though.
Je ne suis pas vraiment amateur de piano. Et pourtant, j'aime Chopin.
"You didn't pay the bill." "I **did** pay!"
« Vous n'avez pas payé l'addition. » « Mais si, j'ai payé ! »

❸ Pour confirmer qu'une action prévue a bien eu lieu.

He said he'd win, and he **did** win.
Il a dit qu'il gagnerait, et il a bel et bien gagné.
Well, I was right, she **did** make a mistake.
Alors, j'avais raison, elle a bien fait une erreur.

ENTRAÎNEZ-VOUS !

Traduisez en anglais, en utilisant *do* pour marquer l'insistance ou le contraste.
1. Je pense vraiment que tu as tort (*... are wrong*). **2.** Prenez donc de la viande (*meat*) ! **3.** Arrête de parler, je t'en prie ! **4.** « Tu ne m'aimes pas ! » « Mais si, je t'aime ! » **5.** Il fait normalement très sec (*dry*) ici. Et pourtant, il pleut beaucoup en novembre. **6.** Qu'est-ce que j'aime cette musique !

CORRIGÉ
1. I do think (that) you are (you're) wrong. **2.** Do take (have) some meat! **3.** Do stop talking! **4.** "You don't love me!" "I do love you!" **5.** It's normally very dry here. It does rain a lot in November, though. **6.** I do like this music!

107   *do* : reprise

Lorsqu'on veut éviter de répéter un verbe dans une phrase, on le reprend par l'auxiliaire *do/does/did*.

> It's dangerous to drink and drive; I never **do**.
> C'est dangereux de conduire quand on a bu ; je ne le fais jamais.
> Don't speak to him before Paul **does**.
> Ne lui parle pas avant Paul.
> "I liked the film." "I **did** too."
> « J'ai bien aimé le film. » « Moi aussi. »

ENTRAÎNEZ-VOUS !

Mettez *do*, *does* ou *did*.

1. "Did Anna come to see you?" "Yes, she ..." **2.** I like the same kind of music as my brother ... **3.** "Who broke the window?" "I ..." **4.** "I always have a big breakfast." "Oh, I never ..." **5.** She went to the same school as I ... **6.** She left school a year after I ...

CORRIGÉ

1. did. 2. does. 3. did. 4. did. 5. do. 6. did.

108   *do* et *make*

Voici les principales règles qui permettent de distinguer *do* et *make*.

❶ On emploie *do* quand on parle d'une activité **sans la préciser**.

> Please **do** something.
> Fais quelque chose, s'il te plaît.
> What are you **doing**?
> Qu'est-ce que vous faites ?
> I don't know what to **do** next year.
> Je ne sais pas quoi faire l'année prochaine.

❷ *Do* s'emploie aussi pour parler du **travail**.

> She never **does** any **work**.   Can you **do** a small **job** for me?
> Elle ne fait jamais aucun travail.   Peux-tu me faire un petit travail ?

Notez la différence entre *housework* et *homework*.

> I don't like **doing housework**.   Have you **done** your **homework**?
> Je n'aime pas faire le ménage.   Est-ce que tu as fait tes devoirs ?

❸ On emploie aussi *do* dans la structure « ***do* + déterminant + V-*ing*** » (**134**).

> I must **do the shopping**.   Have you ever **done any skiing**?
> Il faut que je fasse les courses.   Tu as déjà fait du ski ?

Sans déterminant, on emploie *go* (ex. : *go shopping*, et non ~~*do shopping*~~ **161**).

4 *Make* exprime une idée de **création** ou de **construction**.

> I've just **made** a cake.
> Je viens de faire un gâteau.
> Let's **make** a plan.
> Faisons un plan.
> My father and I are **making** a boat.
> Mon père et moi, nous construisons un bateau.

5 Dans les autres cas, il n'y a pas de règles précises ; *make* est plus fréquent que *do*. Apprenez les expressions suivantes :

to do an exercice faire un exercice	**to do** one's best faire de son mieux	**to do** sport (134) faire du sport
to do a favour rendre un service	**to do** business faire des affaires	**to do** one's hair se coiffer
to do good/harm faire du bien/du mal	**to do** one's duty faire son devoir	**to do** one's teeth se laver les dents
		to do 50 mph faire 80 km/heure

to make a bed/ a fire/ a noise (un bruit)
to make a phone call
to make arrangements (des préparatifs)/ a decision
to make an attempt (une tentative)/ an effort/ an excuse
to make an offer/ a suggestion
to make an exception/ a fortune/ a mistake (une erreur)
to make a fuss (des histoires, des problèmes)
to make money/ a profit (un bénéfice)
to make progress/ love/ war/ peace
to make enquiries (se renseigner)

ENTRAÎNEZ-VOUS !

Mettez *do* ou *make* à la forme qui convient.

1. Go and see what the children are … **2.** My father usually … the housework. **3.** I know how to … pizza. **4.** Please don't … so much noise. **5.** He … a lot of money last year. **6.** I want to … something crazy. **7.** We spent the lesson … paper aeroplanes. (forme en V-*ing*) **8.** Could you … me some toast, please? **9.** I won't have time to … the shopping. **10.** I wouldn't like to … your job.

CORRIGÉ

1. doing. 2. does 3. make 4. make 5. made 6. do 7. making 8. make 9. do 10. do

109 dont

❶ « Dont » complément du nom

— Dans certains cas, « dont » est complément du nom qui suit. Il correspond à un adjectif possessif.

> le diplomate **dont la fille** a disparu (= **sa fille** a disparu)
> une société **dont le PDG** a déclaré hier que… (= **son PDG** a déclaré…)

L'équivalent anglais est alors le plus souvent ***whose*** (332).

Attention : *whose* n'est jamais suivi d'un article.

> the diplomat **whose daughter** has disappeared …
> a company **whose chairman** declared yesterday that …

— *Whose* peut s'employer même quand le nom qui précède désigne une chose. Toutefois, dans ce cas, on emploie souvent la tournure ***of which*** (placée normalement après le nom).

> a decision **whose importance** was not realised at the time
> ou a decision **the importance of which** was not realised …
> une décision dont on n'a pas compris l'importance à l'époque…

❷ « Dont » complément du verbe

Dans d'autres cas, « dont » est complément du verbe qui suit. Il n'a alors aucun sens possessif.

> le garçon **dont** je t'**ai parlé** (je t'ai parlé de lui)
> la maison **dont** je **rêve** (je rêve de cette maison)

L'équivalent anglais est alors ***whom/which*** + **préposition**. *Whom/which* est généralement sous-entendu et la préposition vient en fin de proposition.

> the boy **(whom)** I talked to you **about**
> the house **(which)** I dream **of**

❸ Notez ces équivalences (attention à l'ordre des mots) :

dont certains	some of whom/which
dont la plupart	most of whom/which
dont aucun	none of whom/which
dont le premier	the first of whom/which
dont deux/trois	two/three of whom/which
dont + superlatif	superlatif + of whom/which

> We have hundreds of books, **most of which** are very old.
> Nous avons des centaines de livres, dont la plupart sont très vieux.
> He had three daughters, **the eldest of whom** was studying Computer Science.
> Il avait trois filles, dont l'aînée étudiait l'informatique.

ENTRAÎNEZ-VOUS !

Traduisez en anglais.
1. le film dont nous avons parlé hier 2. J'ai un ami dont la sœur connaît bien le président. 3. la fille dont je suis amoureux *(… with)* 4. une action dont je ne

serais pas capable (… *capable of*) **5.** Monsieur Brown, dont vous connaissez déjà la femme. **6.** un homme dont j'ai oublié le nom **7.** leurs amis, dont la plupart sont américains **8.** mes enfants, dont le plus jeune n'a que deux ans

CORRIGÉ

1. the film (that) we talked (spoke) about yesterday **2.** I have (I've got) a friend whose sister knows the President well. **3.** the girl (whom) I am (I'm) in love with **4.** an action (which/that) I would not (wouldn't) be capable of **5.** Mr Brown, whose wife you already know **6.** a man whose name I have (I've) forgotten **7.** their friends, most of whom are American **8.** my children, the youngest of whom is only two

❹ Les structures avec *whose* et *of whom/which* s'emploient surtout dans un style formel ; en anglais familier, on préfère des structures plus simples où « dont » n'a pas d'équivalent direct.

> that film – I can't remember its title (plus courant que that film, whose title …)
> ce film, dont le titre m'échappe
> She's invited ten people. Two of them are childhood friends.
> Elle a invité dix personnes, dont deux amis d'enfance.

Pour « ce dont », 331.4 .

110   *during* et *for*

❶ *During* indique à quel moment un fait se produit. Il répond à la question *when …?* (« quand… ? »)

« quand… ? » → *during*

> I'll call you **during** the afternoon.
> Je t'appellerai pendant l'après-midi.

❷ *For* indique la durée d'une action. Il répond à la question *how long …?* (« pendant combien de temps… ? »).

« pendant combien de temps… ? » → *for*

> I'm going to stay here **for two weeks.** (et non ~~during two weeks~~)
> Je vais rester ici pendant deux semaines.
> She worked in London **for three months**.
> Elle a travaillé à Londres pendant trois mois.

ENTRAÎNEZ-VOUS !

Mettez *during* ou *for*.

1. I don't do much sport … the winter. **2.** I was so angry, I didn't speak to her … three days. **3.** I'd like to live in the future … a week or two. **4.** … my last holidays I met some very interesting people. **5.** He worked for the same firm … twenty-five years. **6.** The shop closes for a week … December.

CORRIGÉ

1. during **2.** for **3.** for **4.** during **5.** for **6.** during

Pour *for* = « depuis », 100 .

111 — *during* et *while*

during = « pendant » (+ nom)

while = « pendant que » (+ verbe)

I met him **during** the holidays.
Je l'ai rencontré pendant les vacances
I met him **while** you were in Germany (et non ~~during you were~~...)
Je l'ai rencontré pendant que tu étais en Allemagne.

ENTRAÎNEZ-VOUS !

Mettez *during* ou *while*.

1. I woke up three times ... the night. **2.** Don't interrupt me ... I'm working. **3.** People always telephone ... I'm having a bath. **4.** I usually go to Scotland for a week ... August. **5.** We moved a lot ... my childhood. **6.** ... you're here, can I ask you some questions?

CORRIGÉ

1. during 2. while 3. while 4. during 5. during 6. while

Pour « pendant » = *for*, **110**.
Pour *while* et *whereas* (« alors que »), **412**.

112   *each et every*

1 *Each* = « **chaque** »

Every = « **tout/tous** », parfois « **chaque** ».

each day chaque jour **every** day (et non ~~every days~~) tous les jours	**each/every** time chaque fois

2 *Each* exprime l'idée de « un par un », « chacun séparément ». Il met en relief l'individualité. *Every* est à mi-chemin entre *each* et *all*. Il perçoit les choses ou les personnes au singulier, mais pour les rapprocher, pour généraliser. Comparez :

> **Every** workman stood up when the President walked in.
> Tous les ouvriers se levèrent lorsque le président entra.
> He gave a beautiful signed photo to **each** workman.
> Il donna une belle photo dédicacée à chaque ouvrier (= un par un).

> **Every** violinist knows the Beethoven violin concerto.
> Tout violoniste connaît le concerto pour violon de Beethoven.
> **Each** violinist interprets it in his or her own way.
> Chaque violoniste l'interprète à sa façon.

3 *Each* peut se mettre à côté du verbe, comme *all* et *both* (**292**).

> The girls **each chose** a different colour.
> Les filles choisirent chacune une couleur différente.

Il peut aussi être suivi de *of*, comme *all* et *both*.

each of us chacun de nous	**each of** the answers chacune des réponses

4 *Every* ne s'emploie pas pour parler de deux personnes, de deux choses, etc. On utilise *each* ou *both* à la place.

« Chaque main » = *each hand* ou *both hands*, mais non ~~every hand~~.

ENTRAÎNEZ-VOUS !

Mettez *each* ou *every*.

1. I go to work ... Saturday. 2. ... person is an individual, different from the others. 3. He said ... word slowly and distinctly. 4. I understood ... word in the song. 5. ... street in the town has its own special character. 6. ... house in this street looks the same. 7. She spoke to ... of us in turn. 8. She held an apple in ... hand.

CORRIGÉ

1. every 2. each 3. each 4. every 5. every 6. each 7. every 8. each

113 *each other* et *one another*

❶ *Each other* et *one another* ont le même sens. Ils correspondent à « l'**un** l'**autre** », « **les uns les autres** », ou à un pronom réfléchi utilisé en ce sens (« nous », « vous », « se »). *Each other* s'emploie plus que *one another*.

> They destroyed **each other**.
> Ils se sont détruits (l'un l'autre).
> We don't like **each other**. (et non ~~We don't like us.~~)
> Nous ne nous aimons pas.
> Sofia and Lily tell **one another** everything.
> Sofia et Lily se disent tout.

❷ Ils peuvent se mettre au cas possessif : *each other's/one another's*.

> This summer my brother and I stayed in **each other's** flats.
> Cet été, mon frère et moi avons échangé nos appartements.

❸ Ne confondez pas *each other/one another* avec les **pronoms réfléchis** *ourselves, yourselves, themselves* (**328**). Comparez :

> They were looking at **each other**.
> Ils se regardaient (l'un l'autre).
> They were looking at **themselves**.
> Ils se regardaient. (Chacun se regardait dans une glace.)

ENTRAÎNEZ-VOUS !

Traduisez en anglais.
1. Ils ne s'écoutent jamais (l'un l'autre). 2. Nous nous sommes vus à Berlin. 3. Nous nous aidons souvent. 4. Ils se sont posé beaucoup de questions (l'un à l'autre). 5. Nous nous connaissons très bien. 6. Vous vous parlez en anglais ou en allemand ?

CORRIGÉ

1. They never listen to each other (one another). 2. We saw each other (one another) in Berlin. 3. We often help each other (one another). 4. They asked each other (one another) a lot of questions. 5. We know each other (one another) very well. 6. Do you talk (speak) to each other (one another) in English or in German? (Do you speak English or German to each other/one another?)

114 *-ed* et *-ing*

❶ Retenez bien la différence entre les deux terminaisons.

to be + *-ed* : passif	*to be* + *-ing* : forme progressive
A lot of electricity **is wasted** every day in this country. Beaucoup d'électricité est gaspillée chaque jour dans ce pays.	Switch off the lights. You**'re wasting** electricity. Éteins les lumières. Tu gaspilles de l'électricité.

Pour plus de détails sur le passif, **283** à **287** .
Pour la forme progressive, voir les divers temps.

2 Ne confondez pas les adjectifs *interested* et *interesting*, *bored* et *boring*, etc.

I'm interest**ed** (in) …	It's interest**ing**.
Je m'intéresse (à)…	C'est intéressant.
I'm bor**ed**.	It's bor**ing**.
Je m'ennuie.	C'est ennuyeux (= barbant).
I'm annoy**ed**.	It's annoy**ing**.
Je suis agacé.	C'est agaçant.
I'm shock**ed**.	It's shock**ing**.
Je suis choqué.	C'est choquant.
I'm embarrass**ed**.	It's embarrass**ing**.
Je suis gêné.	C'est gênant.

I'm **interested** in the lesson. (et non ~~I'm interesting in the lesson.~~)
Je m'intéresse au cours.
I'm **bored** at home. (et non ~~I'm boring at home.~~)
Je m'ennuie à la maison.

ENTRAÎNEZ-VOUS !
Mettez la forme correcte.
1. I'm … the guitar. (learning/learned) **2.** The windows were … once a week. (cleaning/cleaned) **3.** I'm not … in sport. (interesting/interested) **4.** The water in the aquarium was … regularly. (changing/changed) **5.** I think my personality is … very quickly these days. (changing/changed) **6.** "How was the film?" "(Frightening./Frightened.)" **7.** My grandmother is … by some modern films. (shocking/shocked) **8.** I'm never … in my spare time. (boring/bored)

CORRIGÉ
1. learning 2. cleaned 3. interested 4. changed 5. changing 6. frightening 7. shocked 8. bored

115 *either* et *neither* + nom

1 *Either* (+ nom) = « l'un ou l'autre des deux ».
Neither (+ nom) = « ni l'un, ni l'autre », « aucun des deux ».

"Shall I come on Wednesday or Thursday?" "**Either day** is OK."
« Je viens mercredi ou jeudi ? » « L'un ou l'autre, comme vous voulez. »
Neither plan is realistic.
Aucun des deux projets n'est réaliste.

NOTEZ
Prononciation : *either* /ˈaɪðə(r)/ ou /ˈiːðə(r)/; *neither* /ˈnaɪðə(r)/ ou /ˈniːðə(r)/

2 On emploie ***either/neither* of** devant un pronom ou un déterminant.

"Which bike shall I take, the old one or the new one?"
"You can have **either of them**."
« Je prends quel vélo, le vieux ou le neuf ? » « L'un ou l'autre. »

>**Neither of my parents** smokes. (Le verbe est au singulier.)
>Mes parents ne fument ni l'un, ni l'autre.

3 Un nom peut être sous-entendu.

>"Do you want fish or meat? You can have **either**."
>« Tu veux du poisson ou de la viande ? Tu peux avoir l'un ou l'autre. »
>"**Neither**, thanks."
>« Ni l'un, ni l'autre, merci. »

4 *Neither* s'emploie surtout en début de phrase. Dans les autres cas, on préfère la structure *not … either*.

>I do**n't** like **either** of them.
>Je n'aime ni l'un, ni l'autre.

ENTRAÎNEZ-VOUS !

Traduisez en anglais.
1. « Il y a deux verres : lequel je prends ? » « Tu peux prendre l'un ou l'autre. »
2. Il peut prendre l'une ou l'autre route. 3. Aucun des deux films n'est intéressant. 4. « Tu veux du vin ou de la bière ? » « Ni l'un, ni l'autre, merci. »

CORRIGÉ

1. "There are two glasses: which (one) shall I take?" "You can have (take) either (of them)." 2. He can take either road. 3. Neither film (Neither of the films) is interesting. 4. "Do you want wine or beer?" "Neither, thank you (thanks)."

116 *either … or* et *neither … nor*

Either … or = « ou… ou », « soit… soit ».

Neither … nor = « (ne)… ni… ni ».

>She's **either** German **or** Swedish.
>Elle est ou allemande ou suédoise.
>**Either** he's late **or** I've made a mistake about the time.
>Soit il est en retard, soit je me suis trompé d'heure.
>**Neither** James **nor** Antonia wants to come. (Le verbe est au singulier.)
>Ni James ni Antonia ne souhaitent venir.

NOTEZ

>Prononciation : *either* /ˈaɪðə(r)/ ou /ˈiːðə(r)/ ; *neither* /ˈnaɪðə(r)/ ou /ˈniːðə(r)/

ENTRAÎNEZ-VOUS !

Traduisez en anglais.
1. Tu peux venir ou demain ou samedi. 2. Ni mon père, ni ma mère ne parlent anglais. 3. Soit il dort, soit il est sourd. 4. Il est ou médecin ou dentiste. (Attention à l'article **40** .) 5. Ni mon frère, ni ma sœur ne sont mariés. 6. Il est toujours ou en voyage *(travelling)* ou en vacances.

CORRIGÉ

1. You can come either tomorrow or Saturday. 2. Neither my father nor my mother speaks English. 3. Either he's asleep or he's deaf. 4. He's either a doctor or a dentist. 5. Neither my brother nor my sister is married. 6. He's always either travelling or on holiday.

117   *either : not either*

Either, prononcé /ˈaɪðə(r)/ ou /ˈiːðə(r)/ remplace *too* dans les propositions négatives.

Not … either = « *(ne… pas) non plus* ».

> "The TV isn't working." "The phone is**n't** working **either**."
> « La télé ne marche pas. » « Le téléphone ne marche pas non plus. »
> I don't like hockey, and I do**n't** like rugby **either**. (et non ~~I don't like rugby too~~.)
> Je n'aime pas le hockey, je n'aime pas non plus le rugby.
> "I don't like spinach." "I do**n't** like it **either**."
> « Je n'aime pas les épinards. » « Moi non plus. »

ENTRAÎNEZ-VOUS !

Traduisez en anglais.

1. Je n'aime pas le jazz, je n'aime pas non plus la musique pop. 2. Il ne parle pas français, et il ne parle pas non plus anglais. 3. « Elle ne m'a pas écrit. » « Elle ne m'a pas écrit non plus. » (present perfect) 4. Les conservateurs (*the Conservatives*) ne savent pas quoi faire, et les travaillistes (*the Labour Party*) ne savent pas non plus. 5. « Je ne mange pas de porc (*pork*). » « Moi non plus. » 6. Il ne boit pas, il ne fume pas non plus.

CORRIGÉ

1. I don't like jazz, and I don't like pop music either. 2. He doesn't speak French, and he doesn't speak English either. 3."She hasn't written to me." "She hasn't written to me either." 4. The Conservatives don't know what to do, and the Labour Party don't (doesn't) know either. 5. "I don't eat pork." "I don't either." 6. He doesn't drink, and he doesn't smoke either.

Pour *Neither/ Nor do I*, etc., **383**.2.

118   *else*

Else = « d'autre », « autrement », etc. (les traductions varient).

❶ On emploie *else* après les composés de *some, any, no*.

> Ask **somebody else**, I'm in a hurry.
> Demande à quelqu'un d'autre, je suis pressé.
> We can't go **anywhere else**.
> Nous ne pouvons pas aller ailleurs.
> "Would you like **anything else**?" "**Nothing else**, thanks."
> « Voulez-vous autre chose ? » « Rien d'autre, merci. »

NOTEZ

« Autre chose » = ***something/anything else*** (et non ~~another thing~~).

❷ On l'emploie aussi après *who, what, where, why, how* et *(not) much*.

> You saw Yasmina and **who else**?
> Tu as vu Yasmina, et qui d'autre ?

What else can I do to help you?
Qu'est-ce que je peux faire d'autre pour vous aider ?
I know his nickname but I don't know **much else about** him.
Je connais son surnom mais je ne sais pas grand-chose d'autre sur lui.

3 *Else* peut s'employer au cas possessif.

I've taken **somebody else's** coat.
J'ai pris le manteau de quelqu'un d'autre.

4 *Or else* = « sinon » (comme *otherwise*).

Let's go, **or else** we'll miss the plane.
Allons-y, sinon on va rater l'avion.

ENTRAÎNEZ-VOUS !

Traduisez en anglais, en employant *else*.
1. Je veux travailler avec quelqu'un d'autre. 2. « Voulez-vous une bière ? » « Est-ce que vous avez autre chose ? » 3. Allons ailleurs. 4. « J'ai vu Lucy et Tanya. » « Personne d'autre ? » 5. « Regarde ! J'ai trouvé autre chose ! » (present perfect) 6. « Rien d'autre ? » « Non, merci. » 7. J'ai trouvé les clés de quelqu'un d'autre dans ma poche. 8. Prends un taxi, sinon tu seras en retard.

CORRIGÉ

1. I want to work with somebody (someone) else. 2. "Do you want (Would you like) a beer?" "Have you got (Have you/Do you have) anything else?" 3. Let's go somewhere else. 4. "I saw (I've seen) Lucy and Tanya." "Nobody (No one) else?" 5. "Look! I've found something else!" 6. "Nothing else?" "No, thank you (thanks)." 7. I've found somebody (someone) else's keys in my pocket. (I found ...) 8. Take a taxi, or else (otherwise) you'll be late.

119 en + participe présent

« En + participe présent » n'a pas d'équivalent direct en anglais. La structure se traduit de diverses manières selon le sens. Voici les plus fréquentes.

1 **Verbe au participe présent** (actions simultanées).

"Sit down," she said, **smiling**.
« Asseyez-vous », dit-elle en souriant.

2 *When* + verbe simple (au sens de « quand »).

When I saw him I knew at once that he was ill.
En le voyant, j'ai su tout de suite qu'il était malade. (= Quand je l'ai vu...)

3 *As/While* + V-*ing* (« pendant que », « tandis que »).

As I was moving the table I fell over.
En déplaçant la table, je suis tombé. (= Pendant que je déplaçais...)

While est parfois directement suivi de V-*ing*. (**111**)

While doing a bit of tidying up I found your lovely card again.
En faisant un peu de rangement, j'ai retrouvé ta jolie carte.

4 ***By* + participe présent** (pour indiquer le moyen ou la manière d'atteindre un but souhaité).

> "How can you keep fit?" "**By doing** a lot of sport."
> « Comment peut-on garder la forme ? » « En faisant beaucoup de sport. »

5 **Verbe principal** (indiquant la façon dont quelqu'un se déplace).

> She **ran** out of the room. (et non ~~She went out of the room running.~~)
> Elle sortit de la pièce en courant.
> He **danced** down the street.
> Il descendit la rue en dansant.

6 ***If* + verbe** (sens conditionnel de « en + participe présent »).

> **If you hurry**, you'll catch the bus.
> En te dépêchant, tu auras l'autobus. (= Si tu te dépêches…)

7 ***On the/my/his/ way to*** … (« en allant à… »).

> **On my way to** school I found a kitten.
> En allant à l'école, j'ai trouvé un petit chat.

ENTRAÎNEZ-VOUS !

Traduisez en anglais.
1. En sortant, j'ai oublié de fermer la porte. 2. « Bonjour », dit-il en prenant son manteau. 3. « Comment puis-je vous aider ? » « En m'écoutant pendant *(for)* cinq minutes. » 4. Elle entra en chantant. 5. Elle entra dans la pièce en courant. 6. En fermant la fenêtre, j'ai vu un animal dans le jardin. 7. Je l'ai réveillé en le secouant *(to shake)*. 8. En allant au garage, j'ai perdu mes clés. 9. En faisant attention, tu ne feras pas d'erreur.

CORRIGÉ

1. When I went (was going) out I forgot to close (shut) the door. 2. "Hello," he said, taking his coat. 3. "How can I help you?" "By listening to me for five minutes." 4. She came in (went in) singing. 5. She ran into the room. 6. As (While) I was closing the window I saw an animal in the garden. (While) closing/shutting the window … 7. I woke him up by shaking him. 8. On my (the) way to the garage I lost my keys. 9. If you pay attention (are careful) you won't make a mistake (mistakes/any mistakes).

120 encore

1 Dans une phrase affirmative, « encore » (sens temporel) = ***still***.

> She's **still** asleep.
> Elle dort encore/toujours.

2 « Pas encore » (sens temporel) = ***not … yet*** (notez la place de *yet*).

> He has**n't** arrived in London **yet.**
> Il n'est pas encore arrivé à Londres.

3 « Encore un » (quantité) = ***another*** ou ***one more***.

« Encore deux/trois… » = ***two/three … more*** ou ***another two/three*** …

> I'd like **another** bottle, please.
> Je voudrais encore une bouteille, s'il vous plaît.

three **more** weeks/**another** three weeks
encore trois semaines

④ « Encore », « encore une fois » (idée de répétition) = ***again*** ou ***one more time***.

"Shall we try **again**?" "OK, **one more time**."
« On essaie encore ? » « D'accord, encore une fois. »
"Shall we play bridge?" "Oh, no, not **again**!"
« On joue au bridge ? » « Ah, non, pas encore ! »

⑤ Devant un comparatif, « encore » = ***even***.

even better
encore mieux

ENTRAÎNEZ-VOUS !

Traduisez en anglais.
1. Il est encore à Londres ; il revient ce soir. **2.** Je n'ai pas encore payé. **3.** J'ai encore trois questions à vous poser. **4.** Est-ce que je peux téléphoner encore une fois ? **5.** Elle est encore plus belle que sa sœur. **6.** Encore deux cafés, s'il vous plaît. **7.** « Vous êtes marié ? » « Pas encore. » **8.** Il est encore jeune. **9.** Il fait encore plus froid qu'hier. **10.** Je vais demander encore une fois.

CORRIGÉ

1. He's still in London; he's coming back this evening. **2.** I haven't paid yet. **3.** I have (I've got) three more questions (another three questions) to ask you. **4.** Can I (tele)phone again (one more time)? **5.** She's even more beautiful than her sister. **6.** Two more coffees (Another two coffees), please. **7.** "Are you married?" "Not yet." **8.** He's still young. **9.** It's even colder than yesterday. **10.** I'm going to ask again (one more time).

121 en face de

« En face de » ne se traduit pas par ~~in front of~~.

① « En face de » (sens spatial) se traduit par ***opposite***.

She lives **opposite** us. (et non ~~She lives in front of us.~~)
Elle habite en face de chez nous.
There was a very beautiful girl sitting **opposite** me in the tube.
Il y avait une très belle fille assise en face de moi dans le métro.

② « En face de » (sens abstrait, français familier) n'a pas d'équivalent direct en anglais. On emploie souvent dans ce cas ***(to be) faced with, in the face of*** (= « face à »).

People react differently when they **are faced with** this kind of problem.
(et non ... ~~in front of this kind of problem.~~)
Les gens réagissent différemment en face de ce genre de problème.
She's always very calm **in the face of** danger.
(et non ... ~~calm in front of danger~~)
Elle est toujours très calme en face du danger.

3 *In front of* = « devant » (101). Comparez :

> There's a bus stop **in front of** our house.
> Il y a un arrêt d'autobus devant notre maison. (sur le même trottoir)
> There's a garage **opposite** our house.
> Il y a un garage en face de notre maison. (sur le trottoir d'en face)

ENTRAÎNEZ-VOUS !

Traduisez les mots en italique.
1. I sat down *(en face de Georges)*. 2. My car is parked *(en face de l'école)*. 3. There's a bus stop *(en face de la gare)*. 4. There's a bus stop *(devant la gare)*. 5. When you are *(en face du problème)* you will know what to do. 6. She was powerless *(en face de)* his arguments.

CORRIGÉ

1. opposite Georges 2. opposite the school 3. opposite the station 4. in front of the station 5. faced with the problem 6. in the face of

122 *English*

1 Attention à la différence entre **the English** (= *English people*, « les Anglais ») et **English** (= « (l')anglais », « la langue anglaise »).

> **The English** are taller than the French on average.
> Les Anglais sont plus grands que les Français, en moyenne.
> **English** has an enormous vocabulary.
> L'anglais possède un immense vocabulaire.

English (la langue) ne peut pas s'employer avec l'article indéfini *a/an* (c'est un indénombrable 256).

> He speaks **good English.** (et non ~~a good English~~)
> Il parle un bon anglais.

2 « Un Anglais » = *an Englishman* ; « une Anglaise » = *an Englishwoman*.

> Mummy, there's **an Englishman** on the telephone.
> Maman, il y a un Anglais au téléphone.

ENTRAÎNEZ-VOUS !

Traduisez en anglais.
1. L'anglais est parfois difficile. 2. Elle parle un anglais très correct. 3. Les Anglais ont trois fromages et six cents religions. 4. Je ne comprends pas l'anglais, et je ne comprends pas les Anglais. 5. J'ai rencontré un Anglais hier : il était très sympa. 6. Les Anglais sont très différents de *(different from)* nous.

CORRIGÉ

1. English is sometimes difficult. 2. She speaks very correct English. 3. The English have (got) three cheeses and six hundred religions. 4. I don't understand English, and I don't understand the English. 5. I met an Englishman yesterday; he was very nice. 6. The English are very different from us.

Pour l'emploi des majuscules, **273** .
Pour *English* et *British*, **69** .
Pour les adjectifs et noms de nationalités, **247** .

123 enjoy

❶ ***Enjoy*** est proche de *like*, mais exprime davantage l'idée de « plaisir ».
Ce verbe est toujours suivi d'un complément d'objet ou d'une forme en *-ing*.
Notez la variété des équivalents français.

To enjoy = « **aimer** », « **apprécier** », « **prendre plaisir à** » ou une structure avec
« **plaire** »…

> I really **enjoyed the film**.
> Le film m'a vraiment plu.
> Did you **enjoy your meal**?
> Tu as bien mangé ? / C'était bon ?
> I always **enjoy walking** in the mountains. (et non … enjoy to walk …)
> J'ai toujours plaisir à marcher en montagne.

Pour « plaire », **296**.

❷ *To enjoy oneself* = « bien s'amuser ».

> Thanks for a nice evening, we really **enjoyed ourselves**.
> Merci pour cette bonne soirée, nous nous sommes vraiment bien amusés.

Expressions équivalentes : *to have a good time, to have fun*.

❸ ***Enjoyed*** ne s'emploie pas comme adjectif.

> « Je suis content. » = *I am **pleased**.* (et non *I am enjoyed*.)

Comparez :

> I **enjoyed** his company.   I was very **pleased**.
> J'ai apprécié sa compagnie.   J'étais très contente.

ENTRAÎNEZ-VOUS !

Traduisez en anglais, en utilisant *enjoy* lorsque c'est possible.
1. Je m'amuse toujours quand je suis avec mes amis. 2. Je n'ai aucun plaisir à lire de la poésie *(poetry)*. 3. Ils ont été contents de nous voir. 4. Le bébé aime bien jouer avec nous. 5. Nous aimons faire de la voile *(sailing)*. 6. Est-ce que le livre t'a plu ?

CORRIGÉ
1. I always enjoy myself when I'm with my friends. 2. I don't enjoy reading poetry. 3. They were pleased to see us. 4. The baby enjoys playing with us. 5. We enjoy sailing. 6. Did you enjoy the book?

124 ennuyer

❶ « Ennuyer » a deux sens : « agacer », « irriter » et « ne pas intéresser ».
En anglais, on emploie selon le cas ***to annoy***, ***to irritate*** (« agacer », « irriter »)
ou ***to bore*** (« ne pas intéresser »). Comparez :

> It **annoys** me when people shout.   This music **bores** me.
> Ça m'ennuie quand les gens crient.   Cette musique m'ennuie.

2 « S'ennuyer » = ***to be/feel/get bored***.

> I'**m bored** here; I'm going out.
> Je m'ennuie ici ; je sors.
> I often **feel bored** when I'm alone.
> Je m'ennuie souvent quand je suis seul.
> I'**m getting bored.**
> Je commence à m'ennuyer.

3 Selon le contexte, « ennuyeux » = ***annoying***, ***irritating*** (« agaçant », « irritant ») ou ***boring*** (le contraire de *interesting*).

> He hasn't answered yet — it's very **annoying**.
> Il n'a pas encore répondu, c'est très ennuyeux. (= irritant)
> It's a very **boring** film.
> (C'est un film très ennuyeux. = barbant)

> Pour la différence entre *boring* et *bored*, 114 .

ENTRAÎNEZ-VOUS !

Observez les exemples ci-dessus, puis choisissez le mot qui convient dans les phrases suivantes.

1. "Is your book interesting?" "No, very …" 2. I don't like living in the country. I'm … 3. She keeps taking my bike without asking. It's very … 4. If a teacher … her pupils, it's not always her fault. 5. He … me when he makes those stupid jokes: I want to hit him. 6. There's nothing to do here — I'm getting …

CORRIGÉ

1. boring 2. bored 3. annoying (irritating) 4. bores 5. annoys (irritates) 6. bored

125 enough /ɪˈnʌf/

1 Adjectif/adverbe + *enough* = « assez », « suffisamment ».

> rich **enough**   fast **enough**   not long **enough**
> assez riche   suffisamment rapide   pas assez long

> I'm not **strong enough** to lift it. (et non … ~~for lift it.~~)
> Je ne suis pas assez fort pour le soulever.
> I haven't got a **big enough** car to take everybody.
> Je n'ai pas une voiture assez grande pour emmener tout le monde.

2 *Enough* (+ adjectif) + nom = « assez de ».

> **enough** wine
> assez de vin
> **enough** carrots
> assez de carottes
> We haven't got **enough** small cups.
> Nous n'avons pas assez de petites tasses.

Devant un déterminant ou un pronom, on emploie *enough of*.

> There aren't **enough of those** small boxes.
> Il n'y en a pas assez, de ces petites boîtes.
> There aren't **enough of them**.
> Il n'y en a pas assez.

③ Ne confondez pas *enough* avec *quite* (« assez/moyennement » 347) et *rather* (« assez/plutôt » 348).

ENTRAÎNEZ-VOUS !
Traduisez en anglais.
1. Tu n'es pas assez grand *(tall)*. 2. J'ai assez de problèmes. 3. Nous n'avons pas assez de temps. 4. Il est suffisamment intelligent pour comprendre. 5. La soupe n'est pas assez chaude. 6. As-tu assez de pommes de terre ? 7. Je n'ai pas assez de ces verres. 8. Il y a assez de vin blanc.

CORRIGÉ
1. You're not tall enough. 2. I have (I've got) enough problems 3. We haven't (haven't got/do not have/don't have) enough time. 4. He's inte lligent enough to understand. 5. The soup isn't hot (warm) enough. 6. Have you (got) / Do you have enough potatoes? 7. I haven't (haven't got/do not have/don't have) enough of these glasses. 8. There's enough white wine.

126 être + participe passé

La structure « être + participe passé » se traduit de différentes façons selon le sens.

❶ Passif

Le passif se rend généralement en anglais par **be** + **participe passé** (283).

> The glass **is broken**. He **was criticised**.
> Le verre est cassé. Il était/a été critiqué.

❷ Verbes de position

« Être assis/couché/agenouillé/appuyé » se traduit par **be sitting/lying/kneeling/ leaning**.

> You**'re sitting** on my chair.
> Tu es assis sur ma chaise.
> She **was lying** on the floor.
> Elle était couchée par terre.

❸ Passé composé

Le passé composé des verbes actifs conjugués avec « être » se traduit, selon le contexte, par le **prétérit** ou le **present perfect** (320 , 315 et 316).

> Peter **has fallen** down.
> Peter est tombé.
> Peter **fell down** twice yesterday.
> Peter est tombé deux fois hier.

Pour le pluperfect (« il était tombé » = *he had fallen down***), 297 .**

4 Cas particuliers : « sortir » et « partir »

— « Il est sorti » peut se comprendre de deux manières. Comparez :

"Is Tom in?" "No, **he's out/he has gone out**." (On pense au présent.)
« Est-ce que Tom est là ? » « Non, il est sorti. »

"Do you know where Tom is?" "No, he **went out** this morning and he hasn't come back." (On pense au passé.)
« Tu sais où est Tom ? » « Non, il est sorti ce matin et il n'est pas rentré. »

— Il en est de même pour « il est parti ». Comparez :

"Is Kim still with you?" "No, she **has gone/left**." (On pense au présent.)
« Est-ce que Kim est encore chez vous ? » « Non, elle est partie. »

She **left** on Tuesday. (On pense au passé.)
Elle est partie mardi.

ENTRAÎNEZ-VOUS !

Traduisez en anglais :
1. Ma montre est cassée. 2. Elle est arrivée hier. 3. J'étais allongée sur la plage (beach). 4. Il n'est pas venu nous voir cette semaine. (present perfect) 5. « Je peux parler à Helen ? » « Désolé, elle est sortie. » 6. Ma mère est partie pour Londres hier.

CORRIGÉ

1. My watch is broken. 2. She arrived yesterday. 3. I was lying on the beach. 4. He hasn't come (been) to see us this week. 5. "Can (May) I speak to Helen?" "(I'm) sorry, she's out." / "I'm afraid she's out (she's/she has gone out)." 6. My mother left for London yesterday.

Pour « il est mort », **98**.
Pour *is gone*, **159**.2.

127 être d'accord

1 « Être d'accord » ne se traduit par *to agree* que lorsqu'il s'agit d'une opinion (**19**).

"The death penalty is inhuman." "**I agree**."
« La peine de mort est inhumaine. » « Je suis (bien) d'accord. »

2 Pour parler d'une permission, on emploie *(don't) mind* ou *let*.

You **don't mind** if I go out with them, do you?
Tu es d'accord pour que je sorte avec eux ?
I can't come, my mother **won't let me**.
Je ne peux pas venir, ma mère n'est pas d'accord.

« Être d'accord » signifie alors « vouloir bien », « accepter ».

3 Le consentement s'exprime généralement par *all right* ou *OK*.

"Shall we meet at seven?" **"All right."** (ou **"OK."**)
« On se retrouve à sept heures ? » « D'accord. »
I'll come with Jim if **it's OK with you**. (et non ...if you are OK.)
Je viendrai avec Jim si tu es d'accord.

❹ Notez bien :

(It's) OK (with me). = « Je suis d'accord. »

I'm OK. = « ça va .», « Je vais bien. »

ENTRAÎNEZ-VOUS !
Traduisez en anglais.

1. « Cela n'est pas très intéressant. » « Je suis d'accord. » 2. Vous êtes d'accord pour que je prenne la voiture ? 3. Je ne peux pas travailler, le médecin n'est pas d'accord. 4. « On arrête ? » « D'accord. »

CORRIGÉ

1. "This isn't very interesting." "I agree." 2. You don't mind if I take the car (do you)? 3. I cannot (can't) work; the doctor won't let me. 4. "Shall we stop?" "All right (OK)."

128 *even*

❶ ***Even*** (« même ») est un adverbe. Il peut se placer, comme en français, devant un nom ou un pronom ou à côté d'un verbe (pour sa place exacte **292**).

> **Even** my little sister knows that.   **Even I** know.
> Même ma petite sœur sait cela.   Même moi, je le sais.
>
> She's travelled everywhere. She's **even** been to Alaska.
> Elle a voyagé partout. Elle est même allée en Alaska.

❷ « Même pas » = ***not even*** (attention à l'ordre des mots).

> I don't like wine. I do**n't even** like champagne.
> Je n'aime pas le vin. Je n'aime même pas le champagne.

❸ Devant un **comparatif**, *even* = « **encore** ».

> It's **even** colder than last year.
> Il fait **encore** plus froid que l'année dernière.

❹ Ne confondez pas ***even*** et ***even if*** (« même si »).

> I like you **even if** you don't like me. (et non ... ~~even you don't like me~~.)
> Je t'aime bien, même si tu ne m'aimes pas.

ENTRAÎNEZ-VOUS !
Traduisez en anglais.

1. Il n'est même pas dix heures. 2. Elle a même peur des chats. 3. Il aime même le latin *(Latin)*. 4. Je n'ai même pas un euro. 5. Il parle même le tibétain *(Tibetan)*. 6. J'irai au cinéma même si tu ne viens pas *(aren't coming)*. 7. Je pense même que tu as raison. 8. Elle est encore plus belle qu'avant.

CORRIGÉ

1. It's not (It isn't) even ten o'clock. 2. She's even afraid of cats. 3. He even likes Latin. 4. I haven't even (got) one euro. (I do not/don't even have ...) 5. He even speaks Tibetan. 6. I'll go to the cinema even if you aren't coming. 7. I even think (that) you're right. 8. She's even more beautiful than before.

Pour *even though*, 27 .

129 ever et never

> *ever* = « **parfois** », « **déjà** » (dans une question) ou « **jamais** » (affirmatif)
>
> *never* = » **(ne)... jamais** »

❶ Ever

— *Ever* s'emploie surtout dans des **questions** au présent *(Do you ever ...?)* et au present perfect *(Have you ever ...?)*. Au présent, il signifie « **parfois** », au present perfect « **déjà** ». Comparez :

> **Do you ever go** to concerts?
> Est-ce que tu vas parfois au concert ? / Ça t'arrive d'aller au concert ?
> **Have you ever been** to Scotland?
> Est-ce que tu es déjà allé en Écosse ?

— Dans une phrase affirmative, on emploie *sometimes* pour traduire « parfois », et non *ever*.

> I **sometimes** play tennis. (et non ~~I ever play tennis.~~)
> Je joue parfois au tennis.

— Avec un **superlatif** ou *if*, *ever* = « **jamais** » (affirmatif).

> It's the **most beautiful** film I've **ever** seen.
> C'est le plus beau film que j'aie jamais vu.
> It was the **most amazing** story she had **ever** heard.
> C'était l'histoire la plus étonnante qu'elle eût jamais entendue.
> Come and see us **if** you are **ever** in London.
> Viens nous voir si jamais tu te trouves à Londres.

Pour la place de ever, 292 .

— Notez aussi les expressions *for ever* (« à jamais », « pour toujours ») et *than ever* (« ...que jamais »).

> I'll love you **for ever**.   She's lovelier **than ever**.
> Je t'aime pour toujours.   Elle est plus belle que jamais.

❷ Never

— *Never* a un sens **négatif** et correspond à « **(ne)... jamais** » (« à aucun moment »). Le verbe qui accompagne *never* est à la forme **affirmative** (sans *not*, sans *do*).

> Alice **never** says thank you. (et non ~~Alice does never say~~ ...)
> Alice ne dit jamais merci.
> I've **never** met him.
> Je ne l'ai jamais rencontré.
> "Give me a kiss!" "**Never!**"
> « Donne-moi un baiser ! » « Jamais ! »

— *Never* ne s'emploie pas avec **un autre mot négatif** comme *not*, *nobody*, *nothing*. On emploie alors *ever*.

> I did**n't** think I would **ever** arrive.   **Nothing ever** happens here.
> J'ai cru que je n'arriverais jamais.   Il ne se passe jamais rien ici.

On emploie également *ever* après **hardly** (166).

> I **hardly ever** read novels.
> Je ne lis presque jamais de romans.

ENTRAÎNEZ-VOUS !

1 Mettez *ever* ou *never*.
1. Have you .. met Jim Kendall? 2. I ... go to the theatre. 3. Do you ... travel by boat? 4. It's the worst restaurant I've ... been to. 5. Nobody ... comes to visit us. 6. She hardly ... writes to me. 7. Come and see me if you ... need help. 8. My job is more boring than ...

2 Traduisez en anglais.
1. Est-ce que tu te lèves parfois avant six heures ? 2. Tu as déjà joué au rugby ? 3. Je n'ai jamais rencontré ton frère. 4. C'est le livre le plus intéressant que j'aie jamais lu. 5. Êtes-vous déjà allé en Afrique ? 6. Est-ce que ça t'arrive de faire des cauchemars *(to have nightmares)* ? 7. Je ne bois presque jamais. 8. Personne ne me comprendra jamais. 9. Il est plus bête *(stupid)* que jamais. 10. Si jamais tu vois Djamel, dis-lui bonjour de ma part *(from me)*.

CORRIGÉS

1 1. ever 2. never 3. ever 4. ever 5. ever 6. ever 7. ever 8. ever
2 1. Do you ever get up before six (o'clock)? 2. Have you ever played rugby? 3. I've never met your brother. 4. It's the most interesting book (that) I've ever read. 5. Have you ever been to Africa? 6. Do you ever have nightmares? 7. I hardly ever drink. 8. Nobody (No one) will ever understand me. 9. He's more stupid than ever. 10. If you ever see Djamel, say hello to him from me.

Pour *whoever, whatever*, etc., voir **130**.

130 *ever* : ses composés

Les conjonctions *whoever, whatever, whichever, whenever, wherever* et *however*, n'ont pas d'équivalent exact en français.

Elles expriment en général une **absence de restriction**, un peu comme les expressions françaises « qui que ce soit », « quel que », « n'importe qui/quoi/quel/quand/où/comment ».

> I'm not opening the door, **whoever** it is.
> Qui que ce soit, je n'ouvre pas la porte.
> **Whoever** you marry, make sure he can cook.
> Quel que soit l'homme que tu épouses, assure-toi qu'il sait faire la cuisine.
> **Whatever** you do, I'll always love you.
> Quoi que tu fasses, je t'aimerai toujours.
> **Whichever** day you come, we'll be happy to see you.
> Tu peux venir n'importe quel jour, nous serons toujours contents de te voir.
> Call me **whenever** you like.
> Appelle-moi quand tu voudras.
> **Wherever** you go you find advertisements.
> Partout où on va, il y a de la publicité.
> **However** fast you drive, we'll be late.
> Aussi vite que tu conduises, nous serons quand même en retard.

ENTRAÎNEZ-VOUS !

Mettez un composé de *ever*.

1. ... you say, I don't believe you. 2. ... carefully I speak German, I still have an accent. 3. I want to speak to ... is responsible. 4. It would be nice if you could travel ... you liked without a passport. 5. Come and stay with us ... you like. 6. "Which bicycle shall I take?" "... you prefer."

CORRIGÉ

1. Whatever 2. However 3. whoever 4. wherever 5. whenever 6. Whichever

131 exclamations : *how ...!* et *what ...!*

❶ *How* est généralement suivi d'un **adjectif seul** (sans nom). *What* est suivi d'un **nom**, éventuellement précédé d'un a**djectif**.

how + adjectif	***what*** (+ adjectif) + nom
How pretty! Que c'est joli !	**What** pretty flowers! Quelles jolies fleurs !
How stupid! Que c'est bête !	**What** fools! Quels idiots !

— On emploie ***a/an*** devant les dénombrables singuliers. Comparez :

What **a** pretty dress!   What dreadful weather!
Quelle jolie robe !   Quel sale temps !

— Notez les expressions :

What **a** pity/shame!   What **a** relief!   What **a** life!
Quel dommage !   Quel soulagement !   Quelle vie !

ENTRAÎNEZ-VOUS !

Mettez *how*, *what* ou *what a*.

1. ... difficult language! 2. ... interesting! 3. ... funny animals! 4. ... fool! 5. ... lovely music! 6. ... nice!

CORRIGÉ

1. What a 2. How 3. What 4. What a 5. What 6. How

❷ Ces formes exclamatives peuvent être suivies d'un **sujet** et d'un **verbe**. Attention à l'ordre des mots :

forme exclamative + sujet + verbe

How strange **it was**! (et non ~~How strange was it!~~ ou ~~How it was strange!~~) Comme c'était étrange !
What a lovely house **your sister has**!
Quelle jolie maison elle a, ta sœur !

— Un **adverbe** se place tout de suite **après *how***, comme un adjectif.

How fast he's driving! (et non ~~How he's driving fast!~~)
Comme il conduit vite !

— Ne pas confondre **question** et **exclamation**. Comparez :

How old **is he?**
Quel âge a-t-il ?

How old **he is**!
Comme il est vieux !

3 L'ordre des mots est le même dans les exclamations indirectes après *tell, know, realise, imagine*, etc.

We don't always realise **how lucky we are**.
On ne se rend pas toujours compte de la chance qu'on a.
You can't imagine **what a liar he is**.
Tu ne peux pas t'imaginer à quel point il est menteur.

ENTRAÎNEZ-VOUS !
Traduisez en anglais.
1. Comme c'est intéressant ! 2. Comme c'est cher ! 3. Comme elle parle bien ! 4. Quels grands yeux il a, ton frère ! 5. Comme il est grand ! 6. Tu ne sais pas à quel point je suis triste *(sad)*.

CORRIGÉ
1. How interesting it is! 2. How expensive it is! 3. How well she speaks! 4. What big eyes your brother has! 5. How tall (big) he is! 6. You don't know how sad I am.

4 En français, on peut construire une exclamation avec seulement « adjectif + nom ». Cette structure n'a pas d'équivalent direct en anglais, sauf dans les **injures**. Comparez :

What a beautiful car! (et non ~~Oh, the beautiful car~~!)
Oh, la belle voiture !
The stupid idiot!
L'imbécile !

Pour *so* et *such*, **367**.
Pour les exclamations interronégatives, voir fiche suivante.

132 exclamations : *isn't ...! aren't ...!*

1 Les formes **interronégatives** (**346**) s'emploient souvent dans les exclamations, surtout en anglais parlé.

Isn't the weather nice!
Qu'est-ce qu'il fait beau !
Hasn't she grown!
Qu'est-ce qu'elle a grandi !
Don't you smell nice!
Qu'est-ce que tu sens bon !

ENTRAÎNEZ-VOUS !
Traduisez en anglais, en utilisant une structure interronégative.
1. Qu'est-ce qu'il fait chaud ! 2. Qu'est-ce que vous avez changé ! 3. Qu'est-ce que c'était drôle ! 4. Qu'est-ce qu'il est grand !

CORRIGÉ
1. Isn't it warm (hot)! 2. Haven't you changed! 3. Wasn't it funny! 4. Isn't he tall (big)!

❷ En américain, on emploie souvent la simple forme **interrogative** pour former des exclamations.

> **Am I** hungry!
> Qu'est-ce que j'ai faim !
>
> **Did she make** a mistake!
> L'erreur qu'elle a faite !

133 *explain*

~~Explain me~~ … est impossible en anglais.

> Explique-moi/lui… = *Explain (something)* **to** *me/him*…

> Can you **explain** this sentence **to me**?
> Pouvez-vous m'expliquer cette phrase ?
> Can you **explain (to me)** how to get to your house?
> Pouvez-vous m'expliquer comment on va chez vous ?

ENTRAÎNEZ-VOUS !

Traduisez en anglais.
1. Je leur ai expliqué mon attitude *(my attitude)*. 2. Elle nous a tout expliqué. (prétérit) 3. Pouvez-vous m'expliquer pourquoi vous êtes en retard ? 4. Expliquez-moi votre problème.

CORRIGÉ

1. I explained my attitude to them. 2. She explained everything to us. 3. Can you explain to me why you're late? 4. Explain your problem to me.

134   faire du, de la, des (activités, sports)

❶ « Faire du théâtre/de la danse » = **to do** + **some/any** + **V-ing**.

> **I do** some danc**ing**.
> Je fais de la danse. (un peu)
>
> Do you **do any** act**ing**?
> Est-ce que tu fais du théâtre ?

On peut utiliser cette structure **sans déterminant** lorsqu'il s'agit de cours auxquels on s'inscrit.

> I'm going to **do dancing** next term.
> Je vais faire de la danse le trimestre prochain.
> (= suivre des cours de danse)

❷ De la même manière, on peut dire **to do some/any/a lot of … sport**, mais on ne dira guère *to do sport* tout court.

> « Je fais du sport (le samedi). »
> "I play football, tennis, etc. (on Saturdays)."
> (On mentionne de quel sport il s'agit.)
>
> « Est-ce que tu fais du sport ? »
> "Do you do any sport?" "Do you like sport?" ou "Do you play games?"

❸ « Faire du vélo » peut se traduire par **to go cycling** (161). Mais lorsqu'on précise si on en fait un peu, beaucoup, etc., on emploie **do** + **V-ing**. Comparez :

> I **go cycling** at weekends.
> Je fais du vélo le week-end.
>
> I **do a lot of cycling**.
> Je fais beaucoup de vélo.

❹ De la même manière, « faire des courses » = **to go shopping**. Mais « faire les/ses courses » = **to do the/one's shopping**. (On ne dit pas ~~to do shopping~~.) Comparez :

> I **go shopping** every day.
> Je fais des courses tous les jours.
>
> I must **do my shopping**.
> Il faut que je fasse mes courses.

ENTRAÎNEZ-VOUS !

Traduisez en anglais.
1. Pat fait de la danse (beaucoup). **2.** Je n'ai pas fait beaucoup de théâtre. (present perfect) **3.** Je fais du rugby le dimanche. **4.** Est-ce que tu fais parfois du vélo ? *(Do you ever...?)* **5.** Qui a fait les courses hier ?

CORRIGÉ

1. Pat does a lot of dancing. **2.** I haven't done much (a lot of) acting. **3.** I play rugby on Sunday(s). **4.** Do you ever go cycling? **5.** Who did the shopping (went shopping) yesterday?

135 faire faire

L'infinitif qui suit « faire » peut avoir un sens **actif** ou **passif**.
Comparez :

> J'ai **fait rire** tout le monde.
> (« Rire » a un sens actif : tout le monde a ri.)
>
> J'ai **fait réparer** ma montre.
> (« Réparer » a un sens passif : ma montre a été réparée.)

L'anglais est différent dans les deux cas.

❶ Sens actif

On emploie généralement :

make + complément d'objet + infinitif sans *to*

> I **made everybody laugh**.   She **made me cry**.
> J'ai fait rire tout le monde.   Elle m'a fait pleurer.

ENTRAÎNEZ-VOUS !

Traduisez en anglais.
1. Je les ai fait travailler dur. 2. Ça me fait penser à mes vacances. 3. Ne me faites pas rire. 4. Tu m'as fait oublier mon train.

CORRIGÉ

1. I made them work hard. 2. It (That/This) makes me think about my holiday(s). 3. Don't make me laugh. 4. You made (You have made/You've made) me forget my train.

❷ Sens passif

On emploie :

have/get + complément d'objet + participe passé

> I **had my watch repaired**.   I must **get my trousers cleaned**.
> J'ai fait réparer ma montre.   Il faut que je fasse nettoyer
>   mon pantalon.

ENTRAÎNEZ-VOUS !

Traduisez en anglais.
1. J'ai fait laver la voiture. (prétérit) 2. Il a fait peindre *(paint)* les murs. (prétérit) 3. Faites traduire cette lettre, s'il vous plaît. 4. Il faut que je fasse nettoyer mon manteau.

CORRIGÉ

1. I had (got) the car washed. 2. He had (got) the walls painted. 3. Have (Get) this letter translated, please. 4. I must have (get) my coat cleaned.

❸ Cas particuliers

faire attendre quelqu'un = to keep somebody waiting
faire entrer quelqu'un = to let/show somebody in
faire visiter la maison à quelqu'un = to show somebody round
faire bouillir de l'eau = to boil water
se faire comprendre = to make oneself understood

NOTEZ

Les Américains emploient parfois *have* au lieu de *make*.
> He **had** me clean his car.
> Il m'a fait nettoyer sa voiture.

> Pour *to be made to do something*, **286**.
> Pour *to get somebody to do something*, **158**.

136 *fairly*

Fairly correspond à « assez ». Cet adverbe est moins positif que *quite* (**347**). Si on dit à quelqu'un qu'il est *fairly nice* ou *fairly clever*, il ne sera pas flatté.
> "How was the film?" "Oh, **fairly** good. I've seen better."
> « Comment était le film ? » « Oh, ça allait. Mais j'ai vu mieux. »

137 *far*

1 *Far* (« loin ») s'emploie rarement dans une phrase affirmative. On utilise alors plutôt *a long way.*

Comparez :
> "Do you live **far** from here?" " No, not **far**."
> « Vous habitez loin d'ici ? » « Non, pas loin. »
> We walked **a long way**. (et non ~~We walked far.~~)
> Nous avons marché loin.

2 Toutefois, *far* peut s'employer dans une phrase affirmative après *too*, *so* et *as*.

> You've gone **too far**.   I ran **as far** as I could.
> Tu es allé trop loin   J'ai couru aussi loin que je pouvais

Notez ces emplois particuliers de *so far* et *as far as*.

> Everything's all right **so far**.   **as far as** I know
> Tout va bien jusqu'à présent.   autant que je sache

3 Devant un comparatif, *far* = « beaucoup » (**84**).

By far (+ superlatif) = « de loin ».

> He's **far older** than me.   She's **by far** the best.
> Il est beaucoup plus âgé que moi.   Elle est de loin la meilleure.

ENTRAÎNEZ-VOUS

Mettez *far*, *so far*, *by far* ou *a long way*.
1. Rio de Janeiro is ... from here. 2. The station is not ... from my house. 3. Let's take the bus. It's too ... to walk. 4. It's ... to Tipperary. 5. Susan is ... the best player in our team. 6. "How's everything going?" "All right ...."

CORRIGÉ

1. a long way 2. far 3. far 4. a long way 5. by far 6. so far

> Pour le comparatif et le superlatif de *far* (*farther*, etc.), **82**.
> Pour *as far as* = « jusqu'à », **212**.
> Pour *How far ...?* (« À quelle distance... ? »), **184**.

138 faux amis

Il existe énormément de mots en anglais qui ressemblent à des mots français, mais qui n'ont pas le même sens. En voici un certain nombre.

mots anglais	mots français
actual : vrai	actuel : present, current la société actuelle : present-day society
actually : vraiment, en fait	actuellement : now, at present
advice (indénombrable 256) : conseil a piece of advice : un conseil	avis : opinion
agenda : ordre du jour	agenda : diary
ancient : très vieux, très âgé	ancien : former, old
to arrive : arriver (quelque part)	arriver à faire : to manage to do (38)
to assist : aider	assister à : to attend, to see
benefit : avantage	bénéfice : profit
camera : appareil photo	caméra : cine-camera, video camera
car : voiture	car : coach
cave : grotte	cave : cellar
chance : possibilité, hasard	chance : (piece of) luck avoir de la chance : to be lucky
character : caractère (disposition), personnage (littéraire)	caractère (trait, aspect) : characteristic mauvais caractère : bad temper
to charge : accuser	charger (un camion, etc.) : to load
chips : frites (US frites : French fries)	chips : crisps (US : chips)
circulation : circulation (en général)	circulation routière : traffic
college : faculté, grande école, etc.	collège : school, junior high school (US)
to command : commander (dans une armée, etc.)	commander (dans un restaurant) : to order
complete : entier	complet (plein) : full
comprehensive : complet (qui comprend l'ensemble)	compréhensif : understanding
conference : congrès, réunion de travail, colloque	conférence : lecture
confused : pas clair, embrouillé (idées, explications, etc.)	confus (gêné) : embarrassed
conscience : conscience (morale)	conscience (intellectuelle et physique) : consciousness
to control : diriger, maîtriser	contrôler : to check
course : stage, série de conférences	cours : class, lesson course : race

to cry : pleurer	crier : to shout, scream (95)
to deceive : tromper deception : tromperie	décevoir : to disappoint déception : disappointment
defend : defender (contre une agression)	défendre (interdire) : to forbid, prohibit (205)
delay : retard	délai : time, time-limit
to demand : exiger	demander : to ask
distraction : le fait d'être distrait	distraction (divertissement) : entertainment
dramatic : théâtral, frappant, spectaculaire (ex. : dramatic progress)	dramatique : terrible, disastrous
education : instruction, éducation à l'école	éducation à la maison : upbringing
engaged : occupé, fiancé	engagé : politically committed/involved
eventual : final eventually : finalement	éventuel : possible éventuellement : perhaps, possibly
evidence : preuves, témoignages	évidence : something obvious
evolution : évolution de l'espèce	évolution (autres sens) : development
experience : expérience(s) vécue(s) to experience : éprouver, vivre	une expérience scientifique : an experiment (241)
fault : défaut it's my fault : c'est de ma faute	une faute : a mistake
figure : chiffre, silhouette	figure : face
genial : jovial	génial : brilliant c'est génial ! : it's great!
to ignore : ne pas faire attention à	ignorer : not to know
important ne s'emploie pas au sens de « grand »	un nombre important de : a large number of
inconvenient : gênant, pas pratique	un inconvénient : a disadvantage
infant : très jeune enfant infancy : petite enfance	enfant : child enfance : childhood
information : renseignements	une information : a piece of information, a piece of news les informations : the news
inhabited : habité	inhabité : uninhabited
to injure : blesser	injurier : to insult, abuse
interesting ne s'emploie pas au sens commercial ou économique	une affaire intéressante : a profitable deal un prix intéressant : a good price
large : grand (162)	large : wide, broad
lecture : conférence	lecture : reading

library : bibliothèque	librairie : bookshop
licence : permis (de conduire, etc.)	licence (diplôme) : degree
location : endroit, lieu, emplacement	location (de voiture) : hire, rental location (de vacances) : holiday let
to march : marcher au pas, défiler	marcher : to walk
marriage : mariage (vie conjugale)	mariage (cérémonie) : wedding
miserable : triste	misérable : very poor
misery : tristesse profonde	misère : extreme poverty
moral : morale (d'une histoire)	la morale (mœurs) : morals, morality le moral : morale /məraːl/
nervous : anxieux, nerveux	nerveux, énervé : irritable, nervy
occasion : jour ou moment spécial	occasion : bargain, opportunity
to offer : proposer (288)	offrir (un cadeau, etc.) : to give
parent : mère ou père	(autres) parents : relations, relatives
to pass (an exam) : réussir un examen (352)	passer un examen : to take an exam passer du temps : to spend time
pension : retraite (argent versé)	pension : boarding house, boarding school
petrol : essence	pétrole : oil
photograph : photographie	photographe : photographer
phrase : groupe de mots, expression	phrase : sentence
politics : politique (manière de gouverner)	(ligne) politique : policy
precise (adj.) : précis, exact	préciser : to define, specify, make clear
preservative : agent conservateur	préservatif : condom
to pretend : faire semblant	prétendre : to claim
price : prix (valeur)	prix (récompense) : prize, award
professor : professeur d'université	professeur : teacher
proper(ly) : correct(ement), comme il faut	propre(ment) : clean(ly)
property : propriété	propreté : cleanness, cleanliness
to remark : mentionner	remarquer : to notice
to resent : trouver injuste	ressentir : to feel, to be conscious of
resignation : démission ou resignation	
to rest : se reposer	rester : to stay, to be left, to remain
to resume : recommencer, reprendre une activité que l'on avait arrêtée	résumer : to summarise, sum up
to retire : prendre sa retraite	se retirer : to withdraw

reunion : retrouvailles	réunion : meeting, party
savage : féroce	sauvage : wild
sensible : sensé, raisonnable	sensible : sensitive
sentimental : larmoyant, à l'eau de rose	sentimental : romantic
service : service (en général)	rendre un service : to do ... a favour service (division d'une entreprise, bureau) : department
situation : situation, lieu	une (bonne) situation : a (good) job/position (417)
society : la société (en général), association	société (commerciale) : company, firm
souvenir : souvenir (objet, cadeau)	souvenir (dans la mémoire) : memory
stage : étape, scène (dans un théâtre)	stage (série de cours) : course ; (expérience professionnelle) : work placement, training period, (US) internship
station : gare	station de tourisme : resort
support : soutien to support : soutenir, entretenir financièrement	support : prop supporter : to stand, bear, put up with
surname : nom de famille	surnom : nickname
sympathetic : compatissant to sympathise : compatir	sympathique : pleasant, nice sympathiser : to make friends
title : titre (en général)	titre de journal : headline
to trouble : déranger	troubler : to upset, to disturb
voyage : voyage en bateau	voyage : journey, trip (394)

ENTRAÎNEZ-VOUS

Traduisez en anglais.
1. Mon père est très compréhensif. 2. Il n'est pas là actuellement. 3. Ne crie pas, je ne suis pas sourd (*deaf*) ! 4. Tu as eu beaucoup de chance. (prétérit) 5. un nombre important d'enfants 6. un prix intéressant 7. Je suis allée à leur mariage. 8. Elle est très sensible. 9. J'aime la lecture. 10. Janet est sympathique. 11. Quel est ton avis ? 12. Je n'arriverai jamais à comprendre. 13. Merci, nous avons déjà commandé. 14. Nous étions très déçus. 15. Ma mère travaille pour une société américaine. 16. Tu as remarqué ma nouvelle robe (*dress*) ? 17. J'ai de très mauvais souvenirs de mes dernières vacances. 18. Je ne peux pas la supporter. 19. Il travaille maintenant dans un autre service. 20. Je l'ai acheté dans une petite librairie à Cambridge.

CORRIGÉ

1. My father is very understanding. 2. He isn't (He's not) here now (at present). 3. Don't shout, I'm not deaf. 4. You were very lucky. 5. a large number of children 6. a good price 7. I went to their wedding. 8. She's very sensitive. 9. I like reading. 10. Janet is (Janet's) nice (pleasant). 11. What's your opinion? 12. I'll never manage to understand. 13. Thank you, we've already ordered. 14. We were very disappointed. 15. My mother works for an American company (firm). 16. Have you noticed my new dress? 17. I have (I've got) very bad memories of my last holiday(s). 18. I can't stand (bear / put up with) her. 19. He works in another department now. (He now works ...) 20. I bought it in a small (little) bookshop in Cambridge.

139 *feel et feel like*

❶ Feel

Feel (comme *look*). peut être suivi d'un adjectif

> This material **feels nice**.
> Ce tissu est agréable à toucher.
> She **felt tired**. (et non ~~She felt herself tired.~~)
> Elle se sentait fatiguée.
> I **feel/I'm feeling happy** today.
> Je me sens heureux aujourd'hui.

❷ Feel like

— *Feel like* = « avoir l'impression d'être ».

> I **feel like** a criminal.
> J'ai l'impression d'être un criminel.

— *It feels like* = « on dirait ».

> It **feels like** silk.
> On dirait de la soie (au toucher).

— *Feel like* peut aussi s'employer au sens de « avoir envie de ». En ce cas, il peut être suivi d'un verbe en -*ing*.

> I **feel like** an ice cream.   I **feel like dancing**.
> J'ai envie d'une glace.   J'ai envie de danser.

ENTRAÎNEZ-VOUS !

Traduisez en anglais.

1. Je me sens fatigué ce soir. 2. Comment vous sentez-vous ? 3. On dirait de la pierre au toucher. 4. Elle se sentait bizarre *(strange)*. 5. J'ai envie de parler avec quelqu'un. 6. Je me sens souvent seul *(lonely)*.

CORRIGÉ

1. I feel (I'm feeling) tired this evening. 2. How do you feel? (How are you feeling?) 3. It feels like stone. 4. She felt (was feeling) strange. 5. I feel like talking to somebody (someone). 6. I often feel lonely.

Pour *feel as if/as though*, **47**.

140 finally et at last

1 *Finally* et *at last* s'emploient tous deux pour indiquer qu'une longue attente est terminée (= « enfin »). *At last* exprime davantage d'émotion.

> When the train **finally** arrived I was really tired.
> Quand le train est enfin arrivé, j'étais vraiment fatigué.
> **At last** I understand the present perfect!
> Je comprends enfin le present perfect !

2 *At last* (mais non *finally*) peut s'employer comme exclamation.

> Susan! **At last**! Where have you been?
> Susan ! Enfin ! D'où est-ce que tu viens ?

3 Pour parler du dernier élément d'une séquence, on emploie *finally* (mais non *at last*).

> He lived in Canada, Thailand, India and **finally** Peru.
> Il a vécu au Canada, en Thaïlande, en Inde et finalement au Pérou.
> ... And **finally**, a word about the financial side of the problem.
> ... Et, pour terminer, un mot sur l'aspect financier du problème.

ENTRAÎNEZ-VOUS !

Mettez *finally* ou *at last*.

1. ...! She's written to me! 2. I tried to get a job in computers, insurance, management and ... teaching. 3. And ..., I would like to thank all those people who helped to organise the reception. 4. It was a very long journey, but ... we arrived, thank God.

CORRIGÉ

1. At last! 2. finally 3. finally 4. at last

141 for (expression du but)

1 *For* peut s'employer pour exprimer le but d'une action mais seulement **devant un nom**.

> I've come **for an interview**.
> Je viens pour une interview.
> We went to the pub **for a beer**.
> Nous sommes allés prendre une bière au pub.

NOTEZ

« Pour » + infinitif se traduit le plus souvent par ***to* + V** (**195**).

> We went to the pub to **have a beer**. (et non ... ~~for have/having a beer~~.)
> Nous sommes allés au pub pour prendre une bière.

ENTRAÎNEZ-VOUS

Mettez *for* ou *to*.

1. I went to the library ... a dictionary. 2. He went to London ... learn English. 3. "Why did you come?" "Just ... see." 4. I play tennis ... the exercise and ... enjoy myself.

CORRIGÉ

1. for 2. to 3. to 4. for - to

2 *For* + V-*ing* s'emploie lorsqu'il s'agit d'exprimer le but ou la fonction de quelque chose.

> **This knife** is **for cutting** meat.
> C'est un couteau à viande.
> **Boxing Day** is a time **for visiting** friends.
> Le lendemain de Noël est un bon jour pour aller voir ses amis.
>
> Pour *for* + V-*ing*, voir aussi **203**.1 .

142 *for* + complément d'objet + *to* + V

La structure **for** … + **to** + **V** … est extrêmement fréquente, surtout après certains adjectifs. Elle correspond souvent à une tournure française tout à fait différente. Voici quelques cas typiques.

1 Après *important*, *(un)necessary*, *essential* et d'autres adjectifs exprimant l'idée d'importance.

> It's **important for** wine **to be kept** at a constant temperature.
> Il est important que le vin soit maintenu à une température constante.

2 Après *normal*, *(un)usual*, *rare*, *common*, etc. (idée de fréquence).

> It's **unusual for** her **to lose** her temper.
> C'est rare qu'elle se mette en colère.

3 Après *easy*, *difficult*, *impossible*, etc. (idée de facilité ou de difficulté).

> It's **difficult for** people **to talk** about death.
> Les gens ont du mal à parler de la mort.

4 Après *too* et *enough*.

> This box is **too** heavy **for** me **to lift**.
> Cette boîte est trop lourde pour que je la soulève.
> It's not late **enough for** me **to stop** work.
> Il est trop tôt pour que j'arrête de travailler.

5 Comme sujet de la phrase.

> **For** a boy of your age **to get married** is a very big mistake.
> Qu'un garçon de ton âge se marie est une très grave erreur.

6 Après *wait* et *arrange*.

> I'm **waiting** for the man of my life **to come** along.
> J'attends que l'homme de ma vie se présente.
> He **arranged** for me **to go** to Italy.
> Il m'a organisé un voyage en Italie.

7 Après *something*, *anything* et *nothing*.

> Have you got **something** for me **to do**?
> Est-ce que vous avez quelque chose à me faire faire ?
> There's **nothing** for the children **to eat**.
> Il n'y a rien à manger pour les enfants.

8 Pour exprimer un but.

> He bought mountain bikes **for** his children **to get** some exercise.
> Il a acheté des VTT pour que ses enfants prennent un peu d'exercice.

ENTRAÎNEZ-VOUS !

1 Traduisez en anglais, en utilisant la structure avec *for*.
1. Il est rare que Samy aille au cinéma. 2. Il est trop tard pour que je sorte. 3. Est-il nécessaire que Benjamin vienne avec nous ? 4. J'attends qu'elle me téléphone. 5. Je n'ai rien trouvé qu'elle pourrait boire.

2 Complétez en exprimant la même idée que dans la phrase d'origine.
1. People absolutely need to relax. *It's vital for …* 2. He can't remember all that. *It's too difficult. It's too difficult …* 3. Children often make mistakes. It's normal. *It's normal …* 4. She must have a good education. It's important. *It's important …*

CORRIGÉ

1 1. It's unusual for Samy to go to the cinema. 2. It's too late for me to go out. 3. Is it necessary for Benjamin to come with us? 4. I'm waiting for her (to tele)phone me. 5. I haven't found anything for her to drink.
2 1. It's vital for people to relax. 2. It's too difficult for him to remember all that. 3. It's normal for children to make mistakes. 4. It's important for her to have a good education.

143 *forget* et *leave*

Attention à la traduction de « oublier » dans des expressions comme « J'ai oublié mon sac dans le bus ». *Forget* ne s'emploie pas lorsqu'on précise le lieu. Il faut alors employer **leave**. Comparez :

> Oh damn! I've **forgotten** my purse!
> Oh zut ! J'ai oublié mon porte-monnaie !
> Oh damn! **I've left** my purse **at home**!
> Oh zut ! J'ai oublié mon porte-monnaie à la maison !

ENTRAÎNEZ-VOUS !

Traduisez en anglais (employez le present perfect).
1. J'ai oublié mes clefs *(keys)*. 2. J'ai oublié mes clefs chez moi. 3. J'ai oublié mon écharpe *(scarf)* dans le train. 4. J'ai oublié mon livre chez Annie *(at Annie's)*.

CORRIGÉ

1. I've forgotten my keys. 2. I've left my keys at home. 3. I've left my scarf on (in) the train. 4. I've left my book at Annie's.

144 formules de politesse

❶ Présentations

— Lorsqu'on présente quelqu'un, on peut dire :

> May I introduce Ann Cox? (formel)
> Have you met Ann (Cox)?
> Do you know Ann (Cox)?
> This is Ann (Cox).

— On répond :

> How do you do? (« enchanté ! », très formel) (**180**)
> Pleased to meet you. (assez formel)
> Nice/Glad to meet you. (neutre)
> Hello. (familier)/Hi. (très familier)

— Les Américains disent souvent : *How are you?*

❷ Remerciements

— Les formules les plus courantes pour remercier sont :

> Thank you. Thank you very much.
> Thanks a lot./Thanks./Cheers. (plus familiers)

— Réponses typiques (« De rien », « Je vous en prie ») :

> Not at all. (assez formel)   That's all right.
> You're welcome.   That's OK.
> It's/It was a pleasure.

❸ Salutations

— Pour dire « Bonjour » :

> Hello! Hi! (« Salut ! », très familier)
> Good morning/afternoon/evening. (plus formel)

« Bonjour, Monsieur/Madame » = simplement *Hello* ou *Good morning*, et non ~~Hello Sir/Madam~~ (**242**).

— Pour dire « Ça va ? » et répondre :

> How are you?   Very well, thanks.
> How are things?   Fine, thanks.
> How's it going?   Not too bad.

— Pour dire « Au revoir » :

> Goodbye.   See you soon. (« À bientôt. »)
> Bye./Cheers. (familier)   See you some time.
> Bye-bye. (souvent utilisé par les   (« À un de ces jours. »)
> enfants ou à leur adresse)   See you on Monday. (« À lundi. »)
> See you. (« À plus tard. »)   Goodnight. (« Bonne nuit. »)

4 Excuses

— *Excuse me* … s'emploie **avant** de déranger quelqu'un et *Sorry* … **après.**

> **Excuse me**, could I get past?
> Pardon, est-ce que je peux passer ?

Si l'on bouscule quelqu'un :

> "Oh, **sorry**." "That's all right." (et non "~~Excuse me.~~")
> « Oh, excusez-moi. » « De rien. »/« Ce n'est pas grave. »

Les Américains emploient *Excuse me* dans les deux cas.

— Lorsqu'on n'a pas bien compris les paroles de quelqu'un, on dit *Pardon?/Sorry?* ou *What?* (familier) pour en demander la répétition.

> "Where's Arthur?" "**Pardon?/Sorry?/What?**" "I said …"
> « Où est Arthur ? » « Pardon ?/Comment ?/Quoi ? » « J'ai dit… »

5 Souhaits

— Beaucoup de souhaits commencent par « Bon… ! » en français. Certains existent en anglais, d'autres pas. Très peu de souhaits commencent par *Good …* en anglais.

Bonnes vacances !	Have a nice/good holiday.
Bon voyage !	Have a good journey/trip.
Bonne journée !	Have a nice day.
Bon week-end !	Have a nice weekend.
Bonne après-midi/soirée !	Have a nice afternoon/evening.
Bon séjour !	Have a nice stay. Have a nice time in …
Bonne route !	Safe journey.
Bon retour !	Safe journey home.
Bon ski !	Ski well.
Bonne chance !	Good luck.
Bon courage !	Good luck.
Bonne année !	Happy New Year.
Bon anniversaire !	Happy Birthday.
Bonne nuit ! Dors bien !	Good night. Sleep well.

— Autres formules :

Meilleure santé !	Get well soon.
À la tienne/vôtre !	Cheers.
Joyeux Noël !	Happy/Merry Christmas.
Joyeuses Pâques !	Happy Easter.

— « Bon appétit ! » ne se dit pas en anglais.

145 franglais

La plupart des mots franglais sont de « faux amis ». Voici quelques-uns des plus courants… et leur équivalent exact.

FRANGLAIS	ANGLAIS
des baskets	trainers
un caddie	a trolley
un camping	a campsite /ˈkæmpsaɪt/
un camping car	a camper van (GB), an RV = recreational vehicle (US)
un dancing	a dance hall
un flipper	a pinball machine
jouer au flipper	to play pinball
le foot	football
jouer au babyfoot	to play table football
un jean	jeans (ou a pair of jeans)
faire un jogging/footing	to go for a run
un jogging (vêtement)	a tracksuit
un mail	an e-mail
un parking	a car park (GB), a parking lot (US)
un planning (horaire)	a schedule /ˈʃedjuːl/
un pressing	a (dry) cleaner's
un recordman	a record holder
être relax	to be relaxed
un rugbyman	a rugby player
un self	a self-service (restaurant)
des tennis	trainers (GB), sneakers (US)

146 *from*

From = « de », parfois « à » ou « depuis/dès ».

1 *From* exprime souvent l'idée de **point d'origine**. Ce point peut être situé dans l'**espace**.

> Where are you **from**?
> D'où êtes-vous ?
> a long way **from** home
> loin de chez moi
> I can see the lake **from** my room.
> Je vois le lac de ma chambre.

2 Le point d'origine peut aussi être situé dans le **temps**.

> **from** now on
> à partir de maintenant
>
> He was blind **from** birth.
> Il était aveugle de naissance
>
> **From** her earliest childhood she was interested in animals.
> Elle s'est intéressée aux animaux dès/depuis sa plus tendre enfance.

3 Le point d'origine peut être une **personne**.

> to borrow/take/steal/something **from** somebody
> emprunter/prendre/voler quelque chose à quelqu'un
> Have you heard **from** Gareth?
> As-tu des nouvelles de Gareth ?

Pour *hear from/of/about*, **173**.

4 « De… à » = *from* … *to*.

> **from** Monday **to** Friday
> de lundi à vendredi
> **from** Paris **to** Prague
> de Paris à Prague
>
> **from** A **to** Z
> de A à Z

5 *From* peut également exprimer une idée de **séparation**, de **différence** ou d'**absence**.

> separate **from**   different **from**   absent **from**
> séparé de   différent de   absent de
>
> He hides **from** his parents to smoke.
> Il se cache de ses parents pour fumer.

ENTRAÎNEZ-VOUS !

Traduisez seulement les phrases où il faut employer *from*.
1. de dix heures à onze heures 2. Il est de Milan. 3. un morceau de pain 4. J'ai une lettre de Hugo. 5. le début du film 6. J'ai emprunté de l'argent à Lucas. 7. Il est très différent de vous. 8. Je n'ai pas de nouvelles de Joe. 9. Je ne vois rien d'ici. 10. Elle a parlé de ses problèmes.

CORRIGÉ

1. from ten (o'clock) to eleven (o'clock) 2. He's from Milan. 4. I have (I've got) a letter from Hugo. 6. I borrowed (I've borrowed) some money from Lucas. 7. He's very different from you. 8. I haven't heard from Joe. 9. I can't see anything from here. (I can see nothing …)

Pour la différence entre *from* et *since* (« depuis »), **100**.

147 futur (1) : structures de base

En anglais, comme en français, trois structures de base sont utilisées pour parler de l'avenir. On peut employer soit le « **temps futur** », soit la tournure *I'm going* + *to* + V (« je vais » + infinitif), soit un **temps présent** (surtout le présent progressif). En règle générale, chacune des trois structures anglaises s'emploie dans les mêmes cas que son équivalent français (pour les exceptions, 151).

temps futur	*be going* + *to* + V	temps présent
I**'ll be** in Milan at 8.	It**'s going to rain**.	I**'m moving** tomorrow.
Je serai à Milan à 8 h.	Il va pleuvoir.	Je déménage demain.
He**'ll come** soon.		The train **leaves** at 9.15
Il viendra bientôt.		Le train part à 9 h 15.

Pour de plus amples détails sur ces trois structures, 148 , 149 et 150 .
Pour le futur antérieur, 152 .
Pour le futur progressif, 153 .
Pour le « futur dans le passé », 154 .
Pour l'expression du futur dans les subordonnées, 155 .

148 futur (2) : *will* et *shall*

— Le futur français se traduit généralement ainsi.

will + infinitif sans *to*

Shall existe à la première personne, mais s'emploie peu en anglais moderne, sauf dans certaines questions (151).

Will et **shall** se contractent en **'ll**. La contraction de *will not* est **won't** /wəʊnt/ ; celle de *shall not* est *shan't* /ʃɑːnt/.

> That **will be** difficult.
> Ce sera difficile.
> I**'ll do** it myself.
> Je le ferai moi-même.

> We **won't stay** long.
> Nous ne resterons pas longtemps.
> I **shall expect** him at midday.
> Je l'attendrai à midi.

— Ne confondez pas le futur (ex. : « je ser**ai**/tu ser**as**/il ser**a** » = **will be**) et le conditionnel (ex. : « je ser**ais**/tu ser**ais**/il ser**ait** » = **would be**, 91).

ENTRAÎNEZ-VOUS !

1 **Traduisez en anglais.**
1. Je l'aurai demain. 2. Il saura bientôt. 3. Il ne dira rien. 4. Nous serons fatigués.
2 **Complétez les phrases avec 'll/will/won't + verbe.**
1. If it rains, we ... to the cinema. (go) 2. What ... you ... yourself with the money you're going to earn? (buy) 3. How ... I ... who he is? I'm afraid I ... him. (know, recognise) 4. ... you ... of me when you're away? (think) 5. Of course I ... you. (forget) 6. I promise I ... late. (be)

CORRIGÉS

1 1. I will (I'll) not have it tomorrow. 2. He will (He'll) know soon. 3. He will not (won't) say anything. 4. We will (We shall/We'll) be tired.
2 1. I'll (will) go 2. will ... buy 3. will ... know, won't recognise 4. Will ... think 5. won't forget 6. won't be

> Pour les autres emplois de *will* et *shall* (présent français), **151**.
> Pour les temps après *when*, *after*, *before* ..., **155**.
> Pour l'emploi des formes contractées, **94**.
> Pour l'impératif anglais comme équivalent du futur français, **189**.

149 futur (3) : *be going to*

1 Le verbe *go* peut s'employer pour parler de l'avenir, tout comme le verbe « aller » en français.

I'm going + *to* + infinitif = « je vais » + infinitif

> I**'m going to give up** smoking.   It**'s going to** rain.
> Je vais arrêter de fumer.   Il va pleuvoir.

2 La tournure existe également au passé (**154**).

> I **was going to** tell you.
> J'allais vous le dire.

ENTRAÎNEZ-VOUS

Traduisez en anglais.
1. Elle ne va pas m'aider. 2. Il va faire froid demain. 3. J'allais faire du thé. 4. Qu'est-ce qui va arriver ? 5. Où allez-vous passer (*spend*) vos vacances ? 6. Tu ne vas pas me croire.

CORRIGÉ

1. She isn't (She's not) going to help me. 2. It's going to be cold tomorrow. 3. I was going to make (some) tea. 4. What's going to happen? 5. Where are you going to spend your holiday(s)? 6. You're not (You aren't) going to believe me.

3 *Be going to* peut parfois s'appliquer à un projet à long terme. Dans ce cas, il ne se traduit pas toujours par « aller ».

> What **are** you **going to be** when you grow up?
> Qu'est-ce que tu veux faire quand tu seras grande ?
> I**'m** always **going to love** you.
> Je t'aimerai toujours.

> Pour la traduction de « aller » + infinitif par l'impératif anglais, **189**.

150 futur (4) : présent français = présent anglais

❶ Présent progressif

En français, on emploie souvent le présent pour parler du proche avenir.

En anglais, on utilise alors normalement le présent **progressif** (en *be* + V-*ing*), et non le présent simple.

> What **are you doing** on Saturday? (et non ~~What do you do~~ ...?)
> Qu'est-ce que tu fais samedi ?
> I**'m seeing** Donna tonight.
> Je vois Donna ce soir. (ou Je dois voir Donna... 102.1)

Notez qu'il s'agit ici d'actions **déjà décidées**. Pour parler d'une action que l'on décide **sur le moment même**, on utilise normalement *will* + V (151).

❷ Présent simple

On emploie le présent simple pour parler d'horaires et d'emplois du temps **réguliers**.

> "The train **leaves** at 6.30." "What time **does** it **arrive** in Glasgow?"
> « Le train part à 6 h 30. » « À quelle heure est-ce qu'il arrive à Glasgow ? »
> I **have** a literature class tomorrow.
> J'ai un cours de littérature demain.

ENTRAÎNEZ-VOUS !

Traduisez en anglais (en employant un temps présent).

1. Qu'est-ce que vous faites ce soir ? 2. Nous allons à la campagne vendredi. 3. William vient demain. 4. Je vois Patricia ce week-end. 5. Je travaille samedi. 6. L'avion arrive à quelle heure ? 7. À quelle heure joues-tu au tennis aujourd'hui ? 8. Le film commence à sept heures et demie.

CORRIGÉ

1. What are you doing this evening (tonight)? 2. We're going to the country on Friday. 3. William is (William's) coming tomorrow. 4. I'm seeing Patricia this weekend. 5. I'm working on Saturday. 6. What time does the plane arrive? 7. What time are you playing tennis today? 8. The film starts (begins) at half past seven.

151 futur (5) : présent français = will/shall + V

Lorsque le présent français se réfère à des intentions ou attitudes envers autrui, on emploie *will* ou *shall* en anglais.

❶ Will/'ll

— On emploie *will* (ou *'ll*) pour exprimer une **menace** ou une **promesse**.

If you say that word again **I'll slap** you (et non ~~I slap you.~~)
Si tu répètes ce mot, je te gifle.
If he isn't here at five, **I'll go** home. (et non ~~I go home.~~)
S'il n'est pas là à 5 heures, je rentre.
I'll phone you tonight. (et non ~~I phone~~ …)
Je t'appelle ce soir.
I'll send it to you on Tuesday. (et non ~~I send~~ …)
Je te l'envoie mardi.

— On l'emploie aussi pour parler d'une action que l'on décide **sur le moment même**.

On sonne à la porte.	**I'll go.** (et non ~~I go.~~) J'y vais. (Je décide, sur le moment même, d'aller ouvrir.)
Le téléphone sonne.	**I'll answer** it. (et non ~~I answer.~~) Je réponds.
Il est déjà midi.	**I'll stop now.** (et non ~~I stop~~ …) Je m'arrête.

Pour les actions déjà décidées, on emploie un temps présent ou ***be going to*** (150 et 149).

❷ Will you …?

On emploie *Will you …?* (au sens de « Veux-tu… ? ») lorsqu'on demande à quelqu'un de l'**aide** ou un **service**.

Will you help me?
Tu m'aides ? (= Veux-tu m'aider ?)
Will you buy me a paper?
Tu m'achètes un journal ? (= Veux-tu m'acheter un journal ?)

❸ Shall I/we …?

— On emploie *Shall I/we …?* lorsqu'on se demande, ou lorsqu'on demande à quelqu'un, **ce qu'on doit faire**.

What **shall I** do?
Qu'est-ce que je fais ? (= Qu'est-ce que je dois faire ?)
Shall we tell her or not?
On lui dit ou non ? (= Est-ce qu'on doit lui dire ?)

— On l'emploie aussi pour **proposer son aide** ou faire une **suggestion**.

Shall I lay the table?   **Shall we** go?
Je mets la table ?   On y va ?

ENTRAÎNEZ-VOUS !

Traduisez en anglais.
1. « C'est combien ? » « Non, c'est moi qui paie. » (Je paie.) 2. Je te donne la réponse jeudi. 3. Je prends *(to have)* une bière. Et toi ? 4. Si tu me parles comme ça, je rentre. 5. Tu me donnes de l'eau ? 6. Qu'est-ce que je lui dis ? 7. « Il y a quelqu'un à la porte. » « J'y vais. » 8. On arrête ?

CORRIGÉ

1. "How much is it?" "No, I'll pay." 2. I'll give you the answer on Thursday. 3. I'll have a beer. And you? 4. If you talk (speak) to me like that, I'll go home. 5. Will you give me some water? 6. What shall I tell him (her)? (What shall I say to him/her?) 7. "There's somebody (someone) at the door." "I'll go." 8. Shall we stop?

152 futur (6) : futur antérieur

will have + **participe passé** (= « j'aurai/tu auras »… + participe passé)

❶ Le futur antérieur s'emploie, comme en français, pour parler d'une action qui aura été accomplie à un moment de l'avenir.

I hope the world **will have made** a lot of progress by the year 3000.
J'espère que le monde aura beaucoup progressé d'ici l'an 3000.
I'll be freer after Christmas. I**'ll have finished** my project.
Je serai plus libre après Noël. J'aurai fini mon mémoire.

NOTEZ

Ne confondez pas le futur antérieur (ex. : « j'aur**ai** / tu aur**as** fini ») avec le conditionnel passé (ex. : « j'aur**ais** / tu aur**ais**… fini ») **93** .

ENTRAÎNEZ-VOUS !

Traduisez en anglais.
1. Dans un mois, j'aurai quitté l'école. 2. Je n'aurai pas fait mes courses d'ici *(by)* jeudi. 3. Est-ce que vous aurez bientôt fini la vaisselle *(the washing up)* ? 4. Elle ne sera pas arrivée avant dix heures.

CORRIGÉ

1. In a month I will (I'll) have left school. 2. I will not (won't) have done my shopping by Thursday. 3. Will you have finished the washing up soon? (Will you soon have finished …?) 4. She will not (won't) have arrived before ten (o'clock).

❷ Le futur antérieur progressif (***will have been*** + **V-ing**) s'emploie souvent avec *for*. Notez la traduction française.

I**'ll have been living** here **for** three years next Monday.
Lundi prochain, cela fera trois ans que j'habite ici.
In October, we**'ll have been working** together **for** five years.
En octobre, cela fera cinq ans que nous travaillons ensemble.

Les verbes sans formes progressives (**404**) se mettent au futur antérieur simple.

Next July we**'ll have known** each other **for** ten years.
En juillet, cela fera dix ans qu'on se connaît.

Pour l'emploi du present perfect au lieu du futur antérieur après **when**, **after**, etc., **155**.2 .

153 futur (7) : futur progressif

`will be + V-ing`

❶ Ce temps s'emploie pour parler d'une action qui sera en train de se dérouler à un moment de l'avenir.

> At five o'clock tomorrow I**'ll be playing** football.
> Demain à cinq heures, je serai en train de jouer au football.
> This time next week I**'ll be lying** on the beach.
> La semaine prochaine, à cette heure-ci, je serai allongé sur la plage.
> Good luck with your exam tomorrow. We**'ll be thinking** of you.
> Bonne chance pour ton examen demain. On pensera à toi.

❷ On l'emploie aussi pour annoncer un projet qui a déjà été arrêté, ou pour demander poliment à quelqu'un ce qu'il a décidé de faire.

> Professor Kidd **will be giving** a talk on Dutch painting next Monday at 3.15.
> Le Professeur Kidd fera une conférence sur la peinture hollandaise lundi à 15 h 15.
> **Will** you **be using** the car tomorrow?
> Est-ce que tu as besoin de la voiture demain ?

ENTRAÎNEZ-VOUS !

Mettez le futur progressif.
1. In two weeks I ... in the sun. (sit) 2. I wonder what we ... this time tomorrow. (do) 3. Where do you think we ... ten years from now? (live) 4. At ten o'clock tomorrow morning I ... to Japan. (fly) 5. When you arrive, I ... at the station. (wait) 6. ... you ... this weekend? (work)

CORRIGÉ

1. will ('ll) be sitting 2. will ('ll) be doing 3. will ('ll) be living 4. will ('ll) be flying 5. will ('ll) be waiting 6. Will ... be working

❸ Le futur progressif est souvent **plus neutre** que le futur simple avec *will* + infinitif. Comparez :

> **Will** you **be buying** milk?
> As tu l'intention d'acheter du lait ? (simple question polie)
> **Will** you **buy** me some milk?
> Tu m'achètes du lait ? (sollicitation)
> I **won't be coming**.
> Je ne viendrai pas. (simple constatation)
> I **won't** come.
> Je ne viendrai pas. (refus)

154 futur (8) : futur dans le passé

On peut parler du moment où une action, maintenant **passée**, se situait encore **dans l'avenir**. Pour exprimer cette idée, on emploie le même groupe de structures que pour parler du futur, mais le temps des verbes change (exactement comme en français).

❶ Après un verbe principal au prétérit, on emploie *would* au lieu de *will*.

> I knew he **would** come back soon.
> Je savais qu'il reviendrait bientôt.

❷ Au lieu de *am/is/are going*, on emploie *was/were going to*.

> Last time I saw you, you **were going to** start a new job.
> La dernière fois que je t'ai vu, tu allais commencer un nouveau travail.

❸ Au lieu d'un présent en *be* + V-*ing* ou simple, on emploie un **prétérit** en *be* + V-*ing* ou simple.

> She had a lot to do because she **was moving** the next day.
> Elle avait beaucoup à faire, parce qu'elle déménageait le lendemain. (ou... devait déménager...)
> We had to hurry because the train **left** at eight.
> Nous avons dû nous dépêcher, parce que le train partait à huit heures.

❹ *I am* + *to* + V devient *I was* ... + *to* + V (**60**).

> I **was to see** Mr Callifax at ten.
> Je devais voir monsieur Callifax à dix heures.

ENTRAÎNEZ-VOUS !

Mettez ces phrases au passé.
1. I can see that it's going to rain. (I could see ...) **2.** She says I'll learn very fast. **3.** He's pleased because he's changing schools in September. **4.** She is to go to Canada in the summer. **5.** I don't think he'll pass the exam. **6.** He's saving money because he's going to spend a year in America.

CORRIGÉ

1. I could see that it was going to rain. **2.** She said I'd learn very fast. **3.** He was pleased because he was changing schools in September. **4.** She was to go to Canada in the summer. **5.** I didn't think he'd pass the exam. **6.** He was saving money because he was going to spend a year in America.

155 futur et conditionnel : temps après *when, after* ...

En anglais, on n'emploie pas le futur et le conditionnel dans la plupart des **propositions subordonnées**, c'est-à-dire **après** les conjonctions *when, after, before, as soon as, as long as, until, while, whenever, wherever, who, what, as much as, if, in case* et certaines autres.

❶ On emploie le **présent** au lieu du **futur**.

> **When I'm** rich I'll travel all over the world. (et non ~~When I will be~~ ...)
> Quand je serai riche, je ferai le tour du monde.

I will speak to her **as soon as** she **is** here.
Je lui parlerai dès qu'elle sera là.
We'll send your order **wherever** you **want**.
Nous enverrons votre commande où vous voudrez.
I'll give €20 to anybody **who helps** me.
Je donnerai vingt euros à toute personne qui m'aidera.

❷ On emploie le **present perfect** au lieu du **futur antérieur.**

Come and see me **when** you**'ve finished**. (et non … ~~when you'll have finished~~.)
Viens me voir quand tu auras fini.
I'll pay you back **as soon as** I**'ve found** a job.
Je te rembourserai dès que j'aurai trouvé un travail.

ENTRAÎNEZ-VOUS !

Mettez le verbe entre parenthèses au temps qui convient.
1. When I … older, I'll probably be very good-looking. (be) **2.** She'll make friends wherever she … (go) **3.** I'll give this ticket to the first person who … me. (ask) **4.** We'll see what … tomorrow (happen) **5.** I'll help you as soon as I … the shopping. (do) **6.** Telephone me when you … what to do. (decide)

CORRIGÉ

1. am (I'm) **2.** goes **3.** asks **4.** happens **5.** 've (have) done **6.** 've (have) decided

❸ On emploie le **prétérit** au lieu du **conditionnel présent**.

If I didn't have a job I'd get up **when I wanted**.
Si je n'avais pas un travail, je me lèverais quand j'en aurais envie.
I'd help anybody **who asked** me. (et non … ~~who would ask me~~ …)
J'aiderais toute personne qui me le demanderait.

❹ On emploie le **pluperfect** au lieu du **conditionnel passé**.

She said she would call me **when** she **had received** the answer. (et non … ~~when she would have received~~ …)
Elle a dit qu'elle m'appellerait quand elle aurait reçu la réponse.

ENTRAÎNEZ-VOUS !

Mettez le verbe entre parenthèses au temps qui convient.
1. She said she would write to me as soon as she … (arrive) **2.** If I was free I would only do what I … (like) **3.** I wish I could help everybody who … it. (need) **4.** She said she would marry me when I … my studies. (finish) **5.** I'd like to work when I … and stop when I … (want) **6.** He promised to let me know as soon as he … a place to live. (find)

CORRIGÉ

1. arrived/had arrived **2.** liked **3.** needed **4.** had finished **5.** wanted/want, wanted/want **6.** had found

Pour le futur après **when**, **410**.
Pour le futur et le conditionnel dans les subordonnées au discours indirect, **103**.

156 — *get* (1) : sens principaux

Get a plusieurs sens, selon la structure de la phrase. Voici les plus fréquents.

❶ ***Get*** **+ objet direct** = « recevoir », « obtenir », « s'acheter », etc.

> I **got** a postcard from Peter this morning.
> J'ai reçu une carte de Peter ce matin.
> We'll have to **get** a new car.
> Il faut qu'on s'achète une nouvelle voiture.

❷ ***Get*** **+ particule/préposition** exprime généralement un mouvement.

> to **get out**   to **get up**   to **get down**
> sortir   se lever   descendre
>
> to **get on/off** a bus
> monter dans / descendre d'un autobus
> to **get in/out of** a car
> monter dans / sortir d'une voiture
> What time do you think we'll **get to** Oxford ?
> À quelle heure penses-tu qu'on arrivera à Oxford ?

Notez la structure ***get*** **+ objet direct + particule/préposition**.

> **Get her out of** here.
> Fais-la sortir d'ici.

❸ ***Get*** **+ adjectif** = « devenir ».

> to **get old**   to **get wet**
> vieillir   se mouiller
> to **get tired**   to **get hungry**
> se fatiguer   commencer à avoir faim
> to **get ill**   to **get dark**
> tomber malade   commencer à faire nuit

On peut aussi utiliser ***get*** **+ complément d'objet + adjectif**.

> I can't **get my hands warm**.
> Je n'arrive pas à me réchauffer les mains.

NOTEZ

En anglais américain, le participe passé de *get* est *gotten* dans les cas ci-dessus. *Gotten* ne s'emploie pas lorsque *get* est un auxiliaire.

ENTRAÎNEZ-VOUS !

Traduisez en anglais.
1. recevoir un cadeau 2. Sortez d'ici ! 3. Nous sommes arrivés à Bristol à minuit.
4. Monte dans la voiture. 5. Je vieillis. 6. Il commence à faire nuit ; dépêche-toi.

7. À quelle heure est-ce que tu te lèves demain ? 8. J'ai reçu un cadeau (*a present*) de Pauline ce matin.

CORRIGÉ

1. to get a present 2. Get out (of here)! 3. We got to Bristol at midnight. 4. Get into the car. 5. I am getting old. 6. It's getting dark; hurry up. 7. What time are you getting up tomorrow? 8. I got a present from Pauline this morning.

Pour *to get* = « aller chercher », **78**.
Pour *I've got* = *I have*, **169**.
Pour *get* + participe passé, **157**.
Pour *get* + object direct + *to* +infinitif, **158**.
Pour *go* employé au sens de *get* (ex. : *go bad, go bald*), **160**.

157 *get* (2) : *get* + participe passé

❶ *Get* + participe passé correspond souvent à un **verbe pronominal français** (avec « se »).

get washed	get lost	get broken
se laver	se perdre	se casser
get dressed	get married	get drowned
s'habiller	se marier	se noyer

Ne confondez pas :

to be	to get
to **be** married/divorced être marié/divorcé (**228**)	to **get** married/divorced se marier/divorcer
to **be** dressed être habillé	to **get** dressed s'habiller
to **be** drunk être saoul	to **get** drunk se saouler

Gaby **is married**.
Gaby est mariée.
"**Are** you **dressed**?"
« Tu es habillée ? »

She **got married** last year.
Elle s'est mariée l'année dernière.
"**I'm getting dressed**."
« Je m'habille. »

❷ *Get* + participe passé remplace parfois un **verbe au passif**, souvent pour parler d'actions inattendues ou accidentelles.

He **got arrested** for running a red light. (= He was arrested ...)
Il a été arrêté parce qu'il avait grillé un feu rouge.
I never **get invited** to their house.
Je ne suis jamais invité chez eux.
He **got killed** in a car crash.
Il s'est tué dans un accident de voiture. (= Il a été tué...)

Pour *get* + objet direct + participe passé (ex. : *I must get my watch repaired*), **135**.2 .

ENTRAÎNEZ-VOUS !

Traduisez en anglais.
1. Je me suis perdu dans la forêt. 2. Comment cette assiette s'est-elle cassée ?
3. Elle s'est tuée dans un accident d'avion. 4. Il faut que je m'habille. 5. Elle s'est mariée en mars. 6. Il a été blessé *(hurt)* dans un match de football.

CORRIGÉ

1. I got lost in the forest. 2. How did this plate get broken? 3. She got killed in a plane crash. 4. I must (I have to/I've got to/I/'ve got to) get dressed. 5. She got married in March. 6. He got hurt in a football match.

NOTEZ

Ne pas confondre :
        Il s'est tué (accident) = He got/was killed.
        Il s'est tué (suicide) = He killed himself.

158   *get* (3) : *get* + objet direct + *to* + V

❶ *Get* + **objet direct** + *to* + **V** s'emploie surtout pour exprimer l'idée de « réussir (par la persuasion) à faire faire quelque chose à quelqu'un ».

    I can't **get him to tidy up** his room.
    Je n'arrive pas à lui faire ranger sa chambre.
    Try to **get her to help us**.
    Essaie de la convaincre de nous aider.

❷ La structure peut aussi exprimer l'idée de « réussir à faire fonctionner un objet ».

    I couldn't **get the television to work**.
    Je n'ai pas réussi à faire marcher la télévision.

ENTRAÎNEZ-VOUS !

Traduisez en anglais.
1. Il a réussi à me faire payer pour tout le monde. 2. Elle n'arrivait pas à faire asseoir son chien. 3. J'ai réussi (prétérit) à lui faire accepter ma proposition *(proposal)*. 4. Nous avons essayé de la faire venir avec nous, mais elle n'a pas voulu.

CORRIGÉ

1. He got me to pay for everybody. 2. She couldn't get her dog to sit (down). 3. I got him to accept my proposal. 4. We tried to get her to come with us, but she did not (didn't) want to (but she wouldn't).

Pour les autres traductions de « faire faire », **135** .

159 go : been et gone

1 Si l'on dit *He has **gone** to London*, il est actuellement à Londres ou en route pour Londres.

> "Is Michael here?" "No, he'**s gone** to London." (= ... he has gone ...)
> « Est-ce que Michael est là ? » « Non, il est parti à Londres. »

Si l'on dit *He has **been** to London*, il est allé à Londres et en est revenu.

> Daniel'**s been** to London five times.
> Daniel est allé cinq fois à Londres. (Maintenant il est en France.)

2 On emploie *is gone* au sens de « n'est plus là » ou « a disparu ».

> When I came back my car **was gone**.
> Quand je suis revenu, ma voiture n'était plus là.

Is all gone signifie « a été consommé ».

> The milk **is all gone**. We'll have to get some more.
> Il n'y a plus de lait. Il faudra en racheter.

ENTRAÎNEZ-VOUS !
Mettez *been* ou *gone*.
1. Have you ever ... to Canada? 2. "Where's Paul?" "He's ... shopping." 3. I've never ... to Scotland. 4. David and Emily have ... to Italy for a week. They'll be back tomorrow. 5. John isn't here. He's ... out for a few minutes. 6. When I looked round, she was ...

CORRIGÉ
1. been 2. gone 3. been 4. gone 5. gone 6. gone

160 go et get

1 On emploie *go* et non *get* au sens de « devenir » devant certains adjectifs. C'est surtout le cas quand on parle de changements de couleur, ou de changements indiquant une détérioration.

> Leaves **go yellow** in autumn.
> Les feuilles jaunissent en automne.

to **go red**	to **go pale**
rougir	pâlir
Aunt Jane's **going mad**.	The milk has **gone sour**.
Tante Jane devient folle.	Le lait a tourné.
I don't want **to go bald**.	The tomatoes have **gone bad**.
Je ne veux pas devenir chauve.	Les tomates ont pourri.

2 Mais on emploie ***get*** (et non *go*) avec *old*, *tired* et *ill* (**156.3**).

> He'**s getting old**.
> Il vieillit.

ENTRAÎNEZ-VOUS !
Traduisez en anglais.
1. Elle est devenue pâle. 2. Je deviens chauve. 3. La viande a pourri. (present perfect) 4. Je ne veux pas devenir fou. 5. Je commence à me fatiguer.

CORRIGÉ

1. She went (She has gone/She's gone) pale. 2. I'm going bald. 3. The meat has gone bad. 4. I don't want to go mad. 5. I'm beginning (starting) to get tired (I'm getting tired).

161 go/come + V-ing

On emploie *go/come* + V-*ing* dans beaucoup d'expressions se rapportant essentiellement aux activités de sport et de loisir.

> Let's **go walking** next weekend.
> Allons faire une randonnée le week-end prochain.
> Did you **go dancing** last night?
> Tu es allé danser hier soir ?
> **Come swimming**. The sea's warm.
> Viens te baigner, la mer est bonne.

Autres expressions :

go climbing	go fishing	go hunting
faire de la montagne	aller à la pêche	aller à la chasse
go riding	go sailing	go cycling
faire du cheval	faire de la voile	faire du vélo
go skating	go skiing	go shopping
faire du patin à glace	faire du ski	faire des courses
go hiking	go trekking	
faire de la grande randonnée	faire du trekking	

ENTRAÎNEZ-VOUS !

Traduisez en anglais.

1. Je fais de la montagne tous les ans. 2. Je peux faire du cheval cet après-midi ? 3. Elle ne va jamais danser. 4. Ça vous arrive de *(Do you ever ...)* faire du ski ? 5. Il fait une randonnée trois fois par semaine.

CORRIGÉ

1. I go climbing every year. 2. Can I go riding this afternoon? 3. She never goes dancing. 4. Do you ever go skiing? 5. He goes walking three times a week.

NOTEZ

À retenir également :

> faire une promenade/une balade = to go for a walk, to take a walk
> faire du jogging, aller courir = to go for a run

Pour do ... dancing/cycling, the shopping, etc., 134 .

162 grand

« Grand » peut se traduire par *large*, *great*, *big* ou *tall* selon les cas.

❶ Avec les dénombrables

— Avec les dénombrables à sens concret, on emploie **large**.

a **large** garden   a **large** plate
(et non a great garden)   une grande assiette
un grand jardin

— Avec les mots abstraits, on préfère **great**.

a **great** problem   a **great** difference
un grand problème   une grande différence

— Dans un style familier, on emploie souvent **big** à la place de *large* ou *great*.

a **big** garden   a **big** problem
a **big** plate   a **big** difference

❷ Avec les indénombrables

Avec les indénombrables, **great** est normalement la seule possibilité.

great respect (et non big respect)
un grand respect

❸ Cas particuliers

— *Great* s'emploie aussi au sens de « célèbre » ou de « génial », « super ».

Charlie Chaplin was not a **big** man, but he was a **great** actor.
Charlie Chaplin n'était pas grand, mais c'était un grand acteur.
"I won the first prize." "That's **great**!"
« J'ai gagné le premier prix. » « C'est génial. »

— *Tall* se rapporte uniquement à la hauteur. On l'emploie surtout pour parler des personnes, des arbres, et parfois des bâtiments.

How **tall** are you?   the **tallest** tree in the forest
Combien mesurez-vous ?   l'arbre le plus grand de la forêt

A *big* man est grand et fort, tandis que *a tall man* peut être mince ou fort, *tall* ne le précise pas.

ENTRAÎNEZ-VOUS !

Mettez *large*, *big*, *great* ou *tall* (il y a parfois deux possibilités).
1. a ... room **2.** a ... difference **3.** ... confusion **4.** Einstein was a ... scientist.
5. She's very ..., she's nearly 6ft. (1,80 m) **6.** ... astonishment **7.** a ... experience
8. a ... armchair

CORRIGÉ

1. large (big) 2. great (big) 3. great 4. great 5. tall 6. great 7. great 8. large (big)

NOTEZ

Le mot français « large » se traduit par *wide* et non *large*.

163   had better

***you had better*…** = « tu ferais bien de… », « vous avez intérêt à… ».

❶ Cette expression s'emploie pour donner des ordres et des conseils (y compris à soi-même). Le sens est présent ou futur, malgré la forme passée. *Had better* est suivi de l'infinitif **sans *to***.

> You**'d better** hurry.
> Tu ferais bien de te dépêcher.
> You**'d better tell** the truth.
> Tu as intérêt à dire la vérité.
> I**'d better take** the car to the garage.
> Je ferais bien d'emmener la voiture au garage.

❷ Attention à l'ordre des mots dans les phrases négatives.

> You**'d better not wake** her up. (et non ~~You hadn't better~~ …)
> Tu ferais bien de ne pas la réveiller.

ENTRAÎNEZ-VOUS !

Traduisez en anglais, en utilisant *had better*.

1. Tu ferais bien de mettre *(put on)* un manteau. 2. Tu as intérêt à arrêter de fumer. 3. Vous avez intérêt à ne pas me déranger *(disturb)*. 4. Je ferais bien d'écrire à ma mère. 5. Je suis fatigué, je ferais bien d'aller me coucher *(go to bed)*. 6. Tu ferais bien d'acheter un réveil *(alarm clock)*.

CORRIGÉ

1. You had (You'd) better put on a coat (put on). 2. You had (You'd) better stop smoking. 3. You had (You'd) better not disturb me. 4. I had (I'd) better write to my mother. 5. I'm tired; I had (I'd) better go to bed. 6. You had (You'd) better buy an alarm clock.

164   half

❶ « La moitié » = *half* (sans article).

> I gave her **half.** (et non … ~~the half~~)   **half** of them
> Je lui en ai donné la moitié.   la moitié d'entre eux

Devant un nom, on l'emploie le plus souvent sans *of*.

> **Half** the money is mine.   **Half** my friends are away.
> La moitié de l'argent est à moi.   La moitié de mes amis sont absents.

② *Half* s'emploie aussi comme équivalent de « demi ».
Attention à l'ordre des mots.

> **half** a pound **half** an hour **half** a bottle
> une demi-livre une demi-heure une demi-bouteille

« Et demi(e) » se traduit par *and a half.*

> an hour **and a half** / one **and a half hours** (pluriel)
> une heure et demie

Notez que cette expression se place **avant** le nom lorsqu'il est précédé d'un nombre.

ENTRAÎNEZ-VOUS !
Traduisez en anglais.
1. Je voudrais la moitié de ce fromage. 2. un demi-litre *(litre)* 3. Donnez-m'en la moitié. (Ne pas traduire « en ».) 4. Attendez une demi-heure, s'il vous plaît. 5. une demi-douzaine *(dozen)* 6. Nous avons déjà bu une bouteille et demie.

CORRIGÉ
1. I'd like half of this (that) cheese. 2. half a litre 3. Give me half. 4. Wait (for) half an hour, please. 5. half a dozen 6. We've already drunk a bottle and a half (one and a half bottles).

165 *happen*

① *To happen* = « arriver », « se passer ». Attention à la forme du verbe.

> What's **happening**? (et non ~~What's happen?~~)
> Qu'est-ce qui se passe ?
> What **has happened** to Maggie?
> Qu'est-ce qui est arrivé à Maggie ?
> What **happened** yesterday?
> Qu'est-ce qui s'est passé hier ?

ENTRAÎNEZ-VOUS !
Complétez les phrases par *what*, *what's* ou *happen* à la forme qui convient.
1. ... happened last night? 2. Everything is ... at the same time. 3. You know ... happens to disobedient children? 4. This has never ... before. 5. Something very surprising ... yesterday. 6. ... happening here?

CORRIGÉ
1. What 2. happening 3. what 4. happened 5. happened 6. What's.

② *Happen + to +* V exprime l'idée de « par hasard ».

> I **happened to meet** her this morning.
> Je 'ai rencontrée ce matin par hasard.

Pour les autres traductions de « arriver », **38**.

166   *hard* et *hardly*

1 *Hard* = « dur » (adjectif ou adverbe).

Hardly = « à peine », « presque pas », « ne… guère ».

Comparez :

> I'm working very **hard** at the moment.
> Je travaille beaucoup (« dur ») en ce moment.
> I **hardly** worked at all yesterday.
> J'ai à peine travaillé hier.

2 *Hardly any* = « ne… presque pas de ».

Hardly anything = « ne… presque rien ».

Hardly anybody = « ne… presque personne ».

Hardly ever = « ne… presque jamais ».

> He's got **hardly any** money.
> Il n'a presque pas d'argent.
> **Hardly anybody** can understand her.
> Presque personne ne la comprend.

Notez bien que le verbe anglais est **affirmatif**.

ENTRAÎNEZ-VOUS !

1 Mettez *hard* ou *hardly*.
1. This bread is very … 2. "Do you know Oscar?" " … " 3. I'm so tired. I can … stand up. 4. We tried very … to understand.

2 Traduisez en anglais.
1. Il n'est presque jamais chez lui. 2. Elle a beaucoup travaillé l'année dernière. 3. Il ne mange presque rien. 4. Presque personne n'est venu me voir.

CORRIGÉ

1 1. hard 2. Hardly 3. hardly 4. hard
2 1. He's hardly ever at home. 2. She worked hard last year. 3. He eats hardly anything. (He hardly eats anything.) 4. Hardly anybody (anyone) came (has come) to see me.

167 *have* (1) : formes

Have peut se conjuguer de trois façons au présent et au prétérit.

❶ *Have* sans *do*

	affirmation	question	négation
présent	I have (I've) he has (he's) ...	have I? has he? ...	I have not (haven't) he has not (hasn't) ...
prétérit	I had (I'd) ...	had I? ...	I had not (hadn't) ...

Ces formes s'emploient surtout lorsque *have* est auxiliaire (**168**).

❷ *Have got*

Dans certains cas, on peut ajouter *got* aux formes sans *do*, sans en changer le sens (*I've got = I have* = « j'ai »).

	affirmation	question	négation
présent	I've got he's got ...	have I got? has he got? ...	I haven't got he hasn't got ...

Ces formes s'emploient dans un style familier, surtout au présent, lorsque *have* est un verbe ordinaire. (**169**).

❸ *Have* avec *do*

	affirmation	question	négation
présent	I have he has ...	do I have? does he have? ...	I do not (don't) have he does not (doesn't) have ...
prétérit	I had ...	did I have? ...	I did not (didn't) have ...

Ces formes s'emploient lorsque *have* correspond à « prendre », « passer », etc., dans des expressions comme *have breakfast/a bath/a holiday* (**170**) : et parfois aussi lorsque *have* correspond à « avoir », verbe ordinaire (**169**).

NOTEZ

Aux autres temps, *have* se conjugue toujours comme un verbe ordinaire (ex. : *I will have, would you have?*, etc.) (**385**).

Pour *ain't* (= *haven't/hasn't*), **94.2** .

168   *have* (2) : auxiliaire

have + participe passé

❶ *Have* (sans *do* **167**) s'emploie comme auxiliaire du present perfect et du pluperfect. (**315**) et (**297**).

> I**'ve** already **paid**.
> J'ai déjà payé.
> **Had** you **eaten**? (et non ~~Did you have~~ ...)
> Aviez-vous mangé ?

❷ *Have* sert aussi à former l'infinitif passé, donc le futur antérieur (**152**), le conditionnel passé (**93**), et les autres temps composés des modaux (**238**).

> I'm sorry **to have made** a mistake.   I would **have come** earlier ...
> Je suis désolé de m'être trompé.   Je serais venu plus tôt...
> I**'ll have finished** soon.   She may **have forgotten**.
> J'aurai bientôt fini.   Elle a peut-être oublié.

❸ Notez bien que **tous les verbes** se conjuguent avec *have* à ces diverses formes, même lorsqu'il y a l'auxiliaire « être » en français.

> The Queen **has arrived**. (et non ... ~~is arrived~~.)
> La reine est arrivée.

ENTRAÎNEZ-VOUS !

Traduisez en anglais.
1. Il avait compris. 2. Regarde : j'ai fini. 3. Elle n'était pas venue avec nous. 4. Tout le monde avait bien travaillé. 5. « Où est Ken ? » « Il est parti à Londres. » 6. Avez-vous mangé ?

CORRIGÉ

1. He had (He'd) understood. 2. Look: I've finished. 3. She hadn't come with us. 4. Everybody had worked well (hard). 5. "Where's Ken?" "He's gone to London." 6. Have you eaten?

169   *have* (3) : *have (got)*

❶ La structure *have got* (**167**) s'emploie souvent en anglais familier comme équivalent de « avoir », verbe ordinaire.
Notez bien que *got* ne change pas le sens du verbe.

I've got = I have = « j'ai ».

> They**'ve got** a new car.
> Ils ont une nouvelle voiture.
> The machine**'s got** two speeds.
> La machine a deux vitesses.
> **Has** she **got** any sisters?
> Est-ce qu'elle a des sœurs ?
> I **haven't got** a headache any more.
> Je n'ai plus mal à la tête.

▬ Au prétérit, *got* est rare, et les questions et les phrases négatives se construisent normalement avec *do*.

> She **had** flu.
> Elle avait la grippe.
> **Did** Shakespeare **have** any children?
> Est-ce que Shakespeare avait des enfants ?

▬ *Got* ne s'emploie pas aux autres temps.

> **I've had** a brilliant idea! (et non ~~I've had got~~ ...)
> J'ai eu une idée géniale !

❷ On n'emploie pas *have got* pour parler d'habitudes et de situations répétées. Comparez :

I**'ve got** toothache.	I often **have** toothache.
J'ai mal aux dents.	J'ai souvent mal aux dents.
I **haven't got** any beer today.	I **don't** often **have** beer in the house.
Je n'ai pas de bière aujourd'hui.	Je n'ai pas souvent de bière à la maison.

ENTRAÎNEZ-VOUS !

Traduisez en anglais, en utilisant les formes avec *got* lorsque c'est possible.
1. Ils ont un bel appartement *(flat)*. **2.** J'ai trois frères. **3.** Avez-vous cinq minutes pour moi ? **4.** Elle n'a pas de temps libre. **5.** Est-ce que vous avez une moto *(motorbike)* ? **6.** Nous avons souvent des invités *(guests)*. **7.** Elle a les yeux bleus. (Ne pas traduire « les ».) **8.** Il avait une voiture très rapide.

CORRIGÉ

1. They've got a nice (beautiful) flat. 2. I've got three brothers. 3. Have you got five minutes for me? 4. She hasn't got any free time. 5. Have you got a motorbike? 6. We often have guests. 7. She's got blue eyes. 8. He had a very fast car.

❸ Dans un style plus soutenu, *got* ne s'emploie pas. *Have* se conjugue alors comme un verbe ordinaire, avec ou sans *do* aux formes interrogatives et négatives. (**167**).

> The new proposal **has** several advantages.
> La nouvelle proposition a plusieurs avantages.
> Excuse me. **Have you** a light?
> Pardon, avez-vous du feu ?
> The President **does not have** any health problems.
> Le président n'a pas de problèmes de santé.

❹ En anglais américain, les formes interrogatives et négatives se construisent presque toujours avec *do*. Cet usage est devenu très courant en Grande-Bretagne.

> US : **Do** you **have** a light?
> GB : **Have** you **got / Do** you **have** a light?
> Avez-vous du feu ?
>
> US : We **don't have** a car.
> GB : We haven't got / don't have a car.
> Nous n'avons pas de voiture.

Pour « avoir » = *to be* (ex. : *to be cold, to be hungry*), **61** .
Pour *have got to ...*, **171** .

170 have (4) : activités

1 *Have* ne correspond pas toujours à « avoir ». On l'emploie aussi dans un grand nombre d'**expressions se rapportant à une activité**. Le verbe se traduit alors différemment selon le complément. Voici quelques exemples.

to have a dream	faire un rêve
to have a rest	se reposer
to have a wash	se laver
to have a shave	se raser
to have a bath/shower	prendre un bain/une douche
to have a swim	se baigner
to have a holiday	passer/prendre des vacances
to have breakfast	prendre le petit déjeuner
to have lunch, dinner	déjeuner, dîner
to have a cup of coffee/tea	prendre un café/un thé
to have a drink	prendre un verre
to have a good/nice time	bien s'amuser
to have a good journey/trip	faire un bon voyage
to have a look at …	jeter un coup d'œil à…
to have a try	faire un essai
to have a nervous breakdown	faire une dépression nerveuse

2 Dans ce type d'expressions, *have* se conjugue comme un verbe ordinaire (**167**), et il peut avoir des formes progressives.

> **Did** you **have** a good rest?
> Vous vous êtes bien reposé ?
> **I'm having** a very good time.
> Je m'amuse très bien.

3 Notez l'emploi de l'impératif dans certaines formules de politesse (**144**.5).

> **Have** a good trip.   **Have** a nice holiday.   **Have** a nice rest.
> Bon voyage !   Bonnes vacances !   Reposez-vous bien !

ENTRAÎNEZ-VOUS !

Traduisez en anglais.
1. J'ai fait un rêve bizarre *(strange)* la nuit dernière. 2. À quelle heure est-ce que vous dînez en général *(usually)* ? 3. Je vais prendre un bain. 4. « Où est Karen ? » « Elle prend une douche. » (Attention au temps.) 5. Amusez-vous bien ! 6. Vous voulez vous baigner ?

CORRIGÉ

1. I had a strange dream last night. 2. What time do you usually have dinner? 3. I'm going to have a bath. 4. "Where's Karen?" "She's having a shower." 5. Have a good (nice) time! 6. Do you want to have a swim?

171 have (5) : have (got) to

❶ *Have (got) + to* + V (167.2 et 167.3) exprime l'obligation.

I have (got) to = « je suis obligé/forcé de… », « il faut que je… », « je dois… »

> I'm sorry. I **have to go.** (ou … I'**ve got to go.**)
> Je suis désolé. Je dois m'en aller.
> I'**ve got to** telephone. (ou … I **have to** telephone.)
> Il faut que je téléphone.

❷ Les tournures avec *got* ne s'emploient qu'au présent et dans la langue familière.
Comparez :

> I'**ve got to go** to London tomorrow.
> Il faut que j'aille à Londres demain.
> I **had to go** to London yesterday
> J'ai été obligé d'aller à Londres hier.

On ne les emploie pas pour parler d'obligations répétées ou habituelles.
Comparez :

> I'**ve got to do** the washing.
> Il faut que je fasse la lessive.
> I **have to do** the washing every day.
> Il faut que je fasse la lessive tous les jours.

❸ La forme négative exprime une absence d'obligation.

I don't have to / I haven't got to = « je ne suis pas obligé de… »,

« je ne suis pas forcé de… »

> You **don't have to tell** him the truth. (ou You **haven't got to** …)
> Tu n'es pas obligé / forcé de lui dire la vérité.

❹ Cette structure existe à tous les temps.

> I'**ll have to buy** some new shoes soon.
> Il va bientôt falloir que je m'achète de nouvelles chaussures.
> She **has** never **had to work.**
> Elle n'a jamais été obligée de travailler.

Pour *would have to,* 102.3 .

ENTRAÎNEZ-VOUS !
Traduisez en anglais.
1. Je suis obligé de te quitter. 2. Il faut que j'écrive à Sally. 3. Est-ce que tu dois travailler demain ? 4. J'ai dû attendre pendant une heure. 5. Vous n'êtes pas obligé de rester si vous ne voulez pas. 6. Il faudra bientôt que je rentre chez moi.

CORRIGÉ
1. I have to (I've got to) leave you. 2. I have to (I've got to) write to Sally. 3. Do you have to (Have you got to) work tomorrow? 4. I had to wait for an hour. 5. You don't have to (haven't got to) stay if you don't want to. 6. I will have to go home soon. (I will soon have to go home.)

❺ N'utilisez pas *have to* pour exprimer une **opinion morale** ou parler d'un **projet** (« devoir », 102).

We **should/must** help olderly people (et non ~~We have to help~~ ...)
On doit aider les personnes âgées.
I'**m seeing** Betty tonight, I'll tell her.
Je dois voir Betty ce soir, je lui dirai.

6 Ne confondez pas **have to** (nécessité) et **be to** (prévision, **60**).
Comparez :

The factory **had to** be demolished because the walls were full of abestos.
L'usine a dû être démolie parce que les murs étaient pleins d'amiante.
(= Il a fallu démolir l'usine.)
The Eiffel Tower **was to** be demolished after the Universal Exhibition of 1900.
La tour Eiffel devait être démolie après l'Exposition universelle de 1900.
(= C'est ce qui avait été prévu.)

Pour must et have (got) to, **246** .

172 *hear* et *listen (to)*

1 *Hear* = « entendre », *listen* = « écouter ».

"I can't **hear** anything."   "**Listen**!"
« Je n'entends rien. »   « Écoute ! »

Notez l'emploi de *I can hear* comme équivalent de « j'entends » (**75**).

2 Devant un nom ou un pronom, *listen* est toujours suivi de *to* :

listen to + nom / pronom

When I'm alone, I often **listen to** music. (et non ... ~~listen music~~ ou ... ~~hear music~~)
Quand je suis seul, j'écoute souvent de la musique.
Don't **listen to** her.
Ne l'écoute pas.

ENTRAÎNEZ-VOUS !

Traduisez en anglais.
1. Écoute, j'ai une idée !... Écoute-moi ! 2. Est-ce que tu entends un bruit ?
3. J'entends le train. 4. Je n'aime pas écouter des conférences *(lectures)*.
5. J'écoute les informations *(the news)* tous les matins. 6. Il n'écoute jamais quand je parle.

CORRIGÉ

1. Listen, I have (I've got) an idea! ... Listen to me! 2. Can you hear a noise? 3. I can hear the train. 4. I don't like to listen to lectures. 5. I listen to the news every morning. 6. He never listens when I speak (talk).

Pour hear + objet direct + infinitif ou V-ing, **355** .

173 hear from, of, about

❶ **To hear from** = « avoir/recevoir des nouvelles de » (par courrier, téléphone, etc.).
"Have you **heard from** Jim?" "No, he hasn't written."
« Est-ce que tu as des nouvelles de Jim ? » « Non, il n'a pas écrit. »

❷ **To hear of** = « entendre parler de », au sens de « apprendre/connaître l'existence de ».
I've never **heard of** Mencken. Who is he?
Je n'ai jamais entendu parler de Mencken. Qui est-ce ?

❸ **To hear about** = « être au courant de/pour », à propos d'un fait ou d'un événement.
"Have you **heard about** Susie?" "No, what's happened?"
« Tu es au courant pour Susie ? » « Non, qu'est-ce qui s'est passé ? »

ENTRAÎNEZ-VOUS !

Mettez of, from ou about.
1. I've heard ... Cassie – she phoned last night. 2. Have you heard ... the accident? 3. He says he's a famous writer, but I've never heard ... him. 4. I've just heard ... your exam results – congratulations! 5. "I live in Chilton." "I've never heard ... it." 6. We haven't heard ... Joshua for weeks.

CORRIGÉ

1. from 2. about 3. of 4. about 5. of 6. from

174 here et there

here = « ici » ou « là »

there = « là », « là-bas », « y »

❶ *Here* désigne l'endroit où se trouve la personne qui parle (« ici »). Mais, en français parlé, on emploie souvent « là » au sens de « ici ». Attention à ne pas le traduire par *there*.

What are you doing **here**?   I won't be **here** tomorrow.
Qu'est-ce que tu fais ici ?   Je ne serai pas là (= ici) demain.

❷ Notez les diverses traductions de *there*, en particulier « y ».

Is Jack **there**? (au téléphone)
Est-ce que Jack est là ?
I'm going **there** tomorrow.
J'y vais demain.
Do you know the girl in the corner **over there**?
Tu connais la fille qui est dans le coin là-bas ?

❸ N'utilisez pas *here is* pour les présentations. Comparez :

Here's Barbara.   Tom, **this is** Barbara.
Voilà Barbara. (Elle arrive.)   Tom, je te présente Barbara.

ENTRAÎNEZ-VOUS !

Mettez here ou there.
1. " Do you know Naples?" "No, I've never been … " 2. Hello. What are you doing …? 3. Who's the boy over … by the door? 4. "Hello, 31468." "Hello, is Stephanie … , please?" 5. "Where are you, Peter?" " … , in the kitchen." 6. I've been waiting *(J'attends)* … for you since six o'clock.

CORRIGÉ

1. there 2. here 3. there 4. there 5. Here 6. here

175 heure (l'expression de l'heure)

① Pour demander l'heure, on peut dire : *What time is it?* (« Quelle heure est-il ? »), *What's the time?* (anglais familier = « Il est quelle heure ? ») ou *What time do you make it?* (« Quelle heure as-tu ? »)

② L'heure se lit le plus souvent ainsi :

three (o'clock)　　　　five past three　　　　(a) quarter past three

half past three　　　　(a) quarter to four　　　　five to four

— *O'clock* ne s'emploie qu'avec **les heures justes** et est facultatif. (On peut dire *three* ou *three o'clock*, mais pas ~~half past three o'clock~~.)

— « Midi » = **twelve** (plus courant que *noon* ou *midday*).
« Minuit » = **midnight**.

ENTRAÎNEZ-VOUS !

Écrivez les heures.

CORRIGÉ

(a) quarter past seven ; half past ten ; ten to seven ; nine (o'clock) ; twenty-five past three ; twenty to two

③ Dans le langage courant, les heures se comptent de 1 à 12. (« 13 heures » = **one o'clock**, « 14 heures » = **two o'clock**, etc.).

Lorsqu'on veut préciser s'il s'agit du matin, de l'après-midi ou du soir, on ajoute **in the morning/afternoon/evening**.

Dans un style plus officiel, on emploie ***a.m.*** (*ante meridiem* = « avant midi ») ou ***p.m.*** (*post meridiem* = « après midi »).

> We left at **six (o'clock) in the evening / at 6 p.m**.
> Nous sommes partis à 6 heures du soir / à 18 heures.

Notez que *a.m.* et *p.m.* ne peuvent pas se combiner à *o'clock*. (~~6 p.m. o'clock~~ est impossible.)

ENTRAÎNEZ-VOUS !

Traduisez en anglais.
1. Je partirai *(leave)* à une heure. 2. Fred m'a téléphoné à deux heures du matin. 3. « Il est quelle heure ? » « Midi dix. » 4. La réunion *(meeting)* commencera à 20 heures.

CORRIGÉ

1. I'll leave at one (o'clock). 2. Fred (tele)phoned me at two (o'clock) in the morning (2 a.m.). 3. "What's the time?" "Ten past twelve." 4. The meeting will start (begin) at 8 p.m.

❹ Lorsqu'on parle des horaires (de travail, de trains, etc.), on peut dire aussi ***three five***, ***three ten***, ***three fifty***, etc. Les heures se comptent alors souvent de 1 à 24.

> The **ten-fifteen** train is delayed, and will arrive at **thirteen fifty**.
> Le train de 10 h 15 est en retard, il arrivera à 13 h 50.

Pour *hour* et *time*, **178**.
Pour *What time ...?* (sans préposition), **53**.1

176 *holiday et holidays*

❶ *A holiday* = « **des vacances** » ou « **un jour/quelques jours de congé** ».
« Un jour férié » = *a bank holiday*.

> We had **a** wonderful **holiday** in Corsica.
> Nous avons passé des vacances formidables en Corse.
> We have **a holiday** next Tuesday.
> Nous avons un jour de congé mardi prochain.
> I've got **a** short **holiday** in September.
> J'ai quelques jours de vacances en septembre.

Lorsqu'on parle des « grandes vacances », on peut employer *holiday* ou *holidays*.

> I'm taking my **holiday(s)** in August this year.
> Je prends mes vacances en août cette année.

❷ Le singulier est obligatoire dans *to be / go on holiday* : le pluriel est normal dans *during the holidays*.

« en vacances » = ***on holiday***

« pendant les vacances » = ***during the holidays***

> I'm **on holiday** at last! (et non ... ~~in holiday~~ ou ... ~~on holidays~~)
> Je suis enfin en vacances !
> I always go **on holiday** with my cousins.
> Je vais toujours en vacances avec mes cousins.
> It rained a lot **during the holidays** this year.
> Il a beaucoup plu pendant les vacances cette année.

Remarquez également l'emploi du singulier dans : **Have a nice holiday!** (et non ~~Good holidays~~!) = « Bonnes vacances ! »

❸ « Aller en vacances à » ne se traduit généralement pas par *go on holiday to*. Tournures courantes (notez les prépositions) :

> We always **go to** the seaside **for** our summer holiday.
> We always **spend** our holidays **at** the seaside.
> Nous allons toujours en vacances à la mer.

ENTRAÎNEZ-VOUS !
Traduisez en anglais.
1. Je suis en vacances la semaine prochaine. 2. Nous avons cinq jours de *(five days'...)* vacances en mai. 3. Quand est-ce que vous prenez vos vacances cette année ? 4. « Où est Mme Rolland ? » « En vacances. » 5. Nous sommes allés en vacances au Maroc.

CORRIGÉ
1. I'm on holiday next week. 2. We have (We've got) five days' holiday in May. 3. When are you taking your holiday(s) this year? 4. "Where's Mme Rolland?" "On holiday." 5. We spent our holiday in Morocco. (We went to Morocco for our holiday.)

NOTEZ
En anglais américain, on emploie **vacation** pour parler d'une période de vacances assez longue.

177 *home* et *house*

❶ **Home** = « maison » au sens de « foyer » (là où l'on est chez soi).
House = « maison » au sens physique (un bâtiment d'habitation).
Comparez :

> I had a very happy **home** when I was a child.
> J'étais très heureux dans ma famille quand j'étais petit.
> They're building a new **house** at the end of our road.
> Ils construisent une nouvelle maison au bout de notre rue.

❷ L'expression « à la maison » se traduit par **home** (sans préposition) lorsqu'il y a un déplacement, et par **at home** lorsqu'il n'y a pas de déplacement (après *be*, *stay*, etc.). Comparez :

> I'm tired, let's **go home**. (et non ... ~~go at/to home~~)
> Je suis fatigué, rentrons à la maison.
> **Is** your mother **at home**?
> Est-ce que ta mère est à la maison ?

ENTRAÎNEZ-VOUS !
Mettez *house*, *home* ou *at home*.
1. We live in a big ... near Hyde Park. 2. Is Alice ... ? 3. It's time to go ... 4. It's important for a child to have a secure ... 5. I'm sorry, she isn't ... 6. My uncle lives in the red ... over there.

CORRIGÉ

1. **house** 2. at home 3. home 4. home 5. at home 6. house

NOTEZ

En anglais américain, et souvent maintenant en anglais britannique, on dit *home* au lieu de *at home*.

Pour la traduction de « chez moi », etc., **79**.

178 *hour et time*

1 *An hour* = une heure = 60 minutes (c'est une durée).

You stayed in the water for two **hours**.
Tu es resté deux heures dans l'eau.

« Un quart d'heure » = *a quarter of an hour*

« une demi-heure » = *half an hour*

« trois quarts d'heure » = *three quarters of an hour*

2 *Time* se réfère à l'heure qu'indique la pendule.

What time did you get up? (plus courant que **At** what time ...?)
À quelle heure t'es-tu levé ?

Pour l'expression de l'heure et *o'clock*, **175**.

ENTRAÎNEZ-VOUS !
Traduisez les mots en italique.
1. I'll stay here for *(une heure ou deux)*. 2. I don't know *(à quelle heure)* the train leaves. 3. What would be *(une bonne heure)* to telephone you? 4. She practises the piano *(trois heures)* every day.

CORRIGÉ

1. an hour or two 2. what time 3. a good time 4. (for) three hours

179 *how et what ... like?*

1 On emploie surtout *how ... ?* lorsqu'on veut s'enquérir de la **santé** de quelqu'un ou de la **bonne marche** de quelque chose (ex. : travail, voiture).
On emploie *what ... like?* lorsqu'on veut obtenir une **description**.

How is ...? = « Comment va... ? »

What is ... like? = « Comment est... ? »

Comparez :

"**How's** your mother?" "She's fine, thanks."
« Comment va ta mère ? » « Elle va très bien, merci. »
"**What's** your mother **like**?" "She's small and shy."
« Comment (elle) est, ta mère ? » « Elle est petite et timide. »

2 *Be ... like* se réfère à l'apparence physique et au caractère.

Lorsqu'on veut une description ou une appréciation purement physique, on utilise plutôt **look like**.

> « What does he **look like**? » « Super. »
> « Il est comment physiquement ? » « Super. »

③ Ne confondez pas la **préposition** *like* de *what ... like?* avec le **verbe** *like*. Comparez :

> "What **is** she like?" "Lovely."
> « Comment est-elle ? » « Charmante. »
> "What **does** she like?" " Dancing and skiing."
> « Qu'est-ce qu'elle aime ? » « La danse et le ski. »

ENTRAÎNEZ-VOUS !

Traduisez en anglais.
1. Comment va ta grand-mère ? **2.** Comment va ton travail ? **3.** Comment (elle) est, ta sœur ? (Ne pas traduire « elle ».) **4.** C'est comment, la Nouvelle-Zélande *(New Zealand)* ? **5.** Comment allez-vous ? **6.** Vous ne savez pas comment je suis !

CORRIGÉ

1. How's your grandmother? **2.** How's your work (going)? **3.** What's your sister like? **4.** What's New Zealand like? **5.** How are you? **6.** You don't know what I'm like!

180 *How do you do? et How are you?*

❶ *How do you do?*

How do you do? = « Enchanté (de faire votre connaissance). »

Cette expression ne s'emploie que lors de présentations très formelles. Les jeunes ne l'utilisent pas entre eux. Ce n'est pas une vraie question : la réponse est également *How do you do?* (assortie d'une poignée de mains).

> MARY: Peter, this is Mark Simpson.
> PETER: **How do you do?**
> MARK: **How do you do?**

❷ *How are you?*

How are you? = « Comment allez-vous ? » / « Ça va ? » etc.

C'est une vraie question qui peut obtenir des réponses diverses.

> "**How are you**, Dan?" "I'm all right."
> « Ça va, Dan ? » « Ça va. »
> "**How's Fanny** today?" "A bit better."
> « Comment va Fanny aujourd'hui ? » « Un peu mieux. »

NOTEZ

> « Comment allez-vous ? » ne se traduit jamais par ~~How do you do?~~

181 how long ...? (durée)

How long …? = « pendant / depuis combien de temps… ? »

❶ « Pendant combien de temps… ? » ou « jusqu'à quand ? »
Plusieurs temps sont possibles, comme en français.

> **How long** did you stay in hospital?
> (Pendant) combien de temps es-tu resté à l'hôpital ?
> "**How long** are you staying in France?" "Until Christmas."
> « Tu restes (pendant) combien de temps en France ? »
> « Jusqu'à Noël. »
> **How long** are you here (for)?
> Tu es là jusqu'à quand ? (ou … pour combien de temps ?)
> **How long** will you be away?
> Tu seras parti pendant combien de temps ?

❷ « Depuis combien de temps… ? » ou « depuis quand… ? »
Le présent français se traduit par un **present perfect** (317).

> "**How long have you been** here?" "Three days."
> « Tu es là depuis combien de temps ? » « Trois jours. »
> **How long have you been living** in Paris?
> Depuis combien de temps habites-tu à Paris ?

L'imparfait se traduit par un **pluperfect** (298).

> "**How long had you known** her?" "Since we were children."
> « Depuis quand la connaissais-tu ? » « Depuis notre enfance. »

ENTRAÎNEZ-VOUS !

Traduisez en anglais (en commençant toujours par *How long ...?*).
1. Tu es malade depuis combien de temps ? 2. Vous vivez ensemble depuis quand ? 3. Tu restes combien de temps à Paris ? 4. Vous êtes marié depuis combien de temps ? 5. Elle est en vacances jusqu'à quand ? 6. Combien de temps as-tu passé à Londres l'année dernière ?

CORRIGÉ

1. How long have you been ill? 2. How long have you been living together? 3. How long are you staying in Paris? 4. How long have you been married? 5. How long is she on holiday (for)? 6. How long were you (How long did you spend) in London last year?

3 Lorsque « depuis quand » est suivi d'un passé composé négatif, il se traduit généralement par *When did you last …?*

> **When did you last** see Joe? (et non ~~How long haven't you seen Joe?~~)
> Depuis quand n'as-tu pas vu Joe ?

182 *how much …? et how many …?*

1 *How much/many* = « combien (de) ». On emploie :

how much + nom singulier

> **How much money** have you got with you?
> Tu as combien d'argent sur toi ?

how many + nom pluriel

> **How many brothers and sisters** have you got?
> Combien as-tu de frères et sœurs ?

2 Le nom peut être sous-entendu.

> **How much** are the peaches? (= How much **money** …?)
> Les pêches sont à combien ? (= à quel prix ?)
> "I'd like some peaches." "Yes, **how many**?" (= … how many **peaches**?)
> « Je voudrais des pêches. » « Oui, combien ? »

ENTRAÎNEZ-VOUS !

Mettez *how much* ou *how many*.
1. … money have you got on you? 2. … petrol does your car use? 3. I don't know … people are coming this evening. 4. "… is that book?" "Five pounds thirty."
5. … languages can you speak? 6. "I've got several children." "… exactly?"

CORRIGÉ

1. How much 2. How much 3. how much 4. How many 5. How much 6. How many

183 how often ...? et how many times ...?

❶ How often ...? = « tous les combien... ? »

«**How often** do you see him? » « Once a week. »
« Tu le vois tous les combien ? » « Une fois par semaine. »

Réponses possibles :

every day : tous les jours
every two days : tous les deux jours
once a week : une fois par semaine
twice a month : deux fois par mois
four times a year : quatre fois par an
every other weekend : un week-end sur deux

❷ How many times ...? = « combien de fois... ? »

How many times have you done the washing up this week?
Combien de fois as-tu fait la vaisselle cette semaine ?

ENTRAÎNEZ-VOUS !

Traduisez en anglais.

1. « Tu vas au cinéma tous les combien ? » « Une ou deux fois par mois. »
2. « Ils sont payés tous les combien ? » « Toutes les semaines. » 3. « Je vais souvent à la piscine. » « Tous les combien ? » 4. « Tu vois ton père tous les combien ? » « Tous les deux jours. »

CORRIGÉ

1. "How often do you go to the cinema?" "Once or twice a month." 2. "How often are they paid?" "Every week." 3. "I often go swimming (go to the swimming pool)." "How often?" 4. "How often do you see your father?" "Every two days."

184 how tall/high/long/wide/far ...?

❶ Ces expressions interrogatives n'ont pas d'équivalent direct en français. Notez l'emploi de **to be** dans les exemples.

"**How tall are** you?" "(I'**m**) one metre sixty."
« Combien mesurez-vous ? » « (Je mesure) 1,60 m. »
"**How high is** Mount Everest?" "(It'**s**) 8,882 metres (**high**)."
« Quelle est la hauteur de l'Everest ? » « (Il fait) 8 882 mètres. »
"**How long** is the Thames?" "(It'**s**) 210 miles (**long**)."
« Quelle est la longueur de la Tamise ? » « (Elle a) 336 km (de long). »
"**How wide** is the kitchen?" "(It'**s**) two metres (**wide**)."
« Quelle est la largeur de la cuisine ? » « (Elle a) deux mètres (de large). »
"**How far** is the station?" "About four hundred metres."
« On est loin de la gare ? » « Environ quatre cents mètres. »
How far is Bath **from** London? (ou **How far is** it **from** Bath **to** London?)
Bath est à quelle distance de Londres ? (ou Quelle distance y a-t-il de Bath à Londres ?)

ENTRAÎNEZ-VOUS !

Traduisez en anglais.

1. Combien mesure votre mari ? 2. Quelle est la hauteur de la tour Eiffel (*the Eiffel Tower*) ? 3. Quelle est la longueur de la Seine ? 4. On est loin de votre maison ? 5. Je ne sais pas combien Christine mesure. 6. Quelle est la largeur du garage ?

CORRIGÉ

1. How tall is your husband? 2. How high is the Eiffel Tower? 3. How long is the Seine? 4. How far is your house? 5. I don't know how tall Christine is. 6. How wide is the garage?

2 On peut utiliser la structure ***How* + adjectif + verbe + sujet …?** avec beaucoup d'autres adjectifs.

"**How warm is it** outside?" "Not very."
« Il fait chaud dehors ? » « Pas très. »

Pour *tall*, voir aussi 162 .
Pour *How long …?* (durée), 181 .
Pour *How far …?* («jusqu'où»), 212.1 .
Pour *How old …?*, 17 .

185   *if* (1) : concordance des temps

Dans les phrases construites avec *if*, la concordance des temps se fait comme en français. Structures de base :

SUBORDONNÉE	PRINCIPALE
If + présent (1)	futur
If you **invite** me to the cinema, Si tu m'invites au cinéma,	I **will accept** with pleasure. j'accepterai avec plaisir.
If + prétérit (2)	conditionnel présent
If you **invited** me to the cinema, Si tu m'invitais au cinéma,	I **would accept** with pleasure. j'accepterais avec plaisir.
If + pluperfect (3)	conditionnel passé
If you **had invited** me to the cinema, Si tu m'avais invité au cinéma,	I **would have accepted** with pleasure. j'aurais accepté avec plaisir.

ENTRAÎNEZ-VOUS !

1 **Mettez *will* ou *would*, selon le contexte.**
1. If it gets warmer, I … go swimming. 2. If it was warmer, I … go swimming. 3. I … buy a moped *(mobylette)* if I can afford it. 4. I … buy a moped if I could afford it. 5. I … learn the guitar if I had the time. 6. I … learn the guitar next year if I have the time.

2 **Mettez la forme correcte du verbe (points 1 et 2).**
1. If I … the answer, I would tell you. (know) 2. If I … enough money, I would buy you a drink. (have) 3. If you come round this evening, you … Chloe. (meet) 4. If I … you, we would be very unhappy. (marry) 5. If I see Andrew, I … him your love. (give) 6. I won't go out if it … (rain) 7. I … smoking if I had more will power. (give up) 8. What … you … if you had a lot of money? (do)

3 **Traduisez en anglais (points 1, 2 et 3).**
1. Si j'étais très riche, je ferais le tour du monde *(go round the world)*. 2. Je t'aiderais si c'était possible. 3. J'irai voir Leslie si j'ai le temps. 4. Si j'avais su leurs noms, je t'aurais présenté *(introduce)*. 5. Tu aurais été déçu *(disappointed)* si tu étais venu. 6. Je quitterais l'école si je pouvais.

CORRIGÉS

1 1. will 2. would 3. will 4. would 5. would 6. will
2 1. knew 2. had 3. will ('ll) meet 4. married 5. will ('ll) give 6. is ('s) raining (rains) 7. would give up 8. would … do

3 1. If I was very rich, I would (I'd) go round the world. (If I were ...) 2. I would (I'd) help you if it was possible. 3. I will (I'll) go to (go and) see Leslie if I have (the) time. 4. If I had (I'd) known their names, I would (I'd) have introduced you. 5. You would (You'd) have been disappointed if you had (you'd) come. 6. I would (I'd) leave school if I could.

> Pour une comparaison entre le futur et le conditionnel présent, **91** .
> Pour le futur avec *will*, **148** .
> Pour le conditionnel, **92** et **93** .

186 *if* (2) : cas particuliers

❶ *If + will/would*

Dans certaines circonstances, on peut employer *will* dans une proposition introduite par *if*. Ce n'est pas un futur ; c'est un autre sens de *will*, qui correspond à « vouloir (bien) » (**415**).

> **If you will** follow me ...
> Si vous voulez bien me suivre...

Would s'emploie de la même façon ; la phrase devient alors encore plus polie qu'avec *will*.

> **If you would** follow me ...
> Si vous voulez avoir l'obligeance de me suivre...

> Pour les autres traductions de « vouloir bien », **405** .

❷ *If + futur/conditionnel*

Dans le discours indirect, *if* peut introduire une question au futur ou au conditionnel (comme « si » en français).

> I don't know **if she'll be** here tomorrow
> Je ne sais pas si elle sera là demain.
> I asked my boss **if he would give** me a day off.
> J'ai demandé à mon patron s'il me donnerait un jour de congé.

❸ *If so, if not, if necessary*

Dans ces expressions, on omet un sujet et un auxiliaire.

> "I think he's Italian." "**If so**, why's he speaking Greek?"
> (= If that is so ...)
> « Je crois qu'il est italien. » « Dans ce cas-là, pourquoi parle-t-il en grec ? »
> Can you come tomorrow? **If so**, let me know. (= If you can ...)
> Est-ce que tu peux venir demain ? Si oui, préviens-moi.
> I'll probably be here at ten, but **if not** I'll phone. (= ... if I'm not ...)
> Je serai probablement là à dix heures, sinon je téléphonerai.
> I'll go to the police **if necessary**. (= ... if it is necessary.)
> J'irai à la police s'il le faut.

4 If ... were

Après *if*, on emploie parfois *were* au lieu de *was*, surtout en anglais écrit et dans la tournure *if I were you* (« à votre place »). C'est un subjonctif (**377**).

> **If** the climate **were** better, tourism could be developed.
> Si le climat était meilleur, on pourrait développer le tourisme.
> **If I were you** I would take an aspirin and go to bed.
> À votre place, je prendrais une aspirine et j'irais me coucher.

5 If ... should (« si... par hasard »)

> **If** you **should** meet her, could you tell her to come to my office?
> Si par hasard vous la rencontriez, pourriez-vous lui dire de passer à mon bureau ?

Pour *if* et *whether,* **104**.2 .
Pour *should you = if you should,* **206**.3 .

187 il faut

La tournure impersonnelle « il faut » n'existe pas en anglais. (On ne dit pas *it must* ... dans ce sens-là.)

1 « Il faut que je… » = « je dois… » = ***I must*** …

> I **must leave** straight away.   You **must realise** ...
> Il faut que je parte tout de suite.   Il faut que tu comprennes...
> (= Je dois partir...)   (= Tu dois comprendre...)

2 « Il faut » + nom = « on a besoin de » = ***I/you ... need***.

> **You need** four players for a game of bridge.
> Il faut quatre joueurs pour une partie de bridge. (= On a besoin de...)
> **We'll need** bread.
> Il nous faudra du pain.

3 « Il faut… pour » + infinitif = ***It takes ... to*** …

> **It takes** an hour **to get** to his place.
> Il faut une heure pour aller chez lui.
> **It takes** a lot of patience **to bring up** a child.
> Il faut beaucoup de patience pour élever un enfant.

ENTRAÎNEZ-VOUS !

Traduisez en anglais.
1. Il faut qu'on téléphone à Patrick. 2. Il faut se dépêcher (= qu'on se dépêche). 3. Il nous faudra des œufs. 4. Il faut deux heures pour aller à Londres. 5. Combien de personnes faut-il pour une partie de Monopoly ? 6. Il faut que tu m'écoutes.

CORRIGÉ

1. We must (tele)phone Patrick. 2. We must hurry. 3. We'll (We will) need (some) eggs. 4. It takes two hours to go to London. 5. How many people do you need for a game of Monopoly? 6. You must listen to me.

188 il y a

❶ Quand on parle de ce qui existe dans un endroit, dans une situation, etc., « **il y a** » = *there is/are* (388).

> **There's** a man in the garden.
> Il y a un homme dans le jardin.
>
> **There are** still a few problems.
> Il y a encore quelques problèmes.

❷ Quand on parle d'un moment du passé sans rapport avec le présent, « **il y a** » + **expression de temps** se traduit normalement par expression de temps + *ago* (18).

> I saw him **three years ago**.
> Je l'ai vu il y a trois ans.
>
> **a long time ago**
> il y a longtemps

❸ La structure « **il y a… que…** » n'a pas d'équivalent direct en anglais. Elle se traduit le plus souvent par le present perfect + *for* (317).

> **I've been working** here **for** three years.
> Il y a trois ans que je travaille ici.
> **I haven't seen** him **for** a long time.
> Il y a longtemps que je ne l'ai pas vu.

Elle peut aussi correspondre à *It is … since …* (364).

❹ La structure « **il y a… qui…** » ne se traduit pas par *There is/are … who …* devant un sujet identifié.

> **Your mother's waiting** for you.
> Il y a ta mère qui t'attend.

Devant un sujet non identifié, on peut utiliser *There is/are* + V-*ing*.

> **There's a man calling** you.
> Il y a un homme qui t'appelle.

« **Il y a quelqu'un qui…** » se traduit souvent par *someone …*, et « **il y a des… qui…** » par *some …*

> **Someone** has just rung.
> Il y a quelqu'un qui a sonné.
>
> **Some** people never read.
> Il y a des gens qui ne lisent jamais.

ENTRAÎNEZ-VOUS !

Traduisez en anglais.
1. Il y a du fromage sur la table. **2.** Est-ce qu'il y a un garage par ici *(around here)* ? **3.** Keith est parti il y a cinq minutes. **4.** Il y a longtemps que je travaille ici. **5.** Elle a divorcé *(got divorced)* il y a six mois. **6.** Il n'y a personne dans la maison. **7.** Est-ce qu'il y a des frites *(chips)* aujourd'hui ? **8.** Il y a des années que nous nous connaissons. **9.** Il y a des gens qui croient aux fantômes *(ghosts)*. **10.** Il y avait des enfants qui riaient.

CORRIGÉ

1. There's (some) cheese on the table. **2.** Is there a garage around here? **3.** Keith left five minutes ago. **4.** I've been working here for a long time. **5.** She got divorced six months ago. **6.** There's nobody in the house. (There isn't anybody …) **7.** Are there (any) chips today? **8.** We've known each other (one another) for years. **9.** Some people believe in ghosts. **10.** Some children were laughing.

189 impératif

❶ Formes

— L'impératif a exactement la même forme que l'infinitif sans *to*.

Sit down. **Come** in. **Stop** talking.
Assieds-toi. Entrez. Arrêtez de parler.

— L'impératif négatif se construit avec *don't*.

Don't stop. **Don't look** at her.
Ne t'arrête pas. Ne la regarde pas.

❷ Emploi

— L'impératif peut correspondre à un présent français.

Keep quiet and **don't move**!
Tu te tais et tu ne bouges pas !

— On peut employer *do* pour renforcer un impératif (**106**).

Do come in. **Do** stop talking.
Veuillez entrer. Arrête de parler, je t'en prie !

— *Do* et *don't* s'emploient parfois sans verbe.

"Can I put the TV on?" "Yes, **do**."
« Je peux allumer la télé ? » « Oui, vas-y. »
Don't!
Ne faites pas ça !

— *Always* et *never* précèdent un impératif.

Always check the oil before driving. (et non ~~Check always~~ ...)
Vérifiez toujours le niveau d'huile avant de prendre le volant
Never tell a teacher that he's wrong: it makes him unhappy.
Ne dites jamais à un professeur qu'il a tort : cela le rend malheureux.

— En français, on peut employer le futur (ou « aller » + infinitif) pour donner des instructions, indiquer une route, etc. En anglais on emploie toujours l'impératif.

Go straight ahead as far as the crossroads, then turn left ...
Vous irez tout droit jusqu'au carrefour, puis vous tournerez à gauche...
First of all, **lie down** with your eyes closed ... Now, **breathe** slowly ...
Dans un premier temps, vous allez vous allonger et fermer les yeux...
Maintenant, vous allez respirer lentement...

ENTRAÎNEZ-VOUS !
Traduisez en anglais.
1. Viens là. 2. Tu m'attends ici. / Attends-moi ici. 3. Ne me demandez pas de venir. 4. Veuillez vous asseoir. 5. Demandez toujours le prix (*the price*) avant d'acheter que que chose. 6. N'entrez jamais sans frapper (*knocking*). 7. Servez-vous, je vous en prie (*... help yourself*). 8. Tu ne pars pas sans moi. 9. Ne ris pas. 10. Fermez la porte, s'il vous plaît. 11. Vous irez tout droit pendant (*for*) trois cents mètres... 12. « J'aimerais m'asseoir. » « Allez-y. »

CORRIGÉ

1. Come here. 2. Wait for me here. 3. Don't ask me to come. 4. Do sit down. 5. Always ask the price before buying (before you buy) something. 6. Never come in (go in) without knocking. 7. Do help yourself. 8. Don't go (leave) without me. 9. Don't laugh. 10. Shut the door, please. 11. Go straight ahead for three hundred metres ... 12. "I would (I'd) like to sit down."

Pour l'impératif de la première personne du pluriel, **218**.

190 *in* et *into*, *on* et *onto*

❶ *In* et *into* correspondent tous deux à « dans ». En règle générale, on emploie **in** lorsqu'il n'y a pas de changement de lieu (par exemple après *be* et *stay*), et **into** lorsqu'il y a un changement de lieu (souvent après des verbes de mouvement comme *fall*, *come*).
Comparez :

We **were in** the kitchen.
Nous étions dans la cuisine.

We **went into** the living-room.
Nous sommes entrés dans le séjour.

First I **walked in** the garden.
J'ai d'abord marché dans le jardin
(pas de changement de lieu)

Then I **walked into** the house.
Puis j'ai pénétré dans la maison.
(changement de lieu)

On dira donc normalement *She came into my room*, *He fell into the water*, etc.

❷ Il y a la même différence d'emploi entre **on** et **onto** (« sur »).

The cat was running **on** the carpet. Suddenly it jumped **onto** the table.
Le chat courait sur le tapis. Soudain il a bondi sur la table.

ENTRAÎNEZ-VOUS !

Mettez *in*, *into*, *on* ou *onto*.

1. When she walked ... the room, everyone stood up. 2. I was sitting ... the garden. 3. The children are trying to climb *(grimper)* ... the roof. 4. Why are you lying ... the floor? 5. Sometimes I dance alone ... my room for hours. 6. Suddenly a bird flew ... my room.

CORRIGÉ

1. into 2. in 3. onto 4. on 5. in 6. into

❸ Après certains verbes fréquents comme *go*, *come*, *fall*, *throw*, *jump*, *push*, *put*, on emploie souvent **in** et **on** au lieu de *into* et *onto*.

He **fell in(to)** the river.
Il est tombé dans la rivière.
She **put** the money **on(to)** the table.
Elle a mis l'argent sur la table.

191 *in case*

❶ Comme la plupart des conjonctions, *in case* est suivi d'un temps présent lorsqu'on parle du futur.

> I'll take my umbrella, **in case it rains**.
> (et non ... ~~in case it will/would rain~~.)
> Je prends mon parapluie, au cas où/pour le cas où il pleuvrait.

❷ *Should* + infinitif exprime l'idée de « par hasard ».

> Let's stay at home, **in case** Granny **should decide** to come.
> Restons chez nous, au cas où Mamie déciderait de venir.

La structure avec *should* s'emploie fréquemment lorsqu'on parle du passé.

> I took my violin **in case I should have** a chance to play.
> J'ai emporté mon violon au cas où j'aurais l'occasion de jouer.

ENTRAÎNEZ-VOUS !

Traduisez en anglais.
1. Je vais acheter de la bière, au cas où Bob viendrait. 2. Je prends mon maillot *(swimming costume)*, pour le cas où il y aurait une piscine. 3. Donne-moi de l'argent, au cas où je déciderais d'aller au café. 4. J'ai emporté ma canne *(rod)*, au cas où j'aurais l'occasion d'aller à la pêche *(to go fishing)*.

CORRIGÉ

1. I am going to buy (some) beer, in case Bob comes. 2. I'll take (I'm taking) my swimming costume, in case there's a swimming pool. 3. Give me some money, in case I decide to go to the café. 4. I took my rod, in case I should have a chance to go fishing.

192 *infinitif (1) : avec to*

❶ L'infinitif est normalement **précédé de *to*.**

> I want **to go** home. (et non ~~I want go~~ ...)
> Je veux rentrer chez moi.
> I prefer **to do** it myself (et non ~~I prefer do it~~ ...)
> Je préfère le faire moi-même.
> I don't know how to **describe** it. (et non ... ~~how describe it~~.)
> Je ne sais pas comment le décrire.

❷ Attention à l'ordre des mots à l'infinitif négatif : ***not to*** ou ***never to***.

> It's important **not to** panic. (et non ... ~~to not panic~~.)
> Il est important de ne pas paniquer.
> I hope **not to** be late.
> J'espère ne pas être en retard.
> He'd like her **never to** know about it.
> Il aimerait qu'elle ne le sache jamais.

❸ *To* + V peut aussi traduire « à » ou « de » + V ; après *enough* et *too*, il traduit « **pour** » + V.

> easy **to understand**   too tired **to work**
> facile à comprendre   trop fatigué pour travailler
> the intention **to stay**   old enough **to retire**
> l'intention de rester   assez âgé pour prendre sa retraite

Pour la traduction de « pour + V », 195 .

ENTRAÎNEZ-VOUS !
Traduisez en anglais.
1. Je veux dormir. 2. C'est difficile à lire. 3. Je ne veux pas sortir. 4. Je commence à comprendre. 5. Il a oublié de payer. 6. Essaie de ne pas tomber. 7. J'espère ne jamais oublier ce moment. 8. Elle préfère rester ici. 9. Je ne sais pas comment allumer *(switch on)* la télévision. 10. Il est important de ne pas s'endormir pendant les cours *(the lessons)*. 11. Il est trop timide *(shy)* pour parler. 12. Elle est assez rapide pour gagner *(win)*.

CORRIGÉ

1. I want to sleep. 2. It's difficult to read. 3. I don't want to go out. 4. I'm beginning (starting) to understand. 5. He forgot (has forgotten) to pay. 6. Try not to fall. 7. I hope never to forget this moment. 8. She prefers to stay here. 9. I don't know how to switch on the television. (... to switch the television on.) 10. It's important not to fall asleep (go to sleep) during the lessons. 11. He's too shy to talk (speak). 12. She's fast (quick) enough to win.

4 L'infinitif ne s'emploie pas pour donner des instructions ou des ordres. Il faut employer l'impératif.

> **Knock** before entering.   **Do not disturb.**
> Frapper avant d'entrer.   Ne pas déranger.

5 N'oubliez pas qu'un infinitif français se traduit souvent par une forme en *-ing* (**198**).

> without **stopping** (et non ~~without to stop~~)
> sans arrêter

Pour *I don't want to*, etc., **197** .

193   infinitif (2) : sans *to*

On emploie l'infinitif sans *to* dans les cas suivants.

1 Après les **auxiliaires modaux** *can, could, may, might, will, shall, would, should, must* et parfois *need* et *dare* (**248.3** et **96**).

> **Can** you **swim**? (et non ~~Can you to swim?~~)
> Sais-tu nager ?
> I **must go**.
> Il faut que je m'en aille.

2 Après les expressions ***would rather*** (**419**) et ***had better*** (**163**).

> **Would** you **rather walk** or **go** by car?
> Vous préférez y aller à pied ou en voiture ?
> I**'d better leave**.
> Je ferais bien de partir.

3 Après ***Why (not)* …?**

> **Why not go** to Glasgow for your holiday this year?
> Pourquoi n'iriez-vous pas en vacances à Glasgow cette année ?

4 Après *let*, *make*, *see* et *hear* (**355**), *feel*, *watch*, *notice* (et parfois *help* en anglais familier) + complément d'objet.

Let him go.
Laisse-le partir.
She **made me cry**.
Elle m'a fait pleurer.
I **heard her get up**.
Je l'ai entendue se lever.
Can you **help me (to) lift** this barrel?
Pouvez-vous m'aider à soulever ce tonneau ?

Pour *make, see* et *hear* + to + V au passif, **286**.

5 Après ***but*** (au sens de *except*, **70**) et ***except***.

He does nothing **but complain**.
Il ne fait que se plaindre.
I'll do anything **except teach**.
Je ferai tout sauf enseigner.

ENTRAÎNEZ-VOUS !

Traduisez en anglais.

1. Il faut que je travaille. 2. Tu ferais bien d'aller te coucher. 3. Pourquoi apprendre le latin *(Latin)* ? 4. Je préfère aller en voiture. 5. Il m'a vu sortir. 6. Elle m'a aidé à faire mes bagages *(my packing)*. 7. Je ne sais pas nager. 8. Pourquoi on n'irait pas en train ? 9. Laissez-la partir. 10. Elle ne fait qu'embêter *(annoy)* tout le monde.

CORRIGÉ

1. I must (I have to / I've got to) work. 2. You'd better go to bed. 3. Why learn Latin? 4. I'd rather go by car. 5. He saw me go out. 6. She helped me (to) do my packing. 7. I can't (cannot) swim. 8. Why not go by train? 9. Let her go. 10. She does nothing but annoy everybody (everyone).

194 infinitif (3) : infinitifs passé, passif et progressif

❶ L'infinitif passé = *(to) have* + participe passé

— Il s'emploie le plus souvent comme en français.

He seems **to have given up**.
Il semble avoir abandonné.
I'm surprised **not to have seen** her.
Je suis étonné de ne pas l'avoir vue.

Notez qu'il y a toujours ***have*** même s'il y a « être » en français.

The rain seems **to have stopped**.
La pluie a l'air de s'être arrêtée. (Ce n'est pas un passif.)

— L'infinitif passé s'emploie sans *to* avec les modaux (**237**).

You **must have enjoyed** yourself.
Tu as dû bien t'amuser.

— On n'emploie pas l'infinitif passé après *after, before, without,* etc. (**203**).
« Après avoir vu » = ***after seeing*** ; « sans avoir pris » = ***without taking***, etc.

ENTRAÎNEZ-VOUS !

1 Donnez l'infinitif passé des verbes suivants.
to go – to decide – to understand – to take – to disturb *(déranger)*

2 Traduisez en anglais.
1. Il semble avoir compris. 2. Je suis content *(glad)* de ne pas les avoir rencontrés.

CORRIGÉS

1 to have gone – to have decided – to have understood – to have taken – to have disturbed

2 1. He seems to have understood. 2. I'm glad not to have met them.

2 L'infinitif passif = *(to) be* + participe passé

(not) **to be seen**
(ne pas) être vu
That window must **be repaired** today.
Cette fenêtre doit absolument être réparée aujourd'hui.

L'infinitif passif peut correspondre à un verbe actif français.

not **to be moved**
à ne pas déplacer (= ne doit pas être déplacé)

ENTRAÎNEZ-VOUS !

Donnez l'infinitif passif des verbes suivants.
to see – to invite – to hear – to stop – to leave

CORRIGÉ

to be seen – to be invited – to be heard – to be stopped – to be left

3 L'infinitif progressif = *(to) be* + V-*ing*

Il s'emploie, comme les temps progressifs, pour parler d'une action en cours.

You seem **to be travelling** a lot these days.
Tu sembles beaucoup voyager ces temps-ci.
I would like **not to be working**.
J'aimerais bien ne pas être en train de travailler.
This time tomorrow I**'ll be lying** on the beach.
Demain, à cette heure-ci, je serai allongé sur la plage.

ENTRAÎNEZ-VOUS !

Donnez l'infinitif progressif des verbes suivants.
to write – to sit – to play – to travel

CORRIGÉ

to be writing – to be sitting – to be playing – to be travelling

195 infinitif (4) : to (pour), *in order to*, *so as to*

❶ En règle générale :

« pour » + V = ***to*** + **V**

> He did everything **to make** her happy. (et non ... ~~for make~~ ...)
> Il a tout fait pour la rendre heureuse.
> He took the small roads **to avoid** the police.
> Il a pris les petites routes pour éviter la police.

ENTRAÎNEZ-VOUS !
Traduisez en anglais.
1. pour être libre 2. pour trouver une solution 3. pour avoir de l'argent 4. pour pouvoir *(be able to)* comprendre 5. pour apprendre l'anglais 6. pour voyager beaucoup

CORRIGÉ
1. to be free 2. to find a solution 3. to have money 4. to be able to understand 5. to learn English 6. to travel a lot

❷ Dans un style plus formel, on emploie souvent ***so as to*** ou ***in order to*** (« afin de », « de manière à », etc.).

> I moved to a new flat **in order to be** (ou **so as to be**) near my work.
> J'ai déménagé afin d'être proche de mon lieu de travail.

❸ Dans les phrases négatives, on emploie normalement ***so as not to*** ou ***in order not to***.

> I'm going to leave now **so as not to be** late. (et non ... ~~not to be late~~.)
> Je vais partir maintenant pour ne pas être en retard.
> I spoke very tactfully **in order not to upset** her.
> J'ai parlé avec beaucoup de tact afin de ne pas la contrarier.

Dans un style familier, la tournure « pour ne pas » correspond souvent à une proposition avec un verbe conjugué.

> I spoke very tactfully **because I didn't want to upset her**.

ENTRAÎNEZ-VOUS !
Traduisez en anglais, en utilisant *so as (not) to* ou *in order (not) to*.
1. Elle ouvrit la porte pour voir si son mari venait *(was coming)*. 2. Je ris pour ne pas pleurer. 3. J'ai pris un taxi afin de ne pas perdre de temps. 4. Il sortit de la pièce afin de ne pas entendre le reste.

CORRIGÉ
1. She opened the door in order to (so as to) see if her husband was coming. 2. I laugh (I'm laughing) in order not to (so as not to) cry. 3. I took a taxi in order not to (so as not to) lose (waste) time. 4. He went out of the room (left the room) in order not to (so as not to) hear the rest.

196   infinitif (5) : la proposition infinitive

❶ On emploie la proposition infinitive après **want** et **like**.

want/like + nom ou pronom complément + *to* +V

> I **want her to learn** the piano. (et non ~~I want that she learns~~ …)
> Je veux qu'elle apprenne le piano.
> I**'d like Lydia to help** me. (et non ~~I'd like that Lydia helps me~~.)
> Je voudrais que Lydia m'aide.

NOTEZ

« Je veux que… » ne se traduit jamais par *I want that* …

ENTRAÎNEZ-VOUS !

Traduisez en anglais.
1. Je veux que tu viennes avec nous. 2. J'aimerais qu'Alice me téléphone.
3. Je ne veux pas qu'elle soit en colère. 4. Je voudrais qu'ils me comprennent.

CORRIGÉ

1. I want you to come with us. 2. I'd like Alice to (tele)phone me. 3. I don't want her to be angry. 4. I'd like them to understand me.

❷ On met également la proposition infinitive après **ask**, **expect**, **hate**, **need**, **order**, **prefer** et **wait for** (**406**.3).

> Children **need their parents to take care** of them.
> Les enfants ont besoin que leurs parents s'occupent d'eux.

ENTRAÎNEZ-VOUS !

Traduisez en anglais.
1. Je préférerais que tu le fasses toi-même *(yourself)*. 2. J'ai besoin *(I need)* que quelqu'un m'aime. 3. Il déteste que nous soyons en retard. 4. J'attendrai qu'elle me téléphone.

CORRIGÉ

1. I'd prefer you to do it yourself. 2. I need somebody (someone) to love me. 3. He hates us to be late. 4. I'll wait for her to (tele)phone me.

197   infinitif (6) : reprise par *to*

❶ Quand on veut éviter de répéter un infinitif, on emploie généralement *to* à la place de l'infinitif entier (et de ses éventuels compléments).

> "Do you want to come?" "No, I don't want **to**." (et non … ~~I don't want~~.)
> « Tu veux venir ? » « Non, je ne veux pas. »
> "Would you like to live in America?" "No, I wouldn't like **to**."
> « Est-ce que tu aimerais vivre en Amérique ? »
> « Non, je n'aimerais pas. »
> "Why are you doing that?" "Harry told me **to**."
> « Pourquoi tu fais ça ? » « Harry m'a dit de le faire. »

2 En règle générale, on ne peut pas omettre ce *to*. Pourtant, on emploie souvent *want* et *like* sans *to* après une conjonction.

Come **when you like**.   Take **what you want**.   **if you like**
Viens quand tu veux.   Prends ce que tu veux.   si tu veux

ENTRAÎNEZ-VOUS !
Récrivez les phrases suivantes en supprimant les répétitions.
1. Please do what I ask you to do. 2. "Why are you driving so fast?" "Because I want to drive fast." 3. "Let's swim in the lake." "I don't think we're allowed to swim in the lake." 4. I haven't heard from her, but I expect to hear from her. 5. "Have you ever seen *Gone with the Wind*?" "No, but I'd like to see it." 6. "Why don't you ask your father for money?" "Yes, I'm going to ask him."

CORRIGÉ
1. Please do what I ask you to. 2. "Because I want to." 3. "I don't think we're allowed to." 4. but I expect to. 5. "No, but I'd like to." 6. "Yes, I'm going to."

3 Ne pas confondre *I don't want to*, *I'd like to*, etc. (où **to** reprend un **verbe**) avec *I don't want it*, *I'd like it*, etc. (où **it** reprend un **nom**). Comparez :

"Come with me" "I don't **want to**."
« Viens avec moi. » « Je ne veux pas. »
"Take this cake." "I don't **want it**." (= the cake)
« Prends ce gâteau. » « Je n'en veux pas. »

198   *-ing* (1) : sujet, attribut du sujet, complément

1 La forme en *-ing* peut s'employer comme une sorte de nom verbal, qui correspond généralement à un **infinitif** français. Elle peut être **sujet**, **attribut du sujet**, **complément d'objet**, ou suivre une **préposition**.

Waiting is always difficult.
Attendre, c'est toujours difficile.
My favourite activity is **talking.**
Mon activité préférée, c'est parler.
He doesn't like **walking**.
Il n'aime pas marcher.

Don't go out **without telling** me.
Ne sors pas sans me prévenir.

2 La forme en -*ing* peut aussi correspondre à un **nom** français. C'est souvent le cas lorsqu'on parle des activités courantes.

reading   skiing   drawing
la lecture   le ski   le dessin
dancing   travelling
la danse   les voyages

Do you like **sailing**?   I'm studying **drawing**.
Est-ce que vous aimez la voile ?   J'étudie le dessin.

Pour *come/go* +V-*ing*, **161**.
Pour *do* +V-*ing*, **134**.

ENTRAÎNEZ-VOUS !

Complétez avec des formes en -*ing*.
1. My favourite activity is … **2.** I like … **3.** I don't like … **4.** … is more interesting than … **5.** … is difficult. **6.** … is easy.

3 La forme en -*ing* peut elle-même être suivie d'un **complément d'objet**.

Beating a child does not solve any problems.
Battre un enfant ne résout aucun problème.
One of my bad habits is **smoking cigars** in bed.
L'une de mes mauvaises habitudes est de fumer le cigare au lit.

4 Comme les autres noms, la forme en -*ing* peut s'employer avec un **article**, un **démonstratif**, un **adjectif possessif**, etc. (surtout dans un style **formel**).

the building of the ship   **all this** useless **arguing**
la construction du bateau   toutes ces disputes inutiles

I dislike **your interrupting** me.
Je n'aime pas que vous m'interrompiez.
Do you mind **my smoking**?
Cela vous dérange-t-il que je fume ?

En anglais **familier**, on a tendance à employer un **pronom personnel** complément au lieu d'un possessif, surtout après un verbe.

I don't like **you interrupting** me.
Do you mind **me smoking**?

ENTRAÎNEZ-VOUS !

Traduisez en anglais, en utilisant la forme en -*ing*.
1. apprendre une langue **2.** Fumer des cigarettes est mauvais pour la santé (*your health*). **3.** Gagner (*earn*) de l'argent ne m'intéresse pas. **4.** Je n'aime pas que tu me mentes (*lying*). **5.** Cela vous dérange que je chante ? **6.** Élever (*bring up*) un enfant, ce n'est pas facile. (Ne pas traduire « ce ».)

CORRIGÉ
1. Learning a language **2.** Smoking cigarettes is bad for your health. **3.** Earning money does not (doesn't) interest me. **4.** I don't like your (you) lying to me. **5.** Do you mind my (me) singing? **6.** Bringing up a child is not (isn't) easy.

Pour la forme en -*ing* utilisée comme adjectif épithète, **204**.3.

199   *-ing* (2) : *it* + V-*ing*

It s'emploie pour anticiper une forme en *-ing* dans les expressions **It's (not) worth** + **V-*ing*** (418), **It's no good** + **V-*ing*** et **It's no use** + **V-*ing***.

> **It**'s worth **visiting** Edinburgh.
> Ça vaut la peine de visiter Édimbourg.

> **It**'s no good **talking** to him.   **It**'s no use **crying**.
> Il est inutile de lui parler.   Ça ne sert à rien de pleurer.

ENTRAÎNEZ-VOUS !
Traduisez en anglais.
1. Ça ne sert à rien d'attendre. 2. Il est inutile d'essayer. 3. Ça vaut la peine de visiter York ? 4. Ça ne vaut pas la peine d'inviter Maria : elle ne viendra pas.

CORRIGÉ
1. It's no good (use) waiting. 2. It's no good (use) trying. 3. Is it worth visiting York? 4. It's not worth inviting Maria: she won't come.

200   *-ing* (3) : après certains verbes

❶ La forme en *-ing* s'emploie obligatoirement **au lieu de l'infinitif** après certains verbes.

Les plus courants sont : *avoid, consider, dislike, enjoy* (123), *feel like* (139), *finish, give up, (can't) help, imagine, keep (on), mind* (236), *miss, practise, put off, risk, (can't) stand, spend time/money, suggest* (378).

> I **avoided talking** to her.   She's **given up smoking**.
> J'ai évité de lui parler.   Elle a arrêté de fumer.
> I **feel like dancing**.   He **keeps on complaining**.
> J'ai envie de danser.   Il se plaint sans arrêt.

❷ Certains verbes peuvent être suivis de la **forme en *-ing*** ou de l'**infinitif** avec peu de différence de sens.

— Les plus importants sont : *can't bear, begin, start, continue, like, love, hate, prefer*.

> How old were you when you **started to play/playing** the piano?
> Quel âge avais-tu quand tu as commencé à jouer du piano ?

— Notez toutefois que *would like* (219), *would love, would hate* et *would prefer* sont toujours suivis de ***to* + V**.

> I **would like to go** home now. (et non ~~I would like going home now.~~)
> J'aimerais rentrer maintenant.

— Avec d'autres verbes, comme *go on*, il y a une nette différence de sens. Comparez :

> He **went on talking**.
> Il a continué à parler.
> He **went on to talk** about something else.
> Il est passé à un autre sujet.

Voir aussi *remember* et *forget* 349 ,
see et *hear* 355 , *stop* 375 et *try* 396 .

ENTRAÎNEZ-VOUS !

Traduisez en anglais.
1. Je n'aime pas courir. 2. Je ne peux pas m'empêcher de rire (*I can't help …*). 3. J'ai envie de pleurer. 4. Il a arrêté (*give up*) de boire. (present perfect) 5. Elle a continué à chanter. 6. Il a évité de répondre. 7. Elle passait son temps à lui écrire. 8. Il prend des photos sans arrêt.

CORRIGÉ

1. I don't like running. 2. I can't help laughing. 3. I feel like crying. 4. He's given up drinking. 5. She went on singing. 6. He avoided answering. 7. She spent her time writing to him (her). 8. He keeps (on) taking photos.

201 *-ing* (4) : après les prépositions

❶ On met la forme en *-ing* **après toutes les prépositions**, par exemple *at, about, after, before, by, for, from, in, of, on, with, without*.

> We talked **about emigrating**.
> Nous avons parlé d'émigrer.
> Shake bottle **before opening**.
> Secouer la bouteille avant d'ouvrir.
> I stayed at home **instead of going** to work.
> Je suis resté chez moi au lieu d'aller travailler.
> You can't live for long **without breathing.**
> On ne peut pas vivre longtemps sans respirer.
> I'm fed up **(with) waiting**.
> J'en ai marre d'attendre.

Après *fed up*, la préposition est souvent sous-entendue.

ENTRAÎNEZ-VOUS !

Traduisez en anglais.
1. avant de sortir 2. Il a parlé d'aller en Amérique. 3. sans manger 4. au lieu de dormir

CORRIGÉ

1. before going out 2. He (has) talked about going to America. 3. without eating 4. instead of sleeping

❷ Notez la structure formelle ***on* + V-*ing*** (« au moment de… » ou « immédiatement après avoir… »).

> **On leaving** the building, please extinguish all lights.
> Au moment de quitter l'immeuble, veuillez éteindre toutes les lampes.

Pour *to* (préposition) + V-*ing*, **202** .
Pour *afraid of* +V-*ing* et *afraid to* …, **15** .
Pour la traduction de « après avoir vu », « avant d'avoir lu », « sans être allé », etc., **203** .
Pour la traduction de « en + participe présent » par une forme en *-ing*, **119** .

202 -ing (5) : to + V-ing

Lorsque *to* est une préposition, il peut être suivi d'une forme en *-ing* (comme toutes les prépositions, 201). C'est notamment le cas dans les expressions suivantes.

I'm **looking forward to being** on holiday.
J'ai hâte d'être en vacances.
I **look forward to hearing** from you / **seeing** you / **meeting** you.
Dans l'attente de vous lire/voir/rencontrer... (formules de politesse employées en fin de lettres, 217)
I'm **not used to driving** on the left.
Je ne suis pas habitué à conduire à gauche.
I don't **object to waiting** with you.
Cela ne me dérange pas d'attendre avec vous.
I **prefer** skiing **to skating**.
Je préfère le ski au patinage.

NOTEZ

To est une préposition lorsque le verbe qui suit peut être remplacé par un nom (ex. : *I'm looking forward* **to the holidays** ..., *I'm not used to* **this car** ...).

Pour *look forward*, voir aussi 225 .
Pour *be used to*, 400 .

ENTRAÎNEZ-VOUS !
Traduisez en anglais.
1. J'ai hâte de te voir. **2.** Je ne suis pas habitué à conduire en Angleterre. **3.** J'ai hâte d'aller à Londres. **4.** Cela ne me dérange pas de les écouter. **5.** Elle a hâte de quitter l'école. **6.** Je préfère la télévision à la lecture *(reading)*.

CORRIGÉ
1. I'm looking forward (I look forward) to seeing you. 2. I'm not used to driving in England. 3. I'm looking forward (I look forward) to going to London. 4. I don't mind listening to them. 5. She is looking forward (looks forward) to leaving school. 6. I prefer television to reading.

203 -ing (6) : après avoir... = after + V-ing

❶ Les expressions comme « après avoir vu », « avant d'avoir lu », « sans être allé » se traduisent souvent en anglais par **after seeing**, **before reading**, **without going**, etc. (Il est possible de dire *after having seen*, etc., mais cette forme est moins courante.)

After seeing Lucy, he decided to go home.
Après avoir vu Lucy, il décida de rentrer.
Before reading his e-mail I already knew what it would say.
Avant d'avoir lu son mail, je savais déjà ce qu'il y aurait dedans.
I didn't want to leave London **without going** to the British Museum.
Je ne voulais pas quitter Londres sans être allé au British Museum.

❷ Notez aussi **thank you for** + V-*ing* = « merci d'avoir/d'être ».

Thank you **for lending** me the key.　　Thanks **for coming**.
Merci de m'avoir prêté la clé.　　Merci d'être venu.

ENTRAÎNEZ-VOUS !

Traduisez en anglais.

1. après avoir terminé 2. avant d'être venu 3. sans avoir dit un mot 4. après avoir acheté la voiture 5. avant d'avoir mangé 6. après être tombé 7. Il est sorti sans m'avoir vu. 8. Merci de m'avoir invité.

CORRIGÉ

1. after finishing 2. before coming 3. without saying a word 4. after buying the car 5. before eating 6. after falling 7. He went out without seeing me. 8. Thank you (Thanks) for inviting me.

③ Dans un style familier, on préfère employer un verbe conjugué après *after* et *before* (qui correspondent alors à « après que » et « avant que »).

After he had seen Lucy, he decided to go home.
Before I (had) read his e-mail, I already knew what it would say.

204 -ing (7) : forme progressive abrégée

La forme en *-ing* s'emploie souvent avec un nom ou un pronom pour indiquer l'action qui est en train de se faire. Elle équivaut alors à une forme progressive abrégée. Elle correspond généralement à « qui », parfois à « en train de… ».

❶ Après verbe + complément d'objet

I **saw two men running.** (= They were running.)
J'ai vu deux hommes qui couraient.
I could **hear Jack giggling**. (= He was giggling.)
J'entendais Jack qui rigolait…
I once **caught him drinking** whisky.
Je l'ai pris une fois en train de boire du whisky.
The police **found the spy burning** the documents.
La police a trouvé l'espion en train de brûler les documents.

Pour *see* et *hear* + V-*ing* ou to + V, **355**.

❷ À la place d'une proposition relative

Who's **the man looking** at us? (= … the man who is looking …)
Qui est l'homme qui nous regarde ?
Do you know **the woman talking** to Pete? (= … the woman who is talking …)
Tu connais la femme qui parle avec Pete ?

❸ Comme adjectif épithète

Falling leaves remind me of a poem I learnt at school.
Les feuilles qui tombent me rappellent un poème que j'ai appris à l'école.
I like the smell of **burning paper.**
J'aime l'odeur du papier qui brûle.

ENTRAÎNEZ-VOUS !

Traduisez en anglais.

1. J'ai vu une femme qui dansait avec son bébé. 2. Qui est le garçon là-bas *(over there)* qui lit le journal ? 3. J'aime le bruit *(sound)* de l'eau qui coule *(to run)*. 4. Elle l'a pris en train de voler *(steal)* sa voiture. 5. Je n'aime pas les enfants qui boudent *(sulk)*. 6. Est-ce que vous connaissez l'homme qui conduit la voiture rouge ?

CORRIGÉ

1. I saw a woman dancing with her baby. 2. Who is (Who's) the boy over there reading the (news)paper? 3. I like the sound of running water. 4. She caught him stealing her car. 5. I don't like sulking children (children sulking). 6. Do you know the man driving the red car?

205 interdire

❶ « Interdire » se traduit normalement par une structure négative comme ***not let/allow***, ***refuse to let/allow***, ***tell … not to***.

> Her parents **don't let her go / don't allow her to go** out in the evening.
> Ses parents lui interdisent de sortir le soir.
> I **refused to let him** take the car.
> Je lui ai interdit de prendre la voiture.
> She **told him not to talk** about it.
> Elle lui a interdit d'en parler.

Notez que seul *let* est suivi de l'infinitif sans *to* (**193**.4).

❷ Lorsqu'on s'adresse à un enfant, « Je t'interdis de… » se traduit souvent par ***You're not to*** … (**60**).

❸ ***To forbid*** s'emploie beaucoup moins que « interdire ». On le trouve surtout sur les panneaux d'interdiction.

> **It is forbidden** to walk on the grass.
> Il est interdit de marcher sur la pelouse.

ENTRAÎNEZ-VOUS !

Complétez les phrases avec *let*, *allow*, *refuse* ou *tell*.

1. Her parents don't … her go out with boys. 2. The boss … to let him leave early yesterday. 3. I don't … my children to be aggressive. 4. She … me not to phone her again. 5. He doesn't … people to smoke in his restaurant. 6. I tried to discuss the problem, but he didn't … me talk.

CORRIGÉ

1. let 2. refused 3. allow 4. told 5. allow 6. let

206 inversion (1) : anglais formel

Dans un style formel, on emploie parfois certaines structures dans lesquelles un auxiliaire précède le sujet, comme dans une question.

❶ Après une expression négative

At no time did the President say he regretted his actions.
À aucun moment le président n'a dit qu'il regrettait ses actes.
Not only was she prevented from voting, but ...
Non seulement on l'empêcha de voter, mais...
No sooner had I arrived than ...
À peine étais-je arrivé que...
Hardly had we sat down when ...
À peine nous étions-nous assis que...

Notez la traduction de « que » dans l'exemple ci-dessus.

❷ Après *only*

Only then did she realise what was going to happen to her.
Alors seulement, elle comprit ce qui allait lui arriver.
Only after long thought did he decide to write to her.
Ce n'est qu'après une longue réflexion qu'il décida de lui écrire.

❸ Avec *had*, *should*, *were* (omission de *if*).

Had I known what was to come ... (= If I had known ...)
Si j'avais su ce qui allait se produire...
Should you meet my aunt ... (= If you should meet ...)
Au cas où vous rencontreriez ma tante...
Were he ten years younger, he ... (= If he were ...)
S'il avait dix ans de moins, il...

Pour l'ordre des mots après *neither*, *nor* et *so*, **383**.

207 inversion (2) : en français, pas en anglais

Dans certains cas, le sujet précède le verbe en anglais, alors qu'en français parfois il le suit.

❶ Dans les subordonnées introduites par *what*, *how*, *where*, *what time*, etc.

She didn't understand **what the teachers wanted**.
Elle ne comprenait pas ce que voulaient les professeurs.
I am learning **how English people live**.
J'apprends comment vivent les Anglais.
I wonder **where the children are**.
Je me demande où sont les enfants.
Ask him **what time the concert starts**.
Demande-lui à quelle heure commence le concert.

❷ Après les **pronoms relatifs**, et *where* (utilisé comme relatif, **333**).

the cakes **that my mother makes**
les gâteaux que fait ma mère

the place **where the car stopped**
l'endroit où s'est arrêtée la voiture

3 Après *see*, *hear*, *let*, *make* + nom/pronom + infinitif.

I **saw** two soldiers **come in**.
J'ai vu entrer deux soldats.
I **heard** the door **bang**.
J'ai entendu claquer la porte.

Let the sun **shine in**!
Laissez entrer le soleil !
He **made** everybody **work**.
Il a fait travailler tout le monde.

4 Après *perhaps*.

Perhaps he's right.
Peut-être a-t-il raison.

Pour *see, hear, let, make* + infinitif sans *to*, **193**.4 .

ENTRAÎNEZ-VOUS !

Traduisez en anglais.
1. Je me demande comment vivent les Inuits 2. Je leur ai demandé où se trouvaient les toilettes *(the toilet)*. 3. Voici le bateau qu'a construit *(built)* mon oncle. 4. Est-ce que tu as vu sortir ma sœur ? 5. Pouvez-vous me dire à quelle heure arrive le train de *(from)* Manchester ? 6. Peut-être avez-vous oublié. 7. Écoutez ce que dit Malik. (présent progressif) 8. Elle a fait rire tout le monde.

CORRIGÉ

1. I wonder how (the) Inuits live. 2. I asked them where the toilet was. 3. Here is (Here's) the boat that my uncle built. 4. Have you seen (Did you see) my sister go out? 5. Can you tell me what time the train from Manchester arrives? 6. Perhaps (Maybe) you've forgotten. 7. Listen to what Malik is saying. 8. She made everybody laugh.

Pour l'ordre des mots dans les phrases exclamatives, **131** .

208 *it (I find it difficult to ...)*

1 On emploie souvent *it* pour anticiper un complément d'objet, lorsque celui-ci est formé d'un infinitif ou d'une proposition. C'est fréquent après *find*, *consider* et *think*.

I **find it** difficult **to talk** to her about anything serious.
Je trouve difficile de lui parler de quelque chose de sérieux.
I **think it** important **that you should wait** for a few days.
Je trouve important que tu attendes quelques jours.

2 *It* s'emploie aussi, comme « il » ou « ce » en français, pour anticiper un sujet infinitif ou une proposition.

It's easy **to make mistakes**.
Il est facile de se tromper.
It's a pity **that he couldn't come**.
C'est dommage qu'il n'ait pas pu venir.

209 it is ... that (structure emphatique)

❶ Dans la plupart des cas, la structure « C'est… qui… » s'exprime simplement, en anglais parlé, par la **prononciation** (**341**). Mais on fait parfois ressortir un élément d'une phrase en utilisant *It is … that/who/which*.

> **It's** the humidity **that** I hate, not the heat.
> C'est l'humidité que je déteste, pas la chaleur.

❷ Pour parler du passé, on emploie *It was …* (en français, on garde le présent : « C'est… »).

> **It was** Tony **that** told the police. (et non ~~It is Tony that told~~ …)
> C'est Tony qui a informé la police.

❸ Après *that*, le verbe est toujours à la troisième personne.

> It's you that **doesn't** want to go. (et non … ~~that don't want to go.~~)
> C'est toi qui ne veux pas y aller.
> It's me that **is** responsible. (et non … ~~that am responsible.~~)
> C'est moi qui suis responsable.

Notez que l'on dit *It's me that…* (et non ~~It's I~~…).

ENTRAÎNEZ-VOUS !

Faites ressortir le mot accentué en utilisant la structure *It is/was ... that* ....
1. *Charlie* lives in Nelson Street. 2. *Maya* invited all those people. 3. *I* didn't ask. 4. *I* have the car.

CORRIGÉ

1. It is (It's) Charlie that lives in Nelson Street. 2. It was Maya that invited all those people. 3. It was not (wasn't) me that asked. 4. It is (It's) me that has the car.

210 it's time

❶ *It's time* = « il est l'heure (de) », « c'est l'heure/le moment (de) ».

> **It's time** to go home. (et non ~~It's the time to go home.~~)
> Il est l'heure de rentrer.

Notez que l'expression s'emploie sans article.

❷ *It's time* = « il serait temps que ». L'expression est alors suivie d'un verbe **au prétérit** pour parler d'une action future.

> **It's time** you **went** home.
> Il serait temps que tu rentres.

ENTRAÎNEZ-VOUS !

Traduisez en anglais.
1. C'est le moment de dire au revoir. 2. Il est l'heure d'aller au lit. 3. Il serait temps que tu ailles te coucher. 4. Il serait temps que tu laves ton jean (*jeans*).

CORRIGÉ

1. It's time to say goodbye. 2. It's time to go to bed. 3. It's time you went to bed. 4. It's time you washed your jeans.

211   *jeans, shorts, trousers …*

1   Tout vêtement « à deux jambes » correspond à un **pluriel** en anglais.

« un jean » = ***jeans*** ou *a pair of jeans* (et non ~~*a jean*~~)

      un short : shorts   Where **are** my **jeans**?
      un pantalon : trousers   Où est mon jean ?
      un slip : pants   Your **pyjamas are** too small.
      un pyjama : pyjamas   Ton pyjama est trop petit.

ENTRAÎNEZ-VOUS !

Traduisez en anglais.
1. Mon pantalon est trop long. **2.** Où est mon pyjama ? **3.** J'aime bien ton short. Il est original *(unusual)*. **4.** Il faut que j'achète un nouveau jean.

CORRIGÉ
1. My trousers are too long. **2.** Where are my pyjamas? **3.** I like your shorts. They're unusual. **4.** I must buy (some) new jeans (a new pair of jeans).

2   En anglais américain, *pyjamas* s'écrit *pajamas* ; *pants* = « pantalon » ; *shorts* = « slip ».

212   *jusqu'à*

« Jusqu'à » se traduit de plusieurs façons selon le contexte.

1 Distance : *to, as far as*

— ***To*** indique simplement le point d'arrivée ; ***as far as*** insiste sur la distance (longue ou courte) parcourue.

      I'll drive **to** York today and finish the journey tomorrow.
      J'irai jusqu'à York aujourd'hui, et je terminerai le voyage demain.
      We got **as far as** the cable car and then turned back.
      Nous sommes allés jusqu'au téléphérique, puis nous avons fait demi-tour.

— Notez également les tournures ***How far* …?** et ***down/up to***.

      How far did they go?   Read **down to** line 20.
      Jusqu'où sont-ils allés ?   Lisez jusqu'à la ligne 20.

2 Temps : *until, till, up to*

— On peut utiliser ***until, till*** ou ***up to***. *Till* est plus familier que *until*.

      I lived in Aberdeen **until/till** 1990.
      J'ai habité à Aberdeen jusqu'en 1990.

In some States, education is compulsory **up to** the age of 18.
Dans certains États, l'instruction est obligatoire jusqu'à l'âge de 18 ans.

— « **Jusqu'à présent** » = *so far*, *up to now*, *until now*.

"How's the new job?" "OK **so far**."
« Comment va le nouvel emploi ? » « Jusqu'à présent, ça va. »

❸ Quantité, mesures : *up to, as much as/as many as*

— *Up to* indique simplement le chiffre maximum, *as much* as/as *many as* ajoute l'idée de « C'est beaucoup ».

This car can do **up to** 120 miles per hour.
Cette voiture peut faire jusqu'à 190 km à l'heure. (= 190 ou moins)
She smokes **as many as** forty cigarettes a day.
Elle fume jusqu'à deux paquets par jour. (= C'est beaucoup.)

Pour la différence entre *much* et *many*, **243**.

— Notez aussi l'expression *up to a certain point* = « jusqu'à un certain point ».

ENTRAÎNEZ-VOUS !

Traduisez en anglais les mots en italique.
1. Je serai à Londres *jusqu'à Noël*. 2. Elle m'a accompagné *jusqu'à la gare*.
3. Nous sommes libres *jusqu'à trois heures*. 4. Ils produisent *jusqu'à 35 000 litres* par jour. (= 35 000 ou moins) 5. Il a couru *jusqu'à Versailles* avant de s'arrêter.
6. Les douaniers ont trouvé *jusqu'à une tonne (ton)* d'héroïne dans le bateau.

CORRIGÉ
1. until (till/up to) Christmas 2. to (as far as) the station 3. until (till/up to) three (o'clock) 4. up to 35,000 litres 5. as far as Versailles 6. as much as a ton

213 *just* (je viens de...)

❶ *I have just* + participe passé

« je viens de » + infinitif = *I have just* + participe passé

I**'ve just spoken** to Oliver.
Je viens de parler à Oliver.

They**'ve just eaten**.
Ils viennent de manger.

2 *I had just* + participe passé

« je venais de » + infinitif = *I had just* + participe passé

> I **had just come in** when he phoned.
> Je venais d'entrer lorsqu'il a téléphoné.

ENTRAÎNEZ-VOUS !

Traduisez en anglais.
1. Elle vient d'arriver. 2. Qu'est-ce que tu viens de dire ? 3. Je viens de comprendre quelque chose. 4. Nous venons de voir Sam. 5. Je venais de fermer la porte quand Aurélie est arrivée. 6. Il était une heure. Nous venions de déjeuner.

CORRIGÉ

1. She has (She's) just arrived. 2. What have you just said? 3. I have (I've) just understood something. 4. We have (We've) just seen Sam. 5. I had just closed the door when Aurélie arrived. 6. It was one o'clock. We had (We'd) just had lunch.

214 *know* (savoir, connaître)

1 « **Savoir** »

— « Savoir » se traduit en général par **to know**.
— « Savoir » + V = **to know how to** + V.

> She **knows** what she's doing.
> Elle sait ce qu'elle fait.
> I **know how to tune** a guitar. (et non ~~I know to tune~~ ...)
> e sais accorder une guitare.

— Cependant, lorsque « savoir » fait référence à des capacités usuelles, il se traduit par **can**.

> I **can swim**.   **Can** you **sing**?
> Je sais nager.   Sais-tu chanter ?
> **Can** you **speak** Spanish?
> Savez-vous parler espagnol ?

— Lorsque « savoir » signifie « entendre dire (que) », « découvrir », il se traduit par **to hear that/about, to be told that/about** ou **to find out**, plutôt que par *to know*.

> When I **heard that** he was going to come here, I was furious.
> Quand j'ai su qu'il allait venir ici, j'étais furieuse.
> When his mother **found out**, she rang me at once.
> Quand sa mère l'a su (= l'a découvert), elle m'a tout de suite téléphoné.

ENTRAÎNEZ-VOUS !

Traduisez en anglais.
1. Je ne sais pas réparer *(repair)* une montre. 2. Savez-vous dessiner *(draw)* ? 3. Est-ce que tu sais utiliser une boussole *(a compass)* ? 4. Il ne sait pas conduire. 5. Elle sait très bien parler allemand. 6. Comment est-ce que tu as su qu'il était malade ?

CORRIGÉ

1. I don't know how to repair a watch. 2. Can you draw? 3. Do you know how to use a compass? 4. He can't drive. 5. She can speak German very well. 6. How did you find out (that) he was ill?

❷ « Connaître »

— « Connaître » se traduit la plupart du temps par **to know**.

> Do you **know** Pat?
> Est-ce que tu connais Pat ?

— Au sens de « rencontrer », « faire la connaissance de », on emploie **to meet** ou **to get to know**.

> He **met/got to know** her in Italy.
> Il l'a connue en Italie.

— « Connaître des problèmes, des ennuis, etc. » = **to face/to be facing** *problems*, *troubles*, etc.

> The government **faces/is facing** a lot of problems.
> Le gouvernement connaît beaucoup de problèmes.

ENTRAÎNEZ-VOUS !

Traduisez en anglais.
1. Je connais beaucoup d'Américains. 2. Elle a connu son mari à l'université. 3. Le parti connaît de graves difficultés.

CORRIGÉ

1. I know a lot of Americans. 2. She met (got to know) her husband at university. 3. The party faces/is facing serious difficulties.

215 laisser (*let* et *leave*)

❶ Suivi d'un complément d'objet + verbe, « laisser » = « permettre ». L'équivalent anglais est alors ***let*** + infinitif sans *to*.

> **Let** me go.
> Laissez-moi partir.
> They didn't **let** me speak.
> Ils ne m'ont pas laissé parler.

Let us ne se contracte pas lorsque *let* signifie « laisser ». Comparez :

> **Let us** go.   **Let's go** (218)
> Laissez-nous partir.   Partons.

❷ Suivi d'un nom, « laisser » signifie généralement « abandonner », « déposer », etc. L'équivalent anglais est ***leave***.

> He **left** all his things.
> Il a laissé toutes ses affaires.
> **Leave** me the keys.
> Laisse-moi les clés.
> You can **leave** the parcel with the caretaker.
> Vous pouvez laisser le paquet chez la gardienne.

Notez également l'expression *leave me alone* (« laisse-moi tranquille »).

❸ *Leave* s'emploie aussi au sens de « quitter » ou « partir ».

> He's **left** his wife.   What time does the train **leave**?
> Il a quitté sa femme.   À quelle heure part le train ?

ENTRAÎNEZ-VOUS !

Mettez *let* ou *leave*.
1. … him speak. 2. … me your address. 3. Did he … his phone number? 4. I'll … you now. I have to go home. 5. … the children play for a while. 6. … me try!

CORRIGÉ

1. Let 2. Leave 3. leave 4. leave 5. Let 6. Let

Pour *forget* et *leave* (« oublier »), 143 .

216 *last*, *the last* et *(the) latest*

❶ Attention à la différence entre ***last*** et ***the last*** :
last week/year … = « la semaine/l'année… dernière » ;
the last week/year … = « la dernière semaine/année… ».

I went to Spain **last week.**
Je suis allé en Espagne la semaine dernière.
This is **the last week** of our holidays.
C'est la dernière semaine de nos vacances.

Notez l'ordre des mots : *the last* précède les nombres.

the last three days (et non ~~the three last days~~)
les trois derniers jours
the last six weeks
les six dernières semaines

❷ *The last week/year*, etc. peut aussi désigner une période qui vient de s'écouler.

The last school year has been very difficult.
Cette année scolaire a été très difficile. (On est en juin ou juillet.)
I haven't seen her for **the last two weeks.**
Ça fait quinze jours que je ne l'ai pas vue.

Notez aussi l'expression *the last few days*.

I've been away for **the last few days**.
J'ai été absent ces derniers jours.

❸ *Latest* veut dire « dernier » au sens de « plus récent ».
Comparez :

Her **latest** novel has just been published.
Son dernier roman vient d'être publié.
His **last** novel was published in 1872.
Son dernier roman a été publié en 1872.

ENTRAÎNEZ-VOUS !

Mettez *last*, *the last* ou *latest*.
1. I was ill ... week. **2.** I'll always remember ... year before the war. **3.** They made a large profit ... month. **4.** She got divorced ... year. **5.** It's ... week of the sales *(les soldes)*. **6.** We spent ... two weeks of the holiday in Greece. **7.** Let me show you my ... poem. **8.** Which was Shakespeare's ... play?

CORRIGÉ

1. last 2. the last 3. last 4. last 5. last 6. the last 7. latest 8. last

Pour *last night* et *tonight,* **391** .
Pour *at last* et *finally,* **140** .

217   lettres (courrier)

❶ Disposition

La disposition des lettres est différente dans les deux langues. Dans l'exemple qui suit, notez bien où sont placés l'adresse, la date, le nom du correspondant, la formule d'introduction *(Dear …)*, la formule finale, la signature et le nom de l'auteur de la lettre.

>
> 37 High Street
> Charlbury
> London DC14 7XF
>
> 14 March 2010
>
> Mr Simon Roberts
> Principal
> New School of English
> 4 Harbury Lane
> Bath BA6 7GZ
>
> Dear Sir
>
> I should be grateful if you would send me information about summer courses at the New School in July and August this year.
>
> I look forward to hearing from you.
>
> Yours faithfully
>
> *Paul Martin*
> Paul Martin

❷ Formules

— Traditionnellement, une lettre qui commence par ***Dear Sir or Madam*** (l'équivalent de « Monsieur, Madame, ») se termine normalement par ***Yours faithfully***. Une lettre qui commence par le nom (***Dear Mr Roberts***, l'équivalent de « Cher Monsieur ») se termine par ***Yours sincerely***. La première tournure est la plus formelle. Mais, actuellement, ces règles ne sont pas toujours suivies.

— Dans une lettre informelle, on peut terminer par ***Yours***, ***Love***, ***With love*** ou ***Lots of love***. Et l'on écrit *(I'm) looking forward to hearing from you/seeing you*, au lieu de *I look forward…*

— Dans un e-mail, on peut commencer par ***Hi*** ou ***Good morning*** et terminer, par exemple, par ***Cheers*** ou ***See you*** (144.3).

218 *let's*

❶ *Let's = let us*

***Let's* + V** sert à exprimer une suggestion. Cette expression équivaut souvent à la première personne du pluriel de l'impératif français.

> **Let's go** to my room.
> Allons dans ma chambre.

> **Let's have** an ice-cream.
> Prenons une glace.

Mais elle peut aussi correspondre à un simple présent.

> Come on, Peter! **Let's go** upstairs.
> Viens, Peter ! On monte.

❷ Let's not

La forme négative normale est *let's not* … Mais, dans un style familier, on peut dire aussi *don't let's* …

> **Let's not** get angry. (ou **Don't let's** get angry.)
> Ne nous mettons pas en colère.

ENTRAÎNEZ-VOUS !

Traduisez en anglais (en utilisant *let's* ou *let's not*).
1. Allons chez Bob *(Bob's)*. 2. On arrête de parler maintenant. 3. Essayons de trouver un hôtel. 4. Ne les oublions pas. 5. Demandons à Anne. 6. Allez ! *(Come on!)* On danse !

CORRIGÉ

1. Let's go to Bob's. 2. Let's stop talking now. 3. Let's try to find a hotel. 4. Let's not (Don't let's) forget them. 5. Let's ask Anne. 6. Come on! Let's dance!

NOTEZ

Let peut aussi être suivi d'un pronom à la 3ᵉ personne.

> **Let him watch** all the films he wants.
> Qu'il regarde tous les films qu'il veut.
> If they need money, **let them work** for it.
> S'ils ont besoin d'argent, qu'ils travaillent !

Pour *let me see*, 240 .

219 *like* et *would like*

❶ Ne confondez pas :

I like = « j'aime »

> **I like** chocolate.
> J'aime le chocolat.

I would like = « j'aimerais », « je voudrais »

> **I'd like** some chocolate (et non I would want …)
> Je voudrais du chocolat.

Dans les offres, *Would you like* …? a le même sens que *Do you want* …? mais est un peu plus poli. L'équivalent français est plus souvent « Voulez-vous/Veux-tu… ? » que « Voudriez-vous ? »

> "**Would you like** some cheese?" "Yes, please."
> « Voulez-vous du fromage ? » « Je veux bien. »

❷ *Like* peut généralement être suivi de V-*ing* ou de *to* + V, sans grande différence de sens. Mais *would like* est toujours suivi de *to* + V.

like + V-*ing* ou *to* + V

> I like **flying/to fly.**
> J'aime voyager en avion.

would like + *to* + V

> Would you like **to dance?** (et non Would you like dance/dancing?)
> Voulez-vous danser ?

ENTRAÎNEZ-VOUS !

Traduisez en anglais.

1. Est-ce que vous aimez les huîtres *(oysters)* ? 2. J'aimerais écouter du jazz
3. Voulez-vous boire quelque chose ? 4. Je voudrais une glace. 5. J'aime danser.
6. Ma mère aime voyager.

CORRIGÉ

1. Do you like oysters? 2. I'd like to listen to (some) jazz. 3. Would you like something to drink? (to drink something?) 4. I'd like an ice-cream. 5. I like dancing. 6. My mother likes travelling.

NOTEZ

Like s'emploie rarement au present perfect et au pluperfect.
 J'avais beaucoup aimé le livre, mais j'ai détesté le film.
 I **liked** the book very much but I **hated** the film. (et non ~~I had liked~~ ...)
           Pour « Voudriez-vous... ? » = *Would you mind ...?*, 236.3.

220 *likely*

❶ *Likely* exprime une idée de probabilité. On l'emploie souvent dans la structure **be likely to**, avec un sujet personnel.

 My mother's **likely to** come round tomorrow. (= My mother will probably come round...)
 Il est probable que ma mère passera demain.
 Do you think England **is likely to** win the world cup?
 À votre avis, l'Angleterre est-elle susceptible de gagner la coupe du monde ?

On peut aussi employer *it* ou *there* comme sujet.

 It's likely to rain.
 Il y a des chances qu'il pleuve.
 There's likely to be a war in the next five years.
 Il y aura probablement une guerre dans les cinq années à venir.

❷ Le contraire de *likely* est **unlikely**.

 He's most **unlikely** to agree with your suggestion.
 Il est peu probable qu'il sera d'accord avec votre proposition.

ENTRAÎNEZ-VOUS !

Récrivez les phrases suivantes en utilisant *be likely/unlikely to*.
1. My brother will probably be surprised. 2. It will probably happen. 3. There will probably be a storm tonight. 4. He will probably pass his exam brilliantly.
5. I don't think she will come. 6. It will probably not rain.

CORRIGÉ

1. My brother is likely to be surprised. 2. It's likely to happen. 3. There's likely to be a storm tonight. 4. He's likely to pass his exam brilliantly. 5. She's unlikely to come. 6. It's unlikely to rain.

221 *a little, a few; little, few; a bit*

❶ Ne confondez pas :

a little (+ singulier) = « un peu (de) »

a few (+ pluriel) = « quelques » ou « quelques-uns »

a little champagne
un peu de champagne
a few friends
quelques amis
"Do you speak English?" "**A little**."
« Est-ce que vous parlez anglais ? » « Un peu. »
"Did you get a lot of answers?" "**Just a few**."
« As-tu reçu beaucoup de réponses ? » « Juste quelques-unes. »

NOTEZ

Ne confondez pas *a little time* (« quelque temps », « un peu de temps ») et *a few times* (« quelques fois »). *A few time* n'existe pas.

ENTRAÎNEZ-VOUS !
Mettez *a little* ou *a few*.
1. I've got ... questions to ask you. 2. Could I have ... water? 3. "Were you disappointed *(déçu)*?" "..." 4. I've been to England ... times. 5. "How's your mother?" "... better, thanks." 6. Can I talk to you for ... minutes?

CORRIGÉ

1. a few 2. a little 3. A little. 4. a few 5. A little 6. a few

❷ En anglais parlé, on emploie souvent *a bit (of)* à la place de *a little*. On met *of* devant un nom ou un pronom.

a bit tired   **a bit of** work
un peu fatigué   un peu de travail

❸ « Pas mal (de) » se traduit par *quite a lot (of)*, *quite a few* (+ pluriel) ou *quite a bit (of)* + singulier.

"Did you go to many concerts?" "**Quite a lot**."
« Est-ce que tu es allé à beaucoup de concerts ? » « Pas mal. »

quite a few friends   **quite a bit of** money
pas mal d'amis   pas mal d'argent

Pour *quite a lot (of)*, voir aussi **226**.4.

❹ *Little* et *few* (sans article) = « peu (de) ».
Ces mots s'emploient peu en anglais parlé sauf après *very*. On utilise plus souvent *not much/not many* (« pas beaucoup »).

little → not much

The King had **little power**. (anglais formel)
Le roi avait peu de pouvoir.
The King did**n't** have **much power**. (anglais courant)
Le roi n'avait pas beaucoup de pouvoir.

few → not many

There were **few** people at the concert. (anglais formel)
Il y avait peu de monde au concert.
There were**n't many** people at the concert. (anglais courant)
Il n'y avait pas beaucoup de monde au concert.

ENTRAÎNEZ-VOUS !
Récrivez les phrases afin de les rendre moins formelles.
Ex. : *The king had little power.* → *The king didn't have much power.*
1. We have little money. 2. Few English people speak good French. 3. There is little that we can do to help you. 4. He met few people on the road. (He didn't …)

CORRIGÉ
1. We haven't got (We don't have) much money. 2. Not many English people speak good French. 3. There's not much (that) we can do to help you. (There isn't much …) 4. He didn't meet many people on the road.

Pour *fewer*, **83.2**.
Pour *some*, **370** et **372**.

222 *long et (for) a long time*

❶ ***Long*** s'emploie surtout dans les questions, les phrases négatives et après *so*, *as* et *too*.

How long did you wait?
Combien de temps avez-vous attendu ?
I did**n't** play **long**.
Je n'ai pas joué longtemps.
The concert lasted **too long**.
Le concert a duré trop longtemps.

❷ Dans les phrases affirmatives (sauf après *so*, *as*, *too*), on emploie généralement ***a long time***.

I waited (for) **a long time**. (et non ~~I waited long~~.)
J'ai attendu longtemps

Pour *How long …? (durée)*, **181**.

ENTRAÎNEZ-VOUS !
Mettez *long* ou *a long time*.
1. Have you known Alice …? 2. I lived in Scotland for … 3. How … have you been waiting? 4. I've been waiting for … 5. It takes … to fly to Japan. 6. It doesn't take … to fall in love. 7. I don't want to go by boat, it takes too … 8. The film lasted so … that I fell asleep.

CORRIGÉ
1. long (a long time) 2. a long time 3. long 4. a long time 5. a long time 6. long 7. long 8. long

223   *look* (+ adjectif) et *look like*

❶ *To look like* = « **ressembler à** »

> You **look like** your father.
> Tu ressembles à ton père.
>
> It **looks like** gold.
> Ça ressemble à de l'or.

❷ *To look + adjectif* = « **avoir l'air** »

> She **looks younger** than she is. (et non ... ~~looks like younger~~ ...)
> Elle a l'air plus jeune que son âge.
> That peak **looks hard**.
> Ce sommet a l'air difficile.

Notez que *look* ne s'emploie que si l'on **voit** la personne ou la chose en question.

❸ « Avoir l'air de faire/d'être quelque chose » se traduit le plus souvent par ***to seem*** (« sembler »). *Look* est impossible en ce cas.

> My son **seems** to be doing well in Canada.
> Mon fils a l'air de réussir au Canada.
> She **seems** (to be) happy in that family.
> Elle a l'air (d'être) heureuse dans cette famille.

ENTRAÎNEZ-VOUS !

Traduisez en anglais.
1. Je ne ressemble pas à ma mère. 2. Il a l'air jeune. 3. Est-ce que j'ai l'air fatigué ? 4. Le jardin ressemble à un désert *(a desert)*. 5. Tu as l'air étonné *(surprised)*. 6. Ils ont l'air de bien s'entendre *(to get on well)*.

CORRIGÉ
1. I don't look like my mother. 2. He looks young. 3. Do I look tired? 4. The garden looks like a desert. 5. You look surprised. 6. They seem to get on well.

❹ Lorsqu'on parle de ce qu'on entend, « avoir l'air » se traduit par ***to sound***.

> He **sounds** tired.
> Il a l'air fatigué. (= à sa voix)

Pour *look at, see, watch*, **224**.
Pour *look as if/as though*, **47**.

224   *look (at), see, watch*

❶ *Look (at)* = « regarder », *see* = « voir ».

> "**Look**!" "I can't **see** anything." (et non ~~Look at!~~)
> « Regarde ! » « Je ne vois rien. »

Notez l'emploi de *I can see* comme équivalent de « je vois » (**75**).

Look est suivi de la préposition *at* devant un complément d'objet.

> "**Look at** the cats!"
> « Regarde les chats. »
> "I'm **looking at** them." (et non ~~I'm looking them.~~)
> « Je les regarde. »

② *Watch* s'emploie lorsqu'il s'agit de regarder, observer ou surveiller quelque chose pour voir ce qui se passe.

"Dic you **watch** the match last night?" "No, I never **watch** TV."
« Tu as regardé le match hier soir ? » « Non, je ne regarde jamais la télé. »

I like **watching birds.**
J'aime observer les oiseaux.

Watch the baby for a moment.
Surveille le bébé un instant.

« regarder la télévision » = **to watch television** (et non ~~to look at the television~~)

ENTRAÎNEZ-VOUS !

Mettez *look (at)*, *see* ou *watch*.
1. I can ... the sea. 2. Please don't ... me like that. 3. I don't play football, but I often ... it. 4. ... ! Here comes Angela! 5. Stop ...-ing out of the window. 6. When I close my eyes I ... strange visions.

CORRIGÉ

1. see 2. look at 3. watch 4. look 5. looking 6. see

225 *look forward to*

① *Look forward to* signifie « avoir hâte de ».

I'm **looking forward to** the holidays.
J'ai hâte d'être en vacances.

② Lorsque *look forward to* est suivi d'un **verbe**, celui-ci se met obligatoirement en *-ing* (202).

I **look forward to seeing** my friends again. (et non ... ~~to see~~ ...)
J'ai hâte de revoir mes amis.

ENTRAÎNEZ-VOUS !

Traduisez en anglais.
1. J'ai hâte de voir ma famille. 2. J'ai hâte d'aller à Londres. 3. J'ai hâte d'arriver. 4. J'ai hâte d'avoir un appartement *(a flat)*.

CORRIGÉ

1. I'm looking forward to seeing my family. (I look forward ...) 2. I'm looking forward to going to London. (I look forward ...) 3. I'm looking forward to arriving. (I look forward ...) 4. I'm looking forward to having a flat. (I look forward ...)

Pour l'emploi de *look forward to* à la fin d'une lettre, 217 .
Pour d'autres exemples de *to* + V-*ing*, 202 .

226 *a lot (of), lots (of)*

① *A lot* = « beaucoup »

Cette expression s'emploie surtout dans la langue familière.

They travel **a lot.** (et non ... ~~a lot of~~.)
Ils voyagent beaucoup.

He talks **a lot**.
Il parle beaucoup.

❷ *A lot of* et *lots of* = « beaucoup de »

— Les deux tournures s'emploient indifféremment.

> She's got **a lot of** free time. (ou … **lots of** free time.)
> Elle a beaucoup de temps libre.
> I know **a lot of** Italians. (ou … **lots of** Italians.)
> Je connais beaucoup d'Italiens.

— Lorsque le nom qui suit *a lot of* ou *lots of* est le sujet de la phrase, le verbe s'accorde **avec ce nom**, et non avec *a lot/lots*.

> Lots of **imagination is** needed to write stories.
> Il faut beaucoup d'imagination pour écrire des histoires.
> A lot of **my friends are** pacifists.
> J'ai beaucoup d'amis pacifistes.
> There**'s** lots of **fog** today.
> Il y a beaucoup de brouillard aujourd'hui.
> There **are** a lot of **Indian restaurants** in London.
> Il y a beaucoup de restaurants indiens à Londres.

❸ *Quite a lot (of)* = « pas mal (de) »

> "Have you got much work?" "**Quite a lot**."
> « Est-ce que tu as beaucoup de travail ? » « Pas mal. »
> He has **quite a lot of** money and **quite a lot of** friends.
> Il a pas mal d'argent et pas mal d'amis.

ENTRAÎNEZ-VOUS !

Traduisez en anglais.

1. Je rêve beaucoup. 2. Il a beaucoup d'argent. 3. Beaucoup de problèmes sont difficiles à résoudre *(to solve)*. 4. Il y a beaucoup d'oiseaux dans le jardin. 5. J'ai pas mal de choses à faire. 6. Il y a pas mal de bonnes émissions *(programmes)* à la télévision.

CORRIGÉ

1. I dream a lot. 2. He's got a lot (lots) of money. 3. A lot (Lots) of problems are difficult to solve. 4. There are a lot (lots) of birds in the garden. 5. I've got quite a lot of things to do. 6. There are quite a lot of good programmes on television.

227 manquer

« Manquer » se traduit de plusieurs façons selon le sens.

❶ *To lack* (style formel), ***not to have*** = « manquer de » au sens de « ne pas avoir ».

> She **lacks** tact.
> Elle manque de tact.

> You **haven't got** any imagination.
> Tu manques d'imagination.

Ces tournures peuvent aussi traduire la forme impersonnelle « il manque… ».

> We **lack/haven't got** the latest figures.
> Il nous manque les derniers chiffres.

❷ *To be short of, not to have enough (of)* = « manquer de », au sens de « ne pas avoir assez de ».

> We**'re short of** teachers.
> Nous manquons de professeurs.

> I **haven't got enough** time.
> Je manque de temps.

❸ *To miss* exprime l'idée de « manquer » au sens de « regretter ». Attention à la construction de la phrase : « je te manque » = ***you** miss me* ; « tu me manques » = ***I** miss you*.

> Do you **miss me** when I'm away?
> Est-ce que je te manque quand je ne suis pas là ?

❹ *To miss* exprime aussi l'idée de « rater » (un train, un avion, un rendez-vous, etc.) ou « manquer » (une cible, une occasion).

> I **missed** the train by two minutes.
> J'ai raté le train de deux minutes.

> He never **misses** an opportunity.
> Il ne manque jamais une occasion.

ENTRAÎNEZ-VOUS !

Traduisez en anglais.
1. Théo manque de patience. (= Il n'en a pas.) 2. Vous me manquez beaucoup. 3. Je viens de rater l'avion. 4. Je manque d'argent. (= Je n'en ai pas assez.) 5. Ils manquent de tout. (= Ils n'ont rien.) 6. Ma famille me manque.

CORRIGÉ

1. Théo lacks patience. (Théo hasn't got any patience.) 2. I miss you a lot (very much). 3. I've just missed the plane. 4. I'm short of money. (I haven't got/have not enough money.) 5. They lack everything. (They haven't got anything.) 6. I miss my family.

228   *marry et divorce*

❶ *Marry* et *divorce* s'emploient, **sans préposition**, devant un complément d'objet.

> She **married a baker**. (et non ~~She married with a baker.~~)
> Elle s'est mariée avec un boulanger.
>
> Will you **marry me**?   Mary wants to **divorce Peter**.
> Veux-tu m'épouser ?   Mary veut divorcer d'avec Peter.

❷ Lorsqu'il n'y a pas de complément, on emploie plutôt **get married** et **get divorced**, surtout dans un style informel.

> Lulu **got married** last year. (plutôt que Lulu married ...)
> Lulu s'est mariée l'année dernière.
> Andrew and Sarah are **getting divorced**.
> Andrew et Sarah sont en cours de divorce.

❸ Ne confondez pas :

*to **get** married* (« se marier ») et *to **be** married* (« être marié »),
*to **get** divorced* (« divorcer ») et *to **be** divorced* (« être divorcé »).

> My sister **is divorced**. She **got divorced** two years ago.
> Ma sœur est divorcée. Elle a divorcé il y a deux ans.

❹ *To get/be married* peuvent être suivis d'un complément introduit par **to**.

> Élodie is **married to** Karim. (et non ... ~~with Karim.~~)
> Élodie est mariée avec Karim.

ENTRAÎNEZ-VOUS !

Traduisez en anglais.

1. Il a épousé une Italienne quand il avait 18 ans. **2.** Quand j'aurai *(I am)* 30 ans, je serai mariée. **3.** Je ne me marierai jamais. **4.** De plus en plus de couples divorcent chaque année. **5.** Il est marié avec Anaïs, pas avec Alice ! **6.** Alice est son ex-femme *(ex-wife)*. Ils sont divorcés.

CORRIGÉ

1. He married an Italian girl (woman) when he was 18. **2.** When I'm 30, I'll be married. **3.** I'll never get married. **4.** More and more couples get divorced every (each) year. **5.** He's married to Anaïs, not to Alice! **6.** Alice is his ex-wife. They're divorced.

229   *may et might* (1) : formes

❶ *May* et *might* sont des **modaux** (**237**).

— Ils ne prennent pas d'*s* à la troisième personne.

> He **may**.   She **might**.

— Les questions et les négations se construisent sans *do*.

> **May we** go?   He **might not** come.
> Pouvons-nous partir ?   Il pourrait ne pas venir.

— Ils sont suivis de l'infinitif sans *to*.
> May I **help** you?   It might **rain**.

❷ Ils n'ont pas d'infinitif. « Pouvoir » (au sens de « avoir la permission de ») = ***to be allowed to.***
> She'd like **to be allowed to** go out more often.
> Elle voudrait pouvoir sortir plus souvent. (= avoir la permission)

❸ *May* et *might* peuvent avoir un sens présent ou futur. (On ne dit pas ~~will may~~.) *Might* peut aussi avoir un sens conditionnel (**231**).

❹ La forme contractée de *might not* est *mightn't*. (*Mayn't* est très rare.)

> Pour *may* et *might* exprimant la permission, **230** , la probabilité, **231** , **232** .
> Pour *may* dans les souhaits, **233** .
> Pour *might* après so that/in order that, **369** .

230 *may* et *might* (2) : permission

❶ *May* peut s'employer dans un **style plutôt formel** pour demander ou accorder une permission, et *may not* pour la refuser. (Dans un style familier, *can* est beaucoup plus courant, **74** .)
> **May** I buy you a drink?
> Puis-je vous offrir quelque chose ?
> "**May** I go home now?" "Yes, you **may**."
> « Puis-je rentrer chez moi maintenant ? » « Oui. »
> You **may** go home now, children.
> Vous pouvez rentrer chez vous maintenant, les enfants.
> Students **may not** use the staff car park.
> Il est interdit aux étudiants d'utiliser le parking des professeurs.

Might est **très formel** et rarement utilisé.
> I wonder if I **might** ask you a favour?
> Puis-je me permettre de vous demander un service ?

❷ *May* et *might* s'emploient rarement pour parler d'une permission déjà accordée ou refusée. On emploie normalement ***can*, *could*** ou ***be allowed to***.
> These days children **can** do what they like.
> (et non ... ~~children may do what they like~~.)
> De nos jours les enfants peuvent faire tout ce qu'ils veulent.

231 *may* et *might* (3) : possibilité, probabilité

❶ *May* exprime l'idée de « **peut-être** » ou « **il se peut que / il peut** ».
Il remplace un présent ou un futur + *perhaps*.
> You **may be** right.
> Tu as peut-être raison.
> It **may rain** tonight.
> Il se peut qu'il pleuve ce soir. (ou : Il peut pleuvoir...)

> He **may be** ill. (= Perhaps he is ill.)
> Il est peut-être malade.
> They **may come** tomorrow. (= Perhaps they will come.)
> Ils viendront peut-être demain.

Notez qu'on ne dit pas ~~They will may~~ … (**229**).

❷ *Might* exprime l'idée de « **je/tu… pourrais… (peut-être)** » ou « **il se pourrait que** ». Il correspond à un présent, un futur ou un conditionnel + *perhaps*.

— Au sens d'un **présent** ou d'un **futur**, la probabilité est moins forte qu'avec *may*. Comparez :

> Jim **may phone** tonight. (50 % de chances)
> Jim **might** phone tonight. (30 % de chances)
> Il est possible que Jim téléphone ce soir.

— Au sens d'un **conditionnel**, *might* est la seule forme possible.

> If she heard you, she **might** be offended. (= Perhaps she **would be** …)
> Si elle t'entendait, elle serait peut-être vexée.
> Don't play with that knife. You **might** get hurt (if you did).
> Ne joue pas avec ce couteau, tu pourrais te blesser. (= peut-être)

Might correspond alors à *would* ou *could* + *perhaps*.

❸ Au discours indirect après un verbe au passé, on emploie *might* au lieu de *may*. Comparez :

> "It **may** rain."
> « Il se peut qu'il pleuve. »
> They **said** it **might** rain.
> Ils ont dit qu'il allait peut-être pleuvoir.

❹ *Might*, comme *could*, peut s'employer pour faire des **suggestions** et des **critiques**.

> "Who can we ask for help?" "You **might/could** ask James."
> « À qui pouvons-nous demander de l'aide ? » « Tu pourrais demander à James. »
> You **might/could** take your boots off in the house.
> Tu pourrais enlever tes bottes dans la maison.

ENTRAÎNEZ-VOUS !

1 Récrivez ces phrases en utilisant *may* ou *might*.
1. Perhaps she's ill. 2. Perhaps I'll be late tomorrow. 3. If you ask her nicely, perhaps she will say yes. 4. If you asked her nicely, perhaps she would say yes.

2 Traduisez en anglais.
1. Il va peut-être neiger. 2. Il se pourrait que j'aille en Amérique l'année prochaine. 3. Il sera peut-être le prochain président. 4. J'ai peut-être vos clés. 5. Tu pourrais demander avant de prendre mes affaires *(things)*. 6. Attention, tu pourrais tomber.

CORRIGÉ

1 1. She may be ill. 2. I may be late tomorrow. 3. If you ask her nicely, she may say yes. 4. If you asked her nicely, she might say yes.
2 1. It may snow. 2. I might go to America next year. 3. He may be the next President. 4. I may have your keys. 5. You might ask before taking my things. 6. Look out (Be careful), you might fall.

Pour une comparaison entre *may/might* et *can/could*, **234**.

232 — *may* et *might* (4) : avec un infinitif passé

❶ *may* + infinitif passé

may have + participe passé = passé composé + « peut-être »

> She **may have missed** her bus.
> Elle a peut-être raté son autobus.
> They **may have come** while I was out.
> Ils sont peut-être venus pendant que j'étais sorti.

❷ *might* + infinitif passé

I might have + participe passé = « j'aurais pu » + infinitif

Cette structure implique l'idée que « **ça aurait pu arriver** ».

> He **might have broken** his leg.
> Il aurait pu se casser une jambe.
> You **might have woken** her up.
> Tu aurais pu la réveiller. (Tu l'aurais peut-être réveillée.)

Elle peut exprimer aussi un **reproche** (comme *could have ...*, **77.2**).

> You **might have phoned** me earlier!
> Tu aurais pu me téléphoner plus tôt !

Pour le sens exact de *might*, **231**.

ENTRAÎNEZ-VOUS !

Traduisez en anglais.
1. Elle aurait pu me demander. 2. J'ai peut-être oublié de le poster *(to post)*. 3. Il a peut-être pris le train. 4. Tu aurais pu te noyer *(to get drowned)*. 5. Elle aurait peut-être compris. 6. Annie est peut-être sortie avec David.

CORRIGÉ

1. She might have asked me. 2. I may have forgotten to post it. 3. He may have taken the train. 4. You might have got drowned. 5. She might have understood. 6. Annie may have gone out with David.

233 — *may* : souhaits avec *may*

May s'emploie dans certains souhaits de bonheur, santé, succès, etc. Il se place alors avant le sujet.

> **May** your happiness last for ever!
> Puisse votre bonheur durer toujours.
> **May** God be with you.
> Que Dieu soit avec vous.
> **May** the New Year bring all your heart desires.
> Que la nouvelle année vous apporte tout ce que votre cœur désire.

234 *may, might, can, could* : comparaison

❶ Possibilité (phrases affirmatives)

Dans les phrases affirmatives, *can* s'emploie surtout pour parler des cas généraux. Lorsqu'on parle de la possibilité d'une **situation spécifique**, on utilise *may/might/could*. Comparez :

> People **can** get ill at any time.
> Les gens peuvent tomber malade à n'importe quel moment.
> Don't lose hope. He **may** change his mind.
> Ne désespère pas. Il peut changer d'avis.

❷ Possibilité (questions)

May s'emploie **rarement** pour poser des **questions** sur la probabilité.

> **Are you likely to go** to Greece this summer? (et non ~~May you go~~ ...?)
> Y a-t-il des chances que vous partiez en Grèce cet été ?

Mais *can* peut s'employer dans les questions pour parler d'une situation spécifique, au sens de « **Est-ce possible que**… ? »

> **Can** she really be married?
> Est-ce vraiment possible qu'elle soit mariée ?

❸ Possibilité (phrases négatives)

Comparez :

> He **may/might not** be here.
> Il peut/pourrait ne pas être là. (Il est possible qu'il ne soit pas là.)
> He **can't/couldn't** be here.
> Il ne peut/pourrait pas être là. (Il est/serait impossible qu'il soit là.)

Pour plus de détails sur l'expression de la possibilité, *can/could*, 73 , *may/might*, 231).

❹ Permission

Pour demander, accorder et refuser la permission, on emploie normalement *can* et *could*.
May est utilisé surtout dans un style formel ; *might* est extrêmement **formel**.

Pour les détails, 74 et 230 .

235 *meet*

❶ *Meet* s'emploie à la fois comme équivalent de « **rencontrer** », « **se rencontrer** », « **se réunir** », « **se retrouver** », et « **avoir rendez-vous** » (avec des amis ou des parents).

> I **met** a very interesting girl yesterday.
> J'ai rencontré une fille très intéressante hier.
> We first **met** in 2008.
> Nous nous sommes connus en 2008.
> (= Nous nous sommes rencontrés.)
> The group **meets** twice a week.
> Le groupe se réunit deux fois par semaine.

Shall we **meet** outside the cinema at eight o'clock?
On se retrouve à huit heures devant le cinéma ?
I'm **meeting** Tom at six.
J'ai rendez-vous avec Tom à six heures.

Pour « avoir rendez-vous avec quelqu'un », voir aussi **351**.

ENTRAÎNEZ-VOUS !

Traduisez en anglais.

1. J'ai rencontré deux Américains hier soir. 2. « Où vous êtes-vous connus ? » « À Londres. » 3. J'ai rendez-vous avec elle à cinq heures. 4. On se retrouve après dîner ? 5. Nous nous réunirons chez Maxim. 6. Ils se sont rencontrés dans la rue. (prétérit)

CORRIGÉ

1. I met two Americans yesterday evening (last night). 2. "Where did you first meet?" "In London." 3. I'm meeting her at five (o'clock). 4. Shall we meet after dinner? 5. We'll meet at Maxim's. 6. They met in the street.

2 « Rencontrer des problèmes/des difficultés », etc. = ***to run into problems***, etc. ou (plus formel) ***to encounter*** …

They **ran into/encountered** a lot of difficulties.
Ils ont rencontré beaucoup de difficultés.

236 *mind* (verbe)

Le verbe *mind* s'emploie surtout dans des phrases négatives et des questions.

Il peut être suivi d'un nom, d'une forme en V-*ing* ou d'une proposition.

1 *I don't mind,* etc. (+ V-*ing*) = « cela ne me dérange pas », « ça m'est égal », « je veux bien ».

I don't mind rain.
La pluie ne me dérange pas.
I don't mind doing the washing up.
Cela ne me dérange pas de faire la vaisselle.
"What would you like to do?" "**I don't mind.**"
« Qu'est-ce que tu veux faire ? » « Ça m'est égal. »
I'll ask her a few questions, if she **doesn't mind**.
Je lui poserai quelques questions, si elle veut bien.

2 *Do you mind if …?* (+ **présent simple**) = « Cela vous dérange si… ? », « Est-ce que cela t'ennuie si… ? », etc.

"**Do you mind if** I smoke?" "I'm afraid I do."
« Cela vous dérange si je fume ? » « Oui, je suis désolée. »

(Dans un style formel, on pourrait dire aussi *Do you mind my smoking?*)

Notez bien que si vous répondez « Yes », cela correspond à un refus (« Cela me dérange. »).

3 *Would you mind* + **V-*ing*** = « Voudriez-vous… ? » « Tu veux bien… ? », « Cela ne te/vous dérangerait pas de… ? »

> **Would you mind doing** some shopping for me?
> Tu veux bien me faire quelques courses ?
> **Would you mind opening** the window?
> Cela ne vous dérangerait pas d'ouvrir la fenêtre ?

4 Notez aussi ces deux autres emplois de *mind*.

— *Mind* = « Attention à ».

> **Mind** the step.
> Attention à la marche.

— *Mind you* = « Remarque ».

> The rent seems very high. **Mind you**, it's a big house.
> Le loyer me semble très élevé. Remarque, la maison est grande.

ENTRAÎNEZ-VOUS !

Traduisez en anglais.
1. Cela t'ennuie si je viens avec une amie ? 2. Cela vous dérange si j'enlève (*take off*) mes chaussures ? 3. « Où veux-tu aller ? » « Ça m'est égal. » 4. Cela ne t'ennuierait pas de poster cette lettre ? 5. Voudriez-vous m'attendre au salon (*living room*), s'il vous plaît ? 6. Tu peux dormir chez moi, ma mère veut bien. 7. Attention à votre tête ! 8. Elle sort tous les soirs. Remarque, c'est normal (*normal*) à son âge.

CORRIGÉ

1. Do you mind if I come with a friend? 2. Do you mind if I take off my shoes? 3. "Where do you want to go?" "I don't mind." 4. Would you mind posting this letter? 5. Would you mind waiting for me in the living room, please? 6. You can sleep at my house (place), my mother doesn't mind. 7. Mind your head! 8. She goes out every evening. Mind you, it's normal at her age.

237 modaux : formes

① Les auxiliaires modaux sont :

can, could – may, might – must – shall, should – ought – will, would

② Particularités grammaticales.

pas d's	pas *to* (sauf *ought*)	pas *do*
He can	He can go	Can he? He can't.
peu de formes	**pas d'infinitif**	**pas de participe**
can, could 72	to be able to	being/been able to
may, might 229	to be allowed to (permission)	being/been allowed to
must 244	to have to	having/ had to

NOTEZ

Needn't, daren't, had better, would rather et *used to* sont proches des modaux par leur forme ou par leur sens.

238 modaux : emploi (synthèse)

FORMES SIMPLES	FORMES COMPOSÉES
modal + infinitif sans *to*	modal + *have* + participe passé
I can do it. 73-74 Je peux le faire. I could do it. 73-74 Je pouvais/pourrais le faire. I may do it. 231 Je le ferai peut-être. I might do it. 231 Je le ferai/ferais peut-être.	I can't have done it. 77 Je n'ai pas pu faire cela. I could have done it. 77 J'aurais pu le faire. I may have done it. 232 Je l'ai peut-être fait. I might have done it. 232 Je l'aurais peut-être fait.
I must do it. 244 Je dois le faire. Shall I do it? 357 Est-ce que je dois le faire ? I should do it. 358 Je devrais le faire. I ought to do it. 278 Je devrais le faire.	I must have done it. 245 J'ai dû le faire (certainement). I should have done it. 359 J'aurais dû le faire. I ought to have done it. 279 J'aurais dû le faire.
I will do it. 147 Je le ferai. I would do it. 92 Je le ferais.	I will have done it. 152 Je l'aurai fait. I would have done it. 93 Je l'aurais fait.

NOTEZ

- **Can** peut aussi correspondre à « savoir » (73) ou remplacer une forme progressive, dans certains cas (75). *I could* ne peut pas traduire « j'ai pu » (76).

- **May/might** expriment surtout la probabilité (= … peut-être).
Ils n'expriment la permission que dans un style formel (230).

- **Must** exprime surtout l'obligation ou la déduction. À la négation, on emploie *mustn't* ou *can't* selon le sens (244).

- **Shall I/we …?** et **Will you …?** correspondent souvent à un présent français (357, 151).

- **Shall** s'emploie parfois comme auxiliaire du futur, à la première personne (148).

- **Should** peut aussi correspondre à « dois », « devez », etc. (358, 362).
Il peut être l'équivalent d'un subjonctif français (361). Il remplace parfois *would* à la première personne du conditionnel (92.1).

- **Ought** s'emploie beaucoup moins que *should* (278.2).

- **Will/would** expriment aussi l'habitude ou la volonté (414, 415).

Pour les divers équivalents du verbe « devoir », 102.
Pour les autres emplois des modaux, consulter l'index.
Pour leurs particularités grammaticales, 237.

239 *most* et *most of*

Most (of) = « **la plupart / la majorité / la plus grande partie de** ».

❶ On emploie *most* devant un nom employé sans déterminant – c'est-à-dire lorsqu'on parle « en général ».

> **Most people** like holidays. (et non ~~Most of people~~ …)
> La plupart des gens aiment les vacances.
> I hate **most modern music**. (et non … ~~most of the modern music~~.)
> Je déteste la plus grande partie de la musique moderne.

« la plupart/ la majorité des gens » (en général) = ***most people***

❷ On emploie *most of* devant un déterminant (ex. : *the, my, this*) ou un pronom (ex. : *us, you, them*).

> **most of the** people I know **most of these** countries
> la plupart des gens que je connais la majorité de ces pays
> **most of my** friends **most of them**
> la plupart de mes amis la plupart d'entre eux

On dit également *most of* devant un nom propre.

> **most of France**
> la plus grande partie de la France

Pour l'emploi et l'omission de *the* devant un nom, 42, 43.

ENTRAÎNEZ-VOUS !

1 **Mettez *most* ou *most of*.**
1. I forget ... the things I learn. 2. ... my friends can speak English. 3. ... people are afraid of something. 4. There's a Hilton hotel in ... big cities. 5. ... these problems are easy to solve. 6. I've experienced ... climates.

2 **Traduisez en anglais.**
1. la plupart de mes opinions 2. la majorité de nos problèmes 3. La plupart des Américains parlent anglais. 4. La plupart des magasins ferment (*close*) le dimanche (*on Sundays*). 5. la plupart des livres que j'ai 6. la plupart des gens de (*in*) notre village

CORRIGÉ

1 1. most 2. Most of 3. Most 4. most 5. Most of 6. most

2 1. most of my opinions 2. most of our problems 3. Most Americans speak English. 4. Most shops close on Sundays. 5. most of the books (that) I have 6. most of the people in our village

240 mots de liaison

Voici une liste de mots de liaison fréquents (F = anglais formel).

— ***according to*** = selon, d'après (pour citer ce que quelqu'un d'autre a rapporté, **5**)

> **According to** the radio it's going to snow.
> D'après la radio, il va neiger.

— ***actually, in fact*** = en fait (**138**)

> He says he's 16, but **actually** he's 14.
> Il dit qu'il a 16 ans, mais en fait il en a 14.

— ***all the same*** = tout de même, quand même

> Thanks **all the same**.
> Merci quand même.

— ***anyway*** = en tout cas, de toute façon

> I'll phone, or I'll write. **Anyway**, I'll contact you.
> Je vous téléphonerai ou je vous écrirai. De toute façon, je vous contacterai.
> The coat was very expensive but she bought it **anyway**.
> Le manteau était très cher mais elle l'a acheté quand même.

— ***as a matter of fact*** = en fait, à vrai dire

> "Did you pass the exam?" "Yes, **as a matter of fact** I got very good marks."
> « As-tu réussi l'examen ? » « Oui, en fait j'ai même eu de très bonnes notes. »

— ***as a result/consequently*** (F) = aussi, par conséquent

> He did not revise for the exam. **As a result/Consequently**, he failed.
> Il n'a pas révisé son examen. Aussi a-t-il échoué.

— ***as a rule/generally speaking*** = en règle générale

> **As a rule/ Generally speaking**, artists dislike criticism.
> En règle générale, les artistes n'aiment pas la critique.

— ***as far as ... is concerned*** = en ce qui concerne

> His grammar is fine. **As far as** his pronunciation **is concerned**, he'll need to do some more practice.
> Il a un bon niveau grammatical. En ce qui concerne sa prononciation, il lui faudra un peu plus d'entraînement.

— ***as for*** = quant à

> I'll talk to Alice now. And **as for** the others, I'll see them tomorrow.
> Je vais parler à Alice maintenant. Quant aux autres, je les verrai demain.

— ***as regards*** (F) = en ce qui concerne

> **As regards** the budget, we are having a meeting next week.
> En ce qui concerne le budget, nous avons une réunion la semaine prochaine.

— ***at least*** = au moins, du moins

> Anne's getting married, **at least**, that's what Cathy told me.
> Anne se marie, du moins, c'est ce que m'a dit Cathy.

— ***besides*** = d'ailleurs, de plus

> I don't want to go out. It's cold. **Besides**, I'm tired.
> Je ne veux pas sortir. Il fait froid. D'ailleurs, je suis fatigué.

— ***by the way*** = au fait

> **By the way**, Fatima's got a new job.
> Au fait, Fatima a un nouveau poste.

— ***firstly, secondly*** (F) = en premier lieu, puis…

> **Firstly**, I shall explain the origins of the problem. **Secondly**, …
> En premier lieu, j'expliquerai les origines du problème. Puis,…

— ***for*** (F) = car

> She was shocked, **for** she had never seen a dead body.
> Elle était choquée, car elle n'avait jamais vu un mort.

— ***furthermore*** (F) = en outre, de plus

> It is an excellent hotel, and **furthermore** the prices are very reasonable.
> C'est un excellent hôtel. En outre, les prix sont très raisonnables.

— ***hence*** (F) = d'où, de là

> There has been an accident, **hence** the delay.
> Il y a eu un accident, d'où le retard.

— ***however*** (F) = cependant

> Our room was over the street. **However**, we were too tired to be troubled by the noise.
> Notre chambre donnait sur la rue. Cependant, nous étions trop fatigués pour être dérangés par le bruit.

— ***I think*** = je pense, je trouve, à mon avis, d'après moi, « pour moi » (**5**).

> **I think** his latest film was a disaster.
> À mon avis, son dernier film était un désastre.

— ***in a way*** = d'un côté

> **In a way** I agree with you.
> D'un côté, je suis d'accord avec vous.

— ***in addition*** (F) = de plus
>This is a risky project. **In addition**, it is extremely expensive.
>C'est un projet risqué. De plus, il est extrêmement coûteux.

— ***in conclusion*** (F) = pour conclure
>And **in conclusion**, I should like to thank all those who …
>Et pour conclure, je voudrais remercier tous ceux qui…

— ***in my opinion*** = à mon avis, d'après/selon moi (**5**).
>**In my opinion**, there is only one solution.
>À mon avis, il n'y a qu'une solution.

— ***in other words*** = autrement dit
>I can't help you. **In other words**, you'll have to do it yourself.
>Je ne peux pas vous aider. Autrement dit, il faudra que vous le fassiez vous-même.

— ***in short, in a word*** = bref, en un mot
>He composes, he plays six instruments, he sings, he conducts. **In short**, he's a musical genius.
>Il compose, il joue de six instruments, il chante, il dirige un orchestre. Bref, c'est un génie musical.

— ***incidentally*** = à propos
>Anna wants to talk to you about her new job. **Incidentally**, do you know she's getting married in June?
>Anna veut te parler de son nouveau travail. Á propos, tu sais qu'elle se marie en juin ?

— ***let me see, let me think*** = attendez (que je réfléchisse)
>"When can we meet?" "**Let me see** – what about tomorrow?"
>« Quand est-ce qu'on peut se voir ? » « Attendez… Est-ce que demain vous irait ? »

— ***mind you*** = remarque (**236**.4)
>He doesn't do much work. **Mind you**, he gets good results.
>Il ne travaille pas beaucoup. Remarque, il obtient de bons résultats.

— ***moreover*** (F) = de plus
>He found the weather depressing. **Moreover**, his health was not good.
>Il trouvait le temps déprimant. De plus, sa santé n'était pas bonne.

— ***namely*** (F) = à savoir
>Three ministers, **namely** John Powell, Andrew Parsons and Lewis Rudd, have threatened to resign.
>Trois ministres, à savoir John Powell, Andrew Parsons and Lewis Rudd, ont menacé de démissionner.

— ***nevertheless/noneless*** (F) = néanmoins
>We drove witout stopping. **Nevertheless**, it was dark when we reached home.
>Nous avons conduit sans arrêt. Néanmoins, il faisait nuit quand nous sommes arrivés à la maison.

— ***on the contrary*** = au contraire
>This is not an exclusive club. **On the contrary**, anyone can join.
>Ce n'est pas un club fermé. Au contraire, tout le monde peut y adhérer.

— ***on the one hand*** (F) = d'une part…

> **On the one hand**, we have a lot of preparations to make …
> D'une part, nous avons beaucoup de préparatifs à faire…

— ***on the other hand*** = d'un autre côté, d'autre part

> … **on the other hand**, we need to move fast.
> … d'autre part, il faut agir vite.

— ***on the whole*** = dans l'ensemble

> **On the whole** I'm satisfied with my job.
> Dans l'ensemble, je suis content de mon travail.

— ***otherwise*** = sinon

> We'd better start now, **otherwise** we'll be late.
> Nous avons intérêt à partir maintenant, sinon nous serons en retard.
> The baggage handlers are on strike for more pay. **Similarly**, the air traffic controllers are demanding new pay negotiations.
> Les bagagistes sont en grève pour des augmentations de salaire. De même, les contrôleurs aériens exigent de nouvelles négociations salariales.

— ***still*** = toutefois

> It wasn't a very good hotel. **Still**, it was better than nothing.
> Ce n'était pas un très bon hôtel. Toutefois, c'était mieux que rien.

— ***such as*** = comme (par exemple)

> In Central Europe they mostly speak Slav languages **such as** Czech or Polish.
> En Europe centrale, on parle surtout des langues slaves comme le tchèque ou le polonais.

— ***that is to say*** (F) = c'est-à-dire

> For us, **that is to say** my colleagues and myself, the problem is simple.
> Pour nous, c'est-à-dire mes collègues et moi-même, le problème est simple.

— ***therefore*** (F) = par conséquent

> Alan Bowles is ill. The part of the Idiot will **therefore** be played by Mike Gabb.
> Alan Bowles est malade. Par conséquent, le rôle de l'Idiot sera joué par Mike Gabb.

— ***thus*** (F) = ainsi

> **Thus** we are forced to conclude that …
> Nous sommes ainsi obligés de conclure que…

— ***to begin with/start with*** = d'abord, pour commencer

> "What's wrong with the meal?" "Well, **to begin with**, it was much too expensive …
> « Qu'est-ce qui n'allait pas dans le repas ? » « Eh bien, d'abord, il était beaucoup trop cher…

— ***to sum up*** (F) = en résumé

> **To sum up** : I feel that there are convincing arguments on both sides.
> En résumé : je trouve qu'il y a des arguments convaincants des deux côtés.

— **what's more** = de plus

> The train was dirty and crowded. **What's more**, it arrived an hour late.
> Le train était sale et bondé. De plus, il est arrivé une heure en retard.

— **yet** = pourtant

> He was far from strong, and **yet** people were afraid of him.
> Il était loin d'être fort, pourtant les gens avaient peur de lui.

Pour *at first* et *first*, **55**.
Pour *finally*, **140**.2.
Pour *that's why/this is why*, **326**.1.
Pour les conjonctions, voir l'index.

241 mots voisins

Ne confondez pas les mots suivants.

— **beside** = à côté de

> **beside** the fire
> à côté du feu

besides = d'ailleurs, de plus

> I don't like those jeans. **Besides**, they're too expensive.
> Je n'aime pas ce jean. D'ailleurs, il est trop cher.

— **cloth** /klɒθ/ = tissu, chiffon

> It's very expensive **cloth**.
> C'est du tissu très cher.
> Pass me **a cloth**.
> Passe-moi un chiffon.

clothes /kləʊðz/ (pas de singulier) = vêtements

> All my **clothes** are dirty.
> Tous mes vêtements sont sales.

— **economic** = qui concerne l'économie

> **economic problems**
> problèmes économiques

economical = qui sait économiser, qui consomme peu

> She's very **economical**.
> Elle est très économe.
> an **economical** car
> une voiture économique

— **efficient** = qui travaille bien, sans perte de temps/d'énergie

> My secretary's very **efficient**: she's fast, and never makes mistakes.
> Ma secrétaire est très efficace : elle est rapide et ne fait jamais d'erreur.

effective = qui résout bien un problème

> Nobody's found an **effective** treatment for cancer.
> Personne n'a encore trouvé de traitement efficace contre le cancer.

— **experiment** = expérience scientifique, essai

> I'm going to try an **experiment**.
> Je vais tenter une expérience.

experience = expérience(s) vécue(s)
> She had some interesting **experiences** in America.
> Elle a vécu des expériences intéressantes en Amérique.

— ***to feel (felt, felt)*** = (se) sentir, éprouver
> She **felt** ill.
> Elle se sentait malade.

to fall (fell, fallen) = tomber
> She **fell** down the stairs.
> Elle est tombée dans l'escalier.

to fill (filled, filled) = remplir
> She **filled** the bottle.
> Elle a rempli la bouteille.

— ***to fly (flew, flown)*** = voler (dans les airs)
> The birds have **flown** away.
> Les oiseaux se sont envolés.

to flow (flowed, flowed) = couler (liquide)
> The water **flowed** under the door.
> L'eau coulait sous la porte.

— ***funny*** (adjectif) = qui fait rire ; bizarre
> The film was very **funny.**
> Le film était très drôle.
> There's a **funny** smell.
> Il y a une odeur bizarre.

fun (nom) = plaisant, agréable
> Skiing is **fun**. (et non ... ~~funny~~)
> C'est bien, le ski.
> Ann's **no fun**, she never wants to go out.
> Anne n'est pas marrante, elle ne veut jamais sortir.

Notez que l'on dit *not much fun / no fun* plutôt que *not fun*.

— ***its*** = possessif neutre (**299**)
> What are **its** dimensions?
> Quelles sont ses dimensions ?

it's = *it is* ; *it has*
> **It's** late.   **It's** got six legs.
> Il est tard.   Il a six pattes.

— ***to leave (left, left)*** = partir, quitter
> Don't **leave** me.
> Ne me quitte pas.

to live (lived, lived) = vivre , habiter
> I prefer to **live** alone.
> Je préfère vivre seul.

— ***to lie (lay, lain)*** = être couché
> He **lay** on his side.
> Il était couché sur le côté.

to lay (laid, laid) = poser, mettre (la table)
>He **laid** the table.
>Il a mis la table.

to lie (lied, lied) = mentir
>He **lied** to her.
>Il lui a menti.

— ***to look after*** = garder, s'occuper de
>Can you **look after** the children for a few minutes?
>Tu peux garder les enfants pendant quelques minutes ?

to look for = chercher, essayer de trouver
>I'm **looking for** a flat.
>Je cherche un appartement.

— ***to lose (lost, lost)*** = perdre
>I keep **losing** my glasses.
>Je perds tout le temps mes lunettes.

loose /luːs/ = mal attaché, mal serré
>One of the screws is **loose**.
>L'une des vis est mal serrée.

— ***politics*** = politique (manière de gouverner)
>I'm not interested in **politics**.
>Je ne m'intéresse pas à la politique.

policy = (ligne) politique, règle de conduite
>The best **policy** is to do nothing.
>La meilleure politique est de ne rien faire.

— ***price*** = prix (qu'on paie)
>half-**price**
>à moitié prix

prize = prix (qu'on décerne)
>Nobel **prize**
>prix Nobel

— ***quite*** = assez ; tout à fait (**347**)
>She's **quite** pretty.
>Elle est assez jolie.
>You're **quite** right.
>Vous avez tout à fait raison.

quiet /ˈkwaɪət/ = tranquille, calme
>It's a very **quiet** street.
>C'est une rue très tranquille.

— ***seat*** = place, siège
>That's my **seat**.
>Ça, c'est ma place.

to sit (sat, sat) = s'asseoir
>Come and **sit** by me.
>Viens t'asseoir à côté de moi.

— ***sometimes*** = quelquefois, parfois, et (familier) des fois

> I **sometimes** get depressed.
> Je suis parfois déprimé.

some time = quelque temps ; un de ces jours

> I spent **some time** in Brussels last year.
> J'ai passé quelque temps à Bruxelles l'année dernière.
> I'll come and see you **some time.**
> Je viendrai te voir un de ces jours.

— ***there*** = là (-bas)

> She's not **there.**
> Elle n'est pas là. (ou : Elle n'y est pas.)

their = leur

> I've forgotten **their** names.
> J'ai oublié leurs noms.

they're = *they are*

> **They're** lost.
> Ils sont perdus.

— ***to*** = la marque de l'infinitif ; à, chez, dans, etc. (**54**)

> I want **to** go **to** London.
> Je veux aller à Londres.

too = trop (**395**) ; aussi (**56**)

> You're **too** young.   Your brother is, **too.**
> Tu es trop jeune.   Ton frère aussi.

— ***whose*** = à qui (**301**) ; dont (**332**)

> **Whose** is this coat?   a woman **whose** judgement I respect
> À qui est ce manteau ?   une femme dont je respecte le jugement

who's = *who is*

> the man **who's** speaking   **Who's** there?
> l'homme qui parle   Qui est là ?

Voir aussi *dead* et *died,* **98** ; *elder/eldest* et *older/oldest,* **82** , *last* et *latest,* **216** ; *sensible* et *sensitive,* **138** .

242 Mr, Mrs, sir ...

❶ *Mr, Mrs* /ˈmɪsɪz/ et *Ms* /mɪz, məz/ sont toujours suivis d'un nom propre. Ms n'indique pas si une femme est mariée ou non.

> **Mr and Mrs** Brown
> Monsieur et Madame Brown
> **Ms Kendall**
> Madame ou Mademoiselle Kendall

Attention à l'orthographe : *Mr*, et non ~~*Mr.*~~ ou ~~*Mʳ*~~.

La forme pleine *Mister* est rare ; il n'existe pas de forme pleine pour *Mrs* ou *Ms*.

❷ *Miss* est généralement suivi d'un nom propre mais s'emploie parfois seul. Les élèves appellent souvent leurs professeurs féminins *Miss*.

> **Miss** (Barbara) Garland   Good morning, **Miss.**

(Par contre, on ne pourrait pas dire ~~Good morning, Mr/Mrs/Ms.~~)

❸ *Sir* et *madam* s'emploient surtout pour parler aux clients dans les magasins.

>Can I help you, **sir**?   Your change, **madam**.
>Monsieur, vous désirez ?   Votre monnaie, madame.

Dans les autres situations, ils ne sont guère utilisés.

>Excuse me. Could you tell me the time? (et non ~~Excuse me, sir~~ ...)
>Pardon, Monsieur. Vous pouvez me dire l'heure, s'il vous plaît ?

ENTRAÎNEZ-VOUS !
Traduisez en anglais.
1. Madame Villiers 2. Monsieur Danson 3. Mademoiselle Roger 4. Pardon, Monsieur, où est la gare, s'il vous plaît ? 5. « Bonjour, Madame. Est-ce que vous vendez des tennis *(trainers)* ? » 6. « Oui, Madame. Quelle pointure *(what size)* ? »

CORRIGÉ
1. Mrs Villiers 2. Mr Danson 3. Miss Roger 4. Excuse me, where is the station, please? 5. "Good morning. Do you sell trainers?" 6. "Yes, madam. What size?"

243   *much, many, a lot ...*

❶ On emploie :

much + nom singulier	***many*** + nom pluriel
I haven't got **much time**.	I haven't got **many shirts**.
Je n'ai pas beaucoup de temps.	Je n'ai pas beaucoup de chemises.

Le nom peut être sous-entendu.

>"Have you got any money?" "Not **much**." (= "Not **much money**.")
>« Est-ce que tu as de l'argent ? » « Pas beaucoup. »
>"Did you go to any interesting places?" "Not **many**."
>« Est-ce que vous avez visité des endroits intéressants ? »
>« Pas beaucoup. »

❷ *Much* s'emploie aussi comme **adverbe**.

>It doesn't interest me **much**.
>Ça ne m'intéresse pas beaucoup.

ENTRAÎNEZ-VOUS !
Mettez *much* ou *many*.
1. There isn't ... room. 2. He doesn't have ... friends. 3. "Have you seen any good films recently?" "Not ..." 4. I don't like him ...

CORRIGÉ
1. much 2. many 3. many 4. much

❸ *Much* et *many* s'emploient surtout dans les **phrases négatives** et les **questions**. Dans les phrases affirmatives, ils s'emploient peu, en anglais familier, sauf après *too, as, so* et parfois *very*.

On les remplace généralement par **a lot of / lots of** (226), **plenty of** ou une autre expression.

Comparez :

> He's got **plenty of** charm but **not much intelligence.**
> (et non He's got much charm ...)
> Il a beaucoup de charme mais il manque d'intelligence.
>
> I **don't read many** books but I **read a lot of** comics.
> (et non I read many comics.)
> Je ne lis pas beaucoup de livres mais je lis beaucoup de bandes dessinées.
>
> "**Have you got many** stamps?"
> « Est-ce que tu as beaucoup de timbres ? »
> "Yes, **lots – too many** – take **as many** as you like."
> « Oui, beaucoup... trop ! Prends-en autant que tu veux. »
> "Thank you **very much**."
> « Merci beaucoup. »

ENTRAÎNEZ-VOUS !

Mettez *much* ou *many* lorsqu'ils sont courants, *a lot of* dans les autres cas.
1. We've got ... English friends. 2. I drink ... milk. 3. He doesn't go to ... parties. 4. Do you watch ... TV? 5. I've seen this film too ... times. 6. There are ... tourists here.

CORRIGÉ

1. a lot of 2. a lot of 3. a lot of 4. many 5. much 6. many

Pour plus de détails sur *too much/many*, 395 .
Pour *so much/many*, 368 .
Pour *as much/many*, 49 .

244 *must*

❶ *Must* est un auxiliaire modal (237). Il ne prend pas d's à la troisième personne. Les questions et les négations se forment sans *do*. Après *must*, on emploie l'infinitif sans *to*. La contraction négative est *mustn't* /mʌsnt/.

> He **must** stop.   He **mustn't** see me.
> Il faut qu'il arrête.   Il ne faut pas qu'il me voie.
> **Must you** really go?
> Tu dois vraiment partir ?

Must n'a pas d'infinitif. « Devoir » = **to have to.**

❷ *Must* exprime l'obligation. *Must not* exprime une interdiction.

> You **must** work harder.
> Vous devez travailler davantage.
> You **mustn't** smoke here.
> Vous ne devez pas fumer ici.

Must n'existe qu'au présent. À l'infinitif et aux autres temps, il faut employer *have (got) to* (171) pour parler de l'obligation.

> **I'll have to** come again tomorrow.
> Je serai obligé de revenir demain.

3 *Must* peut aussi exprimer une déduction. Dans ce cas, la forme négative est normalement **can't**.

> There's a light in the kitchen. She **must** be back.
> Il y a de la lumière dans la cuisine. Elle doit être rentrée.
> She's not answering the phone. She **can't** be back.
> Elle ne répond pas au téléphone. Elle ne doit pas être rentrée.

4 *Must* (obligation) n'a pas de passé. On emploie **had to** (« j'ai dû », « il a fallu que je… »).

> I **had to** explain everything.
> J'ai dû tout expliquer.

Toutefois, *must* peut s'employer au discours indirect après un verbe au prétérit (**103.2**).

> The doctor said I **must** stop smoking.
> Le médecin m'a dit que je devais arrêter de fumer.

Le passé de *must* (déduction) est **must have** + **participe passé** (« j'ai dû » + infinitif, « j'ai certainement » + participe passé (**245**).

ENTRAÎNEZ-VOUS !
Traduisez en anglais.
1. Il faut que je parte. 2. Dites-lui qu'il doit me téléphoner. 3. Vous ne devez pas l'écouter. 4. « Je suis comédien *(an actor)*. » « Ça doit être intéressant. » 5. Elle ne doit pas être là : la porte est fermée à clé *(locked)*. 6. Il a fallu que je prenne le train. 7. Il faudra que tu m'aides ce soir.

CORRIGÉ
1. I must go (leave). 2. Tell him that he must (tele)phone me. 3. You must not listen to her (him). 4. "I'm an actor." "That (It) must be interesting." (mustn't) 5. She can't be there: the door is (the door's) locked. 6. I had to take the train. 7. You'll have to help me this evening.

Pour la différence entre *must* et *have to* au présent **246** .
Pour *must* et *should*, **362** .
Pour « il faut que », **187** .

245 *must have* + participe passé

> I *must have* + participe passé = « j'ai dû » + infinitif

1 Cette structure sert à exprimer une **déduction à propos du passé**. On l'emploie pour dire qu'un fait s'est certainement produit.

> The grass is soaked. It **must have rained**.
> L'herbe est trempée. Il a dû pleuvoir.
> Sarah isn't here. She **must have gone** out.
> Sarah n'est pas là. Elle a dû sortir.

2 La forme négative est **can't have** + **participe passé**.

> She hasn't phoned. She **can't have seen** my message.
> Elle n'a pas appelé. Elle n'a pas dû voir mon message.

3 Ne confondez pas *must have* + **participe passé** avec *had to*, qui exprime une obligation passée. Comparez :

> She **must have got** up early. She looks tired.
> Elle a dû se lever de bonne heure. Elle a l'air fatigué.
> (= Elle s'est certainement levée de bonne heure.)
> She **had to get** up early to be in London at 8.00.
> Elle a dû se lever tôt pour être à Londres à 8 heures.
> (= Elle a été obligée de se lever de bonne heure.)

ENTRAÎNEZ-VOUS !

1 Complétez les phrases suivantes à l'aide de *must have* + participe passé.
1. The car is still wet. It … a lot. (to rain) 2. Tom is very brown. He … plenty of sun on holiday. (to have) 3. I can't see Betty's things. She … home. (to go) 4. They're very late. They … (to get lost)

2 Analysez le sens de « avoir dû » dans les phrases suivantes, puis traduisez-les en anglais.
1. J'ai dû me dépêcher, j'étais en retard. 2. Il ne m'a pas téléphoné (present perfect), il a dû oublier. 3. Sa femme était tellement malade qu'il a dû appeler le médecin. 4. Elle n'est pas encore arrivée. Elle a dû rater le train.

CORRIGÉ

1 1. must have rained (been raining) 2. must have had 3. must have gone 4. must have got lost
2 1. I had to hurry, I was late. 2. He hasn't (tele)phoned me, he must have forgotten. 3. His wife was so ill that he had to call the doctor. 4. She hasn't arrived yet. She must have missed the train.

246 *must* et *have (got) to*

1 Entre *must* et *have (got) to*, il y a une nuance. Avec **must**, l'obligation vient généralement de celui qui parle ou de celui qui écoute. Avec **have (got) to**, l'obligation vient d'ailleurs. Comparez :

> I **must** stop smoking.
> Il faut que j'arrête de fumer. (Je me le dis à moi-même.)
> I'**ve got to** stop smoking – doctor's orders.
> Il faut que j'arrête de fumer. C'est un ordre du médecin.

Must I pay you now?
Dois-je vous payer maintenant ?
Where **do I have to** pay?
Où faut-il que je paie ?

❷ *Must not* exprime une interdiction, *do not have to* une absence d'obligation. Le sens est alors très différent.

must not : « c'est interdit »	***do not have to*** : « ce n'est pas obligé »
You **mustn't** tell her.	You **don't have to** tell her.
Tu ne dois pas lui dire.	Tu n'es pas obligé de lui dire.
(= Il ne faut pas.)	(= ... mais tu peux si tu veux.)

Need not exprime la même idée que *do not have to* (**248**.3).

❸ Les deux formes n'existent en parallèle qu'au présent. Seul *have to* est possible à l'infinitif et aux autres temps (**244**).

ENTRAÎNEZ-VOUS !
Choisissez.
1. I'm tired. I *(really must/have really got to)* go to bed. **2.** What time *(must you/do you have to)* start work in the mornings? **3.** I *(must go/have got to go)* to the dentist on Thursday. **4.** Please – you *(must stop/have got to stop)* interrupting me! **5.** I *(mustn't/don't have to)* work on Saturdays. **6.** She *(mustn't/doesn't have to)* use the car without asking me.

CORRIGÉ
1. really must 2. do you have to 3. have got to go 4. must stop 5. don't have to 6. mustn't.

247 nationalités

On emploie deux types de mots pour parler des nationalités :
– l'**adjectif** (ex. : *Greek*, *Swedish*, *Welsh*) ;
– le **nom** qui désigne une personne de la nationalité en question (ex. : *a Greek*, *a Swede*, *a Welshman*).
Voici quelques exemples. Pour la prononciation, consultez un dictionnaire.

PAYS	ADJECTIF	NOM
Afghanistan	Afghan	an Afghan
Algeria	Algerian	an Algerian
Australia	Australian	an Australian
Belgium	Belgian	a Belgian
Brazil	Brazilian	a Brazilian
Britain	British	a Briton
Bulgaria	Bulgarian	a Bulgarian
Cambodia	Cambodian	a Cambodian
Canada	Canadian	a Canadian
Chile	Chilean	a Chilean
China	Chinese	a Chinese
Croatia	Croatian	a Croatian
the Czech Republic	Czech	a Czech
Denmark	Danish	a Dane
England	English	an Englishman, an Englishwoman
Egypt	Egyptian	an Egyptian
France	French	a Frenchman, a Frenchwoman
Germany	German	a German
Greece	Greek	a Greek
Holland	Dutch	a Dutchman, a Dutchwoman
India	Indian	an Indian

Iran	Iranian	an Iranian
Iraq	Iraqi	an Iraqi
Ireland	Irish	an Irishman, an Irishwoman
Italy	Italian	an Italian
Israel	Israeli	an Israeli
Japan	Japanese	a Japanese
Mexico	Mexican	a Mexican
Morocco	Moroccan	a Moroccan
Nigeria	Nigerian	a Nigerian
Norway	Norwegian	a Norwegian
Pakistan	Pakistani	a Pakistani
Poland	Polish	a Pole
Portugal	Portuguese	a Portuguese
Romania	Romanian	a Romanian
Russia	Russian	a Russian
Scotland	Scottish/Scotch	a Scot
Serbia	Serbian	a Serb
South Africa	South African	a South African
Spain	Spanish	a Spaniard
Sweden	Swedish	a Swede
Switzerland	Swiss	a Swiss
Thailand	Thai	a Thai
Tunisia	Tunisian	a Tunisian
Turkey	Turkish	a Turk
Ukraine	Ukrainian	a Ukrainian
the USA	American	an American
Vietnam	Vietnamese	a Vietnamese
Wales	Welsh	a Welshman, a Welshwoman

NOTEZ

- Pour parler de la nation en général, on emploie normalement ***the* + le pluriel du nom** (ex. : *the Greeks, the Scots, the Americans*). Pourtant, dans certains cas, on emploie l'adjectif (sans -s) au lieu du nom : *the Chinese, the Japanese* (de même pour tous les mots qui se terminent en *-ese*) ; *the British, the English, the French, the Dutch, the Irish, the Spanish, the Welsh, the Swiss*.

- L'**adjectif** s'écrit avec une majuscule, comme tous les mots qui se rapportent à la nationalité. On l'emploie pour désigner la langue (ex. : *English, French*).

- *Briton* est rare ; pour parler des Britanniques, on dit normalement *the British* ou *British people*.

- *Arab* s'emploie souvent comme adjectif dans un contexte politique ; *Arabic* s'emploie pour parler de la langue ou de la culture arabe.

248 *need*

1 *Need* + **nom/pronom** = « avoir besoin de ».

> She **needs** some milk. (et non ~~She has need of~~ ...)
> Elle a besoin de lait.
>
> Do you **need** me?   We **don't need** any help.
> As-tu besoin de moi ?   Nous n'avons pas besoin d'aide.

2 *Need* + **to** + **V** = *have to* (« être obligé de », etc., 171).

Need peut s'employer pour poser une question à propos d'une obligation, ou pour parler d'une absence d'obligation.

> Do I **need to come** to work tomorrow? (= Do I have to ...?)
> Faut-il que je vienne travailler demain ?
> You don't **need to answer** all the questions. (= You don't have to ...)
> Vous n'êtes pas obligé de répondre à toutes les questions.

3 *Needn't* (= don't have to).

Il existe aussi une forme négative *needn't* qui s'emploie sans *do*, sans -*s* à la troisième personne, et qui est suivie de l'infinitif sans *to*.

> He **needn't tell** us if he doesn't want to.
> Il n'est pas obligé de nous le dire s'il ne veut pas.

ENTRAÎNEZ-VOUS !

Traduisez en anglais.

1. As-tu besoin d'argent ? 2. J'ai besoin de plus de temps. 3. Tout le monde a besoin d'amour. 4. Faut-il que je paie en espèces *(in cash)* ? 5. Je n'ai pas besoin de tes conseils *(advice)*. 6. Elle n'est pas obligée de répondre si elle ne veut pas.

CORRIGÉ

1. Do you need money? 2. I need more time. 3. Everybody (Everyone) needs love. 4. Do I need to pay in cash? 5. I don't need your advice. 6. She doesn't need to answer if she doesn't want to. (She needn't answer ...)

4 *Needn't have* + **participe passé** = « ce n'était pas la peine de ».

> You **needn't have woken** me up. I'm not working today.
> Ce n'était pas la peine de me réveiller. Je ne travaille pas aujourd'hui.

Cette tournure implique que l'action **accomplie** n'était pas nécessaire.

5 *Need* + **V**-*ing*.

Après *need*, une forme en -*ing* a un sens passif.

> The car **needs cleaning**. (= The car needs to be cleaned.)
> La voiture a besoin d'être nettoyée.

ENTRAÎNEZ-VOUS !

Traduisez en anglais.
1. Ma montre a besoin d'être réparée *(to repair)*. 2. Ce n'était pas la peine que j'arrose *(to water)* les fleurs : il pleut.

CORRIGÉ

1. My watch needs repairing. 2. I needn't have watered the flowers: it's raining.

NOTEZ

« Ce n'était pas la peine que/de » peut ainsi correspondre à *I didn't need to*. En ce cas, l'action inutile n'a **pas été accomplie**.

> I **didn't need to** water the flowers, because it had been raining.
> Je n'ai pas eu besoin d'arroser les fleurs parce qu'il avait plu.
> (ou : Ce n'était pas la peine que j'arrose…)

249 négation

❶ On ne met normalement **qu'une seule négation dans une proposition**.

— Par conséquent, lorsqu'il y a déjà un terme négatif *(never, nobody, neither … nor*, etc.*)*, le verbe est à la forme **affirmative**.

> I **never** smoke. (et non ~~I don't never smoke.~~)
> Je ne fume jamais.
> **Nobody's** perfect.
> Personne n'est parfait.
> I like **neither** gin **nor** whisky.
> Je n'aime ni le gin ni le whisky.

— Lorsque le verbe est négatif, il ne faut pas utiliser *no* et ses composés mais *any* **et ses composés**.

> I **don't** know **anybody**. (et non ~~I don't know nobody.~~)
> Je ne connais personne.

❷ *Hardly* (« à peine », « ne… guère ») est considéré comme un terme **négatif**. Les mots qui l'accompagnent sont donc affirmatifs.

> I **hardly ever** see my father. (et non ~~I don't hardly~~ …)
> Je ne vois presque jamais mon père.

Notez l'emploi de *ever*, *any*, etc. après *without*.

> He spent three months **without ever** going out.
> Il a passé trois mois sans jamais sortir de chez lui.
> We found her house **without any** difficulty.
> Nous avons trouvé sa maison sans difficulté.

ENTRAÎNEZ-VOUS !

Traduisez en anglais.
1. Il ne boit jamais. 2. Je ne sais rien. 3. Personne ne me comprend. 4. Elle ne mange ni viande ni poisson. 5. Il ne gagne *(to earn)* presque rien. 6. Elle a vécu toute sa vie sans jamais aller en vacances.

CORRIGÉ

1. He never drinks. 2. I don't know anything. (I know nothing.) 3. Nobody understands me. 4. She eats neither meat nor fish. 5. He earns hardly anything. (He hardly earns anything.) 6. She (has) lived all her life without ever going on holiday.

> Pour les formes négatives des divers temps, **385**.
> Pour *be*, **59**.
> Pour *have*, **167** à **171**.
> Pour l'impératif négatif, **189**.
> Pour l'interronégation, **346**.
> Pour *ever* et *never*, **129**.

250 *next et the next*

❶ Attention à la différence entre **next** et **the next**.

Next week/year … = « la semaine/l'année prochaine… »

The next week/year = « la semaine/l'année… suivante/d'après »

> I'm going to Italy **next month**.
> Je vais en Italie le mois prochain.
> I spent the first week of the holiday in New York and **the next week** in California.
> J'ai passé la première semaine des vacances à New York et la suivante en Californie.

Notez l'ordre des mots : *the next* précède les nombres.

> the **next three** days (et non ~~the three next days~~)
> les trois jours suivants

❷ *The next week/year* … peut aussi désigner une période qui commence juste au moment où l'on parle.

> **The next school year** is going to be very difficult.
> Cette année scolaire va être très difficile. (On est en septembre.)

Notez aussi l'expression *the next few days*.

> I'll be away for **the next few days**.
> Je serai absent pendant les jours qui viennent.

ENTRAÎNEZ-VOUS !

Mettez *next* ou *the next*.

1. I don't know what I'm going to do … week. 2. The first year was very difficult, but … year was easier. 3. There's a holiday on Wednesday … week. 4. I shall be very busy for … few weeks.

CORRIGÉ

1. next 2. the next 3. next 4. the next

251 nombres (1) : *dozen(s), hundred(s) ...*

❶ *Dozen, hundred, thousand, million, billion* ne prennent pas d's après un **nombre précis**, ni après *several, a few, many*.

> two **dozen** eggs
> deux douzaines d'œufs
> three **hundred** houses
> trois cents maisons

> a few **thousand** years
> quelques milliers d'années
> several **million** people
> plusieurs millions de personnes

❷ Dans les autres cas, ils prennent un *s* au pluriel et sont suivis de ***of***.

> **hundreds of** houses
> des centaines de maisons

> **millions of** people
> des millions de gens

ENTRAÎNEZ-VOUS !

Traduisez en anglais.
1. trois douzaines de verres 2. des milliers de fois 3. plusieurs centaines de kilomètres 4. cinq mille ans 5. des centaines de gens 6. quelques milliers de tonnes *(tons)*

CORRIGÉ
1. three dozen glasses 2. thousands of times 3. several hundred kilometres 4. five thousand years 5. hundreds of people 6. a few thousand tons

252 nombres (2) : ordinaux (1ᵉʳ, 2ᵉ, 3ᵉ...)

❶ Formes

— Les nombres ordinaux se forment normalement on ajoutant *-th* au nombre cardinal.

> four → four**th** (4**th**)
> eleven → eleven**th** (11**th**)

— Exceptions : *one, two, three,* et les nombres terminés par *one, two, three*.

> one → **first** (1**st**)
> two → **second** (2**nd**)
> three → **third** (3**rd**)
> twenty-one → twenty-**first** (21**st**)
> thirty-two → thirty-**second** (32**nd**)
> sixty-three → sixty-**third** (63**rd**)

— Attention à l'orthographe des formes suivantes :

> 5th = fif**th** /fɪfθ/
> 9th = nin**th** /naɪnθ/
> 8th = eigh**th** /eɪtθ/
> 12th = twelf**th** /twelfθ/

— La terminaison *-ty* se transforme en *-tieth* /tɪəθ/.

> 20th = twen**tieth**
> 30th = thir**tieth**

❷ Emploi

Les nombres ordinaux s'emploient parfois dans de s cas où le français recourt à un nombre cardinal : lorsqu'on dit les dates (**97.2**), et les noms de rois ou de papes.

> 21st May = **the twenty-first** of May
> Louis XIV = Louis **the Fourteenth**
> John XXIII = John **the Twenty-third**

ENTRAÎNEZ-VOUS !

Écrivez en toutes lettres, et prononcez.
15th – 27th –51st – 92nd – 43rd – 55th – 40th – 70th – 21 January – Louis XV – Henry VIII

CORRIGÉ

fifteenth – twenty-seventh – fifty-first – ninety-second – forty-third – fifty-fifth – fortieth – seventieth – the twenty-first of January – Louis the Fifteenth – Henry the Eighth

253 nombres (3) : problèmes divers

❶ A/one hundred, thousand, million ...

Devant *hundred*, *thousand* et *million*, on emploie le plus souvent ***a***.

> I owe Jim **a hundred** and twenty euros.
> Je dois cent vingt euros à Jim.
> **a thousand** years
> mille ans

One est plus formel, ou exprime une idée de précision.

> Pay Mr Lovelace **one hundred** euros. (sur un chèque)
> Payer cent euros à M. Lovelace.
> He died just **one hundred** years ago.
> Il est mort il y a juste cent ans.

❷ And après *hundred, thousand*, etc.

En anglais britannique, ***and*** s'emploie après *hundred*, *thousand*, etc. lorsqu'ils sont suivis d'un nombre de 1 à 99.

> 315 : three **hundred and** fifteen
> 2,049 : two **thousand and** forty-nine
> (mais 2,300 : two **thousand** three hundred)

❸ Numéros de téléphone

Ils se lisent chiffre par chiffre, mais on dit souvent *double* /dʌbl/ devant un chiffre double.

> 647150 : six four seven one five O /əʊ/
> 831226 : eight three one double two six

❹ Décimales et milliers

Les décimales sont précédées d'un **point**, et non d'une virgule comme en français. Par contre, on met une **virgule** pour les milliers (sauf dans les dates 97).

> **1.625** (one point six two five) = 1,625 en français
> **1,625** (one thousand, six hundred and twenty-five) = 1 625 en français

❺ Fractions

les 3/4 = three quarters   1/7 = a/one seventh

Pour *half a, one and a half*, 164 .

6 Prépositions

Notez l'emploi de *out of* et *by* dans les cas suivants.

10 **out of** 20
10 sur 20

Production has risen **by** 8 %
(= per cent).
La production a augmenté de 8 %.

ENTRAÎNEZ-VOUS !

1 **Exprimez en anglais (écrivez les chiffres en toutes lettres).**
1 km – (juste) 1 km – 713 – 2006 – 3 675 – 3,675 – 8 sur 10 – les 9/10 du pays – Mon salaire va augmenter de 2 %.

2 **Lisez et écrivez en toutes lettres.**
(My phone number is) 01724991036 – (votre propre numéro de téléphone).

CORRIGÉ

1 a kilometre – (just) one kilometre – seven hundred and thirteen – two thousand and six – three thousand, six hundred and seventy-five – three point six seven five – eight out of ten – nine tenths of the country – My salary is going to rise (go up) by two per cent.
2 O one seven two four double nine one O three six

Pour la traduction de « zéro », **420** .
Pour les dates, **97** .

254 noms (1) : formation du pluriel

1 En règle générale, on forme le pluriel des noms en ajoutant un **s** au singulier.

car → car**s**   clock → clock**s**   house → house**s**

2 Les mots qui se terminent en -*s*, -*sh*, -*ch* et -*x* forment leur pluriel en -**es**, ainsi que certains mots terminés en -*o*.

bu**s** → bus**es**   box → box**es**
glas**s** → glass**es**   tomat**o** → tomat**oes**
bru**sh** → brush**es**   potat**o** → potat**oes**
mat**ch** → mat**ches**

3 Les mots se terminant par un *y* précédé d'une consonne forment leur pluriel en -***ies***.

ba**by** → ba**bies**   facto**ry** → facto**ries**
count**ry** → count**ries**

Les mots se terminant par un *y* précédé d'une voyelle forment leur pluriel en -**s**.

da**y** → day**s**   bo**y** → boy**s**

4 Les mots suivants forment leur pluriel en -***ves***.

half → hal**ves** /hɑːvz/   thief → thie**ves** /θiːvz/
shelf → shel**ves** /ʃelvz/   calf → cal**ves** /kɑːvz/
knife → kni**ves** /naɪvz/   life → li**ves** /laɪvz/
wolf → wol**ves** /wʊlvz/   leaf → lea**ves** /liːvz/
self → sel**ves** /selvz/   loaf → loa**ves** /ləʊvz/
wife → wi**ves** /waɪvz/

Les autres mots terminés en *-f* ont un pluriel régulier.

    roof → roo**fs**   cliff → cliff**s**   chief → chief**s**

5 Les mots *fish*, *sheep*, *deer* ne prennent pas d's au pluriel.

6 Les noms composés terminés par une particule adverbiale forment leur pluriel de façon régulière, sauf si le premier élément se termine en *-er*.

    grown-up → grown-up**s**
    hold-up → hold-up**s**

mais :

    passer-by → passer**s**-by   hanger-on → hanger**s**-on

7 Pluriels irréguliers.

man → **men**	species → **species** /spiːʃiːz/
woman → **women** /wɪmɪn/	series → **series** /sɪərɪz/
child → **children**	crisis → **crises** /kraɪsiːz/
foot → **feet**	analysis → **analyses** /əˈnælɪsiːz/
tooth → **teeth**	criterion → **criteria** /kraɪˈtɪərɪə/
mouse → **mice**	phenomenon → **phenomena** /fɪˈnɒmɪnə/
penny → **pence**	
means → **means**	

Data (« donnée/données ») peut être singulier ou pluriel en anglais moderne.

8 Prononciation du pluriel.

— Après les sons /s/, /ʃ/, /tʃ/, /z/ et /dʒ/, *-es* se prononce /ɪz/.

    bus**es** /ˈbʌsɪz/   ros**es** /rəʊzɪz/
    brush**es** /ˈbrʌʃɪz/   bridg**es** /ˈbrɪdʒɪz/
    match**es** /ˈmætʃɪz/

— Dans les autres cas, le *-s* ou *-es* du pluriel se prononce /s/ après une consonne « sourde » (/p/, /f/, /θ/, /t/, /k/) et /z/ après tous les autres sons.

    cu**ps** /kʌps/   hea**ds** /hedz/
    ba**ths** /bɑːθs/   clo**thes** /kləʊðz/
    ha**ts** /hæts/   na**mes** /neɪmz/
    boo**ks** /bʊks/   da**ys** /deɪz/

— Notez : *house* /haʊs/, *houses* /ˈhaʊzɪz/.

ENTRAÎNEZ-VOUS !

1 Écrivez le pluriel de :
coat – kiss – fox – story – toy – tree – lamp – journey – boss – spy – watch – thief – roof – child – mouse

2 Dites si la désinence du pluriel se prononce /ɪz/, /s/ ou /z/ dans les mots suivants.
shoes – clothes – churches – judges – ships – chairs – boats – paths

CORRIGÉ

1 coats – kisses – foxes – stories – toys – trees – lamps – journeys – bosses – spies – watches – thieves – roofs – children – mice

2 /ɪz/ churches – judges /s/ ships – paths – boats /z/ shoes – clothes – chairs

255 noms (2) : singulier et pluriel (emploi)

En règle générale, le singulier et le pluriel s'emploient de la même manière dans les deux langues. Dans certains cas, l'usage anglais diffère de celui du français.

1 Les noms de groupes s'emploient souvent avec un verbe au pluriel en anglais.

> The **government have** (ou **has**) decided ...
> Le gouvernement a décidé...

Si le verbe est au pluriel, les pronoms et possessifs le sont aussi.

> The **team are** confident that **they** will win **their** next match.
> L'équipe est sûre de gagner son prochain match.

2 Avec des expressions comme *five dollars*, *ten litres*, *three miles*, qui désignent une quantité ou une mesure, l'accord se fait au singulier.

> Where **is that five dollars** I lent you?
> Où sont ces cinq dollars que je t'ai prêtés ?
> **Ten litres isn't** enough.
> Dix litres ne suffisent pas.

3 Dans certains cas, un nom singulier français se traduit par un pluriel anglais.

the customs	the Middle Ages	in/to the mountains
la douane	le Moyen Âge	à la montagne

Tout vêtement « à deux jambes » correspond à un pluriel en anglais (**211**).

« Un jean » = ***jeans*** (et non ~~a jean~~).

Notez aussi *shorts*, *pyjamas*, *trousers* (« un pantalon ») et *pants* (« un slip »).

> Where **are** my **jeans**?   Your **pyjamas are** too small.
> Où est mon jean ?   Ton pyjama est trop petit.

> Pour les pluriels français qui se traduisent en anglais par des indénombrables
> (ex. : « meubles », « bagages », « informations »), **256** .

4 Avec les mots *people* et *police*, le verbe est au pluriel.

> **People are** funny.
> Les gens sont marrants.
> **The police are** unable to find him.
> La police est incapable de le retrouver.

Le nom pluriel *clothes* (« vêtements ») n'a pas de singulier.
« Un vêtement » = *an article of clothing* ou *something to wear*.

5 Attention ! Les mots suivants sont des singuliers, même s'ils se terminent en -s.

news (informations)	Here **is** the **news**. Voici les informations.
crossroads (carrefour)	This **crossroads is** very dangerous. Ce carrefour est très dangereux.
mathematics, physics, economics, politics, athletics, etc.	**Physics is** my favourite subject. La physique est ma matière préférée.

the United States	**The United States is** a federation. Les États-Unis sont une fédération.
series, means, species (pluriel series, means, species, **254**.7)	**a series** of disasters une série de désastres

ENTRAÎNEZ-VOUS !

Traduisez en anglais.
1. Le gouvernement ne veut pas donner son autorisation *(permission)*. 2. Est-ce que ces trois euros sont à toi ? 3. L'équipe ne va pas gagner son prochain match. 4. Où est mon jean ? 5. J'aime bien marcher à la montagne. 6. Les gens ne comprennent pas. 7. La police a abandonné *(given up)*. 8. La physique est très difficile.

CORRIGÉ

1. The government do not (don't) want to give their permission. (The government does not/doesn't want to give its permission.) 2. Is this three euros yours? 3. The team are not (aren't) going to win their next match. (The team is not/isn't going to win its next match.) 4. Where are my jeans? 5. I like walking in the mountains. 6. People do not (don't) understand. 7. The police have given up. 8. Physics is very difficult.

256 noms (3) : indénombrables

❶ Les noms indénombrables désignent des substances, des concepts, etc., qui ne peuvent pas se diviser en éléments séparés, donc qu'on ne peut pas compter. Normalement, ces noms n'ont pas de pluriel.

music	milk	astonishment
la musique	le lait	l'étonnement

❷ Il est très rare d'employer l'article indéfini *a/an* avec les indénombrables.

I heard soft **music.** (et non … ~~a soft music.~~)
J'ai entendu une musique douce.
We're having horrible **weather**. (et non … ~~a horrible weather.~~)
Nous avons un temps horrible.
She speaks very correct **English**. (et non … ~~a very correct English.~~)
Elle parle un anglais très correct.

Notez toutefois les expressions suivantes :

It's **a pity/shame.**	in **a hurry**
C'est dommage.	pressé

❸ Certains noms sont dénombrables en français et indénombrables (donc suivis d'un verbe au singulier) en anglais. Voici les plus courants.

advice	conseil(s)	un conseil = a piece of advice
fruit	fruits	un fruit = some fruit / a piece of fruit
furniture	meubles	un meuble = a piece of furniture
hair	cheveux	un poil = a hair (pluriel : hairs)
information	renseignements	un renseignement = some information / a piece of information
knowledge	connaissance(s)	
luggage, baggage	bagages	
news	information(s)	une nouvelle = some news / a piece of news
progress	progrès	
spaghetti	spaghettis	

Your **hair is** nice. (et non ~~Your hair are nice~~.)
Ils sont beaux, tes cheveux.
"Where**'s the luggag**e?" "**It's** in the car."
« Où sont les bagages ? » « Ils sont dans la voiture. »
Do your parents give you **advice**?
Est-ce que tes parents te donnent des conseils ?

ENTRAÎNEZ-VOUS !
Traduisez en anglais.
1. Nous avons un temps splendide (*splendid*). **2.** Il parle un très mauvais anglais. **3.** J'ai perdu mes bagages. (present perfect) **4.** Les informations sont à dix heures. **5.** Les cheveux de Carol sont très longs. **6.** Pouvez-vous me donner un conseil ? **7.** Nous allons acheter des meubles. **8.** J'ai besoin d'un renseignement. **9.** un meuble très cher **10.** Les spaghettis sont prêts.

CORRIGÉ
1. We are having splendid weather. **2.** He speaks very bad English. **3.** I've lost my luggage (baggage). **4.** The news is at ten (o'clock). **5.** Carol's hair is very long. **6.** Can you give me some advice? (a piece of advice?) **7.** We're going to buy (some) furniture. **8.** I need some (a piece of) information. **9.** a very expensive piece of furniture **10.** The spaghetti is ready.

257 noms (4) : masculin et féminin

Certains noms ont une forme masculine et une forme féminine.

❶ Le féminin de certains noms se forme en *-ess*.

actor – actress
acteur – actrice
waiter – waitress
garçon – serveuse

prince – princess
prince – princesse
host – hostess
hôte – hôtesse

❷ Le genre peut aussi être précisé par *boy/girl*, *man/woman* ou *male/female* (pas du tout péjoratif en anglais).

boyfriend – girlfriend
ami/copain – amie/copine
policeman – policewoman
agent de police

male student – female student
étudiant – étudiante

❸ Notez également :

hero – heroine
héros – héroïne
widower – widow
veuf – veuve

(bride)groom – bride
marié – mariée

❹ Certaines formes masculines qui se terminent en *-man*, comme *chairman* (« président d'un comité ») ou *spokesman* (« porte-parole »), n'ont pas d'équivalent féminin, et s'emploient parfois pour les deux sexes. Pourtant, on a tendance maintenant à remplacer de telles expressions par des formes non-sexistes comme *chairperson* (ou *chair*), *spokesperson*.

Pour l'emploi de *he* et *she* avec les noms d'animaux, de voitures, de pays, etc., **325**.
Pour *he or she* (et *they* = *he or she*), **327**.

258 noms (5) : noms composés

❶ Il est extrêmement fréquent en anglais de mettre un nom devant un autre.

a **road map**
une carte routière

a **business trip**
un voyage d'affaires

Attention à l'ordre des mots ! Il est souvent l'inverse de l'ordre français. Comparez :

a **race horse**
un cheval de course

a **horse race**
une course de chevaux

Certains noms composés fréquents s'écrivent avec un trait d'union (ex. : *dining-room*) et d'autres en un seul mot (ex. : *toothbrush*). Il n'y a pas de règle générale.

On peut mettre plusieurs noms ensemble.

sports car manufacture
la fabrication des voitures de sport

❷ Le premier nom joue le rôle d'un **adjectif**. C'est pourquoi il est généralement au singulier, et reste **invariable** lorsque le nom composé est mis au pluriel.

　　　　a **computer** exhibition　　　　　a **twenty-euro** note
　　　　une exposition d'ordinateurs　　　un billet de vingt euros
　　　　a **shoe** shop　　　　　　　　　**shoe** shops (et non ~~shoes shops~~)
　　　　un magasin de chaussures　　　　des magasins de chaussures

Notez toutefois : *a woman driver* (« une conductrice »), *women drivers* (« des conductrices »).

3 Dans quelques cas exceptionnels, le premier terme est au pluriel.
　　　　a **sports** car　　　　　　　　a **careers** adviser
　　　　une voiture de sport　　　　　　un conseiller d'orientation
　　　　　　　　　　　　　　　　　　　professionnelle

C'est également le cas des noms qui n'ont pas de singulier : *a **goods** train* (un train de marchandises), *a **clothes** shop* (une boutique de vêtements), etc.

ENTRAÎNEZ-VOUS !

1 **Choisissez la bonne combinaison.**
1. une vitrine : a shop window *ou* a window shop ? 2. un jardin potager : a garden vegetable *ou* a vegetable garden ? 3. un billet de train : a train ticket *ou* a ticket train ? 4. un réveil : an alarm clock *ou* a clock alarm ?

2 **Transformez les expressions suivantes en noms composés.**
Ex. : *an exhibition of computers → a computer exhibition*
1. a gallery with pictures in 2. a shop that sells books 3. an album for photographs 4. a ticket that costs twenty dollars 5. a garden with roses in 6. a holiday that lasts ten days

3 **Mettez ces noms composés au pluriel.**
a road map – a ten-euro note – a sports car – a flower shop – a dinner plate

CORRIGÉ
1 1. a shop window 2. a vegetable garden 3. a train ticket 4. an alarm clock
2 1. a picture gallery 2. a bookshop 3. a photograph album 4. a twenty-dollar ticket 5. a rose garden 6. a ten-day holiday
3 road maps – ten-euro notes – sports cars – flower shops – dinner plates

259　noms (6) : nom composé, cas possessif ou préposition ?

On peut combiner les noms de trois façons différentes :
— nom composé
　　　　a bookshop　　　　　　　　　　a war film
　　　　une librairie　　　　　　　　　　un film de guerre
— cas possessif
　　　　my sister's car　　　　　　　　　Jake's idea
　　　　la voiture de ma sœur　　　　　l'idée de Jake
— expression avec préposition
　　　　the top of the page
　　　　le haut de la page

Il est difficile de savoir laquelle des trois combinaisons s'emploie dans un cas particulier. Voici quelques indications.

❶ Nom composé et cas possessif

Si l'on « décompose » un nom composé, le premier nom se transforme le plus souvent en complément.

a **book**shop → a shop that sells **books**
a **war** film → a film about **war**

Si l'on « décompose » une expression construite avec le cas possessif, le premier nom se transforme le plus souvent en sujet (généralement du verbe *have*).

my **sister**'s car → **My sister has** a car.
Jake's idea → **Jake had** an idea.

❷ Nom composé et expression avec préposition

Un nom composé se réfère normalement à une catégorie bien connue. Dans les autres cas, on emploie plutôt une expression avec préposition. Comparez :

a **history** book
un livre d'histoire

a book **about the moon**
(et non a moon book)
un livre sur la Lune

the **post**man
le facteur

a man **from the insurance office**
un homme du bureau d'assurances

a **road** sign
un panneau de signalisation

signs **of tiredness**
des signes de fatigue

❸ Cas possessif et expression avec préposition

Le cas possessif s'emploie surtout lorsque le premier nom indique une personne, un groupe de personnes, un organisme, un animal ou un pays. Dans les autres cas, on utilise généralement une expression avec préposition. Comparez :

my **father's** name
le nom de mon père

the name **of the book**
(et non the book's name)
le nom du livre

America's influence
l'influence des États-Unis

the influence **of alcohol**
l'influence de l'alcool

Voir aussi **304**.3.

---

260 *not ... any, not ... a, no, none*

❶ *Not... any, no*

« ne… pas de » = ***not… any*** ou ***no***

I have**n't** got **any** matches. (ou I've got **no** matches.)
Je n'ai pas d'allumettes.
We do**n't** want **any** help. (ou We want **no** help.)
Nous ne voulons pas d'aide.

La tournure avec *not … any* est la plus fréquente. Celle avec *no* est plus emphatique.

NOTEZ

- Le verbe est à la forme négative avec *any* et à la forme affirmative, avec *no* (249).
- *Not* ne peut pas être omis, contrairement à « ne » en français familier.

❷ Devant un dénombrable singulier, « (ne)… pas de » se traduit généralement par **not … a** et non *not … any*.

> I have**n't** got **a brother**. / I have**n't** got **any brothers**. (et non ~~I haven't got any brother.~~)
> Je n'ai pas de frère(s).

❸ *No, none*

« Aucun » = ***no*** + **nom** ou ***none*** (pronom).

> **No** problem.
> Aucun problème.
> "Did you have any problems?" "**None**."
> « Tu as eu des problèmes ? » « Aucun. »

— *None* s'emploie fréquemment devant *of* + nom/pronom.

> **None of** these shirts fits me.
> Aucune de ces chemises ne me va.
> **none of** us
> aucun d'entre nous

— Notez également l'expression familière :

> That's none of your business.
> Cela ne te regarde pas.

ENTRAÎNEZ-VOUS !

Traduisez en anglais.

1. Je n'ai pas de verres (*glasses*). 2. Il n'a pas d'argent. 3. « Tu as posé beaucoup de questions ? » « Non, aucune. » 4. Je n'ai pas de sœur. 5. Il n'y a pas de place (*room*) pour toi. 6. Il n'y a aucune possibilité (*possibility*).

CORRIGÉ

1. I haven't got any glasses. (I've got no glasses.) 2. He hasn't got any money. (He's got no money.) 3."Did you ask many questions?" "No, none." 4. I haven't got a sister. 5. There isn't any room for you. (There's no room for you.) 6. There isn't a possibility. (There's no possibility.)

Pour *some* et *any*, **370**
Pour *any* (= n'importe quel), **34**
Pour *any* et *no* (adverbes), **35**

261 not ... anything et nothing, not ... anybody et nobody, not ... anywhere et nowhere

Ils suivent les mêmes règles que *not any* et *no*.

1 « (Ne)… rien » = **not … anything** ou **nothing**.

« (Ne)… personne » = **not … anybody** ou **nobody**.

« (Ne)… nulle part » = **not … anywhere** ou **nowhere**.

> I did**n't** see **anything**. (ou I saw **nothing**.)
> Je n'ai rien vu.
> Do**n't** speak to **anybody**. (ou Speak to **nobod**y.)
> Ne parle à personne.
> I do**n't** feel at home **anywhere**. (ou I feel at home **nowhere**.)
> Je ne me sens chez moi nulle part.

La tournure avec *not any* est la plus fréquente. Celle avec *no* est plus emphatique. Le verbe est à la forme négative avec *any* et à la forme affirmative avec *no* (**249**).

2 Lorsque « rien », « personne » et « nulle part » se trouvent en début de phrase ou seuls, ils se traduisent toujours par *nothing*, *nobody/no one*, *nowhere*.

> **Nothing** moved.   "Who's there?" "**Nobody**."
> Rien ne bougea.   « Qui est là ? » « Personne. »
> **Nobody** came.   "Where are you going?" "**Nowhere**."
> Personne n'est venu.   « Où est-ce que vous allez ? » « Nulle part. »

ENTRAÎNEZ-VOUS !

Traduisez en anglais.
1. Je n'ai rien dit. **2.** Ne le donnez à personne. **3.** Je n'ai rien compris. **4.** Personne n'a parlé. **5.** « Qu'est-ce que vous voulez ? » « Rien. » **6.** « Qui est à la porte ? » « Personne. »

CORRIGÉ

1. I didn't say anything. (I said nothing.) **2.** Don't give it to anybody. (Give it to nobody.) **3.** I didn't understand anything. (I understood nothing.) **4.** Nobody spoke. **5.** "What do you want?" "Nothing." **6.** "Who is (Who's) at the door?" "Nobody."

262 not ... any more, not ... any longer, no more, no longer (ne... plus)

« Ne… plus » peut se rapporter à une **quantité** ou avoir un **sens temporel**.

1 « Ne… plus » (quantité) = **not … any more** ou **no more**.

> "More potatoes?" "No, thanks. I do**n't** want **any more**."
> « Tu veux encore des pommes de terre ? »
> « Non, merci, je n'en veux plus. »
> There's **no more** petrol.
> Il n'y a plus d'essence.

2 « Ne… plus » (sens temporel) = ***not any longer*** ou ***no longer*** (formel).

> I do **not** wish to work here **any longer**.
> I **no longer** wish to work here.
> Je ne veux plus travailler ici.

« Ne… plus » (sens temporel) = ***not* … *any more*** (familier).

> Annie does**n't** live here **any more**.
> Annie n'habite plus ici.

No more ne peut pas s'employer en ce sens.

ENTRAÎNEZ-VOUS !

Traduisez en anglais.
1. Je n'habite plus chez *(with)* mes parents. **2.** Je ne veux plus jouer. **3.** Je ne veux plus boire, merci. **4.** Il ne pouvait plus marcher. **5.** Mon père ne travaille plus. **6.** Nous n'avons plus de pain.

CORRIGÉ

1. I don't live with my parents any longer (more). (I no longer live with my parents.) **2.** I don't want to play any longer (more). (I no longer want to play.) **3.** I don't want to drink any more (any more to drink), thank you (thanks). **4.** He couldn't walk any longer (more). (He could no longer walk.) **5.** My father doesn't work any longer (more). (My father no longer works.) **6.** We haven't got any more bread. (We have/We've got no more bread.)

263 *now (that)* et *once* (conjonctions)

On peut employer *now (that)* et *once* comme conjonctions.

> **Now (that)** you've arrived, we can start.
> Maintenant que vous êtes arrivé, nous pouvons commencer.
> **Once** I had understood the basic idea, it was easy.
> (et non ~~Once that~~ …)
> Une fois que j'avais compris l'idée de base, c'était facile.

264 s'occuper de

❶ « S'occuper de » se traduit normalement par ***to take care of*** ou ***to look after***.

> We need somebody **to take care of/to look after** the children this evening.
> Il nous faut quelqu'un pour s'occuper des enfants ce soir.
> Can you **take care of/look after** my plants while I'm away?
> Est-ce que tu pourras t'occuper de mes plantes pendant mon absence ?

❷ On emploie ***to see to, to deal with*** ou ***to look after*** au sens de « s'occuper d'un projet, d'une tâche matérielle précise ».

> I'll **see to/deal with/look after** the tickets.
> Je m'occuperai des billets.
> Don't worry, I'll **see to/deal with/look after** everything.
> Ne t'inquiète pas. Je m'occupe(rai) de tout.

❸ On emploie ***to deal with*** ou ***to take care of*** au sens de « résoudre des problèmes ».

> I'll **deal with/take care of** this problem myself.
> Je m'occuperai moi-même de ce problème.

❹ ***To be in charge of*** suggère un poste de responsabilité.

> I **was in charge of** a group of Japanese tourists.
> Je m'occupais d'un groupe de touristes japonais.

❺ ***To serve*** = « s'occuper de quelqu'un dans un magasin », etc.

> **Are** you **being served**?
> On s'occupe de vous ?

ENTRAÎNEZ-VOUS !

Traduisez en anglais.
1. Est-ce que tu peux t'occuper du bébé pendant une demi-heure ? 2. Je m'occuperai des réservations *(reservations)*. 3. Mr Parker s'occupe du marketing *(marketing)*. 4. Je ne peux pas m'occuper de tes problèmes personnels.

CORRIGÉ
1. Can you take care of (look after) the baby for half an hour? 2. I will (I'll) see to (deal with/look after) the reservations. 3. Mr Parker is in charge of marketing. 4. I can't deal with (take care of) your personal problems.

265 *of* après *some, many, all, both ...*

❶ Emploi sans *of*

Les mots suivants s'emploient normalement **sans** *of* quand ils se trouvent juste devant un nom.

some	du, de la, des ; un peu de, quelques
enough	assez de, suffisamment de
much	beaucoup de
many	beaucoup de
more	plus de
most	la plupart de
(a) little	un peu de, peu de
(a) few	quelques, peu de
less	moins de
least	le moins de

Pour la différence entre *little, a little, few, a few*, 221.

enough time (et non ~~enough of time~~)
assez de temps
He hasn't got **much** money.
Il n'a pas beaucoup d'argent.

more effort　　　**most** people　　　**less** difficulty
plus d'effort　　　la plupart des gens　　　moins de difficulté

❷

Ces mots s'emploient avec *of* lorsqu'ils sont suivis d'un déterminant ou d'un pronom personnel complément.

most of these people　　　**some of them**
la plupart de ces gens　　　quelques-uns d'entre eux
I don't know **many of your** friends.
Je ne connais pas beaucoup de tes amis.

❸ *All* et *both (of)*

All et *both* s'emploient de la même manière, mais *of* est facultatif devant un déterminant, surtout en anglais britannique.

all (of) the money　　　**Both (of) these** cars are very old.
tout l'argent　　　Ces voitures sont toutes les deux
all (of) my friends　　　très anciennes.
tous mes amis

ENTRAÎNEZ-VOUS !

Traduisez en anglais.
1. assez de tomates 2. la plupart des femmes (n'employez pas *the*) 3. la plupart de vos amis 4. peu d'intelligence 5. suffisamment de chaises 6. quelques-uns d'entre nous 7. un peu de ce vin 8. toutes nos idées 9. Je n'ai pas beaucoup de temps. 10. Mes parents sont tous les deux italiens.

CORRIGÉ

1. enough tomatoes 2. most women 3. most of your friends 4. little (not much) intelligence 5. enough chairs 6. some (a few) of us 7. a little of this wine 8. all our ideas 9. I have not (haven't got) much time. (I don't have …) 10. Both (of) my parents are Italian.

266 omission de mots après un auxiliaire

On évite souvent de répéter un verbe principal (et ses éventuels compléments) après un auxiliaire.

> He said he'd write, but he **hasn't**. (= … he hasn't written.)
> Il a dit qu'il écrirait, mais il ne l'a pas fait.
> I haven't phoned her yet, but I **will.** (= … I will phone her.)
> Je ne lui ai pas encore téléphoné, mais je le ferai.
> "Have you finished?" "Yes, I **have**." (= … I have finished.)
> « Avez-vous terminé ? » « Oui. »
> "We haven't paid the rent." "Nor **have** we."
> (= … have we paid the rent.)
> « Nous n'avons pas payé le loyer. » « Nous non plus. »

ENTRAÎNEZ-VOUS !

Récrivez les phrases suivantes en supprimant les répétitions.
1. I haven't told them, but I will tell them. 2. I thought it would rain, but it didn't rain. 3. I wanted to run, but I couldn't run. 4. We thought she didn't understand, but she did understand. 5. "Are you waiting for somebody?" "Yes, I am waiting." 6. "Can you swim under water?" "No, I can't swim under water."

CORRIGÉ

1. but I will. 2. but it didn't. 3. but I couldn't. 4. but she did. 5. "Yes, I am." 6. "No, I can't."

267 omission de mots en début de phrase

En anglais familier, on omet souvent des « petits mots » en début de phrase, si le sens reste clair.

> Car's running well. (= The car's …)
> La voiture roule bien.
> Leg hurts. (= My leg hurts.)
> J'ai mal à la jambe.
> Couldn't understand what he wanted. (= I couldn't …)
> Je n'arrivais pas à comprendre ce qu'il voulait.
> Seen Andy? (= Have you seen Andy?)
> Tu as vu Andy ?
> Doesn't say much, does she? (= She doesn't …)
> Elle ne dit pas grand-chose, hein ?

ENTRAÎNEZ-VOUS !

Rétablissez les phrases complètes.
1. "You OK?" "Yes, fine." 2. Weather isn't much good. 3. Been to school, love? 4. "Mary telephoned?" "Not yet." 5. Don't want to go home. 6. Difficult to answer that question, isn't it?

CORRIGÉ

1. "Are you OK?" "Yes, I'm fine." 2. The weather ... 3. Have you been ... 4. "Has Mary telephoned?" 5. I don't want ... 6. It's difficult ...

268 « on » : équivalents anglais

« On » n'a pas d'équivalent direct en anglais. Il se traduit de plusieurs façons selon le contexte.

❶ You ou one

Quand « on » signifie « n'importe quel individu », il se traduit le plus souvent par *you* (et non *we*).

> **You** can't learn a language in six weeks.
> On ne peut pas apprendre une langue en six semaines.

Dans un style formel, on emploie *one* à la place de *you*.

> **One** cannot learn a language in six weeks.

❷ We, they, people

Lorsque « on » désigne tout un groupe, il peut se traduire par *we* ou *they*, selon le sens, ou bien *people*. (N'employez *we* que lorsqu'on pourrait dire « nous » en français.) Comparez :

> **We/People** drink a lot of coffee in France.
> On boit beaucoup de café en France.
> In England **they/people** drink a lot of tea.
> On boit beaucoup de thé en Angleterre.

❸ We (« on » familier)

En français familier, « on » remplace souvent « nous ». Il faut employer *we* dans ces cas-là.

> Yesterday evening **we** went to see a film.
> Hier soir, on est allé voir un film.
> What shall **we** do?
> Qu'est-ce qu'on fait ?

Notez toutefois que :

> On est mardi. = **It's** Tuesday.
> On est le 5 novembre. = **It's** 5 November.

ENTRAÎNEZ-VOUS !

Traduisez en anglais.
1. On a besoin d'argent pour voyager. 2. On ne peut pas vivre complètement seul. 3. On ne peut pas changer le monde. 4. Au Japon *(Japan)*, on conduit à gauche *(on the left)*. 5. On a trouvé un très bon hôtel à Londres. (prétérit) 6. On n'a pas vu Patrick depuis longtemps. 7. On est jeudi aujourd'hui.

CORRIGÉ

1. You need (One needs) money to travel. 2. You can't (One cannot) live completely alone. 3. You can't (One cannot) change the world. 4. In Japan they (people) drive on the left. 5. We found a very good hotel in London. 6. We haven't seen Patrick for a long time. 7. It's Thursday today. / Today is Thursday.

4 Le passif

Lorsque le verbe et le complément français ont plus d'importance que le sujet « on », on emploie généralement le passif en anglais.

> **I'm being served**.
> On s'occupe de moi. (= Je suis servi, peu importe par qui.)
> **We've been invited** ...
> On nous a invités... (= Nous sommes invités, peu importe par qui.)

Voir aussi 284 .

5 *Someone/Somebody*

Lorsque « on » signifie « quelqu'un », il se traduit par *someone* ou *somebody*.

> **Someone**'s knocking at the door.
> On frappe à la porte.

ENTRAÎNEZ-VOUS !

Traduisez en anglais.
1. On m'a invité aux (*to* ...) États-Unis. (present perfect) 2. Est-ce qu'on s'occupe de vous ? 3. On parle anglais ici (= dans cette boutique). 4. On vous demande au téléphone *(on the phone)*.

CORRIGÉ

1. I've been invited to the United States (the USA/the US). 2. Are you being served? 3. English is spoken here. 4. Somebody is asking for you on the phone. (You're wanted on the phone.)

269 *one(s)*

1 Pour éviter de répéter un nom, on le reprend souvent par *one*.

> I'd like a nice **room**. Have you got **one** with a bath?
> Je voudrais une bonne chambre. Est-ce que vous en avez une avec bain ?
> Which scarf did you buy – the blue **one** or the red **one**? (et non ... ~~the blue or the red?~~)
> Quel foulard as-tu acheté : le bleu ou le rouge ?

Pour reprendre un pluriel, on utilise *ones*.

> These boots are too small. Have you got bigger **ones**?
> Ces bottes sont trop petites. Est-ce que vous en avez de plus grandes ?

2 *One* ne peut pas remplacer un indénombrable, par exemple *hair* (**256**).

> Which do you prefer – dark **hair** or fair **hair**? (et non ... ~~fair one.~~)
> Qu'est-ce que tu préfères : les cheveux bruns ou les cheveux blonds ?

ENTRAÎNEZ-VOUS !

Remplacez le nom répété par *one* ou *ones*.
Ex. : *I don't want her old shoes. I want new shoes.* → *I want new ones.*
1. Pam's got a yellow bike. Bob's got a blue bike. 2. "What kind of apples would you like?" "A kilo of the green apples." 3. I don't want this small map. I want a bigger map. 4. "Which sweater do you prefer?" "This sweater." 5. I don't know many jokes *(blagues)*, but I know some good jokes. 6. "Which gloves do you want?" "The gloves in the window."

CORRIGÉ
1. Bob's got a blue one. 2. "A kilo of the green ones." 3. I want a bigger one. 4. "This one." 5. but I know some good ones. 6. "The ones in the window."

270 *one* et *a/an*

One et *a/an* correspondent à « un/une » mais ne sont pas interchangeables.

❶ En règle générale, ***one*** (comme *two*, *three*, *four*, etc.) répond à la question *how many?* (« combien ? »). Ne l'employez que lorsque vous voulez **préciser le nombre** d'objets ou de personnes dont il s'agit. Comparez :

> I've got **a** brother. (C'est neutre.)
> J'ai un frère.
> I've got **one** brother and two sisters. (On les compte.)
> J'ai un frère et deux sœurs.

❷ Dans un récit :

« un jour » = ***one day*** (et non ~~a day~~)

On dira de même : *one morning/afternoon/evening/night*.

> **One day** I met a boy on the beach.
> Un jour, j'ai rencontré un garçon sur la plage.
> There was a terrible storm **one night**.
> Une nuit, il y a eu un terrible orage.

❸ *One day* peut aussi se référer à l'avenir = « un de ces jours ».

> We must invite her **one day**.
> Il faut qu'on l'invite un de ces jours.

ENTRAÎNEZ-VOUS !

Mettez *one* ou *a/an*.
1. I've got ... headache. 2. She's got ... sister and three brothers. 3. I've only got ... close friend. 4. Could you pass me ... piece of bread? 5. ... afternoon, I was sitting in the park when I had a great idea. 6. Come and see us ... day.

CORRIGÉ
1. a 2. one 3. one 4. a 5. One 6. one

Pour *a/one hundred, thousand,* etc. **253**.

271 open et opened

❶ Attention à la différence entre l'adjectif *open* et le participe passé *opened*. Comparez :

> The door was **open**.
> La porte était ouverte.
> The door was **opened** by a small girl.
> La porte a été ouverte par une petite fille.

❷ Le verbe *to open* ne peut pas être suivi d'un complément d'objet indirect.

> I opened the door **for her**. (et non ~~I opened her the door.~~)
> Je lui ai ouvert la porte.

ENTRAÎNEZ-VOUS !

Mettez *open* ou *opened*.
1. Why is the window …? 2. Who … the window? 3. My wallet *(portefeuille)* was lying on the table. It was … and the money was gone. 4. The office will be … from 9.00 to 5.00. 5. The new school was … by the Princess last Friday. 6. Are the banks … on Saturdays?

CORRIGÉ

1. open 2. opened 3. open 4. open 5. opened 6. open

272 orthographe (1) : orthographe américaine

❶ Aux terminaisons britanniques *-tre*, *-our* et *-ogue* correspondent, en règle générale, *-ter*, *-or* et *-og*.

GB	US
thea**tre**	thea**ter**
cen**tre**	cen**ter**
lab**our**	lab**or**
col**our**	col**or**
catal**ogue**	catal**og**
dial**ogue**	dial**og**

❷ Le *l* n'est pas redoublé en fin de mot dans une syllabe qui ne porte pas d'accent (**275**).

GB	US
'trave**ll**er	'trave**l**er
'dia**ll**ing	'dia**l**ing

3 La terminaison *-ise* est rare en anglais américain, surtout dans les mots de trois syllabes ou plus.

GB	US
organize/organise	organize

4 Certains mots s'écrivent différemment, par exemple :

GB	US	GB	US
aluminium	aluminum	pyjamas	pajamas
analyse	analyze	practise (verbe)	practice /practise
cheque	check	pretence	pretense
defence	defense	programme	program
jewellery	jewelry	speciality	specialty
offence	offense	tyre (pneu)	tire

Pour les différences de grammaire et de vocabulaire entre anglais britannique et américain, **31** et **32**.

273 orthographe (2) : majuscules

En anglais, on met toujours une majuscule aux noms de jours et de mois, et aux noms et adjectifs de nationalité.

Sunday   **M**arch
dimanche   mars
I speak **G**erman.   **F**rench cooking
Je parle allemand.   la cuisine française

ENTRAÎNEZ-VOUS !

Traduisez en anglais.
1. Je l'ai vu mercredi dernier. 2. Elle ne parle pas italien. 3. C'est une voiture anglaise. 4. Je suis né *(I was born)* en août.

CORRIGÉ

1. I saw him last Wednesday. 2. She doesn't speak Italian. 3. It's an English car. 4. I was born in August.

274 orthographe (3) : quelques mots difficiles

Attention à l'orthographe des mots suivants :

a**cc**o**mm**odation	e**n**emy	practi**c**e (nom)
a**gg**ressive	engin**ee**r	practi**s**e (verbe)
a**p**artment	exa**m**ple	pro**n**unciation
aut**h**or	exerci**s**e	pr**o**ve
bi**c**ycle	extrem**e**ly	qui**et** (tranquille)
chara**c**ter	futur**e**	qui**te** (assez, tout à fait)
circ**um**stances	gover**n**ment	respons**i**ble
com**f**ortable	h**o**liday	s**h**ock
compar**i**son	l**ea**ve (laisser, partir)	stea**k**
complet**e**ly	l**i**terature	studen**t**
correspond**e**nce	l**i**ve (vivre)	**t**o (à)
depend**e**nt	l**o**se	t**oo** (trop)
develo**p**ed	m**ea**sure	**wea**ther (temps)
develo**pm**ent	me**d**icine	**wh**ether (si)
di**n**ing-room	perso**n**ality	

Voir aussi « mots voisins », 241.

275 orthographe (4) : redoublement de la consonne finale

❶ Lorsqu'on ajoute une terminaison (ex. : *-ed*, *-ing*, *-er*) à un mot d'une **seule** syllable terminé par une **seule** consonne précédée d'une **seule** voyelle (ex. : *sit*, *stop*, *fat*, *run*), on redouble la consonne finale.

 si**tt**ing fa**tt**er
 sto**pp**ed ru**nn**ing

❷ S'il y a deux voyelles ou deux consonnes (ex. : *wait*, *want*), il n'y a pas redoublement ; on ne redouble pas non plus une consonne qui ne vient pas en fin de mot (ex. : *hope*, *write*).

 waited ho**p**ing
 wanting wri**t**ing

❸ Dans les mots de deux syllabes ou plus, on ne redouble que si l'**accent** du mot porte sur la **dernière syllabe**. Comparez :

 be'gin – be'gi**nn**ing 'visit – 'visiting
 re'fer – re'fe**rr**ed 'wonder – 'wondered

Exceptions : 'worshipped, 'kidnapped, 'handicapped

4 En anglais britannique, la lettre l précédée d'une seule voyelle est toujours redoublée, même si l'accent du mot ne porte pas sur la dernière syllabe.

    com'pel – com'pelling
    'travel – 'traveller (US traveler)

ENTRAÎNEZ-VOUS !

1 Ajoutez *-er* à ces adjectifs.
big – sad – warm – hot – great

2 Ajoutez *-ing* à ces verbes.
eat – 'open – start – write – de'ter – for'get – put

3 Ajoutez *-ed* à ces verbes.
drop – fit – 'offer – oc'cur – wait – pre'fer

CORRIGÉ

1 bigger – sadder – warmer – hotter – greater
2 eating – opening – starting – writing – deterring – forgetting – putting
3 dropped – fitted – offered – occurred – waited – preferred

276   orthographe (5) : *y* et *i*

1 Lorsqu'on ajoute une terminaison à un mot qui se termine par un *y* précédé d'une consonne, l'*y* se change en *i*.

    carry – carried   busy – business
    happy – happier   marry – marriage

Les noms et les verbes qui se terminent ainsi forment leur pluriel ou leur troisième personne du singulier en *-ies*.

    lady – ladies   marry – marries

2 L'*y* ne change pas après une voyelle ou devant *-ing* ou *-ish*.

    play – player   carry – carrying
    stay – stayed   baby – babyish

Exceptions :

    say – said   lay – laid   pay – paid

3 La terminaison *-ie* se change en *y* devant *-ing*.

    die – dying   lie – lying   tie – tying

ENTRAÎNEZ-VOUS !

Ajoutez *-er* aux adjectifs et *-ed* aux verbes.
happy, silly, lazy – try, hurry, worry, stay

CORRIGÉ

happier – sillier – lazier – tried – hurried – worried – stayed

277   *other et others*

1 Lorsque *other* est **adjectif**, il ne prend jamais d's au pluriel (comme tous les adjectifs).

the **other** boy   the **other** boys   **other** boys
l'autre garçon   les autres garçons   d'autres garçons

2 Par contre, lorsqu'il est employé comme **pronom** (sans nom), il prend un *s* au pluriel. Comparez :

Where's the **other**?   Where are the **others**?
Où est l'autre ?   Où sont les autres ?
I want some **others**.
J'en veux d'autres.

ENTRAÎNEZ-VOUS !

1 Mettez *other* ou *others*.
1. I can't find the … tickets. 2. Tell the … to come as soon as they can. 3. I'll take the two big boxes and you bring the two … 4. We need the … knives – these are too big.

2 Traduisez en anglais.
1. Donne-moi les autres verres. 2. Peux-tu appeler les autres ? 3. Il y a une Mercedes et deux autres voitures. 4. Il y a trois boîtes ici, les autres sont dans la cuisine.

CORRIGÉ

1 1. other 2. others 3. others 4. other
2 1. Give me the other glasses. 2. Can you call the others? 3. There's a Mercedes and two other cars. (There are a …) 4. There are three boxes here, the others are in the kitchen.

Pour *another*, **33**.

278   *ought*

1 *Ought* est un auxiliaire modal (**237**). Il ne prend donc pas d's à la troisième personne, pas *do* aux formes interrogatives et négatives. Il n'a ni infinitif, ni prétérit. Mais il est suivi de l'infinitif **avec *to***. Il existe une forme contractée *oughtn't*.

He **ought to go**.   She **oughtn't to smoke**.
Il devrait partir.   Elle ne devrait pas fumer.

2 *Ought* s'emploie – comme *should*, qui est beaucoup plus fréquent – pour exprimer une idée de devoir, pour donner des conseils, ou pour exprimer une déduction.

I ought = « je devrais… », « il faudrait que je… »

Everybody **ought to give** money for the developing countries.
Tout le monde devrait donner de l'argent pour les pays en voie de développement.
He **ought to see** a doctor.
Il faudrait qu'il voie un médecin.

She **ought to be** here soon.
Elle devrait être là bientôt.

ENTRAÎNEZ-VOUS !

Traduisez en anglais, en utilisant *ought*.

1. Tu devrais être plus gentil avec *(nicer to)* ta sœur. 2. Nous devrions penser aux autres. 3. Il faudrait que j'écrive à ma mère. 4. Vous devriez faire la vaisselle *(the washing up)*. 5. Les gens ne devraient pas jeter leurs mégots *(cigarette ends)* par terre. 6. Elle ne devrait pas se coucher si tard.

CORRIGÉ

1. You ought to be nicer to your sister. 2. We ought to think of others (other people). 3. I ought to write to my mother. 4. You ought to do the washing up. 5. People ought not (oughtn't) to throw (drop) their cigarette ends on the ground. 6. She ought not (oughtn't) to go to bed so late.

279 *ought* + infinitif passé

I ought to have + participe passé = « j'aurais dû » + infinitif

You **ought to have warned** me.
Tu aurais dû me prévenir.
We **ought to have started** earlier.
Nous aurions dû commencer plus tôt.

ENTRAÎNEZ-VOUS !

Traduisez en anglais.

1. J'aurais dû demander. 2. Vous auriez dû m'appeler. 3. Il n'aurait pas dû te le dire. 4. Qu'est-ce que j'aurais dû faire ? 5. Elle aurait dû (le) savoir. 6. J'aurais dû payer en espèces *(in cash)*.

CORRIGÉ

1. I ought to have asked. 2. You ought to have called me. 3. He ought not (oughtn't) to have told you (said it to you). 4. What ought I to have done? 5. She ought to have known. 6. I ought to have paid in cash.

Pour « j'aurais dû » = *I should have* + participe passé, **359**.

280 parler de

« Parler de » = *to **talk** about*, *to **tell** (someone) about* ou *to **be** about*, selon le contexte.

❶ *Talk* (comme *say*) peut s'employer avec ou sans complément de personne. Lorsqu'il y en a un, il est précédé de *to*.

> What did you **talk** about?
> De quoi avez-vous parlé ?
> Do you **talk to your parents** about your personal problems?
> Est-ce que tu parles à tes parents de tes problèmes personnels ?

❷ *Tell* ne peut s'employer qu'avec un **complément de personne** (354).

> I don't want **to tell them** about it. (et non … to tell about it.)
> Je ne veux pas leur en parler.

❸ *Talk* (comme *speak*) ne peut s'employer que pour des personnes. « Le texte/L'article parle de… » = *The text/article **is** about* … (et non *The text/article talks/speaks about* …)

ENTRAÎNEZ-VOUS !

Traduisez en anglais.
1. Nous avons parlé de nos vacances. 2. Il m'a parlé de ses vacances. 3. Je t'en parlerai. 4. Je ne parle pas beaucoup à mon père. 5. Est-ce que je t'ai parlé de Keita hier ? 6. L'article parle du chômage *(unemployment)*.

CORRIGÉ

1. We talked about our holiday(s). 2. He talked to me (told me) about his holiday(s). 3. I'll talk to you (tell you) about it. 4. I don't talk to my father much. 5. Did I talk to you (tell you) about Keita yesterday? 6. The article is about unemployment.

❹ *Talk about* peut aussi correspondre à « discuter de ».

> We **talked about** our plans for the future. (et non … discussed about …)
> On a parlé/discuté de nos projets.

Pour la différence entre *to talk* et *to speak*, 384 .
Pour l'emploi de *discuss*, 306.3 .

281 passé (1) : emploi des temps

PRÉTÉRIT SIMPLE 319 , 320	
actions terminées sans rapport avec le présent	I **wrote** to Eric yesterday. J'ai écrit à Éric hier.
habitudes, actions répétées	I **wrote** poetry when I was younger. J'écrivais des poèmes quand j'étais plus jeune.
PRÉTÉRIT PROGRESSIF 321	
actions en cours à un moment du passé	I **was writing** when he arrived. J'écrivais quand il est arrivé. (= J'étais en train d'écrire.)
PRESENT PERFECT 315 , 316	
actions terminées, résultats présents	I **have written** to Eric so he knows everything. J'ai écrit à Éric, il sait tout.
PRESENT PERFECT PROGRESSIF 317	
actions qui continuent jusqu'au moment présent ou viennent de s'achever	I**'ve been writing** all day. J'ai écrit toute la journée. (= J'écris encore ou je viens d'arrêter.)
avec *for/since*	I**'ve been writing for** hours. J'**écris** depuis des heures.
PAST PERFECT SIMPLE 297	
actions antérieures à un moment du passé	She didn't read the letter which I **had written**. Elle n'a pas lu la lettre que j'avais écrite.
PAST PERFECT PROGRESSIF 298	
actions qui avaient continué jusqu'à un moment du passé ou venaient de s'achever	I **had been writing** all day; I was tired. J'avais écrit toute la journée ; j'étais fatiguée.
avec *for/since*	I **had been writing for** hours: I was tired. J'**écrivais** depuis des heures ; j'étais fatiguée.

Pour le present perfect/past perfect + *for/since* des verbes sans formes progressives, **317**.3 , **298**.2 .

282 passé (2) : temps français (équivalents)

❶ L'imparfait français

Il peut se traduire par :

— un **prétérit simple** (habitude passée sans rapport avec le moment présent 319 , 320) ;

> When I was young, I **often went** dancing.
> Quand j'étais jeune, j'allais souvent danser.

— un **prétérit progressif** (action passée en cours, 321) ;

> "What **were** you **doing** last night at 7?" "I **was watching** TV."
> « Que faisiez-vous hier soir à 7 heures ? » « Je regardais la télé. »

— un **pluperfect** (avec *for* ou *since*).

> We**'d been walking** for hours.
> Nous marchions depuis des heures.
> I**'d been** there since the day before.
> J'étais là depuis la veille.

> Pour le pluperfect + *for/since* des verbes sans formes progressives, 298.2 .

ENTRAÎNEZ-VOUS !

Traduisez en anglais.
1. En 1995, je vivais avec Fanny. 2. Je la connaissais depuis très longtemps. 3. Je travaillais chez *(for)* Barford. 4. J'allais souvent en Angleterre en ce temps-là *(in those days)*.

CORRIGÉ
1. In 1995 I was living with Fanny. 2. I'd known her for a long time. 3. I was working for Barford. (at Barford's). 4. I often went to England in those days.

❷ Le passé composé français

Il peut correspondre :

— au **prétérit simple** (action passée sans rapport avec le présent, 320 , 319) ;

> I **met** Sophie last summer.
> J'ai rencontré Sophie l'été dernier.
> He **died** three years ago
> Il est mort il y a trois ans.

— au **present perfect simple** :

• action passée qui a un rapport avec le moment présent (315 et 316)

> "**Have** you **seen** Ben?" "No, why?"
> « Est-ce que tu as vu Ben ? » « Non, pourquoi ? »
> (= Est-ce que tu sais où il est ?)

• action répétée jusqu'au moment présent ou qui n'a pas été faite jusqu'à présent (éventuellement avec *for* ou *since*)

> We**'ve eaten** fish every day since Sunday.
> Nous avons mangé du poisson tous les jours depuis dimanche.
> I **haven't read** a paper for weeks.
> Je n'ai pas lu un journal depuis des semaines.

— au **present perfect progressif** (action qui continue dans le présent ou vient juste de s'achever, 317).
> I**'ve been working** all day.
> J'ai travaillé toute la journée.

ENTRAÎNEZ-VOUS !
Traduisez en anglais.
1. « Qu'est-ce que tu as fait hier soir ? » « J'ai regardé un film. » 2. « Es-tu déjà allé en Allemagne ? » « Non, jamais. » 3. Je suis allé à Londres à Noël. 4. J'ai lu toute la journée (aujourd'hui). 5. Je n'ai pas écrit à Tom depuis trois mois. 6. « Excuse-moi, j'ai oublié ton nom. » « Daniel. »

CORRIGÉ
1. "What did you do last night (yesterday evening)?" "I watched a film." 2. "Have you (ever) been to Germany?" "No, never." 3. I went to London at Christmas. 4. I've been reading all day. 5. I haven't written to Tom for three months. 6. "Sorry, I've forgotten your name." "Daniel."

❸ Le plus-que-parfait français
— Il se traduit généralement par un **pluperfect** (297.1 , 297.2).
> I **had** never **eaten** so well.
> Je n'avais jamais aussi bien mangé.

— Dans certains cas, il se traduit par un **prétérit** (297.4).
> Je t'avais demandé d'acheter des cerises, pas des fraises !
> I **asked** you to buy cherries, not strawberries.

283 passif (1) : formation

❶ Le passif des temps simples se forme comme en français.

to be + participe passé

infinitif	**to be** helped
présent	I **am** helped
prétérit	I **was** helped
present perfect	I **have been** helped
pluperfect	I **had been** helped
futur	I **will be** helped
conditionnel	I **would be** helped
futur antérieur	I **will have been** helped
conditionnel passé	I **would have been** helped
forme en V-*ing*	**being** helped

269

2 Pour les temps progressifs, il suffit d'ajouter *being* au milieu :

to be + ***being*** + participe passé

Le passif progressif n'est fréquent qu'au présent et au prétérit.

présent	I **am being** helped
prétérit	I **was being** helped

ENTRAÎNEZ-VOUS !

Donnez la forme passive des verbes suivants.
will build – had lost – hid – would leave – writes – has decided – are paying – was selling – to choose – taking

CORRIGÉ
will be built – had been lost – was hidden – would be left – is written – has been decided – are being paid – was being sold – to be chosen – being taken

Pour *get* + participe passé (équivalent du passif), **157**.2 .
Pour le passif des verbes prépositionnels, **308**.3 .

284 passif (2) : emploi

Le passif s'emploie beaucoup plus en anglais qu'en français.

1 Il peut correspondre à un passif français.

He **was killed** by a fanatic.
Il a été tué par un fanatique.
The world **will be destroyed**.
Le monde sera détruit.
I didn't know our conversation **was being recorded**.
Je ne savais pas que notre conversation était enregistrée.

2 Mais il correspond aussi très souvent à une structure française avec « on » (**268**.4) ou « se ».

English **is spoken** here. I**'m being served**.
On parle anglais ici. On me sert.
I**'ve been burgled**. My money **has been stolen**.
On m'a cambriolé. On m'a volé mon argent.
She**'s called** Lola. The passive **is used** ...
Elle s'appelle Lola. Le passif s'emploie...

ENTRAÎNEZ-VOUS !

Mettez au passif (pour la formation des temps passifs, 283). N'employez pas *by*.
Ex. : *They found **him** in the garden.*→ ***He** was found in the garden.*
1. Somebody will tell her. **2.** They are questioning him. **3.** They interviewed me yesterday. **4.** They often invite him to give a lecture *(une conférence)*. **5.** Somebody has damaged my motorbike. **6.** They never leave the child alone. **7.** People speak English in a lot of countries. **8.** They have put up the ticket prices.

CORRIGÉ

1. She will be told. 2. He is being questioned. 3. I was interviewed yesterday. 4. He is often invited to give a lecture. 5. My motorbike has been damaged. 6. The child is never left alone. 7. English is spoken in a lot of countries. 8. The ticket prices have been put up.

285 passif (3) : verbes à deux compléments

❶ Certains verbes (comme *give*, *show*, 401) peuvent être suivis à l'actif de deux compléments : souvent une **personne** et un **objet**. Lorsqu'ils sont au passif, c'est généralement la **personne** qui est le **sujet** du verbe.

actif	passif
Somebody gave **Oliver a watch**.	**Oliver** was given a watch.
On a donné une montre à Oliver.	Oliver a reçu une montre.

Autres exemples :

> **They were shown** several flats.
> On leur a montré plusieurs appartements.
> **Julie will be told** the whole truth.
> On dira à Julie toute la vérité. / Julie saura toute la vérité.

Notez que l'équivalent français est alors une phrase active, souvent introduite par « on ».

❷ L'objet n'est le sujet du verbe passif que si le contexte l'exige.

> "What happened to **the painting**?" "**It** was given to a museum."
> « Qu'est devenu le tableau ? » « Il a été donné à un musée. »

L'équivalent français est alors aussi une phrase passive.

ENTRAÎNEZ-VOUS !

1 Mettez ces phrases au passif comme dans l'exemple.
Ex. : *They sent **us** a letter.* → ***We** were sent a letter.*
1. They sent me the programme last week. 2. They taught him Latin and Greek. 3. Someone offered them money. 4. They told me to come again.

2 Traduisez en anglais.
1. On a donné une radio à Léo. *(prétérit)* 2. On vous montrera la lettre. 3. On leur a prêté *(to lend)* 1000 € l'année dernière. 4. Voici *(Here is)* le chèque qui sera envoyé à votre famille.

CORRIGÉ

1 1. I was sent the programme last week. 2. He was taught Latin and Greek. 3. They were offered money. 4. I was told to come again.
2 1. Léo was given a radio. 2. You'll be shown the letter. 3. They were lent €1000 last year. 4. Here is the cheque which (that) will be sent to your family.

286 passif (4) : verbes + proposition infinitive

❶ La plupart des verbes suivis d'une proposition infinitive comme *tell*, *ask*, *expect*, etc. (**196.2**) peuvent s'employer au passif, contrairement à l'usage français.

actif	passif
They told me to sit down. Ils m'ont dit de m'asseoir.	**I was told** to sit down. On m'a dit de m'asseoir.

Notez que leur équivalent français est « on » + verbe actif.

Autres exemples passifs :

> **She was asked** to sing.
> On lui a demandé de chanter.
> **They were** not **forbidden** to go out.
> On ne leur a pas interdit de sortir.
> **You are expected** to be brave.
> On attend de vous beaucoup de courage.
> **You will be taught** to survive.
> On vous apprendra à survivre.

❷ À l'actif, *make* est suivi de l'infinitif sans *to* (au sens de « faire faire » **135.1**). Mais, au passif, il se construit comme les verbes ci-dessus, avec *to* + V.

actif	passif
They made us **work**. Ils nous ont fait travailler.	We were made **to work**. On nous a fait travailler.

Il en est de même pour *see* et *hear*.

actif	passif
We saw her **leave**. Nous l'avons vue partir.	She was seen **to leave**. On l'a vue partir.

ENTRAÎNEZ-VOUS

Mettez ces phrases au passif.
1. She told me to go away. 2. They asked him to wait. 3. We expect you to work on Saturdays. 4. They did not allow him to speak. 5. They taught me to use a computer. 6. They made me open all my bags.

CORRIGÉ

1. I was told to go away. 2. He was asked to wait. 3. You are expected to work on Saturdays. 4. He was not allowed to speak. 5. I was taught to use a computer. 6. I was made to open all my bags.

287 passif (5) : *believe, think, say, know, understand*

Avec *believe, think, say, know* et *understand*, deux structures passives sont utilisées dans un style formel.

1 Structure personnelle : **sujet personnel + verbe au passif + *to* + V**.

> **He is believed to be** over 100 years old.
> On croit qu'il a plus de 100 ans.
> **She was thought to be** dead.
> On la croyait morte.

L'infinitif passé s'emploie souvent dans cette structure.

> **He is known to have lived** in London for a time.
> On sait qu'il a vécu à Londres pendant un certain temps.

2 Structure impersonnelle : ***it* + verbe au passif + *that*** …

> **It is believed that** he is over 100 years old.
> On croit qu'il a plus de 100 ans.
> **It has often been said that** one picture is worth a thousand words.
> On a souvent dit qu'une image vaut mille mots.
> **It is understood that** six men escaped by helicopter.
> Selon nos informations, six hommes se seraient évadés en hélicoptère.

288 *pay (for), buy, give, offer*

1 « Payer quelque chose » (qu'on achète) = ***to pay for*** *something*.
Comparez :

> "Did you **pay for** the drinks?" "Yes, I **paid** the barman."
> (et non Did you pay the drinks?)
> « Tu as payé les boissons ? » « Oui, j'ai payé le barman. »
> "How much did you **pay for** your ticket?" "I **paid** $30."
> « Combien as-tu payé ton billet ? » « Je l'ai payé 30 $. »

2 *Pay* ne s'emploie pas au sens d'« offrir ».

« Payer quelque chose à quelqu'un » = *to **buy** somebody something*.

> I'll **buy you a drink**.
> Je te paie un verre.
> I've **bought myself a stereo.**
> Je me suis payé une chaîne hi-fi.

3 « Offrir » (au sens de « donner ») se traduit généralement par ***give***.

> My sister **gave** me a wallet for my birthday.
> Ma sœur m'a offert un portefeuille pour mon anniversaire.

« C'est pour offrir ? » = *Is it for a present?*

4 **Offer** signifie généralement « proposer » (342.2).

> He **offered** to drive me home.
> Il m'a proposé de me raccompagner en voiture.

ENTRAÎNEZ-VOUS !

Traduisez en anglais.
1. Combien as-tu payé ton manteau ? (prétérit) 2. Nicolas m'a offert des fleurs hier. 3. Qui va payer leurs études ? 4. As-tu payé le chauffeur de taxi ? (prétérit) 5. Viens, je te paie *(I'll ...)* un sandwich. 6. Qui paiera ?

CORRIGÉ

1. How much did you pay for your coat? 2. Nicolas gave me (some) flowers yesterday. 3. Who is going to pay for their studies? 4. Did you pay the taxi driver? 5. Come on, I'll buy you a sandwich. 6. Who will (Who'll) pay?

289 permettre

« Permettre » se traduit de plusieurs façons selon le sens.

❶ « Donner la permission » = ***to allow***.

> They **allow** her to see her parents once a month.
> Ils lui permettent de voir ses parents une fois par mois.

Dans un style familier, l'idée de permission se rend plus souvent par *to let* (« laisser ») ou d'autres tournures (**215**).

❷ « Rendre capable de », « donner la possibilité de » = ***to allow, to enable, to make it possible***.

Allow et *enable* sont toujours suivis d'un complément personnel.

> A tourist visa **allows you** to stay for three months. (et non … <s>allows to stay</s> …)
> Un visa touristique permet de rester pendant trois mois.
> Computers **enable people** to store vast amounts of data.
> Les ordinateurs permettent de stocker des quantités énormes de données.

Make it possible peut s'employer sans complément ou avec un complément personnel introduit par *for*.

> A car **makes it possible** to travel easily.
> Une voiture permet de voyager facilement.
> Your gifts will **make it possible for hundreds of children** to go on holiday.
> Vos dons permettront à des centaines d'enfants de partir en vacances.

❸ « Se permettre » (« avoir les moyens financiers ») = ***to be able to afford, can/can't afford***.

> I **can't afford** a holiday / to go on holiday this year.
> Je ne peux pas me permettre d'aller en vacances cette année.
> **Could** you **afford** not to work for a year?
> Pourrais-tu te permettre de ne pas travailler pendant un an ?

ENTRAÎNEZ-VOUS !

Mettez *allow, enable, make it possible* ou *can ('t) afford* à la forme qui convient.
1. Television … us to see the world without travelling. 2. Her parents don't … her to go to parties. 3. Modem technology has … to put a whole library on the Internet. 4. A grant *(une bourse)* would … for her to study. 5. A computer would … me to work more efficiently. 6. Unfortunately I … to buy a computer.

CORRIGÉ

1. allows/enables 2. allow 3. made it possible 4. make it possible 5. allow/enable 6. can't afford

290 *person et people*

❶ A *person* s'emploie beaucoup moins que « une personne ». On ne l'emploie guère que dans les descriptions, avec un adjectif épithète.

> She's a nice **person**.
> C'est une personne charmante.

Dans les autres cas, on emploie normalement *someone* ou *somebody*. Au pluriel, on utilise *people* (*persons* est très rare).

> « une personne » = ***someone/somebody***

> « des personnes » = ***people***

> **someone** who doesn't work
> une personne qui ne travaille pas
> a table for five **people**
> une table pour cinq personnes
> Some **people** think that ...
> Certaines personnes pensent que...

❷ *People* est pluriel, comme « gens ».

> les gens (en général) = ***people*** (sans article) + **pluriel**

> **People are** strange. (et non ~~People is~~ ... ou ~~The people are~~ ...)
> Les gens sont bizarres.
> Most **people like** holidays.
> La plupart des gens aiment les vacances.

❸ « Tous les gens » (en général) = ***everybody/everyone*** (+ singulier), plutôt que *all the people*.

> **Everybody was** pleased.
> Tous les gens étaient contents.

ENTRAÎNEZ-VOUS !

Traduisez en anglais.

1. une personne remarquable *(remarkable)* 2. une personne qui parle beaucoup 3. un taxi pour trois personnes 4. J'ai parlé avec plusieurs *(several)* personnes. (prétérit) 5. La plupart des gens aiment les enfants. 6. Tous les gens sont là *(here)*.

CORRIGÉ

1. a remarkable person 2. somebody (someone) who (that) talks a lot 3. a taxi for three people 4. I talked to several people. 5. Most people like children. 6. Everybody is (Everybody's) here.

❹ Il existe un mot singulier *people* (pluriel *peoples*) qui s'emploie parfois, dans un style recherché, au sens de « nation », « peuple ».

> the English-speaking **peoples**
> les peuples anglophones

Pour *most people*, **239**.

291 place et room

❶ *Place* est un dénombrable. *A place* = « un endroit », « un lieu », parfois « une place ». « De la place » se traduit par *room* (indénombrable). Comparez :

> I couldn't find **a place** to park my car.
> Je n'ai pas pu trouver une place pour me garer.
> There's **room** for five people in my car.
> Il y a de la place pour cinq personnes dans ma voiture.

❷ En anglais familier, *place* s'emploie également au sens de *house* ou *flat*. *My place* = « chez moi ».

> We went to his **place** for dinner.
> Nous sommes allés dîner chez lui.

ENTRAÎNEZ-VOUS !

Traduisez en anglais.
1. Nous avons dormi dans un très bel endroit. (prétérit) 2. Désolé, il n'y a pas assez de place pour tout le monde. 3. Viens à notre table, il y a une place pour toi. 4. C'est un lieu merveilleux. 5. Il y a beaucoup de place dans le parking *(car park)*. 6. On *(we)* ira tous chez moi après le film.

CORRIGÉ

1. We slept in a very beautiful (nice) place. 2. (I'm) sorry, there isn't (there's not) enough room for everybody (everyone). (I'm afraid there isn't ...) 3. Come to our table, there's a place for you. 4. It's a wonderful (marvellous) place. 5. There's plenty of room in the car park. 6. We'll all go to my place after the film.

292 place des adverbes (1) : à côté du verbe

Certains adverbes se placent généralement à côté du verbe. Leur position précise dépend de la structure du verbe.

❶ Adverbes concernés

adverbes de fréquence	autres adverbes
often – always – never – sometimes mostly/mainly (surtout) usually (en général) hardly ever (pratiquement jamais) rarely/seldom (rarement)	also – just – only – even (même) nearly (presque) hardly (à peine) really – probably – certainly soon (bientôt) last (pour la dernière fois) still (encore, toujours, **374**)

All, *both* et *each* suivent les mêmes règles.

❷ Position

— Quand le verbe est formé d'**un seul mot**, l'adverbe se place **devant**.

> He **often writes** letters. (et non ~~He writes often letters.~~)
> Il écrit souvent des lettres.

> She **probably wanted** some money.
> Elle voulait probablement de l'argent.
> **Always wash** fruit. **Never drink** from streams.
> Lavez toujours les fruits. Ne buvez jamais dans les ruisseaux.

Exception : l'adverbe se place **après** *am*, *are*, *is*, *was* et *were*.

> I**'m always** late. (et non ~~I always am late~~.)
> Je suis toujours en retard.
> We **were certainly** better than the others.
> Nous étions certainement meilleurs que les autres.

▬ Quand le verbe est formé de **deux mots ou plus,** l'adverbe se place normalement après le **premier** auxiliaire (comme en français).

> I **have often thought** ...
> J'ai souvent pensé...
> They **have certainly been warned**.
> Ils ont certainement été prévenus.
> The girls **are probably going** home.
> Les filles rentrent probablement chez elles.

ENTRAÎNEZ-VOUS !

Mettez l'adverbe à la place qui convient dans la phrase.
1. I eat fish. (never) 2. We watch the news on TV. (always) 3. Your ticket is in the post. (probably) 4. This is a good match. (certainly) 5. She would have been invited. (probably) 6. It's been a great evening. (really) 7. I have wondered why everything is so complicated. (often) 8. Janet is at home. (never)

CORRIGÉ

1. I never eat fish. 2. We always watch the news on TV. 3. Your ticket is probably in the post. 4. This is certainly a good match. 5. She would probably have been invited. 6. It's really been a great evening. 7. I have often wondered why everything is so complicated. 8. Janet is never at home.

▬ À la **forme interrogative**, l'adverbe se place après le sujet.

> Do you **often** go dancing?
> Tu vas souvent danser ?

▬ À la **forme négative**, la place de l'adverbe varie selon le sens. *Probably* et *certainly* se placent toujours avant un auxiliaire + *n't*. Comparez :

> He **doesn't often** forget.
> Il n'oublie pas souvent.
> She **probably doesn't** understand.
> Elle ne comprend probablement pas.

Notez l'ordre des mots dans l'expression ***not even*** (« même pas »).

> She **has not even** signed her letter! (et non ~~She has even not~~ ...)
> Elle n'a même pas signé sa lettre !

❸ Cas particuliers

L'adverbe peut se mettre devant le premier auxiliaire pour renforcer l'idée exprimée par la phrase. Comparez :

> I**'m really** working hard.   I **really am** working hard.
> Je travaille vraiment beaucoup.   Qu'est-ce que je travaille !

293 place des adverbes (2) : *perhaps* et *maybe*

Perhaps et *maybe* se placent normalement en début de phrase.
Maybe s'emploie surtout dans un style familier.

> **Perhaps** her train is late. (et non ~~Her train is perhaps late.~~)
> Son train est peut-être en retard.
> **Maybe** I'm wrong. (et non ~~I'm maybe wrong.~~)
> J'ai peut-être tort.

294 place des adverbes (3) : *very much, well, a lot, at all*

En anglais, on ne sépare pratiquement jamais le verbe de son complément d'objet direct.

> principe de base : verbe + COD

L'adverbe doit donc se placer avant le verbe (292) ou après le complément d'objet.

❶ *(Very) well*, *a lot* et (généralement) *at all* se placent après le complément d'objet direct. C'est aussi le cas le plus fréquent pour *very much*.

> verbe + COD + *(very) well, a lot, at all, very much*

> She speaks English **very well**. (et non ~~She speaks very well English.~~)
> Elle parle très bien anglais.

> He criticises his boss **a lot**.   I don't know Italy **at all**.
> Il critique beaucoup son patron.   Je ne connais pas du tout l'Italie.

> I like skiing **very much**. (et non ~~I like very much skiing.~~)
> J'aime beaucoup le ski.

❷ *Very much* peut aussi se placer avant le verbe.

> I **very much** like skiing.

C'est pratiquement obligatoire lorsque le complément est très long.

> I **very much** like sleeping out on a warm summer night.
> J'aime beaucoup dormir dehors par une chaude nuit d'été.

ENTRAÎNEZ-VOUS !

Traduisez en anglais.
1. J'aime beaucoup la mer. 2. Il parle très bien allemand. 3. Je ne comprends pas du tout les maths *(maths)*. 4. Elle joue bien du *(the)* piano. 5. Mon frère aime beaucoup danser. 6. J'aime beaucoup marcher pendant des heures sous *(in)* la pluie.

CORRIGÉ

1. I like the sea very much. (I very much like the sea.) 2. He speaks German very well. 3. I don't understand maths at all. 4. She plays the piano well. 5. My brother likes dancing very much. (My brother very much likes dancing.) 6. I very much like walking for hours in the rain.

295 place des adverbes et compléments en fin de phrase

Les adverbes ou les compléments qui viennent en fin de phrase indiquent le plus souvent **comment**, **où**, **quand** une action s'est passée. L'ordre est assez flexible, mais on a tendance à préférer l'ordre « comment », « où », « quand » (= manière, lieu, moment).

> She sang **very well at the club last night**.
> Elle a très bien chanté hier soir au club.
> I'll go **to the supermarket tomorrow**.
> J'irai demain au supermarché.
> I must be **at the office at ten o'clock**.
> Il faut que je sois à dix heures au bureau.

ENTRAÎNEZ-VOUS !
Mettez les mots dans le bon ordre.
1. last I to week went Manchester 2. house ten to o'clock my at come 3. Alex concert London is a in on giving Tuesday 4. be I in Cambridge before want to lunchtime 5. hard yesterday worked I at Helen's 6. Olivia this morning in class to sleep went

CORRIGÉ
1. I went to Manchester last week. 2. Come to my house at ten o'clock. 3. Alex is giving a concert in London on Tuesday. 4. I want to be in Cambridge before lunchtime. 5. I worked hard at Helen's yesterday. 6. Olivia went to sleep in class this morning.

296 plaire

« Plaire » se traduit rarement par *to please*.

❶ Pour dire qu'une personne plaît à quelqu'un, on peut employer **like** ou **find attractive** / **fancy** (plus physiques). *Fancy* est familier.
Attention à la construction de la phrase : « Il me plaît » = **I like him** (et non ~~He likes me~~.)

> I **like** Daniel a lot. / I **find** Daniel very **attractive**. / I really **fancy** Daniel.
> Daniel me plaît beaucoup.

❷ Pour dire qu'une chose plaît à quelqu'un, on peut employer **like**.
> She really **likes** this painting.
> Ce tableau lui plaît beaucoup.

❸ Pour parler d'une expérience, on emploie *like* ou *enjoy*.
> We **liked** the book very much, but we didn't **enjoy** the film.
> Le livre nous a beaucoup plu, mais pas le film.

ENTRAÎNEZ-VOUS !
Traduisez en anglais.
1. Fanny me plaît beaucoup. 2. Est-ce que je te plais ? 3. Le livre ne m'a pas plu du tout. 4. Ce genre *(kind)* de film plaît à tout le monde.

CORRIGÉ
1. I like Fanny a lot. (I find Fanny very attractive. / I fancy Fanny.) 2. Do you like me? (Do you find me attractive? / Do you fancy me?) 3. I didn't like the book at all. 4. Everybody likes this kind of film.

297 pluperfect (1) : simple

❶ Le pluperfect (ou past perfect) simple se forme toujours ainsi :

had + participe passé

    I **had lost**.   She **had fallen**.
    J'avais perdu.   Elle était tombée.

> Pour la structure des questions, **343**.
> Pour les négations, **385** et **249**.
> Pour l'interronégation, **346**.

❷ Le pluperfect simple correspond généralement au **plus-que-parfait français**. Lorsque, à partir d'un moment du passé, on se réfère à un moment antérieur, on emploie le pluperfect simple pour parler du moment le plus ancien.

    I went back to the place where I **had** first **met** her.
    Je suis retourné à l'endroit où je l'avais rencontrée la première fois.
    We did not understand what **had happened**.
    Nous ne comprenions pas ce qui s'était passé.
    He said that he**'d forgotten** his money.
    Il a dit qu'il avait oublié son argent.

❸ « Je venais de… » = ***I had just*** + **participe passé**.

    I **had just begun** to work.
    Je venais de commencer à travailler.

ENTRAÎNEZ-VOUS !
Traduisez en anglais.
1. Je ne savais pas où elle était allée. 2. Je l'ai regardé. C'était *(It was)* l'homme qui m'avait souri dans le train. 3. J'ai dit que je n'avais rien entendu. 4. Elle pensait qu'il ne l'avait jamais aimée. 5. Je venais juste de sortir. 6. Il s'est rendu compte qu'il n'avait pas pris la bonne route *(the right road)*.

CORRIGÉ
1. I didn't know where she had gone. 2. I looked at him. It was the man who had smiled at me in the train. 3. I said that I had not (hadn't) heard anything. (... that I had heard nothing.) 4. She thought that he had never loved her. 5. I had just gone out. 6. He realised that he had not taken the right road.

4 On emploie parfois le plus-que-parfait français pour parler d'un moment antérieur au moment **présent**. Le pluperfect est alors impossible, il faut employer le prétérit.

> "Here's your steak, madam."
> "But I **ordered** a chop." (et non ... I had ordered ...)
> « Voici votre steak, madame. »
> « Mais j'avais commandé une côtelette ! »
>
> **Pour le pluperfect après *if*, 185 ; après *I wish*, 416 .**

298 pluperfect (2) : progressif

1 Le pluperfect progressif se forme toujours ainsi :

`had been + V-ing`

— Il s'emploie pour parler d'actions qui avaient continué jusqu'à un moment du passé ou venaient de s'achever.

> We **had been walking** all day; it was time to stop.
> Nous avions marché tout la journée ; il était temps de s'arrêter.
> I **had been smoking**; I couldn't deny it.
> J'avais fumé, je ne pouvais pas le nier.

— Il s'emploie aussi très souvent avec *for* et *since*, dans des cas où il y a un imparfait en français.

> They **had been waiting** for two hours.
> Ils attendaient depuis deux heures.
> It **had been raining** since the morning.
> Il pleuvait depuis le matin.

2 On emploie le pluperfect simple avec les verbes qui ont rarement une forme en *be* + V-*ing* (404).

> I **had known** him for two years.
> Je le connaissais depuis deux ans.

ENTRAÎNEZ-VOUS !

Traduisez en anglais.
1. J'avais travaillé toute l'après-midi, j'avais besoin de sortir. 2. Il avait bu, il ne pouvait pas conduire. 3. Nous marchions depuis des heures. 4. Il neigeait depuis le matin. 5. Je travaillais depuis midi. 6. Elle était malade depuis deux jours.

CORRIGÉ

1. I had been working all afternoon; I needed to go out. 2. He had been drinking; he couldn't drive. 3. We had been walking for hours. 4. It had been snowing since the morning. 5. I had been working since twelve (o'clock) (since midday). 6. She had been ill for two days.

Rappel

> He **has been living** in Canada **for** two years.
> Il **habite** au Canada depuis deux ans.
> He **had been living** in Canada **for** two years.
> Il **habitait** au Canada depuis deux ans.

299 possessifs (1) : « adjectifs possessifs »

❶ Les déterminants appelés traditionnellement « adjectifs possessifs » sont :
my, your, his, her, its, our, their, one's

my uncle	**our** dog	**their** cat
mon oncle	notre chien	leur chat
his/her/its house	to live **one's** life	
sa maison	vivre sa vie	

❷ Le choix entre *his*, *her* et *its* ne dépend pas du nom qui suit comme en français, mais du possesseur.

his leg	**her** leg	**its** leg
(= **John's** leg)	(= **Janet's** leg)	(= **the cat's** leg)
possesseur **masculin**	possesseur **féminin**	possesseur **neutre**

De même :
sa tante (celle de John) = **his** aunt
son oncle (celui de Janet) = **her** uncle
son poids (celui d'un sac) = **its** weight

ENTRAÎNEZ-VOUS !

Complétez les phrases par des « adjectifs possessifs ».
1. I've finished ... work. 2. James bought ... wife a ring for their wedding anniversary. 3. Alice looks very much like ... brother. 4. Mr and Mrs Cousins are going to sell ... house. 5. I've found ... glasses – you left them in the kitchen. 6. I like Carol, but I don't like ... husband at all. 7. This church is very old. ... tower was built in the 12th century. 8. We've lost ... cat.

CORRIGÉ

1. my 2. his 3. her 4. their 5. your 6. her 7. Its 8. our

---

❸ *One's* correspond au pronom indéfini *one* (268.1). Il traduit « son/sa/ses » lorsqu'on parle des gens en général.

One should pay **one's** debts.   to lose **one's** voice
On devrait payer ses dettes.   perdre sa voix

❹ On emploie souvent des possessifs devant des noms désignant les parties du corps et les vêtements, dans des cas où il y a un article on français.

She's broken **her arm**.   He fell on **his back**.
Elle s'est cassé le bras.   Il est tombé sur le dos.

I often walk with **my hands** in **my pockets**.
Je marche souvent les mains dans les poches.

❺ *Our*, *your* et *their* sont suivis d'un nom pluriel dans des cas où il y a parfois un singulier en français (au sens de « chacun un » ou « chacun le sien »).

They're not satisfied with **their lives**.
Ils ne sont pas satisfaits de leur vie. (Ils ont chacun une vie.)
Don't forget to bring **your dictionaries**.
N'oubliez pas d'apporter votre dictionnaire. (= « chacun le vôtre »)

ENTRAÎNEZ-VOUS !
Traduisez en anglais.
1. Il est facile de perdre son chemin *(way)* dans une ville inconnue *(strange)*.
2. Fatou s'est fait mal *(has hurt)* au bras. 3. Je leur ai dit d'apporter leur passeport. 4. Êtes-vous satisfaits de votre vie ?

CORRIGÉ
1. It's easy to lose one's (your) way in a strange town. 2. Fatou has (Fatou's) hurt her arm. 3. I've told (I told) them to bring their passports. 4. Are you satisfied with your lives?

Pour *baby/child* repris par *its*, **325.2**.
Pour *its* ou *their* après des noms de groupe (ex.: *government*), **255.1**.
Pour *their* = *his or her*, **327**.
Pour *whose ...?*, **301**.

300 possessifs (2) : pronoms possessifs

Les pronoms possessifs sont :

mine, yours, his, hers, ours, theirs

mine	le mien, la mienne, les miens/miennes	à moi
yours	le tien, la tienne, les tiens/tiennes le vôtre, la vôtre, les vôtres	à toi à vous
his	le sien, la sienne, les siens/siennes	à lui
hers	le sien, la sienne, les siens/siennes	à elle
ours	le nôtre, la nôtre, les nôtres	à nous
theirs	le leur, la leur, les leurs	à eux/elles

That watch is **mine**.   **Yours** is on the table.
Cette montre est à moi.   La tienne est sur la table.

"Whose is that motorbike?" "**His**."
« À qui est cette moto ? » « À lui. »

ENTRAÎNEZ-VOUS !
Complétez les phrases par des pronoms possessifs.
1. "Here's your coat." "That's not ... " 2. Philip likes his job, but Lucy doesn't like ... much. 3. Put that down! It's not ... 4. His salary is higher than ..., but my work is more interesting than ... 5. We lived in their house for a month and they lived in ... Our house is much smaller than ... 6. "Whose is this €50 note?" "..."

CORRIGÉ
1. mine 2. hers 3. yours 4. mine, his 5. ours, theirs 6. Mine

Pour *whose?*, **301**.
Pour *Yours sincerely*, etc., **217**.
Pour *a friend of mine*, etc., **302**.

301 possessifs (3) : *whose?*

— *Whose?* correspond le plus souvent à « À qui … ? » Il peut se placer devant un nom (comme *my, your*, etc., 299), ou s'employer comme pronom (comme *mine, yours*, etc., 300).

Whose coat is that?
À qui est ce manteau ?

Whose is that coat?

Whose glasses are they?
À qui sont les lunettes ?

Whose are the glasses?

— Notez le parallélisme des trois structures : **whose** coat, **John's** coat, **his** coat (déterminant + nom).

ENTRAÎNEZ-VOUS !
Traduisez en anglais.
1. C'est à qui, ce verre ? (deux traductions) 2. C'est à qui, la voiture ? (deux traductions) 3. À qui est cette maison ? (deux traductions) 4. J'ai trouvé des clés. Elles sont à qui ?

CORRIGÉ
1. Whose glass is this? / Whose is this glass? 2. Whose car is this? / Whose is this car? 3. Whose house is this? / Whose is this house? 4. I've (I have) found some keys. Whose are they?

Pour *whose* (pronom relatif), 332 .

302 possessifs (4)
a friend of mine, of John's …

Une structure avec *of* peut être suivie d'un pronom possessif (*mine, yours*, etc., 300) ou d'un nom au cas possessif (303).

a friend **of yours**
l'un de vos amis

a brother **of John's**
un frère de John

a cousin **of mine**
un cousin à moi

an idea **of my boss's**
une idée de mon patron

ENTRAÎNEZ-VOUS !
Utilisez cette structure pour traduire.
1. un cousin de Marc 2. un ami à elle 3. l'une de mes idées 4. un de vos livres

CORRIGÉ
1. a cousin of Marc's 2. a friend of hers 3. an idea of mine 4. a book of yours

303 possessifs (5) : cas possessif (formation)

❶ 's ou s'

— On met **'s** après un nom singulier ou un pluriel qui ne se termine pas par -s.

nom singulier +**'s**	pluriel irrégulier +**'s**
Bob's birthday	the **children's** room
l'anniversaire de Bob	la chambre des enfants

— On ajoute juste l'apostrophe (') aux pluriels réguliers.

pluriel en -s +'	
my **parents'** house	the **neighbours'** garden
la maison de mes parents	le jardin des voisins

— On peut ajouter **'s** ou **'** à une expression de plusieurs mots.

the **Minister of Transport's** speech
le discours du ministre des Transports

— Le **'s** du cas possessif se prononce comme le -s du pluriel (254.9).

❷ L'ordre des mots

L'ordre des mots est **l'inverse du français**, parce que le premier nom du cas possessif joue le même rôle qu'un « adjectif possessif » (299). Comparez :

John's room / **his** room	**Mary's** room / **her** room
la chambre de John	la chambre de Mary

❸ L'article

— S'il y a (en français) un article devant le nom du possesseur, **on reprend l'article** devant le cas possessif anglais, sauf s'il s'agit d'une généralisation. Comparez :

the little girl's doll
la poupée de **la** petite fille
the cat's milk
le lait du chat (« du » = « de **le** »)
the Smiths' house
la maison des Smith (« des » = « de **les** »)
young people's problems
les problèmes des jeunes (en général)

— Par contre, on ne traduit pas l'article qui se trouve devant le nom de ce qui est possédé.

John's **car** (et non ~~the John's car~~)
la voiture de John

ENTRAÎNEZ-VOUS !

Traduisez en anglais.
1. les amis de Tom 2. la maison de ton frère 3. la voiture de mes parents
4. la femme du président 5. le petit déjeuner du bébé 6. le chien des voisins

CORRIGÉ

1. Tom's friends 2. your brother's house 3. my parents' car 4. the President's wife 5. the baby's breakfast 6. the neighbours' dog

④ Double possesseur

Comparez :

John and Mary's children
les enfants de John et Mary (mêmes parents)
John's and Mary's children
les enfants de John et les enfants de Mary (parents différents)

⑤ Le cas possessif incomplet

— Avec un nom au cas possessif, on peut omettre le nom de ce qui est possédé, si le sens est clair.

"Whose coat is this?" "It's **Jill's**." (= Jill's coat.)
« À qui est ce manteau ? » « À Jill. »

— Lorsque le deuxième nom est *shop* ou *house*, on l'omet très souvent.

I'm off to **the butcher's.** (sous-entendu **shop**)
Je vais chez le boucher.
We went to **Harry and Susan's** last night. (sous-entendu **house**)
Nous sommes allés chez Harry et Susan hier soir.

Pour la traduction de « chez », **79**.

ENTRAÎNEZ-VOUS !

Traduisez en anglais.

1. les amis d'Ahmed et Katia 2. les amis d'Ahmed et les amis de Katia
3. Ce manteau est à Bernard. 4. Nous allons chez Catherine et Lucas ce soir.

CORRIGÉ

1. Ahmed and Katia's friends 2. Ahmed's and Katia's friends 3. This coat is Bernard's. 4. We're going to Catherine and Lucas's this evening.

304 possessifs (6) : cas possessif (emploi)

❶ Êtres vivants, groupes, collectivités

On emploie surtout le cas possessif lorsqu'on parle d'**êtres vivants**, de **groupes** et de **collectivités**, c'est-à-dire avec des mots comme *brother, pilot, horse, everyone, each other, team, class, company, London*.

my brother's room
la chambre de mon frère
a pilot's job
le métier de pilote
the horse's tail
la queue du cheval

London's history
l'histoire de Londres
the company's policy
la politique de l'entreprise
in **everyone's** interest
dans l'intérêt de tout le monde

❷ Date, durée

On trouve également le cas possessif dans un certain nombre d'expressions se rapportant à une **date** ou une **durée** : *yesterday's* (*paper, news, meeting*, etc.), *today's, tomorrow's, Sunday's* (*Monday's*, etc.), *next week's, this year's, last month's*, etc., *an hour's, a day's*, etc.

tomorrow's meeting
a réunion de demain
two weeks' delay
un retard de deux semaines

next week's films
les films de la semaine prochaine
ten minutes' walk
à dix minutes à pied

❸ Non-emploi

Il ne faut pas employer le cas possessif :

— lorsque le premier mot n'appartient pas à l'une des catégories ci-dessus ;
   the door of the car (et non ~~the car's door~~)

— avec les adjectifs substantivés (12) ;
   young people's problems (et non ~~the young's problems~~)

— devant une proposition relative qui se rapporte au possesseur ;
   He's the brother of **a boy that I went to school with**. (et non ... ~~a boy's brother that I~~ ...)

— avec un nom propre précédé de l'article *a/an*.
   a Bach concerto (et non ~~a Bach's concerto~~)
   un concerto de Bach
   a Picasso exhibition (et non ~~a Picasso's exhibition~~)
   une exposition de Picasso

ENTRAÎNEZ-VOUS !

Traduisez en anglais, en mettant le cas possessif ou une autre structure, selon le cas.

1. les projets (*plans*) du gouvernement 2. le prix (*price*) de la maison 3. à cinq minutes à pied 4. la fin du film 5. les problèmes économiques (*economic*) de l'Italie 6. le journal d'hier 7. le toit (*roof*) du garage 8. le parapluie de quelqu'un 9. une pièce (*play*) de Shakespeare 10. un film de Woody Allen

CORRIGÉ

1. the government's plans 2. the price of the house 3. five minutes' walk 4. the end of the film 5. Italy's economic problems 6. yesterday's paper 7. the roof of the garage (the garage roof) 8. somebody's (someone's) umbrella 9. a Shakespeare play 10. a Woody Allen film

NOTEZ

L'usage du cas possessif est très complexe. Vous trouverez parfois des emplois en contradiction avec les règles données ci-dessus, par exemple : *the plane's weight* ou *the book's narrator*.

Pour plus de détails sur les noms composés et le cas possessif, 259 .

305 préfixes et suffixes (mots dérivés)

Il existe un grand nombre de préfixes et de suffixes en anglais. Ils ont une fonction constante qu'il est utile de connaître. En voici quelques-uns parmi les plus fréquents.

❶ Préfixes

— **un-** et **in-/im-** permettent de former des adjectifs de sens contraire à l'adjectif de base.

pleasant	**un**pleasant
agréable	désagréable
complete	**in**complete
complet	incomplet
tidy	**un**tidy
ordonné	désordonné
possible	**im**possible
possible	impossible

— **dis-** /dɪs/ et **mis-** /mɪs/ servent aussi à former des mots de sens contraire.

agree	**dis**agree
être d'accord	ne pas être d'accord
honest	**dis**honest
honnête	malhonnête
understand	**mis**understand
comprendre	comprendre de travers

— **a-** sert à former certains adjectifs qui ne s'emploient que comme attributs.

alive	**a**lone (356)	**a**sleep (51)
vivant, en vie	seul	endormi

— **over-** indique l'excès.

overdose	**over**estimate	**over**eat
overdose	surestimer	trop manger

❷ Suffixes

— **-y** permet de former des adjectifs à partir de noms.

anger	angr**y**
colère	coléreux
thirst	(to be) thirst**y**
soif	(avoir) soif

— **-ish** sert à former des adjectifs à partir d'adjectifs et de noms.

green	green**ish**
vert	verdâtre
child	child**ish**
enfant	enfantin
Sweden	Swed**ish**
Suède	suédois

— **-ly** sert à former des adverbes à partir d'adjectifs.

slow	slow**ly**
lent	lentement
reasonable	reasonab**ly**
raisonnable	raisonnablement

Pour *friendly* et *lovely*, 10 .

— **-ful** et **-less** permettent de former des adjectifs à partir de noms : *-ful* a un sens positif (« plein de », « avec »), *-less* a un sens privatif (« sans »).

care	care**ful**	care**less**
soin	soigneux	sans soin

— **-ful** sert aussi à former des noms indiquant une quantité.

a hand**ful**	a mouth**ful**	a spoon**ful**
une poignée	une bouchée	une cuillerée

— **-er** sert à former des noms d'agents (= la personne ou l'objet qui fait l'action), surtout à partir de verbes.

to drive	a driv**er**
conduire	un conducteur
to light	a light**er**
allumer	un briquet

— **-ness** permet de former des noms abstraits à partir d'adjectifs.

ill	ill**ness**
malade	maladie
kind	kind**ness**
gentil	gentillesse

— **-dom**, **-hood** et **-ship** permettent de former des noms abstraits à partir de noms concrets.

king	king**dom**
roi	royaume
child	child**hood**
enfant	enfance
friend	friend**ship**
ami	amitié

▬ **-en** sert à former des verbes à partir d'adjectifs (et parfois de noms).

short	to shorten
court	raccourcir
wide	to widen
large	élargir
strength	to strengthen
force	renforcer

NOTEZ

Un mot peut être formé d'une racine et de plusieurs suffixes, ou d'une racine, d'un préfixe et d'un ou deux suffixes, etc. Il suffit donc souvent de le décomposer pour en comprendre le sens.

hopelessness = **hope** + **less** + **ness** = désespoir, état désespéré
unfortunately = **un** + **fortunate** + **ly** = malheureusement

306 prépositions (1) : après un verbe, un adjectif ou un nom

En français comme en anglais, beaucoup de mots peuvent être suivis d'une préposition (ex. : « discuter **de** quelque chose », « être gentil **avec** quelqu'un », « échapper **à** quelque chose »). Mais les prépositions ne s'emploient pas toujours de la même manière dans les deux langues. Voici quelques exemples.

❶ Prépositions différentes en anglais et en français

▬ *about*

to think **about**
penser à

▬ *at*

good/bad **at** maths/English
bon/mauvais en maths, anglais
clever **at**
doué pour

to laugh **at**
se moquer de
surprised/amazed **at**
étonné/très étonné de

▬ *by*

a play **by** Shakespeare
une pièce de Shakespeare

a film **by** Spielberg
un film de Spielberg

▬ *for*

late **for** school
en retard à l'école
to apologise **for**
s'excuser de
it's time **for**
il est l'heure de

the reason **for** something
la raison de quelque chose
responsible **for**
responsable de

▬ *from*

different **from/to***
différent de

to suffer **from**
souffrir de

separate **from**
séparé de

---

*Considéré comme incorrect par certains.

to borrow/take/steal **from** somebody
emprunter/prendre/voler à quelqu'un
to hide something **from** somebody
cacher quelque chose à quelqu'un
to escape **from** somebody/something
échapper à quelqu'un/quelque chose

— *in*

interested **in** something
intéressé par quelque chose
to be interested **in**
s'intéresser à
to take part **in** / participate **in**
participer à

dressed **in**
habillé de/en
to succeed **in** doing something
réussir à faire quelque chose

— *into*

to divide **into**
diviser en
to translate **into**
traduire en

to turn **into**
transformer/changer en

— *of*

made **of** (wood, etc.)
fait en (bois, etc.)

— *on*

to depend **on**
dépendre de
to live **on**
vivre de
to be keen **on**
être amateur de

to congratulate/congratulations **on**
féliciter/félicitations pour
to spend money **on**
dépenser de l'argent en/pour
to get **on** a bus/train/plane
monter dans un train/avion

— *to*

kind/nice/polite/rude **to** somebody
gentil/poli/impoli avec quelqu'un
married **to**
marié avec/à

— *with*

delighted/pleased/happy/satisfied **with** something
ravi/content/heureux/satisfait de quelque chose

disappointed **with**
déçu par
angry **with**
en colère contre

to cover **with**
couvrir de
to fill **with**
remplir de

ENTRAÎNEZ-VOUS !

Mettez la préposition qui convient.
1. It depends ... you. **2.** He's responsible ... it. **3.** It's made ... wood. **4.** I'm interested ... Africa. **5.** You're different ... your sister. **6.** Are you pleased ... your life? **7.** How can you escape ... your problems? **8.** The mountains are covered ... snow. **9.** He suffers ... feelings of inferiority. **10.** She's always very nice ... me. **11.** He's married ... an actress. **12.** I spend a lot of money ... clothes.

CORRIGÉ

1. on 2. for 3. of 4. in 5. from (to) 6. with 7. from 8. with 9. from 10. to 11. to 12. on.

② Pas de préposition en français

to look at something
regarder quelque chose
to wait for something/somebody
attendre quelque chose/quelqu'un
to look for something
chercher quelque chose
to remind somebody **of** something
rappeler quelque chose à quelqu'un

to ask for something
demander quelque chose
to listen to something
écouter quelque chose
to pay for something
payer quelque chose
to account for something
expliquer quelque chose

③ Pas de préposition en anglais

to **answer** a question
répondre **à** une question
to **lack** something
manquer **de** quelque chose
to **ask** somebody
demander **à** quelqu'un
to **play** the guitar, the piano, etc.
jouer **de** la guitare, **du** piano, etc.
to **discuss** a problem
discuter **d'**un problème
to **play** football, rugby, etc.
jouer **au** football, rugby, etc.

to **doubt** something
douter **de** quelque chose
to **enter** a room
entrer **dans** une pièce
to **forgive** somebody
pardonner **à** quelqu'un
to **remember** somebody/something
se souvenir **de** quelqu'un/quelque chose

ENTRAÎNEZ-VOUS !

Traduisez en anglais
1. Pourquoi ne réponds-tu pas à mes questions ? 2. Ne me regarde pas comme ça. 3. Attendez-nous ! 4. Est-ce que tu te souviens de ton premier amour ? 5. Je joue du piano. 6. Mon frère fait du tennis. 7. Écoute les oiseaux. 8. Ça me rappelle un film. 9. Combien as-tu payé ton manteau ? 10. Demande à Daniel de t'aider.

CORRIGÉ

1. Why don't you answer my questions? 2. Don't look at me like that. 3. Wait for us! 4. Do you remember your first love? 5. I play the piano. 6. My brother plays tennis. 7. Listen to the birds. 8. It (That/This) reminds me of a film. 9. How much did you pay for your coat? 10. Ask Daniel to help you.

307 prépositions (2) : en début d'expression

① Certaines expressions commencent par une préposition différente en anglais et en français. Voici quelques exemples.

at the same time
en même temps
by bicycle/bus/coach/car/train/boat/plane
en vélo/autobus/autocar/voiture/train/bateau/avion

in the country	**in** the 16th century
à la campagne	au xvie siècle
in the rain/snow	**in** a loud/quiet voice
sous la pluie/neige	à voix haute/basse
in the sun	**in** my opinion
au soleil	à mon avis
on foot	**on** the radio/**on** TV
à pied	à la radio/à la télé
on a bus/train	**on** duty
dans un autobus/train	de service
on the first floor	**on** fire
au premier étage	en feu
on the phone	**on** the other side
au téléphone	de l'autre côté
on holiday	**on** strike
en vacances	en grève

② Dans certains cas, il n'y a aucune préposition en français.

at night
la nuit

in the end
finalement

in the morning/afternoon/evening
le matin/après-midi/soir

ENTRAÎNEZ-VOUS !

Mettez la préposition qui convient.
1. He lives … the country. **2.** My flat is … the 5th floor. **3.** London is depressing … the rain. **4.** We heard about it … the radio. **5.** … the 20th century. **6.** I always go to the office … bus. **7.** I sometimes come back home … foot. **8.** Is Zoé … holiday?

CORRIGÉ

1. in 2. on 3. in 4. on 5. In 6. by 7. on 8. on

308 prépositions (3) : en fin de groupe verbal

Lorsqu'un verbe et une préposition forment une sorte de verbe composé (ex. : *to look at*), on les sépare rarement on anglais, même si le verbe vient en fin de proposition. C'est pourquoi on trouve souvent des prépositions dans les cas suivants.

❶ En fin de questions

— C'est surtout le cas dans un **style familier**.

Where do you **come from**? (et non ~~From where do you come~~?)
D'où êtes-vous ?

Who did you **go with**?
Avec qui es-tu allé ?

What's it **made of**?
C'est en quoi ?

ENTRAÎNEZ-VOUS !

Retrouvez les questions.

Ex. : *I went with Henry.* → *Who did you go with?*
I'm looking for my keys. → *What are you looking for?*

1. I bought it for my mother. **2.** I'm thinking about my holidays. **3.** She was smiling at you. **4.** He comes from Liverpool. **5.** I danced with everybody. **6.** I opened it with a hammer. **7.** It's made of glass. **8.** I'm laughing at this picture.

CORRIGÉ

1. Who did you buy it for? **2.** What are you thinking about? **3.** Who was she smiling at? **4.** Where does he come from? **5.** Who did you dance with? **6.** What did you open it with? **7.** What's it made of? **8.** What are you laughing at?

— Dans un **style plus formel**, on a tendance à placer la préposition devant le mot interrogatif.

With whom is the general travelling?
Avec qui le général voyage-t-il ?

❷ En fin de structures relatives

— C'est surtout le cas dans un **style familier**.

Le pronom relatif est alors souvent sous-entendu.

I was born in the house (that) you're **staying in.**
(plutôt que ... the house in which you're staying.)
Je suis né dans la maison où tu habites.
I don't like the boy (that) she's **talking to.**
Je n'aime pas le garçon avec qui elle parle.

ENTRAÎNEZ-VOUS !

Reliez les phrases comme dans l'exemple.

Ex. : *I was staying in a house. It was very old.* → *The house I was staying in was very old.*

1. I was living with a girl. She was Scottish. **2.** I wrote to a boy. He never answered. **3.** We looked at some pictures. They were boring. **4.** We listened to some music. It was very good. **5.** We talked to some people. They were nice to us. **6.** We went on a train. It was terribly dirty.

CORRIGÉ

1. The girl I was living with was Scottish. **2.** The boy I wrote to never answered. **3.** The pictures we looked at were boring. **4.** The music we listened to was very good. **5.** The people we talked to were nice to us. **6.** The train we went on was terribly dirty.

— Dans un **style plus formel**, on a tendance à placer la préposition devant le pronom relatif.

He was a man **to whom** she could say everything she felt.
C'était un homme à qui elle pouvait dire tout ce qu'elle ressentait.

❸ En fin de structures passives

En anglais, un verbe suivi d'une préposition peut s'employer au passif, ce qui n'est pas le cas en français.

He was **operated on** yesterday. (opérer = to operate on)
Il a été opéré hier.

She likes to be **looked at.**
Elle aime qu'on la regarde.

You're being **spoken to.**
On vous parle.

ENTRAÎNEZ-VOUS !

Mettez les phrases au passif comme dans l'exemple.
Ex. : *I like people to look at me.* → *I like to be looked at.*
1. I like people to smile at me. 2. I like people to write to me. 3. I like people to think about me. 4. I like people to take care of me.

CORRIGÉ

1. I like to be smiled at. 2. I like to be written to. 3. I like to be thought about. 4. I like to be taken care of.

❹ En fin de structures infinitives

C'est surtout le cas après un adjectif.

She's **interesting to talk to.**
C'est intéressant de parler avec elle.
I'm **easy to work with.**
Il est facile de travailler avec moi.

ENTRAÎNEZ-VOUS !

Complétez les phrases par une des expressions suivantes : *boring to listen to - something to write with - frightening to think about - nice to look at*
1. Mountains are … 2. Death is … 3. Sermons are often … 4. Can you lend me …?

CORRIGÉ

1. Mountains are nice to look at (frightening to think about). 2. Death is frightening to think about. 3. Sermons are often boring to listen to. 4. Can you lend me something to write with?

309 présent (1) : formation du présent simple

affirmation	interrogation	négation
I work	**do** I work?	I **do not** work
you work	**do** you work?	you **do not** work
he/she/it work**s**	**does** he/she/it work?	he/she/it **does not** work
we work	**do** we work?	we **do not** work
they work	**do** they work?	they **do not** work

❶ Formes

Il y a **toujours un *s* à la troisième personne du singulier.** À l'affirmation, il s'ajoute au verbe principal ; aux autres formes, il se trouve à l'auxiliaire *does*.

He work**s**.   Doe**s** he work?   He doe**s**n't work.

❷ Orthographe

— Après *-s, -sh, -ch* et *-x*, on ajoute *-es* à la troisième personne.

    she pas**ses**   it bru**shes**   he wat**ches**   he mi**xes**

Notez aussi *goes, does*.

— Les verbes qui se terminent en *-y* forment leur troisième personne en *-ies* (sauf quand l'*y* est précédé d'une voyelle).

    tr**y** → tr**ies**   fl**y** → fl**ies**   worr**y** → worr**ies**

mais :

    enj**oy** → enj**oys**   pl**ay** → pl**ays**

❸ Prononciation

Le *s* de la troisième personne suit les mêmes règles de prononciation que celui du pluriel (**254**.9).

ENTRAÎNEZ-VOUS !

1 **Mettez les verbes suivants à la troisième personne du singulier.**
to like - to start - to hurry - to stay - to catch - to push - to read - to buy - to sell - to fix - to miss - to hope - to send

2 **Complétez les phrases avec des formes interrogatives.**
1. Where …? (he / live) 2. How often … swimming? (you / go) 3. What sort of music …? (you / like) 4. … on Saturday mornings? (Bob / work) 5. What … in her free time? (she / do) 6. How … to work? (you / travel)

CORRIGÉ

1. likes - starts - hurries - stays - catches - pushes - reads - buys - sells - fixes - misses - hopes - sends
2. 1. does he live 2. do you go 3. do you like 4. Does Bob work 5. does she do 6. do you travel

Pour la structure des questions, **344**.
Pour les négations **249**.
Pour les contractions, **94**.
Pour l'interronégation, **346**.
Pour les formes des auxiliaires et des modaux, voir les fiches sur *be, have, can, may*, etc.

310   présent (2) : emploi du présent simple

❶ Habitudes, actions répétées, faits permanents

Le présent simple s'emploie surtout pour parler **d'habitudes, d'actions répétées** et **de faits plus ou moins permanents**.

    I **play** tennis every Saturday.
    Je fais du tennis tous les samedis.
    My father often **goes** to America.
    Mon père va souvent en Amérique.

"Where **do you live**?" "I **live** in Clapham."
« Où habitez-vous ? » « J'habite à Clapham. »
Light **takes** eight minutes to come from the sun to the earth.
La lumière met huit minutes pour venir du soleil à la terre.

Pour indiquer qu'une action est en cours actuellement, il faut employer le présent progressif (**312**).

❷ Futur

▬ Le présent simple n'est pas beaucoup utilisé dans un sens futur. On l'emploie surtout dans deux cas particuliers :

– dans les subordonnées introduites par *when, as soon as, before, who, what,* etc. (**155.1**) ;

We'll buy it **when we go** to London. (et non ... ~~when we will go~~ ...)
On l'achètera quand on ira à Londres.

– pour parler d'horaires et d'emplois du temps.

The train **leaves** at 8 o'clock.
Le train part à 8 heures.

▬ Dans les autres cas, c'est le présent progressif qu'il faut employer pour parler du futur (**150.1**).

I**'m going to** London tomorrow. (et non ~~I go to London tomorrow.~~)
Je vais à Londres demain.

❸ Titres de journaux

On emploie le présent simple dans les titres de journaux pour parler de ce qui est arrivé, comme en français.

President **leaves** hospital.
Le Président quitte l'hôpital.

ENTRAÎNEZ-VOUS !

Traduisez en anglais.

1. Je vais souvent au cinéma. 2. Est-ce que Paul habite à Londres ? 3. Je ne voyage pas souvent. 4. La lumière met quatre ans pour venir de l'étoile la plus proche *(nearest)*. 5. Est-ce que vous fumez ? 6. Je ne parle pas allemand. 7. Je viendrai vous voir quand je serai à *(in)* Paris. 8. Le train arrive à huit heures.

CORRIGÉ

1. I often go to the cinema. 2. Does Paul live in London? 3. I don't often travel (travel often). 4. Light takes four years to come from the nearest star. 5. Do you smoke? 6. I don't speak German. 7. I'll come to (come and) see you when I'm in Paris. 8. The train arrives at eight (o'clock).

Pour l'emploi du présent simple et du présent progressif dans les narrations, les blagues, les instructions, etc., **313**.2 .

311 présent (3) : formation du présent progressif (en *be* + V-*ing*)

❶ Le présent progressif se forme ainsi :

`to be + V-ing`

> I**'m reading**.
> Je lis (en ce moment).
>
> He**'s working**.
> Il est en train de travailler.
>
> **Is** your brother **listening** to us?
> Est-ce que ton frère nous écoute ?
>
> Look, they**'re not making** any effort.
> Regarde, ils ne font pas d'effort.

❷ Attention à l'ordre des mots dans les questions : seul l'auxiliaire précède le sujet (**344**).

> **Are** your parents coming? (et non ~~Are coming your parents?~~)
> Ils viennent, tes parents ? / Tes parents viennent ?

ENTRAÎNEZ-VOUS !

Mettez les verbes au présent en *be* + V-*ing*.

1. I / write. 2. Why / they / laugh? 3. We / not / go. 4. Emma / sing. 5. What / Yanis / wear? 6. You / not / eat. 7. Bob and Amelia / come?

CORRIGÉ

1. I am (I'm) writing. 2. Why are they laughing? 3. We are not going. (We aren't / We're not...) 4. Emma is (Emma's) singing. 5. What is (What's) Yanis wearing? 6. You are not eating. (You're not / You aren't ...) 7. Are Bob and Amelia coming?

Pour l'interrogation, 346 .

312 présent (4) : emploi du présent progressif (en *be* + V-*ing*)

❶ Actions en cours

On emploie le présent progressif (en *be* + V-*ing*) pour **indiquer ce qui est en cours** au moment où l'on parle, ou pendant la période actuelle.

"What **are** you **doing**?" "**I'm waiting** for you." (et non ~~I wait~~...)
« Qu'est-ce que tu fais ? » « Je t'attends. »
Look, **it's raining.** (et non ...~~it rains.~~)
Regarde, il pleut.
I'm playing a lot of tennis at the moment.
Je fais beaucoup de tennis en ce moment.
Clothes **are getting** very expensive.
Les vêtements deviennent très chers.

❷ Projets

Le présent progressif s'emploie aussi pour **parler de projets**, comme le présent français (150.1).

I'm seeing Alex tomorrow. (et non ~~I see~~ ...)
Je vois Alex demain.
We**'re moving** in July.
Nous déménageons en juillet.

❸ Exceptions

Certains verbes s'emploient rarement à la forme progressive (404). Ils se mettent donc presque toujours au présent simple, même lorsqu'ils se rapportent au moment présent.

I **want** an ice-cream now. (et non ~~I'm wanting~~ ...)
Je veux une glace maintenant.

ENTRAÎNEZ-VOUS !

Traduisez en anglais.
1. Pourquoi pleures-tu, Susie ? 2. Chut ! (*Sssh!*) Quelqu'un vient. 3. Je ne vais pas à l'école aujourd'hui. 4. Est-ce que ton père travaille ce matin ? 5. Qu'est-ce que tu fais demain ? 6. Qu'est-ce que tu écris ? 7. Regarde ! Elle fume une cigarette. 8. Je peux sortir. Il ne pleut pas.

CORRIGÉ

1. Why are you crying, Susie? 2. Sssh! Somebody's (Someone's) coming. 3. I'm not going to school today. 4. Is your father working this morning? 5. What are you doing tomorrow? 6. What are you writing? 7. Look! She's smoking a cigarette. 8. I can go out. It isn't (It's not) raining.

Pour l'emploi du présent progressif avec *always*, 28 .
Pour l'emploi du présent progressif à sens futur, 150.1 .

313 présent (5) : comparaison des deux présents

❶ Cas général

Le **présent simple** s'emploie pour parler de **ce qui n'est pas limité au contexte actuel** : c'est-à-dire de faits plus ou moins permanents, d'actions qui se répètent et d'habitudes.

Lorsqu'on emploie le **présent progressif** (en be + V-ing), il est surtout question de ce qui est **temporaire et en cours** (que ce soit une situation de durée limitée, une action ou une brève série d'actions).

Comparez :

présent simple	présent en be + V-ing
Water **boils** at 100°C. L'eau bout à 100°C.	The water**'s boiling**. I'll make tea. L'eau bout. Je vais faire du thé.
Cars **cost** a lot. Les voitures coûtent cher.	Car prices **are going** up. Le prix des voitures augmente (en ce moment).
It often **snows** in January. Il neige souvent en janvier.	Look, it**'s snowing**! Regarde, il neige !
I **work** on Saturdays. Je travaille le samedi.	What **are** you **working** on now? Tu travailles sur quoi maintenant ?
She **travels** a lot. Elle voyage beaucoup.	She**'s travelling** a lot these days. Elle voyage beaucoup ces temps-ci.

ENTRAÎNEZ-VOUS !

1 **Choisissez entre le présent simple et le présent en be + V-ing.**
1. Look out of the window … (It rains / Its raining.) 2. My father … in a bank. (works / is working) 3. I … pancakes (« crêpes »). Would you like some? (make / am making) 4. "What …" "A poem to my mother." (do you write / are you writing) 5. Andrea is Swiss. She … French and German. (speaks / is speaking) 6. I … a place to live. (look for / am looking for) 7. He … a lot of tennis these days. (plays / is playing)

2 **Traduisez en anglais.**
1. Il pleut toujours le dimanche. 2. Nous allons souvent à Londres. 3. Je ne comprends rien, ils parlent espagnol *(Spanish)*. 4. « Qu'est-ce que tu lis ? » « Un roman policier *(a thriller)*. » 5. Le courrier *(the post)* arrive généralement à 8 heures. 6. Est-ce que vous attendez quelqu'un ? 7. Normalement il vit seul, mais en ce moment il habite chez *(with)* sa fille.

CORRIGÉ

1 1. It's raining. 2. works 3. am making 4. are you writing 5. speaks 6. am looking for 7. is playing

2 1. It always rains on Sunday(s). 2. We often go to London. 3. I can't (don't) understand anything, they're speaking Spanish. 4. "What are you reading?" "A thriller." 5. The post usually arrives at 8 (o'clock). 6. Are you waiting for somebody (someone)? 7. He normally (usually) lives alone, but he's staying with his daughter at the moment.

❷ Autres cas

━ Dans les narrations au présent, les instructions, les commentaires, on emploie **le présent simple** pour rapporter une succession d'actions.

Par contre, on emploie le **présent** en **be + V-ing** dans les descriptions et pour parler des actions en cours.

━ Analysez les exemples suivants :

A man **comes** into a bar and **orders** a whisky. Then he **notices** that the barman **is holding** a teddy bear. So he **says** …
Un homme entre dans un bar et commande un whisky. Puis il remarque que le barman tient un nounours. Alors, il dit…

You **take** two eggs and some flour. While you**'re beating** the eggs, you **put** a pan on to heat …
Vous prenez deux œufs et de la farine. Pendant que vous êtes en train de battre les œufs, vous mettez une poêle à chauffer…

The scene **takes** place at a bus stop. It**'s** a fine day : the sun **is shining** and a pleasant breeze **is blowing**. A bus **arrives** and a man **gets off**.
La scène se passe à un arrêt d'autobus. Il fait beau : le soleil brille et une brise agréable souffle. Un autobus arrive, et un homme en descend.

ENTRAÎNEZ-VOUS !

1 Trouvez une bande dessinée et racontez l'histoire en anglais (utilisez le présent simple pour la série d'actions).
2 Choisissez une image dans la bande dessinée, et décrivez ce qui s'y passe (utilisez le présent en be + V-ing).

314 présent (6) : traduction du présent français

Le présent s'emploie beaucoup plus en français qu'en anglais, surtout en français parlé. Il peut correspondre à au moins six structures différentes.

EMPLOI DU PRÉSENT FRANÇAIS	STRUCTURE ANGLAISE
habitudes, actions répétées, faits permanents 310	**présent simple** It often **rains** here. Il pleut souvent ici.
actions temporaires en cours 312 ou actions futures déjà décidées 150.1	**présent progressif** Look. It**'s raining** again. Regarde. Il pleut encore. He**'s coming** tomorrow. Il vient demain.
actions futures décidées sur le moment 151.1 ou suggestions… 151.3	**futur avec *will*/*shall*** I**'ll be** back in a minute. Je reviens tout de suite. **Shall** we go? On y va ?
actions commencées dans le passé qui continuent dans le présent (= actions qui durent depuis…, 317.3)	**present perfect progressif/simple** I**'ve been learning** English for ten years. J'apprends l'anglais depuis dix ans. I**'ve known** her **since** last year. Je la connais depuis l'année dernière.
« c'est la première fois que, etc… » 318	**present perfect** It's the first time I**'ve seen** her. C'est la première fois que je la vois.
équivalent d'un impératif 2ᵉ personne 189 ou 1ʳᵉ personne du pluriel 218	**impératif** **Wait** for me here. Tu m'attends ici. (=Attends-moi ici.) **Let's go.** On y va. (= Allons-y.)

Voir aussi les narrations au présent, 313.2 , les horaires, 150.2 ,
you're to… 60.3 et *will*, sens fréquentatif, 414.1 .

ENTRAÎNEZ-VOUS !

Traduisez les mots en italique.
1. *Est-ce que tu viens* avec nous samedi ? 2. *Je t'envoie un mail* dès que j'ai sa réponse. 3. *Tu m'aides ?* S'il te plait! Je n'y arrive pas ! 4. Je suis prête. *On y va ?* 5. *On y va.* C'est l'heure. 6. *On va* chez ma grand-mère tous les dimanches. 7. Oh regarde ! *Il neige* ! 8. *Il neige* depuis des heures. 9. C'est la première fois *que j'ai* aussi froid ici. 10. J'en ai assez. Maintenant *tu te tais* !

CORRIGÉ

1. Are you coming? 2. I'll send you an email. 3. Will you help me? 4. Shall we go? 5. Let's go. 6. We go 7. It's snowing. 8. It has (it's) been snowing. 9. I've been 10. (You) keep quiet!

315 present perfect (1) : formation du present perfect simple

❶ Le present perfect simple se forme comme le passé composé français :
have/has + participe passé

> I **have (I've) started**.
> **Have** you **finished**?
> She **hasn't arrived**.

Attention : l'auxiliaire est toujours ***have*** même s'il y a « être » en français.

❷ Il y a d'importantes différences d'emploi entre le present perfect et le passé composé (**316** , **282.2**).

ENTRAÎNEZ-VOUS !
Complétez les phrases par un present perfect.
1. … a lot of money. (He / steal) 2. … the child who disappeared. (They / find) 3. … my keys. (I / lose) 4. … her the plans yet. (We / not / show) 5. … the shopping? (You / do) 6. … about changing her job? (She / think) 7. The post … (not / come) 8. … breakfast? (You / have)

CORRIGÉ
1. He has (He's) stolen 2. They have (they've) found 3. I have (I've) lost 4. We have not (We haven't) shown 5. Have you done 6. Has she thought 7. has not (hasn't) come 8. Have you had

Pour les négations, **385** et **249** . Pour l'interronégation, **346** .
Pour la structure des questions, **344** .

316 present perfect (2) : present perfect simple et prétérit simple

Le present perfect **n'est pas l'équivalent du passé composé français**. Celui-ci se traduit soit par le prétérit simple, soit par le present perfect simple, selon le contexte.

❶ Le moment de l'action n'est pas indiqué

— On emploie le **present perfect simple** pour indiquer une relation entre un fait passé et la situation présente. Ce temps s'emploie souvent, par exemple, dans les bulletins d'information (où l'on parle de faits qui ont toujours une importance actuelle). Une phrase au present perfect peut souvent se remplacer par **une phrase au présent**.

> Fire **has broken out** on a ship in the Channel. (= There is a fire now.)
> Un incendie a éclaté sur un bateau dans la Manche.
> I'm delighted to tell you that you **have passed** your exam.
> (= You have a diploma now.)
> Je suis ravi de vous dire que vous avez réussi votre examen.
> I can't go on holiday because I**'ve broken** my leg. (= My leg is broken.)
> Je ne peux pas partir en vacances parce que je me suis cassé la jambe.

— Lorsqu'il n'y a pas de rapport entre une action terminée et le moment présent, il faut employer le **prétérit**.

> Shakespeare **lived** in Stratford. (et non ~~Shakespeare has lived~~ ...)
> Shakespeare a vécu à Stratford.
> My grandfather **worked** in a factory. (et non ~~My grandfather has worked~~ ...)
> Mon grand-père a travaillé dans une usine.

❷ Le moment de l'action est indiqué par une expression de temps

— On emploie le **present perfect** avec des adverbes comme *ever, never, already, yet, so far*, qui expriment l'idée de « **jusqu'à présent** ». On l'emploie également quand l'idée de *ever* (« déjà ») est sous-entendue.

> **Have** you **ever read** *Hamlet*?
> Est-ce que vous avez déjà lu *Hamlet* ?
> **Have** you **(ever) been** to Germany?
> Êtes-vous déjà allé en Allemagne ?
> I**'ve already seen** that film.
> J'ai déjà vu ce film.

Tous ces exemples expriment une idée quasi présente :
> « Connaissez-vous *Hamlet* ? » — « Connaissez-vous l'Allemagne ? » — « Je connais ce film. »

— On emploie le **prétérit** avec des expressions comme *yesterday, last week, two years ago, when I was young*, etc., qui se rapportent à une **période terminée**.

> I **drank** too much **last night**.
> J'ai trop bu hier soir.
> He **played** a lot of tennis **when he was young**.
> Il a fait beaucoup de tennis quand il était jeune.

Comparez :
> "**Have** you **read** *War and Peace*?" (= "Do you know it?")
> "Yes, I **read** it **last year**."
> « Avez-vous lu *Guerre et Paix* ? » «Oui, je l'ai lu l'année dernière. »

ENTRAÎNEZ-VOUS !

Present perfect simple ou prétérit simple ?
1. Aunt Mary ... to stay with us last week. (come) 2. When I was a child I ... fish. (hate) 3. He can't stand up because he ... too much. (drink) 4. You can't see her now – she ... out. (go) 5. Who ... *The Brothers Karamazov*? (write) 6. Susan ... me yesterday. (leave) 7. I ... your husband. (never, meet) 8. I'm sorry to tell you that your brother ... an accident. (have) 9. I ... to Scotland. (often, go) 10. I ... a lot in my life, but I don't know the USA at all. (travel)

CORRIGÉ

1. came 2. hated 3. has ('s) drunk 4. has ('s) gone 5. wrote 6. left 7. have ('ve) never met 8. has ('s) had 9. have ('ve) often been (**159**) 10. have ('ve) travelled

> Pour le present perfect simple avec *just* (ex. : *He's just gone out*), **213.1**.
> Pour *This is the first time I have ...*, etc., **318.1**.

Rappel

present perfect	prétérit
I**'ve lost** my keys. J'ai perdu mes clés. (Je ne les ai pas en ce moment.)	I **lost** my keys yesterday. J'ai perdu mes clés hier.
He**'s travelled** a lot. Il a beaucoup voyagé. (jusqu'à présent)	He **travelled** a lot when he was young. Il a beaucoup voyagé quand il était jeune.
B. Cole **has written** a lot of plays. B. Cole a écrit beaucoup de pièces. (Il est vivant.)	Shakespeare **wrote** a lot of plays. Shakespeare a écrit beaucoup de pièces. (Il est mort.)

317 present perfect (3) : present perfect progressif

❶ Formation

Le present perfect progressif se forme à l'aide du present perfect de *be* + V-*ing* :

have/has been + V-*ing*

He **has been working**.
Have your parents **been travelling**?

Pour la structure des questions, **344** .
Pour les négations, **385** .
Pour l'interronégation, **346** .

❷ Emploi

Ce temps s'emploie pour parler de faits ou d'activités, continues ou répétées, qui ont commencé dans le passé et continuent dans le présent, ou viennent de s'achever. On pense au **déroulement de l'activité** plutôt qu'à son achèvement.

I**'ve been working** all day.
J'ai travaillé toute la journée. (et je continue, ou je viens de terminer)
It**'s been raining** all week.
Il a plu toute la semaine. (et ça continue, ou ça vient de s'arrêter)
I**'ve been playing** a lot of tennis lately.
J'ai fait beaucoup de tennis ces derniers temps. (et ça continuera peut-être)
" You look hot. " " I**'ve been running**. "
« Tu es rouge. » « J'ai couru. »
" Sorry I'm late. **Have** you **been waiting** long? "
« Excuse-moi d'être en retard. Tu m'as attendu longtemps ? »

ENTRAÎNEZ-VOUS !

Complétez ces phrases par un present perfect progressif.

1. ... TV all evening. (We / watch) **2.** ... hard this year. (I / work) **3.** ... a lot of Emily lately. (Joshua / see) **4.** "Your hair's all wet." "Yes, ..." (I / swim) **5.** Manon's depressed. ... bad marks at school all this term. (She / get) **6.** ... here for long? (you / live)

CORRIGÉ

1. We have (We've) been watching 2. I have (I've) been working 3. Joshua has (Joshua's) been seeing 4. I have (I've) been swimming 5. She has (She's) been getting 6. Have you been living

❸ Emploi avec *for* et *since*

— Le present perfect progressif se combine très souvent avec *for* et *since* (« depuis ») pour dire depuis combien de temps dure une situation actuelle. *For* s'emploie avec une expression de durée, *since* avec un point de départ (100). En français, on a souvent le **présent** + « depuis » dans ce cas.

> He**'s been living** in London **for** three years (et non ~~He lives~~ ...)
> Il habite Londres depuis trois ans.
> I**'ve been learning** English **since** 2006. (et non ~~I'm learning~~ ...)
> J'apprends l'anglais depuis 2006.

— Cette structure peut correspondre, en français parlé, à « il y a… que » ou « ça fait… que » (188). Notez que ces deux tournures peuvent toujours être remplacées par une phrase avec « depuis ».

> I**'ve been waiting** for two hours.
> Il y a / Ça fait deux heures que j'attends. (= J'attends depuis deux heures.)

NOTEZ

Les verbes qui, normalement, n'ont pas de forme progressive (*to be*, *to know*, *to want*, *to like*, etc., 404) se mettent au present perfect simple.

> I**'ve been** here **for** five minutes. (et non ~~I'm here~~ ...)
> Je suis là depuis cinq minutes.
> I**'ve known** Dave **since** September. (et non ~~I know~~ ...)
> Je connais Dave depuis septembre.

ENTRAÎNEZ-VOUS !

Traduisez en anglais, à l'aide du present perfect; utilisez le temps progressif lorsque c'est possible.

1. Elle habite Paris depuis trois ans. 2. J'apprends la guitare depuis janvier. 3. Je connais Fred depuis longtemps *(a long time)*. 4. Tu travailles ici depuis combien de temps ? *(How long …?)* 5. Ma mère est malade depuis lundi. 6. Ça fait trente ans qu'elle enseigne l'anglais.

CORRIGÉ

1. She has (She's) been living in Paris for three years. 2. I have (I've) been learning the guitar since January. 3. I have (I've) known Fred for a long time. 4. How long have you been working here? 5. My mother has (My mother's) been ill since Monday. 6. She has (She's) been teaching English for thirty years.

4 Present perfect progressif et present perfect simple

On préfère le present perfect simple dans deux cas.

— Lorsqu'on pense à **l'achèvement de l'action** plutôt qu'à son déroulement. Comparez :

> **I've been writing** Christmas cards all day. I've had enough!
> J'ai écrit des cartes de Noël toute la journée. Ça suffit !
> (= Voici comment s'est déroulée ma journée.)
> **I've written** all my Christmas cards.
> J'ai écrit toutes mes cartes de Noël.
> (= C'est terminé.)
>
> **I've been playing** a lot of tennis lately.
> J'ai fait beaucoup de tennis ces derniers temps.
> (On pense à la continuité de l'activité.)
> **I've played** six tennis matches this week.
> J'ai fait six matchs de tennis cette semaine.
> (On pense au nombre de matchs joués.)

— Pour parler d'actions ou de situations **permanentes** (ou de **très longue durée**.) Comparez :

> **I've been living** in Leah's flat for the last month.
> J'habite chez Leah depuis un mois.
> **She's lived** there since 2008.
> Elle habite là depuis 2008.

NOTEZ

Les deux formes sont parfois possibles.

> **I've been living / I've lived** here for two years.
> J'habite ici depuis deux ans.

ENTRAÎNEZ-VOUS !

Mettez le present perfect simple ou progressif.
1. That man .. outside all afternoon. (stand) 2. The castle ... on the hill above the town for 700 years. (stand) 3. "You look tired." "Yes, I ... the house." (clean) 4. I ... everything and now I'm going to bed. (clean) 5. I ... to twelve countries since August. (travel) 6. I ... a lot lately. (travel)

CORRIGÉ

1. has been standing 2. has stood 3. have ('ve) been cleaning 4. Have ('ve) cleaned 5. have ('ve) travelled 6. have ('ve) been travelling

318 present perfect et pluperfect après *this is the first time*, etc.

❶ Après des expressions comme *This is the first/second*, etc. *time (that)* …, on emploie le **present perfect simple**. (En français, il y a le présent.)

> This **is** the first time that **I've been** here. (et non … <s>that I'm here.</s>)
> C'est la première fois que je me trouve ici.
> It**'s** the third time that **I've heard** her sing.
> C'est la troisième fois que je l'entends chanter.

❷ Après *It was the first time*, etc., on emploie le **pluperfect**. (En français, il y a alors l'imparfait.)

> It **was** the first time I **had seen** her.
> C'était la première fois que je la voyais.

ENTRAÎNEZ-VOUS !

Mettez le verbe à la forme qui convient
1. This is the first time I … curry. (eat) 2. That's the tenth beer you … tonight. (drink) 3. It's the third time we … this film. (see) 4. These are the first cherries I … this year. (eat) 5. It was the second time she … to kill somebody. (want) 6. It was the first time I … alone. (travel)

CORRIGÉ

1. have ('ve) eaten 2. have ('ve) drunk 3. have ('ve) seen 4. have ('ve) eaten 5. had ('d) wanted 6. had ('d) travelled

319 prétérit (1) : formation du prétérit simple

affirmation	interrogation	négation
I wait**ed** (régulier)	**did** I wait?	I **did not** wait
I thought (irrégulier)	**did** I think?	I **did not** think

❶ Formes

— La forme du verbe est la même à toutes les personnes.

— Il n'y a de différence entre un verbe régulier et un verbe irrégulier qu'à l'affirmation.

— La finale *-ed* ne se met pas dans les questions et les négations.

(On ne dit pas <s>did I waited?</s> ou <s>I did not waited</s>.).

Pour les verbes irréguliers, **402** .

❷ Prononciation

— Après *t* et *d*, *-ed* se prononce /ɪd/. Après les autres consonnes, le *e* de *-ed* ne se prononce pas.

Comparez :

      waited /ˈweɪtɪd/   ended /ˈendɪd/
      fixed /fɪkst/   wondered /ˈwʌndəd/

— Le *d* se prononce /t/ après les sons /p/, /f/, /θ/, /s/, /ʃ/, /tʃ/, /k/.

— Il se prononce /d/ dans les autres cas.

Pour les signes phonétiques, 337 .

❸ Orthographe

— Aux verbes qui se terminent par un *e*, il suffit d'ajouter un **d**.

      to hope → hoped   to live → lived

— Lorsqu'un verbe se termine par un *y* précédé d'une consonne, l'*y* se change en *i*.

      to try → tried   to worry → worried

— Après une voyelle, l'*y* ne change pas.

      to play → played   to enjoy → enjoyed

Exceptions : *said*, *paid*, *laid*.

ENTRAÎNEZ-VOUS !

1 Retrouvez les questions.

1. I went to London. (Where ...?) 2. I got up at six o'clock. (What time ...?) 3. They lived in Yorkshire. (Where.?) 4. I arrived late because the bus was full. (Why ...?) 5. She came by bus. (How ...?) 6. I saw Smaïn. (Who ...?)

2 Mettez ces verbes à la forme négative.

I stopped – we started – he asked – they said – we tried – you played – he came – we went

---

CORRIGÉ

1 1. Where did you go? 2. What time did you get up? 3. Where did they live? 4. Why did you arrive late? 5. How did she come? 6. Who did you see?
2 I did not (didn't) stop – we did not (didn't) start – he did not (didn't) ask – they did not (didn't) say – we did not (didn't) try – you did not (didn't) play – he did not (didn't) come – we did not (didn't) go

                                    Pour la structure des questions, 344 .
                                            Pour les négations, 249 .
                                            Pour les contractions, 94 .
                                            Pour l'interrogation, 346 .
                          Pour les formes des auxiliaires et des modaux,
                 voir les différentes fiches sur *be*, *have*, *can* et *could*, etc.

320 prétérit (2) : emploi du prétérit simple

❶ Le prétérit simple est **le temps le plus employé** pour parler du passé.
Il correspond très souvent à un **passé composé** français. Il peut aussi correspondre à un imparfait ou un passé simple. Il s'emploie pour parler d'actions ou de faits complètement terminés et sans rapport avec le présent.

> Who **wrote** Gone with the Wind?
> Qui a écrit Autant en emporte le vent ?
> She **learnt** English at school.
> Elle a appris l'anglais à l'école.
> My grandfather **worked** in a mine.
> Mon grand-père travaillait à la mine.
> The meeting **did not last** long.
> La réunion ne dura pas longtemps.

❷ Le prétérit simple s'emploie souvent avec des indications de temps relatives au passé (des **dates**, des adverbes comme *yesterday*, *last* …, *ago*, etc.).

> Queen Victoria **died** in 1901. (et non … has died … ou … is dead …)
> La reine Victoria est morte en 1901.
> I **met** him yesterday. (et non I have met him …)
> Je l'ai rencontré hier.
> He **went** there last Thursday. (et non He has gone there …)
> Il y est allé jeudi.
> She **left** a long time ago. (et non She has left …)
> Elle est partie il y a longtemps.
> People **suffered** a lot during the war. (et non People have suffered …)
> Les gens ont beaucoup souffert pendant la guerre.

Pour *dead* et *died*, 98.1 .

❸ On emploie le prétérit simple pour indiquer une **succession d'actions** dans un récit.

> Last Monday I **went** to see the Managing Director. A big dog **came** into his office. I **looked** at it …
> Lundi dernier, je suis allé voir le P.-D.G. Un gros chien est entré dans son bureau. Je l'ai regardé…

❹ Le prétérit simple s'emploie aussi pour parler **d'habitudes passées**.

> I **swam** a lot when I was younger. (et non I was swimming a lot …)
> Je nageais beaucoup quand j'étais plus jeune.

ENTRAÎNEZ-VOUS !
Traduisez en anglais.
1. Il est mort en 1940. 2. J'ai fait des courses hier. 3. Marco Polo a passé plusieurs années en Chine *(China)*. 4. Je ne suis pas allé au cinéma. 5. Qu'est-ce que tu as donné à Tom pour Noël ? 6. Je jouais beaucoup au tennis quand j'étais jeune. 7. Pat entra dans la pièce et regarda Sandy. 8. L'année dernière, nous avons rencontré une famille très intéressante. 9. Ça s'est passé *(to happen)* pendant les vacances. 10. Où est-ce que tu as acheté tes chaussures ? 11. Elle a quitté l'école il y a deux ans. 12. Pourquoi n'es-tu pas venu dimanche ?

CORRIGÉ

1. He died in 1940. 2. I went shopping (did some shopping) yesterday. 3. Marco Polo spent several years in China. 4. I did not (didn't) go to the cinema. 5. What did you give Tom for Christmas? 6. I played a lot of tennis when I was young. (I played tennis a lot ...) 7. Pat came (went) into the room (entered the room) and looked at Sandy. 8. Last year we met a very interesting family. 9. It (That/This) happened during the holiday(s). 10. Where dic you buy your shoes? 11. She left school two years ago. 12. Why didn't you come on Sunday?

Pour *It's time* + prétérit, **210**.2 , *I'd rather* + prétérit, **419**.2 , *I wish* + prétérit, **416**.1 .

321 prétérit (3) : prétérit progressif et prétérit simple

❶ Formation

Le prétérit progressif (ou en *be* + V-*ing*) se forme ainsi :
`was/were + V-ing`

I **was reading**.
Je lisais.
They **were not listening**.
Ils n'écoutaient pas.

Were you **watching** a film?
Tu regardais un film ?

Pour la structure des questions, **344** .
Pour les négations, **385** .
Pour l'interronégation, **346** .

❷ Emploi

▬ Le prétérit progressif s'emploie pour indiquer qu'une **action** était **en cours à un moment du passé**. Il correspond généralement à un imparfait français.

"What **were you doing** at eight o'clock yesterday evening?"
" **was watching** TV."
« Que faisiez-vous hier soir à huit heures ? » « Je regardais la télé. »

▬ Le prétérit progressif s'emploie fréquemment en contraste avec le prétérit simple. Le prétérit progressif désigne alors une action qui était en cours et le prétérit simple, un fait nouveau qui s'est produit.

She **was walking** in a deserted street. Suddenly she **heard** a voice.
Elle marchait dans une rue déserte. Soudain elle entendit une voix.
When I **arrived**, he **was repairing** his car.
Quand je suis arrivé, il était en train de réparer sa voiture.

Notez que l'action qui se met au **prétérit progressif** est celle **qui a commencé en premier**.

❸ Non emploi

▬ Le prétérit progressif ne s'emploie pas normalement pour parler d'habitudes ou d'actions répétées dans le passé (contrairement à l'imparfait français). On emploie alors le prétérit simple.

We **often went** to Greece when I was a child.
(et non ~~We were often going~~ ...)
Nous allions souvent en Grèce quand j'étais petit.

— Certains verbes n'ont pas (ou pas souvent) de formes progressives (**404**).
Avec ces verbes, on emploie toujours une forme simple, même si, d'après le sens, il faudrait normalement un temps progressif.

> I **thought** she was angry, but then she smiled at me.
> (et non ... ~~I was thinking~~ ...)
> Je la croyais en colère, mais alors elle m'a souri.

❹ Remarque

L'imparfait français ne se traduit par le prétérit progressif que lorsqu'on peut le remplacer par « **j'étais en train de** » + **verbe**.
Comparez :

> **Je regardais** la télé. = J'étais en train de regarder la télé.
> → I **was watching** TV.
> Nous **allions** souvent en Grèce ≠ ~~Nous étions en train d'aller~~...
> → We often **went** to Greece.)

ENTRAÎNEZ-VOUS !

Prétérit simple ou progressif ?
1. When I ... round, I saw that he ... my bicycle away. (look, take) 2. He ... up the stairs when he ... a scream. (go, hear) 3. I ... along a deserted road. Suddenly I ... a big dog. (walk, see) 4. She ... me while I ... a bath. (phone, have) 5. Yesterday Mr Jones ... home at 8.30. He ... black jeans. (leave, wear) 6. While I ... a newspaper Alice ... into the shop. (buy, come) 7. I ... to the cinema much more often last year than this year. (go) 8. I ... Nina in the park. She ... to a very strange man. (meet, talk)

CORRIGÉ
1. looked, was taking 2. was going, heard 3. was walking, saw 4. phoned, was having 5. left, was wearing 6. was buying, came 7. went 8. met, was talking

322 *pretty*

Pretty /ˈprɪtiː/ s'emploie en anglais familier comme équivalent de **rather** (« assez », « plutôt », **348**) devant les adjectifs et les adverbes.

> It's **pretty** cold here in winter.
> Il fait assez froid ici en hiver.
> It's a **pretty** good film.
> C'est plutôt un bon film.
> We were driving **pretty** fast.
> On roulait assez vite.

Voir aussi *quite*, **347** et *fairly*, **136** .

323 pronoms personnels (1) : sujets

Les pronoms personnels sujets sont : *I*, *you*, *he*, *she*, *it*, *we*, *you*, *they*.
Leur emploi pose peu de problèmes. Attention toutefois aux points suivants.

1 Normalement, on ne répète pas le **sujet** en début de phrase en anglais, comme on le fait souvent en français familier.

> **Your brother** doesn't know what he wants. (et non ~~Your brother, he~~ ...)
> Ton frère, il ne sait pas ce qu'il veut.
> **Lisa and Phil** are coming tomorrow. (et non ~~Lisa and Phil, they're~~ ...)
> Lisa et Phil, ils viennent demain.
> **The place that I like best** is the Lake District. (et non ~~The place that I like best, it is~~ ...)
> L'endroit que je préfère, c'est la région des Lacs.

2 De même, « **Moi, je**... » se traduit par *I* ... et non par ~~Me, I~~ ...

> **I** think he's right.   **I** often go there.
> Moi, je trouve qu'il a raison.   Moi, j'y vais souvent.

« C'est moi qui... » peut aussi se traduire par *I* ... On l'accentue alors en parlant.

> **I**'ll start.
> C'est moi qui commence.

3 Quand un double sujet comprend un pronom personnel, on emploie un pronom **sujet**.

> **My mother and I** live in a small flat.
> Ma mère et moi vivons dans un petit appartement.

En anglais familier, on emploie fréquemment un pronom complément dans ce cas (*My mother and me live* ...). Cet usage est souvent considéré comme incorrect.

4 Attention !

> « Avec ma mère, nous sommes allés... »
> My mother **and I** went ... (et non ~~With my mother, we went~~ ...)
> « Avec mes amis, on a décidé... »
> My friends **and I** decided ...

5 Dans un style très soigné, on emploie parfois un pronom sujet après *as, than*.

> She is nearly as tall **as I**.
> Elle est presque aussi grande que moi.
> I arrived earlier **than he**.
> Je suis arrivé plus tôt que lui.

Mais il est beaucoup plus fréquent d'employer soit un pronom complément, soit un pronom sujet + auxiliaire.

> She is nearly as tall **as me**. (style familier)
> She is nearly as tall **as I am**.
> I arrived earlier **than him**. (style familier)
> I arrived earlier **than he did**.

ENTRAÎNEZ-VOUS !

Traduisez en anglais.
1. Tu es aussi gourmande (*greedy*) que moi. **2.** Enzo et moi, nous ne pouvons pas venir ce soir. **3.** Sa mère et lui étaient tous les deux très maigres (*thin*). **4.** Mon compositeur (*composer*) préféré, c'est Bach. **5.** Moi, j'aime beaucoup les fleurs **6.** Alice, elle conduit plus vite que lui. **7.** C'est moi qui paie. (futur) **8.** Avec Martine, on est allés à Hyde Park.

CORRIGÉ

1. You're as greedy as me (as I am). 2. Enzo and I can't come this evening (tonight). 3. His mother and he were both very thin. 4. My favourite composer is Bach. 5. I like flowers very much. (I very much like flowers.) 6. Alice drives faster than him (than he does). 7. I'll pay. 8. Martine and I went to Hyde Park.

Pour *they = he or she*, **327**.
Pour *he, she, it* genre, **325** et « *c'est* », **326**.
Pour *we, you, they* (« *on* »), **268**.

324   pronoms personnels (2) : compléments

❶ Les pronoms personnels compléments sont :

me	you	him/her/it	us	you	them
me, moi	te, toi	le/la, lui, elle	nous	vous	les, leur, eux

Where are my glasses? I can't find **them**.
Où sont mes lunettes ? Je ne les trouve pas.

They've forgotten **us**.   "Who said that?" "**Me**."
Ils nous ont oubliés.   « Qui a dit ça ? » « Moi. »
I gave **them** the rest.   I did it for **her**.
Je leur ai donné le reste.   Je l'ai fait pour elle.

❷ Notez bien que les pronoms compléments se mettent toujours **après le verbe**, et non avant comme en français.

He often **gives her** presents. (et non ... He often her gives ...)
Il lui fait souvent des cadeaux.

❸ Lorsqu'un verbe est suivi d'une particule (ex. : *ring up, take out, put on*), les pronoms compléments se mettent toujours **entre le verbe et la particule** (*up, out*, etc.).

Don't forget to **ring me up**. (et non ... to ring up me.)
N'oublie pas de me téléphoner.

❹ Les pronoms compléments indirects se traduisent généralement par *to me*, *to you*, etc.

He explained it **to me**.   I spoke **to her** for ten minutes.
Il me l'a expliqué.   Je lui ai parlé pendant dix minutes.

Mais certains verbes peuvent être suivis d'un complément indirect sans *to* (**401**).

I **gave her** a list.   **Tell him** where to go.
Je lui ai donné une liste.   Dis-lui où aller.

We **sent them** a note.
Nous leur avons envoyé un petit mot.

❺ Lorsqu'un pronom complément renvoie à la même personne que le sujet, il faut généralement mettre un **pronom réfléchi** en anglais (**328**).

I looked at **myself** in the mirror. (et non I looked at me ...)
Je me suis regardé dans la glace.

6 Ne confondez pas **him** et **his**, **us** et **our**, **them** et **their**. (*His*, *our* et *their* sont des déterminants possessifs, 299). Comparez :

Lock at **him**.
Regarde-le.
with **us**
avec nous
without **them**
sans eux

Look at **his** glasses.
Regarde ses lunettes.
with **our** friends
avec nos amis
without **their** cars
sans leurs voitures

ENTRAÎNEZ-VOUS !

Traduisez en anglais.
1. Ils m'ont oublié. (present perfect) 2. Peux-tu me passer *(pass)* le beurre, s'il te plaît ? 3. Je ne la connais pas. 4. Est-ce que vous la voyez souvent ? 5. Je ne l'aime pas. Je ne veux pas le voir. 6. Dites-leur que c'est vrai. 7. « Voici vos lunettes. » « Mettez-les sur la table. » 8. « Où est le journal ? » « Je l'ai vu quelque part. » (present perfect)

CORRIGÉ

1. They've (they have) forgotten me. 2. Can you pass me the butter, please? 3. I don't know her. 4. Do you often see her? (Do you see her often?) 5. I don't like (love) him. I don't want to see him. 6. Tell them it's (it is) true. 7. "Here are your glasses." "Put them on the table." 8. "Where's the (news)paper?" "I've seen it somewhere."

Pour *they* = *he or she*, **327**.
Pour *I* et *me* après *as* et *than*, **323**.5.

325 pronoms personnels (3) : *he, she, it* (genre)

En anglais, les noms n'ont pas de genre grammatical. On emploie **he** pour parler des hommes et des garçons, **she** pour parler des femmes et des filles et **it** dans tous les autres cas, quel que soit le nom. Toutefois :

1 On peut utiliser *he* ou *she* (selon le sexe) pour parler d'un animal domestique.

The **dog** wants to go out. Can you take **her** for a walk?
La chienne veut sortir. Tu peux la promener ?

2 *Baby* et parfois *child* sont repris par *it* (et *its*) lorsqu'on parle d'un enfant « en général », ou sans en connaître le sexe.

"Anne's just had her **baby**." "Is **it** a boy or a girl?"
« Anne vient d'accoucher. » « Est-ce que c'est un garçon ou une fille ? »
A **baby**/A **child** needs **its** mother.
Un bébé/Un enfant a besoin de sa mère.

3 Une personne qui aime beaucoup sa voiture, sa moto, son bateau, etc., dira peut-être *she* au lieu de *it*.

"How's your motorbike?" "**She**'s going like a bomb."
« Comment marche ta moto ? » « Elle roule comme un bolide. »

4 On emploie parfois *she* pour les pays, mais *it* est beaucoup plus fréquent.

> China has decided that **it/she** will increase **its/her** aid to the developing countries.
> La Chine a décidé d'augmenter son aide aux pays en voie de développement.

Pour le masculin et le féminin de certains noms, **257**.
Pour *they = he or she* après *somebody, person*, etc., **327**.

326 pronoms personnels (4) : « c'est »

1 « Ce » (dans « c'est », « c'était », etc.) se traduit le plus souvent par *it*.

> **It**'s not fair!   **It**'s true that … (et non ~~That's true~~ …)
> Ce n'est pas juste !   C'est vrai que…
> Is **it** urgent?
> Est-ce urgent ?

Par contre, « c'est pourquoi » = ***that's why / this is why*** (et non ~~it's why~~).

> He's almost blind – **that's why** he didn't recognise you.
> Il est presque aveugle, c'est pourquoi il ne t'a pas reconnu.

2 *It* ne s'emploie pas normalement pour désigner une personne.
« Ce » se traduit par *he* s'il s'agit d'un homme et *she* s'il s'agit d'une femme.

> I looked at him curiously. **He** was a tall stooped man.
> (et non ~~It was a tall~~ …)
> Je l'ai regardé avec curiosité. C'était un grand homme voûté…
> **She**'s a nice woman. (et non ~~It's~~ …)
> C'est une femme agréable.

3 Toutefois, on emploie le pronom neutre *(it)*, lorsqu'on révèle ou découvre l'identité de quelqu'un. Comparez :

> "Who's John?" "**He**'s my cousin."
> « Qui est John ? » « C'est mon cousin. »
> "Who's that?" "**It**'s my cousin."
> « Qui est-ce ? » « C'est mon cousin. »

A tall man stood up and shook my hand. **It** was Captain Lowrie.
Un homme de grande taille se leva et me serra la main.
C'était le Capitaine Lowrie.

ENTRAÎNEZ-VOUS !

Traduisez en anglais.

1. « Qu'est-ce que c'est ? » « C'est une calculatrice *(calculator)*. » 2. C'est un homme très intéressant. 3. Un homme entra *(came in)*. C'était un policier. 4. Le garçon me regarda. C'était mon voisin *(neighbour)*. 5. C'était une jolie petite fille. 6. Ce n'est pas un homme très intelligent.

CORRIGÉ

1. "What is it?" (What's this / that?) 2. He's a very interesting man. 3. A man came in. It was a policeman. 4. The boy looked at me. It was my neighbour. 5. She was a pretty little girl. 6. He's not (He isn't) a very intelligent man.

327 pronoms personnels (5) : *they = he or she*

❶ *They, them, their* s'emploient souvent, surtout dans un **style familier**, pour remplacer *he or she, him or her, his or her*.

C'est le cas, par exemple, après les pronoms indéfinis *anyone, anybody, someone, somebody, everyone, everybody, no one* et *nobody*, et après *a person*.

If **anyone** calls, tell **them** I'm out, but take **their** name and address.
Si quelqu'un téléphone, dites-lui que je suis sorti, mais prenez ses coordonnées.

Somebody left **their** umbrella behind yesterday. Would **they** please collect it from the office?
La personne qui a oublié son parapluie hier est priée de venir le chercher au bureau.

Nobody wants to work tomorrow, do **they**?
Personne ne veut travailler demain, je suppose ?

An unemployed **person** doesn't go shopping much, because **they** haven't got any money.
Un chômeur ne fait pas beaucoup de courses, parce qu'il n'a pas d'argent.

❷ Dans un **style plus formel**, on emploie normalement *he or she*, etc., parfois *he*.

... because **he or she** has no money.

328 pronoms réfléchis

❶ Les pronoms réfléchis renvoient généralement à la même personne que le sujet. Voici les correspondances :

myself (I), yourself (you), himself (he), herself (she), itself (it), ourselves (we), yourselves (you), themselves (they), et *oneself (one)*

Pour l'emploi de *one*, **268**.1.

❷ Ils peuvent correspondre à « **me** », « **te** », « **se** », etc.

I looked at **myself** in the mirror. (et non ~~I looked at me~~ ...)
Je me suis regardé dans la glace.

Did **you** hurt **yourself**?
Est-ce que tu t'es fait mal ?

to defend **oneself**
se défendre

❸ Ils correspondent aussi à « **moi-même** », « **toi-même** », etc.

I went there **myself**.
J'y suis allé moi-même.
Do it **yourself**.
Faites-le vous-même.

One must go there **oneself**.
Il faut y aller soi-même.

❹ *By myself, by yourself*, etc. = « seul ».

I went there **by myself**.
J'y suis allé seul.

❺ Quelques expressions à retenir :

Help **yourself**.
Servez-vous.
Make **yourself** at home.
Faites comme chez vous.

Behave **yourself**.
Sois sage.
Please **yourself**.
Faites comme vous voulez.

ENTRAÎNEZ-VOUS !

1 Complétez les phrases par des pronoms réfléchis.
1. Little Susie can already dress ... 2. He washes his clothes ... 3. We repaired the car ... 4. It's strange to listen to a recording of ... 5. It's a pity people can't see ... as others see them. 6. I must get ... some new shoes.

2 Traduisez en anglais.
1. Il s'est fait mal. (prétérit) 2. Tu te vois sur *(in)* la photo ? 3. « Donne-moi le pain. » « Va le chercher *(get it)* toi-même. » 4. Je parle souvent de moi. 5. Elle se regarde pendant des heures *(for hours)*. 6. Je vais m'acheter des fleurs.

CORRIGÉ

1 1. herself 2. himself 3. ourselves 4. yourself (oneself) 5. themselves 6. myself
2 1. He hurt himself. 2. Can you see yourself in the photo? 3. "Give me the bread." "Go and get it yourself." 4. I often talk about myself. 5. She looks at herself for hours. 6. I'm going to buy myself some flowers.

Pour la différence avec *each other* et *one another* (« l'un l'autre »), **113**.

329 pronoms relatifs (1) : *who(m)* et *which*

❶ *Who* se rapporte à une personne, *which* à une chose. Ils s'emploient surtout comme sujets (« **qui** »).

personne : *who*	chose : *which*
the boy who bought my motorbike le garçon qui a acheté ma moto	**an idea which** changed the world une idée qui a changé le monde

❷ *Whom* et *which* peuvent s'employer comme compléments. Lorsqu'ils sont compléments d'objet direct (« **que** »), ils sont généralement sous-entendus.

      the boy I met yesterday (= the boy **who(m)** I met ...)
      le garçon que j'ai rencontré hier
      the meat you bought (= the meat **which** you bought)
      la viande que vous avez achetée

On emploie parfois *who* au lieu de *whom* en ce cas en anglais familier.

ENTRAÎNEZ-VOUS !
Mettez *who*, *which* ou Ø.
1. I don't like people ... don't like me. 2. This is the photo ... I promised to give you. 3. You must stop eating things ... make you fat. 4. He's the man ... wants to marry my sister. 5. A dictionary is a book ... uses difficult words to explain easy ones. 6. The people ... you met on the stairs are my new neighbours.

CORRIGÉ
1. who 2. Ø (which) 3. which 4. who 5. which 6. Ø (who)

Pour les cas où le pronom relatif ne peut pas être sous-entendu, **335**.
Pour la traduction de « qui » et « lequel » après les prépositions, **334**.
Pour *that* (= who(m)/which), **330**.
Pour *of whom/which* (« dont »), **109**.
Pour les autres traductions de « qui », **336**. Pour « que », **386**.

330 pronoms relatifs (2) : *that*

❶ À la place des pronoms relatifs *who* et *which*, on emploie souvent *that*, surtout en anglais familier.

      the boy **that** bought my motorbike
      le garçon qui a acheté ma moto
      an idea **that** changed the world
      une idée qui a changé le monde

❷ *That* s'emploie presque toujours (plutôt que *which*) après *everything*, *nothing*, *anything*, *something*, *only*, *all* et les superlatifs.

      everything that moves (et non ~~everything what moves~~)
      tout ce qui bouge
      something that will surprise you
      quelque chose qui vous étonnera
      the **only** thing **that** matters
      la seule chose qui compte

the **most fantastic** thing **that** has ever happened
la chose la plus fantastique qui se soit jamais passée

Notez bien :

> « tout ce qui/ce que » = *all **that*** ou *everything **that*** (et non ~~*all what*~~ …)

③ *That*, comme *who* ou *which*, est généralement sous-entendu lorsqu'il est complément (surtout en anglais familier).

the man I invited to dinner
l'homme que j'ai invité à dîner
a window someone had opened
une fenêtre que quelqu'un avait ouverte

ENTRAÎNEZ-VOUS !
Dans quelles phrases *that* est-il obligatoire ?
I disagree with everything … you say. 2. The phone number … you gave me was the wrong one. 3. I prefer films … have happy endings. 4. I like poetry … I can understand. 5. I'm feeling ill. It must be something I ate. 6. Everybody … comes here admires the garden. 7. There are a lot of things I like in the world. 8. There are not very many things … are cheap enough for me to buy.

CORRIGÉ

3, 6, 8.

Pour les cas où *that* ne s'emploie pas, **335**.

331 pronoms relatifs (3) : ce qui, ce que

① « Ce qui/ce que » se traduit le plus souvent par ***what***.

I know **what** I want.
Je sais ce que je veux.
What he did shocked everybody.
Ce qu'il a fait a choqué tout le monde.
You've got **what** counts in life, self-confidence.
Tu as ce qui compte dans la vie, la confiance en soi.

② Lorsque « ce qui/ce que » résume la proposition qui précède, il se traduit par ***which***. (Il y a alors généralement une virgule avant « ce ».)

I found the house empty, **which** surprised me.
J'ai trouvé la maison vide, ce qui m'a étonné.
(« Ce qui » reprend « j'ai trouvé la maison vide ».)
He drives like a maniac, **which** I hate.
Il conduit comme un fou, ce que je déteste.
(« Ce que » reprend « il conduit comme un fou ».)

③ Après *anything*, *everything*, *all*, etc. (**330**), on emploie ***that*** au lieu de *what* ou *which*. Comparez :

what counts   **all that** counts
ce qui compte   tout ce qui compte

Autres exemples :

everything that interests me (et non ~~everything what~~ …)
tout ce qui m'intéresse

> You can take **anything (that)** you want.
> Tu peux prendre tout ce que tu veux.

4 « Ce dont » se traduit par **what … of** ou **which … of**, selon le cas. Comparez :

> **What** he's most proud **of** is his military career.
> Ce dont il est le plus fier, c'est de sa carrière militaire.
> He spent ten years in the army, **which** he's very proud **of**.
> Il a passé dix ans dans l'armée, ce dont il est très fier.

ENTRAÎNEZ-VOUS !

Mettez *what*, *which* ou *that*.

1. … I like best is staying in bed. 2. I'll give you anything … you need. 3. I've found … I was looking for. 4. I've found all … I was looking for. 5. She's always talking about herself, … irritates me. 6. Everything … is on the table is mine. 7. … is on the floor is yours. 8. He always keeps quiet, … I admire. 9. I don't mind … people say. 10. You can't listen to all … people say.

CORRIGÉ

1. What 2. that 3. what 4. that 5. which 6. that 7. What 8. that 9. which 10. that *(texte inversé)*

332 pronoms relatifs (4) : *whose* et *of which*

1 Le pronom relatif ***whose*** correspond plus ou moins à « dont »

Pour les differences, **109**.

> A man **whose** children go to school with mine told me …
> Un homme dont les enfants vont à l'école avec les miens m'a dit…
> a question **whose** purpose I do not understand
> une question dont je ne comprends pas le but

2 Comme tous les possessifs, *whose* s'emploie **sans article**. Comparez :

> **his** children
> **whose** children (et non ~~whose the children~~)

3 *Whose* (comme *his*, *her*, etc.) **ne peut pas être séparé** du nom auquel il se rapporte.

> **whose purpose** I do not understand (et non ~~whose … the purpose~~)
> dont je ne comprends pas le but
> **whose wife** I met yesterday
> dont j'ai rencontré la femme hier

4 *Whose* s'emploie pour les personnes ou pour les choses. Toutefois, pour parler des choses, on emploie souvent la tournure ***of which***. Attention à l'ordre des mots : *of which* suit normalement le nom.

> a question **the purpose of which** I do not understand
> (ou … **whose purpose** …)
> une question dont je ne comprends pas le but

ENTRAÎNEZ-VOUS !

Traduisez en anglais.
1. une femme dont le mari travaille avec moi 2. une femme dont je connais le mari 3. un artiste dont j'aime bien le travail 4. un ami dont le père est célèbre 5. une décision dont vous comprenez tous l'importance 6. une pièce dont les fenêtres donnent sur *(look onto)* le jardin

CORRIGÉ

1. a woman whose husband works with me 2. a woman whose husband I know 3. an artist whose work I like 4. a friend whose father is famous 5. a decision whose importance (the importance of which) you all understand 6. a room whose windows (the windows of which) look onto the garden

5 *Whose* et *of which* s'emploient surtout dans un **style formel**. En anglais familier, on préfère tourner la phrase autrement.

It's a strange question — I don't understand its purpose.

6 « Dont » s'emploie aussi dans un sens non possessif. *Whose* ne s'emploie pas dans ce cas-là (**109.2**).

the man you spoke about
l'homme dont vous avez parlé

Pour *whose*? (possessif interrogatif), 301 .

333 pronoms relatifs (5) : *when, where, why*

When, where et *why* peuvent s'employer un peu comme les pronoms relatifs, c'est-à-dire pour relier un nom à une proposition descriptive qui suit.

I'll never forget **the day when** I met you. (et non ...the day where ...)
Je n'oublierai jamais le jour où je t'ai rencontré.
Do you remember **the place where** we had that picnic ?
Tu te rappelles l'endroit où on a fait ce pique-nique?
The reason why I'm here is quite simple. (et non The reason for which ...)
La raison pour laquelle je suis ici est assez simple.

334 pronoms relatifs (6) : préposition + qui/lequel

1 En **anglais familier**, la structure préposition + « qui/lequel » se traduit par une tournure dans laquelle la préposition se met en fin de proposition (**308**). Le pronom relatif est normalement sous-entendu.

Who's the girl (**who/that**) you were talking **to**?
Qui est la fille avec qui tu parlais ?
This is the house (**which/that**) she lives **in**.
Voici la maison dans laquelle elle habite.

ENTRAÎNEZ-VOUS !

Traduisez en anglais.
1. l'homme pour qui je travaille 2. le groupe *(group)* avec lequel j'ai voyagé 3. la femme à qui je suis en train d'écrire 4. la chaise sur laquelle il a posé *(put)* son manteau

CORRIGÉ

1. the man (who/whom) I work for 2. the group (that/which) I travelled with 3. the woman (who/whom) I'm writing to 4. the chair (that/which) he put his coat on

❷ Dans les propositions relatives qui ne sont pas indispensables à la phrase (**335**), la préposition se met le plus souvent devant le pronom, qui ne peut pas être omis. Cette structure se trouve surtout dans un **style formel**.

>Bob Littlewood, **with whom** I travelled to Greece ...
>Bob Littlewood, avec qui j'ai fait un voyage en Grèce...
>The house on the corner, **in which** Mrs Carstairs used to live ...
>La maison au coin de la rue, dans laquelle habitait Mme Carstairs...

335 pronoms relatifs (7) : non emploi de *that*

❶ Certaines propositions relatives ne sont **pas indispensables à la phrase**, car elles apportent seulement un supplément d'information au nom qu'elles complètent. Dans ce cas, on ne peut **pas employer *that***.

— Comparez :

>The woman **that/who has just come in** works for my uncle.
>La femme qui vient d'entrer travaille pour mon oncle.
>Mrs Bowden, **who has just come in**, works for my uncle.
>(et non ~~Mrs Bowden, that has just come in, works~~ ...)
>Mme Bowden, qui vient d'entrer, travaille pour mon oncle.

Dans le premier exemple, la proposition *who has just come in* est essentielle à la compréhension de la phrase. (Sans cette information, on ne saurait pas de quelle femme il s'agit.)

Dans le second exemple, la proposition relative apporte seulement un supplément d'information ; c'est pourquoi elle est entre deux virgules.

— Autres exemples :

>the people **that/who live next door** ...
>les gens qui habitent à côté...
>the Johnson family, **who live next door,** ...
>(et non ~~the Johnson family, that~~ ...)
>la famille Johnson, qui habite à côté...

❷ Notez que, dans ces propositions relatives qui ne sont pas indispensables, on ne peut pas sous-entendre le pronom relatif complément.
Comparez :

>the train I usually catch (= the train **which/that** I usually catch)
>le train que je prends d'habitude
>the 10.15 train, **which** I caught this morning, ... (et non ~~the 10.15 train I caught~~ ...)
>le train de 10 h 15, que j'ai pris ce matin,...

336 pronoms relatifs (8) : non emploi de la proposition relative

Il existe plusieurs cas où une proposition relative française correspond à une autre structure en anglais.

❶ « **Il y a/avait des gens**, etc., **qui** » se traduit souvent par une proposition simple (*Some people*, etc., 188.4).

> **Some people** are always complaining.
> Il y a des gens qui se plaignent tout le temps.
> **A girl** wasn't feeling well.
> Il y avait une fille qui ne se sentait pas bien.

❷ Dans les descriptions, une **proposition relative** (« qui… ») peut parfois se traduire par une **forme en -*ing***.

> a **falling** leaf
> une feuille qui tombe
>
> a **crying** child
> un enfant qui pleure
>
> She was kept awake all night by a **barking** dog.
> Elle n'a pas fermé l'œil de la nuit à cause d'un chien qui aboyait.

❸ « **C'est moi qui** » se traduit le plus souvent par *I* … (accentué, 341.1).

> **I** made the cake!
> C'est moi qui ai fait le gâteau !

❹ « **Et… qui… !** » se traduit simplement par « **sujet + verbe** ».

> Seven o'clock already! Jack's **waiting for me!**
> Déjà sept heures ! Et Jack qui m'attend !

ENTRAÎNEZ-VOUS !
Traduisez en anglais.
1. Il y a des gens qui n'aiment pas la musique. **2.** un bébé qui dort **3.** Il y a un homme qui a téléphoné. **4.** C'est moi qui l'ai dit ! **5.** Déjà midi *(twelve o'clock)* ! Et le train qui part à une heure !

CORRIGÉ
1. Some people don't like music. **2.** a sleeping baby **3.** A man (tele)phoned. **4.** I said it! **5.** Twelve o'clock already! The train's leaving at one (o'clock)!

337 prononciation (1) : l'alphabet phonétique

❶ But

L'alphabet anglais contient 5 voyelles et 21 consonnes. Or l'anglais parlé distingue 46 sons différents – **22 voyelles et 24 consonnes**. Pour indiquer la prononciation avec précision, il faut donc utiliser un alphabet spécial, qui possède un signe pour chaque son. Voici celui qui est le plus utilisé dans l'enseignement de l'anglais.

❷ Alphabet phonétique

▬ Voyelles brèves

/ɪ/	pig /pɪg/, fish /fɪʃ/, England /ˈɪŋglənd/, women /ˈwɪmɪn/
/e/	hen /hen/, bed /bed/, friend /frend/, bury /ˈberiː/
/æ/	cat /kæt/, had /hæd/
/ɒ/	dog /dɒg/, stop /stɒp/
/ʊ/	book /bʊk/, put /pʊt/
/ʌ/	duck /dʌk/, bus /bʌs/, up /ʌp/, mother /ˈmʌðə/, young /jʌŋ/, love /lʌv/, come /kʌm/, other /ˈʌðə/, London /ˈlʌndən/
/ə/	an /ən/, under /ˈʌndə/, until /ənˈtɪl/, condition /kənˈdɪʃən/

▬ Voyelles longues

/iː/	see /siː/, field /fiːld/, eat /iːt/
/ɑː/	father /ˈfɑːðə/, France /frɑːns/
/ɔː/	born /bɔːn/, talk /tɔːk/, caught /kɔːt/, bought /bɔːt/, saw /sɔː/
/uː/	moon /muːn/, shoes /ʃuːz/, soup /suːp/
/ɜː/	girl /gɜːl/, work /wɜːk/, turn /tɜːn/, heard /hɜːd/

▬ Diphtongues

/eɪ/	take /teɪk/, cake /keɪk/, rain /reɪn/
/aɪ/	fly /flaɪ/, fine /faɪn/, bright /braɪt/
/ɔɪ/	coin /kɔɪn/, boy /bɔɪ/
/əʊ/	no /nəʊ/, coat /kəʊt/, rose /rəʊz/, don't /dəʊnt/, throw /θrəʊ/
/aʊ/	now /naʊ/, cow /kaʊ/, house /haʊs/
/ɪə/	beer /bɪə/, here /hɪə/, near /nɪə/
/eə/	chair /tʃeə/, where /weə/, care /keə/
/ʊə/	tourist /ˈtʊərɪst/

▬ Triphtongues

/aʊə/	flower /flaʊə/, hour /aʊə/
/aɪə/	fire /faɪə/, quiet /kwaɪət/

p

— **Consonnes**

/θ/	think /θɪŋk/, tooth /tu:θ/, thin /θɪn/, path /pɑ:θ/
/ð/	then /ðen/, the /ðə/, this /ðɪs/, with /wɪð/
/s/	see /si:/, books /bʊks/
/z/	zoo /zu:/, please /pli:z/
/ʃ/	ship /ʃɪp/, shoe /ʃu:/, fish /fɪʃ/
/ʒ/	vision /'vɪʒən/, pleasure /'pleʒə/
/tʃ/	child /tʃaɪld/, church /tʃɜ:tʃ/, chips /tʃɪps/
/dʒ/	just /dʒʌst/
/ŋ/	sing /sɪŋ/
/j/	young /jʌŋ/, new /nju:/, university /ju:nɪ'vɜsəti:/
/w/	wait /weɪt/, why /waɪ/, one /wʌn/

Les consonnes /f/, /v/, /p/, /b/, /t/, /d/, /k/, /g/, /m/, /n/, /l/, /r/, /h/ ont leur valeur normale.
Exemple : parliament /'pɑ:lɪmənt/.

— On indique l'accent tonique à l'aide d'un petit trait vertical (') devant la syllabe accentuée : *offer* /'ɒfə/, *prefer* /prɪ'fɜ:/.

NOTEZ

sh se prononce toujours /ʃ/, *ch* se prononce presque toujours /tʃ/.
Exceptions :

/ʃ/	Chicago /ʃɪ'kɑ:gəʊ/,
/k/	ache /eɪk/, chemist, stomach /'stʌmək/, character.

338 prononciation (2) : accent tonique et accent de phrase

❶ L'accent tonique

— Dans chaque **mot anglais de deux syllabes ou plus**, il y a une syllabe qui est prononcée avec plus de force que les autres.

'under   un'til
'confident   con'fusion
under'stand

NOTEZ

Pour bien prononcer l'anglais, il est important de placer cet « accent tonique » correctement. Il n'y a pas de règles pour savoir quelle syllabe d'un mot sera accentuée ; il faut apprendre chaque mot avec son accent tonique au fur et à mesure.

▬ Les **mots d'une syllabe** ne portent pas tous un accent tonique. En règle générale, les noms, verbes, adjectifs et adverbes d'une syllabe sont accentués dans une phrase (voir ci-dessous), tandis que les articles, pronoms, prépositions, conjonctions et auxiliaires se prononcent le plus souvent sans accent.

❷ L'accent de phrase

Il y a une différence fondamentale entre le rythme du français parlé et celui de l'anglais.

▬ **En français,** les syllabes se succèdent avec régularité : chacune a à peu près la même valeur dans le temps. S'il faut deux secondes pour prononcer une phrase de dix syllabes* (ex. : « Ça fait vingt-quatre ans que j'habite là-bas. »), une phrase de cinq syllabes (ex. : « Passe-moi la moutarde. ») prendra environ une seconde.

▬ **En anglais,** par contre, ce sont les **syllabes accentuées** qui se succèdent avec régularité.

Dans la phrase *Peter en**joy**ed **work**ing for his **new boss**,* les syllabes *Pe-, -joyed, work-, new* et *boss* sont séparées par les mêmes intervalles de temps ; les syllabes sans accent (*-er, en-, -ing, for, his*) se prononcent assez vite pour ne pas interrompre le rythme.

Considérez ces deux phrases :

>'Jane 'likes 'tall 'men.
>There was a 'strange 'smell in the 'kitchen to'day.

La première phrase comporte quatre syllabes, l'autre onze, mais elles contiennent chacune quatre syllabes accentuées et il faut presque le même temps pour les prononcer.

NOTEZ

L'une des fautes les plus caractéristiques des francophones est de donner une valeur égale à chaque syllabe d'une phrase anglaise.

339 prononciation (3) : la voyelle /ə/

La voyelle /ə/ ne se trouve jamais dans une syllabe accentuée. Par contre, elle est très fréquente dans les syllabes non accentuées. (C'est, de loin, la voyelle la plus fréquente de la langue anglaise.) Elle se prononce à peu près comme le **e** de « le » en français.

a**c**ross /əˈkrɒs/
asleep /əˈsliːp/
atomic /əˈtɒmɪk/
particular /pəˈtɪkjələ/

photogr**a**pher /fəˈtɒgrəfə/
conserv**a**tive /kənˈsɜːvətɪv/
Cana**d**a /ˈkænədə/
Elizabeth /ɪˈlɪzəbəθ/

---

* Il ne s'agit, bien sûr, que des syllabes prononcées.

340 prononciation (4) : formes fortes et formes faibles

1 Comparez la prononciation de *at* dans ces deux phrases :

I got up at /ət/ six o'clock.
What are you looking at /æt/?

Dans la première phrase, comme d'habitude, *at* ne porte pas d'accent (prépositions, conjonctions, articles, pronoms et auxiliaires sont rarement accentués).

Dans la seconde, par contre, *at* se trouve dans une position plus importante (en fin de phrase), et se prononce exceptionnellement /æt/.

2 Il y a une cinquantaine de mots qui, comme *at*, possèdent deux prononciations :
– une **forme forte**, où la voyelle a sa valeur pleine ;
– une **forme faible** où la voyelle se prononce /ə/. La forme faible est la prononciation **normale** (puisque ces mots sont rarement accentués).

Attention : sous l'influence de l'orthographe, les francophones ont tendance à trop employer les formes fortes.

3 Voici la liste des mots les plus fréquents qui possèdent une forme faible :

am /əm, æm/	for /fə(r), fɔː(r)/	some /səm, sʌm/
and /ən(d), ænd/	from /frəm, frɒm/	than /ðən, ðæn/
are /ə(r), ɑː(r)/	had /(h)əd, hæd/	that /ðət, ðæt/
as /əz, æz/	has /(h)əz, hæz/	them /ðəm, ðem/
at /ət, æt/	have /(h)əv, hæv/	there /ðə(r), ðeə(r)/
but /bət, bʌt/	her /(h)ə(r), hɜː(r)/	to /tə, tuː/
can /kən, kæn/	must /məst, mʌst/	us /əs, ʌs/
could /kəd, kʊd/	of /əv, ɒv/	was /wəz, wɒz/
do /də, duː/	shall /ʃəl, ʃæl/	were /wə(r), wɜː(r)/
does /dəz, dʌz/	should /ʃəd, ʃʊd/	would /wəd, wʊd/

Pour *some*, **370**, **372**.
Pour *there*, **388**.

NOTEZ

Les formes composées avec *n't* ont toujours une prononciation forte.

mustn't /mʌsnt/   can't /kɑːnt/

341 prononciation (5) : accentuation emphatique

1 En anglais parlé, on utilise souvent la **prononciation** pour **faire ressortir** un élément de la phrase. On le prononce avec plus de force que d'habitude, et sur un ton plus élevé. Comparez :

"You saw her on Monday morning?"
"No, on Monday **evening**."
« Non, lundi soir. »

"No, on **Tuesday** morning."
« Non, mardi matin. »
"No, I **telephoned** her."
« Non, je lui ai téléphoné. »

Pour traduire la tournure française « C'est… qui… », il suffit souvent d'accentuer le sujet de la phrase.

Jack did it.   **I** paid.
C'est Jack qui l'a fait.   C'est moi qui ai payé.

2 En insistant sur un **auxiliaire**, on peut exprimer un **désaccord** ou une **contradiction** avec ce qui précède.

"You're not 18." "I **am** 18."
« Vous n'avez pas 18 ans. » « Mais si, j'ai 18 ans. »
It **didn't** rain, after all.
Finalement, il n'a pas plu.

Do s'ajoute parfois à un verbe affirmatif pour exprimer la même nuance (**106**.2).

"You didn't pay." "I **did** pay."
« Tu n'as pas payé. » « Mais si, j'ai payé. »

ENTRAÎNEZ-VOUS !

1 Lisez les phrases suivantes.
1. I went with *Tom*, not Paul. 2. I *do* love you. 3. I live at *thirty*-seven Black Street, not *twenty*-seven. 4. She's got *six* children, not *five*. 5. I ordered *red* wine, not *white*. 6. No, *she* lives in London, and *he* lives in Manchester.

2 Traduisez en anglais, en soulignant le mot accentué.
1. C'est moi qui l'ai invité. 2. C'est Maman qui a fait le gâteau. 3. Ce n'est pas moi qui ai pris l'argent. 4. « Je suppose que tu n'as pas faim. » « Mais si, j'ai faim. » 5. « Il n'a pas 16 ans. » « Mais si, il a 16 ans. » 6. « Tu n'as pas acheté le pain. » « Mais si, je l'ai acheté. » (prétérit)

CORRIGÉ
1. I invited her. 2. **Mum** (Mummy/Mother) made the cake. 3. I didn't take the money. 4. "I don't suppose you're hungry." ("I suppose you're not hungry.") "I am hungry." 5. "He isn't (He's not) 16." "He is 16." 6. "You didn't buy the bread." "I did buy it."

342 proposer

❶ « Faire une suggestion »

Dans un style formel, « proposer » se traduit le plus souvent par *suggest*. Dans un style familier, on a tendance à utiliser des expressions comme *ask if*, *let's*, *why not …?* ou *why don't we …?*

I suggest we go to the exhibition first and then to the cinema.
Let's go to the exhibition first … / **Why don't we go** …?
Je propose qu'on aille d'abord à l'exposition, et après au cinéma.

My father **suggested that I should go** on holiday with him.
My father **asked if I'd like to go** on holiday with him.
Mon père m'a proposé de partir en vacances avec lui.

Pour les structures qui s'emploient après *suggest*, **378** .

❷ « Faire une offre »

Lorsqu'il s'agit de faire une offre, « proposer » = ***to offer***.

> She **offered** to drive me home.
> Elle m'a proposé de me raccompagner en voiture.

On ne met pas de complément d'objet indirect devant l'infinitif.

> He **offered to look after** the children. (et non ~~He offered me to look~~ …)
> Il m'a proposé de garder les enfants.

❸ To propose

To propose (anglais formel) = « **avoir l'intention de / compter faire quelque chose** ». Ce verbe ne s'emploie pas pour parler de suggestions, et correspond rarement à « proposer ».

> I **propose** to take three months off next year to travel round the world.
> J'ai l'intention de prendre trois mois de congé l'année prochaine pour faire le tour du monde.
>
> What do you **propose** to do about the children?
> Que comptez-vous faire à propos des enfants ?

ENTRAÎNEZ-VOUS !

Traduisez en anglais.

1. Je propose qu'on aille voir Cyril. 2. Il m'a proposé de l'aider dans son travail. (prétérit) 3. Il m'a proposé de m'aider dans mon travail. (prétérit) 4. Elle m'a proposé de laver la voiture. (prétérit)

CORRIGÉ

1. I suggest we go and see Cyril. (Let's go … / Why don't we go …?) 2. He suggested that I should help him in his work. (He asked if I'd like to help him …) 3. He offered to help me in my work. 4. She offered to wash the car.

343   quantité (exprimer la) : synthèse

❶ De « tout » à « aucun »

tout	all, every, everything, whole, any **393**
tous	all, every **20**
la plupart	most **239**
beaucoup	much/many, a lot/lots, plenty **243**, **226**
pas mal	quite a lot, quite a few, quite a bit **221.3**, **226.3**
plusieurs	several
certains	some **372**
quelques, quelques-uns	a few **221**, some **370.3**
un peu	a little, a bit, some **221**, **370**
(très) peu	(very) little, (very) few **221.4**
si peu	so little, so few **367**
presque pas	hardly any **166.2**
pas de	not ... any, no, not ... a **260**
aucun	no, none **260.3**

ENTRAÎNEZ-VOUS !

Traduisez en anglais.
1. la plupart des gens 2. certaines personnes 3. quelques amis 4. plusieurs jours 5. toutes les semaines 6. toute la semaine 7. Tout est prêt. 8. très peu de temps 9. si peu d'argent 10. Je n'ai pas de cigarettes. 11. « Est-ce que tu as des réponses ? » « Non, aucune. » 12. aucune réponse

CORRIGÉ

1. most people 2. some people 3. a few/some friends 4. several days 5. every week 6. all (the) week (the whole week) 7. Everything's ready. (Everything is ...) 8. very little time 9. so little money 10. I haven't got / I don't have any cigarettes. (I've got no cigarettes. / I have no cigarettes.) 11. "Have you got / Do you have any answers?" "No, none." 12. no answer

❷ Autres points

plus, davantage	more **82**
moins	less/fewer **83**
assez, suffisamment	enough **125**
trop	too, too much/many **395**
si, aussi, tellement	so, such **367**
tant, autant, tellement	so much/many **368**
aussi, autant	as, as much/many **44** , **49**
chaque	each, every **112**
(tous) les deux	both, the two **67**
l'un ou l'autre	either **115**
ni l'un ni l'autre	neither **115**

Pour « ne… plus » = *not … any more/no more,* **262**.1 .
Pour l'emploi de *of* après *some, many, all,* etc., **265** .

344 questions (1) : règles de base

❶ La plupart des questions se forment ainsi :

auxiliaire + sujet + verbe

> **Have you seen** Ben?
> Avez-vous vu Ben ?
> When **will the car be** ready? (et non ~~When the car will be ready?~~)
> Quand est-ce que la voiture sera prête ?
> **Are Peter and Kate and the others coming** tomorrow?
> Est-ce que Peter, Kate et les autres viennent demain ?

❷ S'il n'y a pas d'autre auxiliaire, on emploie ***do/does*** au présent et ***did*** au prétérit. Ils sont suivis de l'infinitif sans *to*.

> How much **does the ticket cost**? (et non … ~~does the ticket costs?~~)
> Combien coûte le billet ?
> **Did you see** Boris? (et non ~~Did you saw Boris?~~)
> As-tu vu Boris ?

❸ Les modaux étant des auxiliaires, ils s'emploient **sans *do/does*, *did*** (**237**).

> **Can you** swim? (et non ~~Do you can swim?~~)
> Savez-vous nager ?
> When **must I** tell you?
> Quand est-ce que je dois vous le dire ?

❹ *Do* ne s'emploie pas dans les questions dont le **sujet** est *who, what* ou *which*.

> **Who said** that? (et non ~~Who did say that?~~)
> Qui a dit ça ?
> **What happened**? (et non ~~What did happen?~~)
> Qu'est-ce qui s'est passé ?
> **Which costs** more?
> Lequel coûte le plus cher ?

mais :

> **What did you** say? (*What* est complément d'objet.)
> Qu'est-ce que tu as dit ?

5 Le redoublement du sujet est très rare en anglais.

> What time does **the postman** come? (et non ~~What time does he come, the postman?~~)
> Il vient à quelle heure, le facteur ?

ENTRAÎNEZ-VOUS !

1 **Mettez les phrases à la forme interrogative.**
1. His parents know her. 2. Alex Benson works here. 3. Carol and Deborah are coming tomorrow. 4. His mother arrived safely. 5. Kevin phoned. 6. Samuel likes music. 7. Nick can dance well. 8. She will be pleased.

2 **Mettez les mots dans le bon ordre.**
1. time this you did morning up get what? 2. live parents do where your? 3. Mrs telephoned Smith has? 4. live sister boyfriend's your does where?

3 **Traduisez en anglais.**
1. Qui est venu hier ? 2. Qui as-tu vu hier ? 3. Qu'est-ce qui compte *(to matter)* le plus ? 4. Qu'est-ce que tu as acheté ? (prétérit)

CORRIGÉ

1 1. Do his parents know her? 2. Does Alex Benson work here? 3. Are Carol and Deborah coming tomorrow? 4. Did his mother arrive safely? 5. Did Kevin phone? 6. Does Samuel like music? 7. Can Nick dance well? 8. Will she be pleased?
2 1. What time did you get up this morning? 2. Where do your parents live? 3. Has Mrs Smith telephoned? 4. Where does your boyfriend's sister live?
3 1. Who came yesterday? 2. Who did you see yesterday? 3. What matters (the) most? 4. What did you buy?

> Pour la formation des divers temps actifs, **385**.
> Pour les questions sans inversion, voir **345**.
> Pour les interrogations indirectes, **104**.
> Pour les « question-tags », **380**.

345 questions (2) : sans inversion

1 En français parlé, les questions s'expriment très souvent par la simple intonation, sans inversion du verbe et du sujet (ex. : « Tu viens avec moi ? »). Ce type de structure est beaucoup plus rare en anglais. Pourtant, dans la langue parlée, on pose parfois des questions sans inversion et sans *do*. Cette structure s'emploie :

— pour confirmer une **supposition** ;

> **Take-off is** at eight? **You're** from Canada?
> C'est bien à huit heures, le décollage ? Vous êtes bien canadien ?

— pour exprimer l'**étonnement**.

> **That's** the boss? **We're** supposed to eat that?
> C'est lui, le patron ? On est censés manger ça ?

2 Après un mot interrogatif, l'inversion est **obligatoire**.

> **Where can I** buy sun glasses? (et non ~~Where I can buy sunglasses?~~)
> Où est-ce que je peux acheter des lunettes de soleil ?

346 questions (3) : interronégation

❶ Dans un style familier, l'interronégation se forme normalement ainsi :
auxiliaire + *n't* + sujet + V …?

Why **don't they listen**? **Isn't your mother coming**?
Pourquoi ils n'écoutent pas ? Votre mère ne vient pas ?

Dans un style plus formel, on emploie plutôt la forme non contractée *not*, qui se place après le sujet.

Why **do they not listen**? (et non ~~Why do not they listen~~?)
Is **your mother not coming**?

❷ En français parlé, on emploie souvent une forme négative pour faire une demande (ex. : « Il n'y a pas de courrier pour moi ? », « T'as pas un stylo ? »). La forme interronégative ne s'emploie pas de la même manière en anglais ; on l'utilise plutôt pour exprimer l'étonnement.
Comparez :

Is there any mail for me?
Il y a du courrier / Il n'y a pas de courrier pour moi ?
(= Est-ce qu'il y a du courrier pour moi ?)

Isn't there any mail for me?
Il n'y a pas de courrier pour moi ?
(= C'est bizarre, j'attendais une lettre.)

ENTRAÎNEZ-VOUS !
Traduisez en anglais (utilisez les formes contractées).
1. Pourquoi n'as-tu pas répondu ? (prétérit) 2. Votre père n'est-il pas médecin ? 3. Vous n'êtes pas fatigué ? 4. N'êtes-vous pas allé à Manchester la semaine dernière ? 5. Vous ne savez pas nager ? 6. Tu ne veux pas de pain ? 7. Vous n'avez pas un timbre *(stamp)*, s'il vous plaît ? 8. Pourquoi n'es-tu pas venu hier ?

CORRIGÉ
1. Why didn't you answer? 2. Isn't your father a doctor? 3. Aren't you tired? 4. Didn't you go to Manchester last week? 5. Can't you swim? 6. Don't you want (any) bread? 7. Have you got a stamp, please? 8. Why didn't you come yesterday?

347 quite

❶ En anglais britannique, *quite* a deux sens : « **assez** » (« **moyennement** ») et « **tout à fait** », « **complètement** », selon l'adjectif avec lequel on l'emploie. Comparez :

quite cold	**quite** good	**quite** tired
assez froid	assez bon	assez fatigué
quite finished	**quite** perfect	**quite** exhausted
tout à fait terminé	tout à fait parfait	tout à fait épuisé

En général, il n'y a pas de confusion possible (parce que « assez » et « tout à fait » expriment des idées qui ne s'appliquent pas, normalement, aux mêmes adjectifs).

Notez que *quite different* = « tout à fait différent » et non « ~~assez différent~~ ».

❷ Lorsqu'il signifie « assez », *quite* **précède** généralement l'article *a/an*.

quite a nice day	**quite an** interesting idea
un jour assez beau	une idée assez intéressante

❸ *Quite* peut aussi précéder un **verbe** ou un **nom**.

I **quite like** skiing.	It's **quite a problem**.
J'aime assez le ski.	C'est tout un problème.
I **quite agree**.	
Je suis tout à fait d'accord.	

❹ *Quite a lot (of)* = « pas mal (de) » (**226**.3).

There were **quite a lot of** people.
Il y avait pas mal de monde.

ENTRAÎNEZ-VOUS !
Traduisez en anglais.
1. une règle (*rule*) assez difficile 2. complètement impossible 3. tout à fait correct 4. assez cher 5. une maison assez grande 6. une décision assez importante 7. J'aime assez la lecture (*reading*). 8. Il a pas mal d'amis.

CORRIGÉ
1. quite a difficult rule 2. quite impossible 3. quite correct 4. quite expensive 5. quite a big house 6. quite an important decision 7. I quite like reading. 8. He's got (He has) quite a lot of friends.

NOTEZ
En anglais américain, *quite* s'emploie rarement au sens de « assez ».

Pour « assez », « suffisamment » (= *enough*), **125** .

348 rather

❶ *Rather* = « **assez** », « **plutôt** ». *Rather* est un peu plus fort que *quite* (**347**). Si on fait la critique d'un film, par exemple, *rather good* est plus positif que *quite good*.

> He's **rather** nice.
> Il est assez sympathique.
>
> It's **rather** hot.
> Il fait plutôt chaud.
>
> I **rather** like swimming.
> J'aime assez la natation.

❷ Devant « adjectif + nom », *rather* peut **précéder ou suivre** l'article *a/an* sans différence de sens.

> It's **rather a** strange family. / It's **a rather** strange family.
> C'est une famille assez bizarre.

ENTRAÎNEZ-VOUS !

Traduisez en anglais (en utilisant *rather*).
1. Il fait plutôt froid. **2.** Je suis plutôt inquiet *(worried)*. **3.** J'aime assez le ski *(skiing)*. **4.** C'est un film assez intéressant.

CORRIGÉ

1. It's rather cold. 2. I'm rather worried. 3. I rather like skiing. 4. It's rather an (a rather) interesting film.

Pour *would rather,* **419** .

349 *remember* et *forget* + « *to* + V » ou *V-ing*

❶ *Remember/forget* + *to* + V = « **se rappeler/oublier ce qu'on a à faire** ».

> **Remember to telephone** me tomorrow.
> N'oublie pas de m'appeler demain.
>
> When I **remembered to go** to the post office it was too late.
> Quand je me suis rappelé que je devais aller à la poste,
> il était trop tard.
>
> I **forgot to go** to the shops so there's nothing to eat.
> J'ai oublié de faire les courses, alors il n'y a rien à manger.

2 *Remember/forget* + **V-*ing*** = « se rappeler/oublier **ce qu'on a fait** ».

> I **remember meeting** you in 1988 — or was it 1989?
> Je me souviens de vous avoir rencontré en 1988… ou bien était-ce 1939 ?
> I shall never **forget meeting** the President.
> Je n'oublierai jamais ma rencontre avec le président.

ENTRAÎNEZ-VOUS !

Mettez l'infinitif ou la forme en V-*ing*.

1. Do you remember … me something last week? (promise) 2. Did you remember … the letters? (post) 3. I don't remember … you to this party. (invite) 4. No, you didn't remember … me but I came anyway. (invite) 5. You forgot … me this morning. (wake) 6. … Venice in the moonlight is an experience I shall never forget. (see) 7. Don't forget … Harry for his keys. (ask) 8. Did you forget … the door? (lock)

CORRIGÉ

1. promising 2. to post 3. inviting 4. to invite 5. to wake 6. Seeing 7. to ask 8. to lock

350 *remember* et *remind*

1 *Remember* = « se souvenir de », « se rappeler ». Il s'emploie sans préposition.

> I **remember your face**, but I don't **remember your name**.
> Je me souviens de votre tête, mais je ne me souviens pas de votre nom.
> There are three things I can never **remember**: names, faces, and I've forgotten the other.
> Il y a trois choses dont je ne me souviens jamais : les noms, les têtes et… j'ai oublié la troisième.

2 *Remind* = « rappeler (quelque chose **à quelqu'un**) ». Attention à la construction de la phrase : on dit soit *to remind somebody* **to do** *something*, soit *to remind somebody* **of** *something*.

> I **reminded him to telephone** his father.
> Je lui ai rappelé qu'il devait téléphoner à son père.
> I **reminded her of** her promise.
> Je lui ai rappelé sa promesse.

ENTRAÎNEZ-VOUS !

Traduisez en anglais.

1. Vous souvenez-vous de notre conversation 2. Je ne me rappelle pas le prix exact. 3. Rappelez-moi votre nom. 4. Rappelle-moi que je dois acheter des tomates. 5. Je ne me souviens pas. 6. Ce vin me rappelle mes vacances en Italie.

CORRIGÉ

1. Do you remember our conversation? 2. I don't remember the exact price. 3. Remind me of your name. 4. Remind me to buy (some) tomatoes. 5. I don't remember. 6. This wine reminds me of my holiday(s) in Italy.

351 rendez-vous

1 Pour désigner un rendez-vous d'affaires ou chez le dentiste, le médecin, etc., on utilise ***an appointment (with)***.

> I have an **appointment with** the dentist tomorrow at four.
> J'ai un rendez-vous chez le dentiste demain à quatre heures.
> He gave me **an appointment** for the next day.
> Il m'a donné un rendez-vous pour le lendemain.

2 Pour un rendez-vous moins formel (ex. : au théâtre, au restaurant), on emploie souvent ***a date*** ; c'est l'expression courante pour « un rendez-vous amoureux ».

> Let's **make a date** for lunch next week.
> Prenons rendez-vous pour déjeuner ensemble la semaine prochaine.
> Susie's all excited, she's got **a date** tonight.
> Susie est tout excitée, elle a un rendez-vous ce soir.

3 Pour dire simplement « avoir rendez-vous avec quelqu'un », on emploie la tournure ***I'm meeting/seeing.***

> **I'm meeting** my brother at six.
> J'ai rendez-vous avec mon frère à six heures.
> What time **are you seeing** Jack and Betty?
> À quelle heure as-tu rendez-vous avec Jack et Betty ?

4 Pour dire « donner rendez-vous à quelqu'un », on emploie : ***say I'll meet/see*** ou ***agree/arrange to meet/see***

> **I said I'd see** her at six.
> Je lui ai donné rendez-vous à dix-huit heures.
> We **agreed/arranged to meet** at the station.
> On s'est donné rendez-vous à la gare.

ENTRAÎNEZ-VOUS !

Traduisez en anglais.
1. À quel âge as-tu eu ton premier rendez-vous (amoureux) ? 2. J'ai rendez-vous chez le médecin mardi matin. 3. J'ai rendez-vous avec mes parents à cinq heures et demie. 4. Lucy, à quelle heure as-tu rendez-vous avec Barbara ? 5. J'ai donné rendez-vous à Frank au cinéma. *(I told ...)* 6. On s'est donné rendez-vous à huit heures.

CORRIGÉ

1. At what age did you have your first date? (How old were you when you had ...?) 2. I have (I've got) an appointment with the doctor on Tuesday morning. 3. I'm meeting my parents at half past five. 4. Lucy, what time are you meeting (seeing) Barbara? 5. I told Frank I'd meet him (see him) at the cinema. 6. We agreed to meet at eight (o'clock).

NOTEZ

Il existe un mot *rendezvous* en anglais, mais il s'emploie rarement, sauf dans un style formel.

352 réussir

① To succeed (in something/in doing something) = « réussir (à) ».

> He **succeeds in** everything he does. (et non <s>He succeeds everything</s> ...)
> Il réussit tout ce qu'il entreprend.
> I **succeeded in convincing** her. (et non <s>I succeeded to convince her</s>.)
> J'ai réussi à la convaincre.

② To be successful in = « réussir dans le travail, la vie, etc. ».

> He**'s successful in** business.
> Il réussit bien dans les affaires.
> She**'s been very successful in** life.
> Elle a très bien réussi dans la vie.

③ To manage to do something = « arriver à/réussir à… ».

C'est une expression très courante.

> I can't **manage to** open this tin.
> Je n'arrive pas à ouvrir cette boîte.
> I didn't **manage to** see him.
> Je n'ai pas réussi à le voir.

④ To pass (an exam) = « réussir un examen », « être reçu ».

> He took the entrance exam but he didn't **pass** it.
> Il a passé l'examen d'entrée, mais il n'a pas été reçu.

To pass est un faux ami : « passer un examen » = to **take** an exam.

⑤ To fail = « ne pas réussir », ou « rater (un examen) ».

> I **failed** to convince her.   He **failed** his exam.
> Je n'ai pas réussi à la convaincre.   Il a raté son examen.

ENTRAÎNEZ-VOUS !

Traduisez en anglais.
1. Il réussit beaucoup de choses, mais pas tout. 2. J'ai réussi à trouver un appartement. (deux verbes possibles) 3. J'espère que je vais réussir dans la vie. 4. Gillian a été reçue en maths *(in maths)*, mais elle a raté les autres matières *(subjects)*.

CORRIGÉ

1. He succeeds in a lot of things, but not (in) everything. 2. I (have) succeeded in finding / I (have) managed to find a flat (an apartment). 3. I hope (that) I'll be successful in life. 4. Gillian passed in maths, but she failed the other subjects.

S

353   *same*

❶ ***The same* … *as*** = « le même… que ».

> Her dress is **the same** colour **as** her eyes.
> Sa robe est de la même couleur que ses yeux.
> I like **the same** writers **as** you.
> J'aime les mêmes auteurs que toi.

The same as (sans nom) = « la même chose que ».

> I think **the same as** you.
> Je pense la même chose que toi.

❷ « En même temps » = ***at the same time***.

« Quand même » ou « tout de même » = ***all the same***.

> We arrived **at the same time**.
> Nous sommes arrivés en même temps.
> Thanks **all the same**.
> Merci quand même.

ENTRAÎNEZ-VOUS !

Traduisez en anglais.
1. Elle va à la même école que ma sœur. 2. « Que voulez-vous boire ? » « La même chose qu'hier. » 3. J'ai *(I am)* le même âge que vous. 4. Elle peut danser et chanter en même temps. 5. Je te verrai demain à la même heure. 6. « Au même endroit *(place)* ? » « Oui. »

CORRIGÉ

1. She goes to the same school as my sister. 2. "What would you like (do you want) to drink?" "The same (thing) as yesterday." 3. I'm the same age as you. 4. She can dance and sing at the same time. 5. I'll see you tomorrow at the same time (at the same time tomorrow). 6. "At the same place?" "Yes."

354   *say* et *tell*

❶ *Say* et *tell* peuvent tous deux correspondre à « dire ». Mais *tell* doit normalement être suivi d'un complément personnel. Comparez :

> He **said** his name.   He **told me** his name.
> Il a dit son nom.   Il m'a dit son nom.

« Il m'a dit… » = ***He told me*** … (et non ~~*He said me*~~ …)

❷ Si l'on emploie un complément personnel après *say*, il faut utiliser la préposition **to**.

Say hello **to the man**.
Dis bonjour au monsieur.

Say something **to me**.
Dis-moi quelque chose.

❸ Au discours direct, on emploie surtout *say*. Au discours indirect, on peut employer les deux ; *tell* est **obligatoire** lorsque le complément personnel est suivi de *to* + V.

"Go away," he **said** (to me).
« Va-t-en ! » (me) dit-il.
He **told** me **to go** away. (et non He said to me to go ...)
Il m'a dit de m'en aller.

Devant *that*, on emploie généralement *say* (sans complément) ou *tell*.

He **said/told us that** he was tired. (plutôt que He said to us that ...)

❹ *Tell* peut aussi avoir le sens de « raconter ». En ce cas, le complément personnel n'est pas obligatoire.

I like **telling** (children) stories.
J'aime raconter des histoires (aux enfants).

On dit aussi *to tell jokes* (« raconter des blagues ») ; *to tell the truth* (« dire la vérité ») ; *to tell a lie* (« dire/raconter un mensonge »).

ENTRAÎNEZ-VOUS !

Mettez *say* ou *tell*.
1. What did you ... to the policeman? 2. I ... him that I was a foreigner. 3. And what did he ... then? 4. He ... he didn't believe me. 5. He ... me to drive more carefully in future. 6. I ... that I would.

CORRIGÉ

1. say 2. told 3. say 4. said 5. told 6. said

Pour les structures passives avec *say* et *tell*, **287** et **286**.
Pour *tell about*, **280**.

355 see et *hear* + V ou V-*ing*

❶ *See* et *hear* peuvent être suivis d'un complément d'objet + V ou V-*ing*.

I **saw him get** off the train.
Je l'ai vu descendre du train.

I **heard her coming** up the stairs.
Je l'ai entendue monter l'escalier.

❷ Il y a une légère différence. La structure avec l'infinitif sans *to* s'emploie quand on voit ou entend une action **dans sa totalité** ; la forme en -*ing* s'emploie quand il s'agit d'une **action en cours**. Comparez :

I **heard him play** the Beethoven concerto the other night. (He **played**.)
Je l'ai entendu jouer le concerto de Beethoven l'autre soir. (Il **a joué**.)
I **heard him practising** the violin when I walked past his house.
(He **was practising**.)
En passant devant chez lui, je l'ai entendu jouer du violon. (Il **jouait**.)
I **saw her cross** the road and go into a shop. (She **crossed**.)
Je l'ai vue traverser la rue et entrer dans un magasin. (Elle **a traversé**.)

I glanced out of the window and **saw her crossing** the road.
(She **was crossing**.)
J'ai jeté un coup d'œil par la fenêtre et je l'ai vue traverser la rue.
(Elle **traversait**.)

Notez que :

– *play* et *cross* correspondent à un **prétérit simple** (et un passé composé français) ;

– *practising* et *crossing* correspondent à un **prétérit progressif** (et un imparfait français).

ENTRAÎNEZ-VOUS !

Reliez les phrases comme dans les exemples.
Ex. : *You kissed him. I saw you.* → *I saw you kiss him.*
You were laughing. I heard you. → *I heard you laughing.*
1. He got on the train. I saw him. **2.** She was walking in her room. I heard her. **3.** I took the letter. He didn't see me. **4.** Someone opened the door. She heard it. **5.** You screamed in your sleep. I heard you. **6.** They were running away. I saw them.

CORRIGÉ

1. I saw him get on the train. 2. I heard her walking in her room. 3. He didn't see me take the letter. 4. She heard someone open the door. 5. I heard you scream in your sleep. 6. I saw them running away.

356 seul

❶ Devant un nom, « seul » (« unique ») se traduit le plus souvent par ***only***.

The **only problem** is that …
Le seul problème, c'est que…

« Un seul » = ***only one***, ou (après une négation) ***a single***.

He has **only one** fault. She didn't say **a single** word.
Il a un seul défaut. Elle n'a pas dit un seul mot.

❷ Dans les autres cas, « seul » se traduit le plus souvent par ***alone***, ***by oneself*** ou ***lonely***.

I can do it **alone**. She was sitting **by herself.**
Je peux le faire seul. Elle était assise toute seule.

All my friends have gone on holiday, and I feel very **lonely**.
Tous mes amis sont partis en vacances, et je me sens très seul.

— *Alone* et *by oneself* décrivent une **réalité objective** (« sans personne d'autre »). Ils ne peuvent pas s'employer comme épithètes (on ne peut pas dire *an alone child*).

— *Lonely* se réfère à un **sentiment intérieur** de solitude. (On peut être *lonely* au milieu d'une foule, mais pas *alone*.) C'est pourquoi on dit souvent ***to feel lonely***.

Lonely peut s'employer comme épithète (ex. : *a lonely child*), ou comme attribut (ex. : *I was/felt lonely.*).

ENTRAÎNEZ-VOUS !

Traduisez en anglais.
1. C'est ma seule chemise propre *(clean shirt)*. 2. leur seul enfant 3. Elle se sentait terriblement seule. 4. Je ne peux pas y aller seul. 5. J'ai une seule objection *(objection)*. 6. Elle n'a pas écrit une seule carte postale pendant les vacances.

CORRIGÉ

1. It's my only clean shirt. 2. their only child 3. She felt terribly lonely. 4. I can't go there alone. 5. I've got (I have) only one objection. 6. She hasn't written (didn't write) a single postcard during the holiday(s).

357 *shall et will*

❶ *Shall* peut s'employer à la première personne du futur, mais *will* est beaucoup plus courant (**148**). Les formes négatives contractées sont *shan't* et *won't*. Aux formes affirmatives et négatives, il n'y a pas de différence de sens entre *will* et *shall*.

> I **shall/will** be in Scotland before you.
> Je serai en Écosse avant toi.
> I **shan't/won't** be long.
> Je ne serai pas long.

❷ Dans les questions, il y a une différence entre *shall* et *will*. *Will* s'emploie pour demander un renseignement, *shall* pour faire une suggestion, pour proposer son aide ou pour demander un conseil.

Comparez :

> If I take the 7.15 train, what time **will** I arrive in Edinburgh?
> Si je prends le train de 7 h 15, à quelle heure est-ce que j'arriverai à Édimbourg ?

> **Shall** we go?   **Shall** I set the table?
> On y va ?   Je mets la table ?
> What **shall** I do?
> Qu'est-ce que je dois faire ?

Shall I/we …? correspond alors souvent à un **présent français** (**151.3**).

ENTRAÎNEZ-VOUS !

Mettez *shall* ou *will*.

1. She ... be here at eight. 2. I ... never forget you. 3. ... I carry your bag?
4. Where ... I put the flowers? 5. What time ... I have to start work tomorrow?
6. ... we go to Liverpool this weekend? 7. When ... you be back? 8. The train's gone! What ... we do?

CORRIGÉ

1. will 2. will 3. Shall (will) 4. shall 5. will 6. Shall 7. will 8. shall

358 *should* (je devrais, je dois)

❶ *Should* est un modal (**237**). Il est suivi de l'infinitif sans *to*.

> He **should** go.
> Il devrait partir.
>
> You **shouldn't** smoke.
> Tu ne devrais pas fumer.

❷ *Should* peut s'employer pour exprimer une idée de **devoir** ou pour donner des **conseils**. C'est comme une forme atténuée de *must* (pour la différence, **362**).

you should = « tu devrais/vous devriez », « tu dois/vous devez »

> You **should eat** more slowly.
> Tu devrais manger plus lentement.
> I really **should take** some exercise.
> Je devrais vraiment faire de l'exercice.
> You **shouldn't judge** other people.
> On ne doit pas juger les autres.
> People **should understand** that the world is changing.
> Les gens doivent comprendre que le monde évolue.

❸ *Should* peut aussi exprimer une **déduction** – l'idée que quelque chose est probable, vu les circonstances. Dans ce sens aussi, *should* est moins fort que *must*.

> "Seven o'clock. She **should be** home now."
> « Sept heures. Elle devrait être chez elle maintenant. »
> "She's working in a kindergarten." "Is she? That **should be** interesting."
> « Elle travaille dans un jardin d'enfants. »
> « Ah oui ? Ça doit être intéressant. »

ENTRAÎNEZ-VOUS !

Traduisez en anglais.

1. Vous devriez aider les autres. 2. Tu devrais conduire moins vite *(more slowly)*.
3. Nous devrions aller voir Mamie *(Granny)*. 4. Les gens ne doivent pas gaspiller *(waste)* l'eau. 5. Tu devrais aller te coucher. 6. Christian devrait arrêter de fumer. 7. Le rôti *(joint)* doit être prêt maintenant : tu peux regarder ? 8. Il est riche : il devrait pouvoir *(be able to)* nous aider.

CORRIGÉ

1. You should help other people. 2. You should drive more slowly. 3. We should go and see (to see) Granny. 4. People should not (shouldn't) waste water. 5. You should go to bed. 6. Christian should stop smoking. 7. The joint should be ready now: can you look (have a look)? 8. He's rich: he should be able to help us.

Pour « je devrais » = *I would have to*, **102**.3 .

359 *should* + infinitif passé

I should have + participe passé = « j'aurais dû » + infinitif

You **should have known**.
Tu aurais dû le savoir.
Clara **should have phoned**.
Clara aurait dû téléphoner.
We **shouldn't have gone**.
Nous n'aurions pas dû partir.

ENTRAÎNEZ-VOUS !
Traduisez en anglais.
1. J'aurais dû écrire à Steve la semaine dernière. 2. Elle n'aurait pas dû dire ça. 3. Elle n'aurait jamais dû l'épouser. 4. Ils auraient dû y penser. 5. Tu n'aurais pas dû prendre mes clés *(keys)*. 6. Je n'aurais pas dû essayer de réparer *(repair)* la voiture.

CORRIGÉ
1. I should have written to Steve last week. 2. She should not (shouldn't) have said that. 3. She should never have married him. 4. They should have thought of (about) it. 5. You should not (shouldn't) have taken my keys. 6. I should not (shouldn't) have tried to repair the car.

360 *should* après *how* et *why*

Should s'emploie après *how* et *why* pour exprimer l'irritation.

"What's the time?" "**How should** I know?"
« Quelle heure est-il ? » « Comment veux-tu que je le sache ? »
"Give me a drink." "**Why should** I?"
« Donne-moi à boire. » « En quel honneur ? »

361 *should* après *that*

Should* + V** s'emploie comme équivalent du subjonctif français (surtout en anglais britannique) dans certaines propositions introduites par ***that. On le trouve notamment dans les cas suivants.

❶ Après des adjectifs exprimant **l'importance d'une action**.

It's **important**/essential, etc. **that** he **should be** warned of the danger.
Il est important/essentiel, etc. qu'il soit prévenu du danger.
Pour *important/essential*, etc., *for ... to* + V (plus fréquent dans le langage familier), 142 .

❷ Après des verbes exprimant l'**ordre** ou la **demande**.

The general **ordered**/requested **that** the prisoner **should be** brought in.
Le général ordonna/demanda que le prisonnier lui fût amené.

❸ Après des adjectifs exprimant une **réaction émotionnelle** à une situation.

I was **delighted**/pleased/suprised/shocked/furious **that** she **should speak** to me in such a tone.
J'étais ravi/heureux/étonné/choqué qu'elle me parle sur un ton pareil.

ENTRAÎNEZ-VOUS !
Traduisez en anglais.
1. Il est important que les jeunes reçoivent une bonne formation *(education)*.
2. J'étais ravi qu'elle me demande de rester. 3. Le général ordonna que les prisonniers fussent exécutés *(executed)*. 4. Je suis furieuse qu'il réagisse aussi stupidement.

CORRIGÉ
1. It is important that young people should receive a good education. 2. I was delighted that she should ask me to stay. 3. The general ordered that the prisoners should be executed. 4. I was furious that he should react so stupidly.

362 *should* et *must*

❶ *Should* est moins fort que *must*.

Il exprime une déduction ou une opinion plus hésitante, ou une obligation moins bien définie. Comparez :

Seven o'clock. She **should** be home now. (déduction hésitante)
Sept heures. Elle devrait être chez elle maintenant.
Nine o'clock. She really **must** be home now. (déduction confiante)
Neuf heures. Elle doit sûrement être chez elle maintenant.
You **should** stop smoking. (conseil)
Tu devrais arrêter de fumer.
You really **must** stop smoking, or you'll get ill. (conseil pressant)
Il faut vraiment que tu arrêtes de fumer, sinon tu vas tomber malade.
People **should** understand that the world is changing. (opinion)
Les gens doivent comprendre que le monde évolue.
People **must** understand that the world is changing. (opinion très forte, presque comme un ordre)
Il faut absolument que les gens comprennent que le monde évolue.

*I **should*** correspond à « je **devrais** » ou « je **dois** », selon la force.

*I **must*** correspond à « je **dois (absolument)** », « il **faut (absolument)** que je… ».

❷ On n'emploie pas *have to* pour exprimer une opinion morale.

Judges **should/must** think of the victim first. (et non ~~Judges have to think of the victim first.~~)
Les juges doivent d'abord penser à la victime.
You **shouldn't/mustn't** judge other people. (et non ~~You don't have to judge other people.~~)
On ne doit pas juger les autres.

Pour *should*, **358**.
Pour *must*, **244**.
Pour *have to*, **171**.
Pour les différentes traductions de « devoir », **102**.

363 *since* (1) : temps

❶ Avec *since* (« **depuis** »), le verbe principal est normalement au **present perfect** (pour exprimer la continuité jusqu'au présent (**317**) ou au pluperfect (continuité jusqu'à un moment du passé (**298**).

> I**'ve known** her **since** 2002. (et non ~~I know her since 2002.~~)
> Je la connais depuis 2002.
> We had to leave the house where I **had lived since** my childhood.
> Nous avons dû quitter la maison où j'habitais depuis mon enfance.

❷ Dans une proposition subordonnée introduite par *since* (« **depuis que** »), le verbe peut être au **prétérit** ou au **present perfect** selon le sens. (Pour la différence entre les deux temps, **316**.)

Comparez :

> I haven't seen her **since she left London**.
> Je ne l'ai pas vue depuis qu'elle a quitté Londres.
> I haven't seen her **since she's been in hospital**.
> Je ne l'ai pas vue depuis qu'elle est à l'hôpital.

ENTRAÎNEZ-VOUS !

Traduisez les mots en italique.

1. *(Nous habitons)* here since 1998. 2. He was a good friend. *(Je le connaissais)* since my schooldays. 3. *(Je travaille)* since 6 o'clock this morning. 4. *(J'ai)* this car since July. 5. I've known her since *(elle est venue)* to live in our village. 6. I've known her since *(elle habite)* in our village. 7. He's been very disturbed since his parents *(sont morts)*. 8. She's been very sad since *(il l'a quittée)*.

CORRIGÉ

1. We have (We've) lived (been living) 2. I had (I'd) known him 3. I have (I've) been working 4. I have (I've) had 5. she came 6. she has (she's) lived/she's been living 7. died 8. he left her

❸ Le verbe principal est parfois au présent lorsqu'on parle des changements.

> You**'re looking** much better since your operation.
> Vous avez l'air d'aller beaucoup mieux depuis votre opération.
> She **doesn't come** to see us since she got married.
> Elle ne vient plus nous voir depuis son mariage.

> Pour la différence entre *for*, *since* et *from*, **100**.
> Pour *since* = « puisque », **46**.

364 — since (2) : it is/was ... since

it is ... since + prétérit

① Cette structure correspond au français « il y a/ça fait… que » + passé composé.

> **It's** ages **since I saw** her.
> Il y a une éternité que je ne l'ai pas vue.
> **It's** five months **since he wrote** to me.
> Ça fait cinq mois qu'il ne m'a pas écrit.
> **It is** seventeen years **since he left** me.
> Il y a dix-sept ans qu'il m'a quittée.

Les deux premiers exemples équivalent à un **present perfect** + *for* (ex. : *I haven't seen her for ages*) et le troisième à un **prétérit** + *ago* (*He left me seventeen years ago*).

NOTEZ

Le verbe qui suit *since* est toujours **affirmatif**, alors qu'il est souvent négatif en français.

ENTRAÎNEZ-VOUS !

Traduisez en anglais.
1. Il y a longtemps que je n'ai pas pris de vacances (*have a holiday*). 2. Ça fait cinq ans qu'on ne s'est pas vus. 3. Il y a trois ans qu'il a changé de métier (*jobs*). 4. Il y a deux mois qu'elle est partie.

CORRIGÉ

1. It's a long time since I had a holiday. 2. It's five years since we saw each other. 3. It's three years since he changed jobs. 4. It's two months since she left.

② Au passé, on emploie *it was* ... *since* + **pluperfect**.

> **It was** a long time **since I had seen** her.
> Il y avait longtemps que je ne l'avais pas vue.

365 — small et little

① *Small* s'emploie pour désigner, d'une manière **objective**, la taille de quelqu'un ou de quelque chose.

> He prefers **small** women.   We've got a **small** flat.
> Il préfère les femmes petites. Nous avons un petit appartement.

② *Little* ajoute une nuance **subjective**, par exemple d'affection, de pitié ou de mépris.

> He's very kind to his **little** sister.
> Il est très gentil avec sa petite sœur.
> Poor **little** dog!
> Pauvre petit chien !
> I hate this horrible **little** flat!
> Je déteste cet horrible petit appartement !

3 *Little* (comme les autres adjectifs) ne peut pas s'employer sans nom.
« Pauvre petit ! » = ***Poor little boy!*** (et non ~~*Poor little!*~~).

ENTRAÎNEZ-VOUS !

Mettez *small* ou *little*.
1. You stupid … man 2. Could I have a … portion, please? I'm not very hungry.
3. I've got long legs so I don't like … cars. 4. What a beautiful … cat! 5. This coat is too … for me. 6. a romantic … village

CORRIGÉ

1. little 2. small 3. small 4. little 5. little 6. little

366   *so* et *not* : reprise

1 Les réponses courtes « je crois », « je suppose », « j'espère » se traduisent par ***I think so***, ***I suppose so*** (ou, plus familier, ***I guess so***), ***I hope so***.

"Is Bob ready?" "I **think so**." (et non ~~I think.~~)
« Est-ce que Bob est prêt ? » « Je crois. »
"Are they coming by car?" "I **suppose so**." (ou "**I guess so**.")
« Est-ce qu'ils viennent en voiture ? » « Je suppose. »
"Do you think you'll be happy one day?" "I **hope so**."
« Tu crois que tu seras heureux un jour ? » « J'espère. »

So s'emploie de la même manière avec l'expression ***I'm afraid***
(= *I'm sorry to tell you …* **14.3**).

"Is she hurt?" "**I'm afraid so**."
« Est-ce qu'elle est blessée ? » « Je le crains. »

2 À la forme négative, on dit toujours ***I hope not***, ***I'm afraid not***, ***I guess not*** et ***I don't think so***. On peut dire ***I suppose not*** ou ***I don't suppose so***.

"Do you think it's going to rain?" "**I hope not**." (et non ~~I don't hope so.~~)
« Tu crois qu'il va pleuvoir ? » « J'espère que non. »
"Can you lend me some money?" "**I'm afraid not**."
« Peux-tu me prêter de l'argent ? » « Désolé, mais c'est impossible. »
"We won't have time to go and see Harry, will we?" "**No, I guess not**."
« On n'aura pas le temps d'aller voir Harry ? » « Je suppose que non. »
"Will you be back late?" "**I don't think so**."
« Tu rentreras tard ? » « Je ne crois pas. »

ENTRAÎNEZ-VOUS !

Répondez aux questions en utilisant les verbes entre parenthèses.
1. Are you a nice person? (think) 2. Will the weather be fine tomorrow? (hope)
3. Will you be rich one day? (hope) 4. Is your English perfect? (afraid) 5. Do you sometimes make mistakes? (afraid) 6. Will you end your life in prison? (hope) 7. Have you enough friends? (guess)

CORRIGÉ

1. I think so. 2. I hope so. 3. I hope so. 4. I'm afraid not. 5. I'm afraid so. 6. I hope not. 7. I guess so.

367 so et such

So et *such* = « **si** », « **tellement** », « **aussi** », etc.

❶ On emploie *so* comme *how*, devant un adjectif seul ou un adverbe.
On emploie **such** comme *what*, devant un nom précédé ou non d'un adjectif.

so + adjectif/adverbe	***such*** + (*a/an*) (+ adjectif) + nom
He's **so nice**. Il est si gentil.	He's **such a nice boy**. (et non ~~a such~~) C'est un garçon si gentil.
She's **so patient**. Elle est tellement patiente.	She's got **such patience**. Elle a une telle patience.
Don't drive **so fast**! Ne conduis pas aussi vite !	I'd never met **such fast drivers**. Je n'avais jamais rencontré des gens qui conduisaient aussi vite.

On emploie aussi *so* devant *little* et *few*.

    so little money   **so few** friends
    si peu d'argent   si peu d'amis

Pour la différence entre *little* et *few*, **221**.

❷ *So* et *such* peuvent être suivis d'une proposition introduite par *that*.

I was **so** tired **that** I couldn't walk any more.
J'étais tellement fatigué que je ne pouvais plus marcher.
It was **such** a lovely day **that** we decided to go on a picnic.
Il faisait si beau que nous avons décidé de faire un pique-nique.

ENTRAÎNEZ-VOUS !
Mettez *so* ou *such*.
1. You're … stupid! 2. I've had … a good idea. 3. Have you ever seen … big trees? 4. It was … cold that his breath turned to ice. 5. I've got … an interesting job that I don't like going home at the end of the day. 6. He plays … badly! 7. There's … little time left.

CORRIGÉ

1. so 2. such 3. such 4. so 5. such 6. so 7. so

368 so much et so many

So much/many = **tant/autant/tellement (de)**

❶ *So much* s'emploie ainsi :

so much + nom **singulier** (exprimé ou sous-entendu)

They've got **so much money**.
Ils ont tellement d'argent.
It costs **so much**. (so much **money**)
Ça coûte tellement d'argent.

So much s'emploie aussi comme adverbe.

> Don't talk **so much**.
> Ne parle pas tant.
>
> It's **so much** better.
> C'est tellement mieux.
>
> I didn't know you loved her **so much**.
> Je ne savais pas que tu l'aimais autant.

❷ *So many* s'emploie ainsi :

so many + nom **pluriel** (exprimé ou sous-entendu)

> There are **so many things** I like.
> Il y a tellement de choses que j'aime.
> "How many friends have you got?" "I don't know – I've got **so many**."
> « Combien avez-vous d'amis ? » « Je ne sais pas, j'en ai tellement. »

ENTRAÎNEZ-VOUS !
Mettez *so much* ou *so many*.
1. She had … children that she didn't know what to do. 2. You shouldn't eat … 3. There are … nice people in the world. 4. I've got … to do. 5. I've got … things to do. 6. There's … that I want to say to you.

CORRIGÉ
1. so many 2. so much 3. so many 4. so much 5. so many 6. so much

NOTEZ
Ne confondez pas *so much/many* avec *too much/many* (« trop », **395**).

369 *so that, in order that* + *should, could, would …*

Dans les phrases qui se rapportent au passé, *so that* et *in order that* peuvent être suivis de *should, could, would* ou (rarement) *might*, selon le sens.

> I walked very quietly **so that** he **shouldn't** wake up.
> J'ai marché très doucement afin de ne pas le réveiller.
> I spoke very clearly **in order that** everybody **could** understand.
> J'ai parlé très clairement pour que tout le monde comprenne.
> I talked to her **so that** she **wouldn't** feel left out.
> Je lui ai parlé afin qu'elle ne se sente pas exclue.
> Nearly four million buffalo were destroyed in the American west **so that** "civilisation" **might** advance.
> Près de quatre millions de bisons furent détruits dans l'Ouest américain afin que la « civilisation » puisse progresser.

370 *some* et *any*

❶ *Some* s'emploie généralement dans une phrase **affirmative**, *any* dans une **question** ou avec **not**.

> I'd like **some** coffee.
> Je voudrais un peu de café.
>
> Give me **some** water, please.
> Donne-moi de l'eau, s'il te plaît.

>Have you got **any** stamps?
>Avez-vous des timbres ?
>
>I have**n't** got **any** money.
>Je n'ai pas d'argent.

❷ On emploie ***some*** dans une question lorsqu'on sollicite une **réponse affirmative**, par exemple dans des offres ou des demandes.

>Would you like **some** more meat? (= have **some** more meat.)
>Tu reveux de la viande ?
>Could I have **some** sugar, please?
>Est-ce que je peux avoir du sucre, s'il vous plaît ?

On emploie ***any*** après des mots qui ont un **sens négatif** comme *never*, *without*, *hardly* (« presque pas »). On l'emploie souvent aussi après *if*.

>She **never** makes **any** suggestions.
>Elle ne fait jamais de suggestions.
>We got there **without any** trouble.
>Nous sommes arrivés là-bas sans aucun problème.
>There's **hardly any** tea left.
>Il ne reste presque plus de thé.
>**If** you need **some/any** help, let me know.
>Si tu as besoin d'aide, préviens-moi.

❸ *Some* et *any* peuvent s'employer comme pronoms (« en », le plus souvent).

>Have you got **some/any**?
>Vous en avez ?
>There isn't **any**.
>Il n'y en a pas.
>
>I can't see **any** of them.
>Je n'en vois aucun.
>Keep **some** for me.
>Garde-m'en un peu/quelques-uns.

❹ *Some* n'est pas la traduction systématique de « du, de la, des, de ». Souvent ces mots ne se traduisent pas en anglais ; *some* et *any* s'appliquent surtout à une quantité **un peu vague**.

Comparez :

>She's got **some** good friends.
>Elle a de bons amis.
>
>She's got beautiful feet.
>Elle a de beaux pieds.

❺ Attention : *some* ne peut pas s'appliquer à une **grande quantité**.

>If I had money, I'd travel round the world. (et non If ~~I had some money~~ ...)
>Si j'avais de l'argent (= beaucoup d'argent), je ferais le tour du monde.

❻ Devant un nom, *some* se prononce /səm/.

ENTRAÎNEZ-VOUS !

Mettez *some* ou *any*.

1. Have you got ... matches? 2. I've found ... money. Is it yours? 3. She hasn't got ... brothers or sisters. 4. I went to bed without ... supper. 5. We've got hardly ... milk in the fridge. 6. Would you like ... beer? 7. Are there ... English people living near here? 8. No, I dont think there are ...

CORRIGÉ

1. any 2. some 3. any 4. any 5. any 6. any 7. some 8. any

>Pour *any* = « n'importe quel », **34** .
>Pour *not any, not a, no* et *none*, **260** .
>Pour *any* et *no* (adverbes), **35.**

371 some, any, every, no : composés

▬ Les composés de *some*, *any*, *every* et *no* (**someone**, **anybody**, **everywhere**, **nothing**, etc.) suivent les **mêmes règles d'emploi que** *some*, *any*, *every* et *no* (370, 34, 20 et 260).

▬ Il n'y a pas de différence entre *everybody* et *everyone*, *somebody* et *someone*, *nobody* et *no one*, etc. (Notez que *no one* s'écrit en deux mots).

▬ *Everybody/everyone* et *everything* sont des **singuliers** (« tout le monde » et « tout »).

> **Everybody loves** her. (et non ~~Everybody love her.~~)
> Tout le monde l'aime.
> **Everything's** ready.
> Tout est prêt.

ENTRAÎNEZ-VOUS !

Traduisez en anglais.
1. Je vous ai vu quelque part. (present perfect) **2.** Est-ce que quelqu'un a besoin d'aide ? **3.** Personne ne parle allemand ici. **4.** Je ne comprends rien. **5.** « Où habitez-vous ? » « Nulle part. » **6.** Quelqu'un a téléphoné. (prétérit)

CORRIGÉ
1. I've seen you somewhere. **2.** Does anybody/somebody need help? **3.** Nobody speaks German here. **4.** I don't understand anything. (I understand nothing.) **5.** "Where do you live?" "Nowhere." **6.** Someone (Somebody) (tele)phoned.

372 some (certains)

Some, prononcé alors /sʌm/, peut s'employer au sens de « certains » ou « il y a… qui » appliqué à une petite quantité. Il est alors parfois en contraste avec *others*.

> **Some** of us didn't agree.
> Certains d'entre nous n'étaient pas d'accord.
> **Some** children were crying.
> Il y avait des enfants (= quelques-uns) qui pleuraient.
> **Some** people like jazz, **others** like classical music.
> Certaines personnes aiment le jazz, d'autres préfèrent la musique classique.

373 steal et rob

❶ **To steal** = « voler un objet/de l'argent », etc. (= quelque chose qu'on emporte avec soi).

To rob = « voler quelqu'un » ou « cambrioler une banque », etc.

> My moped has been **stolen**.   I've been **robbed**.
> On m'a volé ma mobylette.   On m'a volé.

S

2 Attention aux prépositions : on dit *to steal something **from** somebody/somewhere*, et *to rob somebody **of** something*.

> Some kids **steal from** shops.
> Certains gosses volent dans les magasins.
> She was **robbed of** her favourite necklace.
> On lui a volé son collier favori.

ENTRAÎNEZ-VOUS !

Mettez *steal (from)* ou *rob (of)* à la forme qui convient.
1. Someone has just … my purse *(porte-monnaie)*. 2. My neighbour has been … several times. 3. I think she … some things … my room last night. 4. "What did they …?" "Money and some jewellery." 5. … -ing a bank is not easy these days. 6. They were … … everything.

CORRIGÉ

1. stolen 2. robbed 3. stole … from 4. steal 5. Robbing 6. robbed of

374 *still et yet*

Still est tourné vers le passé (←), *yet* vers l'avenir (→).

1 **Still** = « encore », « toujours ».

> She's **still** asleep.   Do you **still** live in London?
> Elle dort encore.   Vous habitez toujours à Londres ?

2 Dans une question, **yet** se traduit généralement par « déjà ».

> Have they arrived **yet**?   Have you had lunch **yet**?
> Est-ce qu'ils sont déjà arrivés ?   Est-ce que vous avez déjà déjeuné ?

3 **Still … not** = « toujours pas » (←).
Not … yet = « pas encore » (→).

> She **still** does**n't** know.   It is**n't** time to go home **yet**.
> Elle ne le sait toujours pas.   Il n'est pas encore l'heure de rentrer.

Notez la **place de *yet*** : en fin de proposition.

ENTRAÎNEZ-VOUS !

Traduisez en anglais.
1. Est-ce que Christine est déjà levée *(up)* ? 2. Vous êtes toujours aussi belle. 3. Je ne suis pas encore prêt à me marier *(get married)*. 4. Il est encore à Londres. 5. Vous êtes toujours à l'université ? 6. Elle n'a toujours pas compris.

CORRIGÉ

1. Is Christine up yet? 2. You are still as beautiful. 3. I'm (I am) not ready to get married yet. 4. He is (He's) still in London. 5. Are you still at university? 6. She still hasn't understood.

Pour la différence entre *still* et *always*, 392.
Pour les autres traductions de « déjà », 99.

375 · stop + « to + V » ou V-ing

❶ Stop + to + V = « s'arrêter **pour** (faire quelque chose) ».

I met Leslie in the street, so I **stopped to talk** to her.
J'ai rencontré Leslie dans la rue, alors je me suis arrêté pour lui parler.

❷ Stop + V-ing = « arrêter **de** » ou « s'arrêter **de** ».

I must **stop smoking**. (et non ~~I must stop to smoke~~.)
Il faut que j'arrête de fumer.

To stop someone (from) doing something = « **empêcher quelqu'un** de faire quelque chose ».

She **stops me (from) spending** all my money.
Elle m'empêche de dépenser tout mon argent.

ENTRAÎNEZ-VOUS !
Mettez le verbe à la forme qui convient.
1. Please stop ... – I'm trying to concentrate. (talk) 2. If you stop ... I'll give you €100. (smoke) 3. I'm getting tired – I think I'll stop ... a rest. (have) 4. I'll stop ... when I'm 65. (work)

CORRIGÉ
1. talking 2. smoking 3. to have 4. working

376 · strange, stranger, foreign et foreigner

❶ Strange = « bizarre », « étrange » ; **a stranger** = « un inconnu ».

You're wearing a very **strange** shirt today.
Tu portes une chemise très bizarre aujourd'hui.
One afternoon, a **stranger** arrived in the town.
Un après-midi, un inconnu est arrivé dans la ville.

❷ Foreign = « étranger » (adjectif) ; **a foreigner** = « un étranger ».

Not many Americans speak **foreign** languages.
Il n'y a pas beaucoup d'Américains qui parlent une langue étrangère.
She's going to marry a **foreigner** — a Mexican, I think.
Elle va se marier avec un étranger — un Mexicain, je crois.

ENTRAÎNEZ-VOUS !
Mettez strange, stranger(s), foreign ou foreigner(s).
1. He's a ... – listen to his accent. 2. Do you like eating ... food, like curry or paella? 3. She had a very ... expression on her face. 4. "Who's that?" "I don't know. He's a complete ..." 5. There are all sorts of ... in Paris – for example Germans, Americans, Greeks, Japanese. 6. It's not easy for ... to get work in London. 7. I feel ... today. 8. He's English, but he's got a ... wife.

CORRIGÉ
1. foreigner 2. foreign 3. strange 4. stranger 5. foreigners 6. foreigners 7. strange 8. foreign

377 subjonctif

❶ Le subjonctif s'emploie peu en anglais britannique. (Il est beaucoup plus courant en anglais américain.) La seule forme fréquente est **were**, qu'on trouve, au lieu de *was*, après if (186) et *I wish* (416).

> **If** it **weren't/wasn't** so cold I'd go out.
> S'il ne faisait pas si froid, je sortirais.
> **I wish I were/was** older!
> Si seulement j'étais plus âgé !

❷ À la troisième personne du singulier du présent, il existe une forme de subjonctif qui ressemble à l'infinitif (ex. : *he write, she go*). Le verbe *be*, exceptionnellement, possède une forme de subjonctif (*be*) à toutes les personnes du présent.

— On emploie parfois ces formes après des expressions comme *it is important/ necessary/essential that* …

> **It is important that** everybody **write** to the President.
> Il est important que tout le monde écrive au président.

— On les trouve aussi après des verbes comme *order, demand, command* et *request (that)*.

> He **requested that** the interview **be** tape recorded.
> Il demanda que l'interview soit enregistrée.

— Mais on emploie beaucoup plus souvent, dans ces cas-là, une structure avec *should* (361).

378 *suggest*

❶ ~~Suggest me~~ est impossible. Lorsqu'il est nécessaire de préciser à qui une suggestion s'adresse, on emploie **to** devant le complément indirect.

> Can you **suggest** a solution (**to me**)?
> (et non ~~Can you suggest me a solution?~~)
> Peux-tu me suggérer une solution ?
> **I suggested to Helen** that it was time to go.
> J'ai laissé entendre à Helen qu'il était l'heure de partir.

❷ *Suggest* peut être suivi de **that** …, mais pas d'une proposition infinitive.

> **I suggest (that)** you see a doctor.
> (et non ~~I suggest you to see a doctor.~~)
> Je vous suggère de voir un médecin.

Au passé, *that* peut être suivi de **should** ou du **subjonctif**, plus fréquent en américain (377).

> My uncle **suggested (that)** she should get a job in Germany.
> My uncle **suggested (that)** she get a job in Germany.
> Mon oncle lui a suggéré de trouver du travail en Allemagne.

❸ *Suggest* peut aussi être suivi de **V-*ing*** lorsque le sujet est inclus dans l'action.

> He **suggested going** for a walk.
> Il a proposé (de faire/qu'on fasse) une promenade.

Pour les autres traductions de « proposer », 342 .

ENTRAÎNEZ-VOUS !

Traduisez en anglais.

1. Pouvez-vous me proposer un bon restaurant ? 2. J'ai laissé entendre à Nick qu'il avait pris la mauvaise route *(the wrong road)*. 3. Je leur ai suggéré de parler au patron. 4. Je propose qu'on arrête pendant quelques minutes.

CORRIGÉ

1. Can you suggest a good restaurant (to me)? 2. I suggested to Nick that he had taken the wrong road. 3. I suggested to them that they should speak to the manager (boss). 4. I suggest stopping (that we stop) for a few minutes.

379 *sure, surely, certainly*

① *Sure* peut être **adjectif** (« sûr », « certain ») ou **adverbe** (« certainement », « absolument », surtout en anglais américain). *Sure* (adverbe) est familier.

> Are you **sure** he's coming?
> Tu es sûr qu'il vient ?
> "Do you really believe it?" "**Sure**."
> « Tu le crois vraiment ? » « Absolument. »

② *Certainly* = « certainement », « sûrement ».

> Dan will **certainly** be pleased to see you.
> Dan sera sûrement content de te voir.

③ On emploie surtout *surely* pour exprimer **l'incrédulité**. (Les phrases avec *surely* peuvent se terminer par un point d'interrogation.) L'équivalent français est souvent « Mais… », « Ce n'est pas possible… » ou « C'est pas vrai… ».

> **Surely** that's Lucy over there? I thought she was in Australia.
> Mais… c'est Lucy là-bas ? Je la croyais en Australie.
> **Surely** you don't believe in Father Christmas?
> C'est pas vrai, tu ne crois pas au père Noël ?

ENTRAÎNEZ-VOUS !

Mettez *sure*, *surely* ou *certainly*.

1. I'll … phone you when I arrive in London. 2. I'm not … that this is the right train. 3. … you're not going to the party in those clothes? 4. "Can I look at your newspaper?" "…"

CORRIGÉ

1. certainly 2. sure 3. Surely 4. Sure/Certainly

380 tags (1) : les « question-tags »

On appelle « question-tags » les petites questions (**auxiliaire + pronom sujet**) qui viennent souvent en fin de phrase en anglais. Elles correspondent généralement à « n'est-ce pas ? », « hein ? » ou « non ? », mais varient selon le verbe de la phrase principale. Le plus souvent, une phrase affirmative est suivie d'une question-tag négative, et vice versa.

❶ Phrase affirmative, tag négatif

You're lucky, **aren't you**?
Vous avez de la chance,
n'est-ce pas ?

He'll come, **won't he**?
Il viendra, n'est-ce pas ?

❷ Phrase négative, tag positif

She can't do it, **can she**?
Elle ne sait pas le faire, hein ?

He didn't understand, **did he**?
Il n'a pas compris, hein ?

❸ *Do*

Après une phrase qui ne contient pas d'auxiliaire, le tag se compose avec ***do/does*** ou ***did***.

You like tea, **don't you?**
Vous aimez le thé, n'est-ce pas ?

They won, **didn't they?**
Ils ont gagné, non ?

❹ Cas particuliers

I'm est repris par ***aren't I?***, *let's* par ***shall we?*** et l'impératif par ***will you?***

I'm very late, **aren't I**?
Je suis très en retard, hein ?
Let's go out, **shall we**?
On sort ?

Stop that noise, **will you**?
Tu arrêtes ce bruit ?
Don't forget, **will you?**
N'oublie pas, d'accord ?

Pour *everybody, nobody*, etc., repris par *they*, **327**.
Pour *have* (verbe ordinaire) repris par *do*, **167**.3.

❺ Prononciation

— Lorsqu'on emploie une question-tag pour demander un renseignement, on la prononce avec une intonation **montante**.

"He'll come, **won't he**?" "No, he won't."
« Il viendra, n'est-ce pas ? » « Non, il ne viendra pas. »

— Mais, très souvent, la question-tag n'est qu'une formule (comme « n'est-ce pas ? ») par laquelle on ne demande aucun renseignement. En ce cas, on la prononce avec une intonation **descendante**.

"Nice day, **isn't it**?" "Yes, it is."
« Il fait beau, hein ? » « Oh, oui. »

ENTRAÎNEZ-VOUS !

Complétez les phrases avec des question-tags.
1. You're English, …? 2. You can't swim, …? 3. Alice works in a bank, …? 4. You haven't got a light, …? 5. You'll be here tomorrow, …? 6. It rains a lot in Scotland, …? 7. I'm lucky, …? 8. You were late this morning, …? 9. Let's start, …? 10. Don't tell him, …?

CORRIGÉ

1. aren't you 2. can you 3. doesn't she 4. have you 5. won't you 6. doesn't it 7. aren't I 8. weren't you 9. shall we 10. will you

381 tags (2) : reprises interrogatives (ah oui ? ah bon ?…)

❶ Un tag interrogatif peut s'employer comme **réponse** (= « Ah oui ? » ou « Ah bon ? »).

"It was a bad film." "**Was it**?"
« C'était un mauvais film. » « Ah oui ? »
"Peter needs help." "**Does he**?"
« Peter a besoin d'aide. » « Ah bon ? »
"I can't understand anything." "**Can't you**? I am sorry."
« Je ne comprends rien. » « Ah bon ? Je suis vraiment désolé. »

On emploie :
— un tag **positif** pour répondre à une phrase **affirmative** (voir les deux premiers exemples ci-dessus) ;
— un tag **négatif** pour répondre à une phrase **négative** (voir dernier exemple).

ENTRAÎNEZ-VOUS !

Répondez aux phrases suivantes.
1. "I'm tired." "…?" 2. "Sally's coming here tomorrow." "…?" 3. "My brother's got five girlfriends" "…?" 4. "My sister looks like a model (mannequin)." "…?" 5. "I don't like this music." "…?" 6. "She hasn't written to me for months." "…?"

CORRIGÉ

1. Are you? 2. Is she? 3. Has he? 4. Does she? 5. Don't you? 6. Hasn't she?

❷ On utilise parfois une question plus complète (**phrase + tag**) comme réponse ou réaction.

So **you're** getting married, **are you**?
Alors comme ça, tu te maries ?
You think you're funny, **do you**?
Tu te crois drôle, peut-être ?

t

382 tags (3) : réponses courtes

1 En anglais parlé, on répond souvent à une remarque ou une question par un tag, au lieu de dire simplement « *Yes* » ou « *No* ». Le tag reprend **l'auxiliaire** de la phrase **qui précède**.

"You're late." "Yes, I am."
« Vous êtes en retard. » « Oui. »

"Can you help me?" "No, I can't."
« Pouvez-vous m'aider ? » « Non. »

S'il n'y a pas d'auxiliaire, on emploie ***do/does*** ou ***did***.

"I'm sure you **want** an ice-cream." "Oh yes, **I do**."
« Je suis sûr que tu veux une glace. » « Oh oui. »
"I think he **went** there in July." "Yes, **he did**."
« Je crois qu'il y est allé en juillet. » « C'est exact. »

ENTRAÎNEZ-VOUS !

Complétez les phrases suivantes.
1. "Are you tired?" "No, ..." 2. "Can you swim?" "Yes, ..." 3. "You've got my money." "No, ..." 4. "Does she ever go skiing?" "No, ..." 5. "It's a lovely house." "Yes, ..." 6. "Did they enjoy the film?" "No, ..." 7. "Was your mother pleased?" "Oh, yes, ..." 8. "Do you understand now?" "Yes, ..."

CORRIGÉ

1. I'm not 2. I can 3. I haven't 4. she doesn't 5. it is 6. they didn't 7. she was 8. I do

2 Un tag peut apporter une **contradiction** (en français parlé, on dit alors « pas moi », « moi si », etc.). Le tag est affirmatif ou négatif selon le verbe qui précède.

"I'm hungry." "I'm not."
« J'ai faim. » « Pas moi. »

"I don't like him." "I do."
« Je ne l'aime pas. » « Moi si. »

ENTRAÎNEZ-VOUS !
Apportez la contradiction.
1. "I love getting up early." "I ..." 2. "I don't like fish." "I ..." 3. "I agree with her." "I ..." 4. "I'm very lazy." "I ..." 5. "I can't sing." "I ..." 6. "I haven't got a pen." "I ..." 7. "I don't believe in God." "I ..." 8. "I was terrified." "I ..."

CORRIGÉ

1. don't 2. do 3. don't 4. 'm not 5. can 6. have 7. do 8. wasn't

383 tags (4) : réponses courtes avec *so* et *neither/nor*

1 « Moi aussi », « lui aussi », etc., peuvent se traduire par **so** + **auxiliaire** + **sujet**. L'auxiliaire varie selon la phrase qui précède.

"I**'m** hot." "So **am I**."
« J'ai chaud. » « Moi aussi. »
"I**'ve** forgotten her name." "So **have I**."
« J'ai oublié son nom. » « Moi aussi. »
"My girlfriend **works** at Sony's." "So **does my sister**."
« Mon amie travaille chez Sony. » « Ma sœur aussi. »

2 « Moi non plus », « lui non plus », etc., peuvent se traduire par **neither/nor** + **auxiliaire** + **sujet**.

"I've never been abroad." "**Neither have I**." (ou "**Nor have I**.")
« Je ne suis jamais allé à l'étranger. » « Moi non plus. »
"I can't dance." "**Neither/Nor can I**."
« Je ne sais pas danser. » « Moi non plus. »

ENTRAÎNEZ-VOUS !
Répondez aux phrases suivantes en utilisant *so* ... ou *neither*.
1. "I can't fly." 2. "I'm learning English." 3. "I often forget things." 4. "I've got a nice personality." 5. "I don't understand everything I read." 6. "I've never seen a ghost *(un fantôme)*."

CORRIGÉ

1. Neither can I. 2. So am I. 3. So do I. 4. So have I. 5. Neither do I. 6. Neither have I.

Pour les autres traductions de « moi aussi » et « moi non plus », **57**.

384 *talk* et *speak*

1 On emploie **talk** (plutôt que *speak*) lorsqu'il s'agit d'une conversation. Par contre, on emploie plutôt **speak** lorsqu'il s'agit d'une situation où une seule personne parle. Comparez :

We all sat in Laura's room **talking** until midnight.
On est resté bavarder dans la chambre de Laura jusqu'à minuit.
I **was talking** to Andrew when Sheila came in.
J'étais en train de parler avec Andrew quand Sheila est entrée.

> I was so shocked that I couldn't **speak**.
> J'étais si bouleversé que je ne pouvais plus parler.
> That child is getting very disobedient: I must **speak** to him.
> Cet enfant devient très désobéissant : il faut que je lui parle.

❷ Quand on demande quelqu'un au téléphone, on dit normalement ***Can I speak to*** …? (anglais américain aussi *Can I speak with* …?)

❸ On emploie ***speak*** pour parler de la connaissance ou de l'utilisation des langues.

> Can you **speak German**?
> Parlez-vous allemand ?
> I'd like to be able to **speak Japanese**.
> J'aimerais savoir parler japonais.

ENTRAÎNEZ-VOUS !

Mettez *talk* ou *speak* à la forme qui convient.
1. My sister and I spend hours …-ing. 2. (on the phone) Can I … to Dan, please? 3. She can't …, she's lost her voice. 4. We just … and listened to music all evening.

CORRIGÉ

1. talking 2. speak 3. speak 4. talked

385 temps : les conjugaisons actives

FORMES SIMPLES

présent 309	prétérit 319	present perfect 315	pluperfect 297
j'aide, tu aides…	j'aidais, j'ai aidé, j'aidai…	j'ai aidé…	j'avais aidé…
I help he/she/it help**s**	I help**ed**	I have help**ed** he **has** help**ed**	I had help**ed**
do I help? **does** he help?	**did** I help?	**have** I help**ed**? **has** he help**ed**?	**had** I help**ed**?
I **do not** help he **does not** help	I **did not** help	I **have not** help**ed** he **has not** help**ed**	I **had not** help**ed**
futur 148 j'aiderai…	conditionnel présent 92 j'aiderais…	futur antérieur 152 j'aurai aidé…	conditionnel passé 93 j'aurais aidé …
I **will** help (**shall** possible après I et we)	I **would** help (**should** possible après I et we)	I **will** have help**ed** (**shall** possible après I et we)	I **would** have help**ed** (**should** possible après I et we)
will I help?	**would** I help?	**will** I have help**ed**?	**would** I have help**ed**?
I **will not** help	I **would not** help	I **will not** have help**ed**	I **would not** have help**ed**

FORMES PROGRESSIVES

présent 311	prétérit 321	present perfect 317	pluperfect 298
j'aide (je suis en train d'aider)...	j'aidais (j'étais en train d'aider)...	j'ai aidé,...	j'avais aidé ...
I am helping you are helping, he/she/it is helping	I was helping you were helping, he/she/it was helping	I have been helping he has been helping	I had been helping
am I helping? are you helping?	was I helping? were you helping?	have I been helping? has he been helping?	had I been helping?
I am not helping you are not helping	I was not helping you were not helping	I have not been helping he has not been helping	I had not been helping
futur 153	conditionnel présent	futur antérieur 152	conditionnel passé
j'aiderai (je serai en train d'aider)...	j'aiderais (je serais en train d'aider)...	j'aurai aidé (j'aurai été en train d'aider)...	j'aurais aidé (j'aurais été en train d'aider)...
I will be helping (shall possible après I et we)	I would be helping (should possible après I et we)	I will have been helping (shall possible après I et we)	I would have been helping (should possible après I et we)
will I be helping?	would I be helping?	will I have been helping?	would I have been helping?
I will not be helping	I would not be helping	I will not have been helping	I would not have been helping

Pour les contractions, 94 .
Pour les formes passives, 283 .

386   *than, as, that* (que)

① Que = *than* après un adjectif ou un adverbe au comparatif (80-81).

> She's taller **than** me.
> Elle est plus grande que moi.
> You can't go faster **than** light.
> On ne peut pas aller plus vite que la lumière.

Notez aussi *other than* et *rather than*.

> I had no **other** choice **than** to accept.
> Je n'avais pas d'autre choix que d'accepter.
> **Rather than** make a decision now, I'd prefer to think for a few days.
> Plutôt que de prendre une décision maintenant, je préfère réfléchir pendant quelques jours.

2 **Que** = **as** dans les comparaisons d'égalité (`44`, `49`, `353`).

> She's **as** tall **as** me.
> Elle est aussi grande que moi.
>
> at **the same** place **as** before
> au même endroit qu'avant
>
> I've got **as many** problems **as** you have.
> J'ai autant de problèmes que toi.

3 **Que** = **that** dans presque tous les autres cas. Mais *that* est très souvent sous-entendu (`387`).

> He said (**that**) he disagreed.
> Il a dit qu'il n'était pas d'accord.
> the man (**that**) she married
> l'homme qu'elle a épousé

ENTRAÎNEZ-VOUS !

Mettez *than*, *as* ou *that*.

1. You're as beautiful … your sister. 2. Here are the papers … you asked for. 3. It's better … nothing. 4. Come as quickly … you can. 5. I don't think … she will come. 6. Pittsburgh is farther from here … New York.

CORRIGÉ

1. as 2. that 3. than 4. as 5. that 6. than

NOTEZ

« Ne… que » = **only** (« seulement »).
> It's **only** three o'clock.
> Il n'est que trois heures.

Pour « que » = *who(m), which*, `329`.
Pour « ce que », `331`.
Pour « il y a… que », `188`.3.

`387` *that* : omission

Dans un style familier, on **omet** souvent la conjonction **that**.

> I think you're right. (= I think **that** you're right.)
> Je pense que tu as raison.
> I was so tired I couldn't think.
> J'étais tellement fatigué que je ne pouvais pas penser.

On peut aussi omettre le **pronom relatif** *that*, s'il est complément d'objet (`330`).

> This is the skirt I bought. (= … the skirt **that** I bought.)
> Voici la jupe que j'ai achetée.

`388` *there is/are, there will be …*

1 ***There is*** = « il y a » + singulier ; ***there are*** = « il y a » + pluriel.

Dans cette tournure, *there* se prononce /ðə(r)/.

On peut contracter *there is (there's)*, mais non *there are*.

> **There's a woman** at the door.
> Il y a une femme à la porte.

>   **There are two cats** in the garden. (et non ~~There're~~ ...)
>   Il y a deux chats dans le jardin.

② Pour traduire « il y a », « il y avait », etc., il suffit de mettre *there* plus le temps de *to be* qui convient.

— ***There will be*** = « il y aura » ; ***there would be*** = « il y aurait ».

>   **There will be** rain.
>   Il y aura de la pluie.
>   He said **there would be** some problems.
>   Il a dit qu'il y aurait des problèmes.

— ***There was/were*** = « il y avait », « il y a eu ».

>   **There was** an explosion.
>   Il y a eu une explosion.
>   **There were** hundreds of guests.
>   Il y avait des centaines d'invités.

— ***There has been*** = « il y a eu » ; ***there had been*** = « il y avait eu ».

>   **There has been** an accident!
>   Il y a eu un accident !
>   I knew **there had been** a mistake.
>   Je savais qu'il y avait eu une erreur.

Pour le choix entre prétérit et present perfect, 316.

③ *There* peut être suivi d'un **auxiliaire modal** (237).

>   **There must be** a solution.
>   Il doit y avoir une solution.
>   **There should be** a letter for me.
>   Il devrait y avoir une lettre pour moi.

④ ***There used to be*** = « avant/autrefois, il y avait » (398).

>   **There used to be** a wood here.
>   Avant, il y avait un bois ici.

⑤ Les questions se forment ainsi : *Is there …? Are there …? Will there be …?*, etc., et les négations : *There is not (isn't), There are not (aren't)*, etc.

ENTRAÎNEZ-VOUS !

Traduisez en anglais.

1. Il y aura une réunion *(a meeting)* demain. 2. Il n'y a pas eu beaucoup de courrier *(post)*. 3. Il y avait beaucoup d'oiseaux dans le jardin. 4. Combien y a-t-il de maisons dans le village ? 5. Il devrait y avoir un message de *(from)* Sofian. 6. Il y a trois médecins dans ma famille. 7. Avant, il y avait une piscine ici. 8. Il doit y avoir une clé *(key)* quelque part.

Pour les autres traductions de « il y a », 188.

CORRIGÉ

1. There will be a meeting tomorrow. 2. There wasn't much post. 3. There were a lot of birds in the garden. 4. How many houses are there in the village? 5. There should (ought to) be a message from Sofian. 6. There are three doctors in my family. 7. There used to be a swimming pool here. 8. There must be a key somewhere.

389 think

❶ *Think* (« penser », « croire ») peut être suivi de ***of*** ou ***about***, jamais de *to*.

> You never **think of/about** me. (et non ... to me)
> Tu ne penses jamais à moi.

On emploie plutôt ***think of*** pour exprimer l'idée d'« imaginer », « trouver », et pour parler d'opinions (« penser de »).

> **Think of** a number.
> Pense à (= Imagine) un nombre.
> What did you **think of** the film?
> Qu'est-ce que vous avez pensé du film ?

❷ *Think* est rarement suivi d'un infinitif (sauf au passif, **287**). Pour parler d'opinions, on utilise ***think that*** ...

> I **thought (that)** I understood her.
> Je pensais/croyais la comprendre.
> I **thought (that)** I was right.
> Je pensais/croyais avoir raison.

On dit ***not think*** plutôt que *think ... not*.

> David **doesn't think he can** come. (plutôt que ... thinks he can't ...)
> David pense qu'il ne pourra pas venir.

❸ Pour parler d'un **projet**, on utilise *I'm thinking of/about* + V-*ing*.

> We**'re thinking of going** to Scotland next week.
> Nous pensons aller en Écosse la semaine prochaine.

ENTRAÎNEZ-VOUS !

Traduisez en anglais.

1. Il pense à elle tous les jours. 2. J'ai pensé à une très bonne solution. (present perfect) 3. Qu'est-ce que vous pensez du gouvernement ? 4. Elle croyait être à York, mais en fait *(in fact)* elle était à Leeds. 5. Nous pensons passer Noël en Italie. 6. Il croit bien parler allemand.

Pour *I (don't) think so,* **366**.
Pour *I think* = « d'après moi », « à mon avis », **5** et **240**.

CORRIGÉ

1. He thinks about (of) her every day. 2. I've thought of a very good solution. 3. What do you think of the government? 4. She thought she was in York, but in fact she was in Leeds. 5. We are (We're) thinking of spending Christmas in Italy. 6. He thinks (that) he speaks German well.

390 this, that, these, those

En anglais, on fait une distinction assez nette entre **this** (pluriel **these**) et **that** (pluriel **those**).

❶ *This* s'emploie pour parler d'un objet qui se trouve **près de** la personne qui **parle**, *that* s'emploie dans les autres cas.

Comparez :

> I like **this** poster.
> J'aime ce poster. (Il est près de moi.)
> I don't like **that** one.
> Je n'aime pas celui-là. (Il est plus loin.)
> Look at **these** ear-rings!
> Regarde ces boucles d'oreilles ! (Elles sont sur la personne qui parle.)
> Look at **those** ear-rings!
> Regarde ces boucles d'oreilles ! (Elles sont sur quelqu'un d'autre.)

❷ *This* s'emploie également pour parler du **présent** ou du **futur proche** et *that* pour parler du **passé**. Comparez :

> I'll always remember **this** day.
> Je n'oublierai jamais cette journée. (= aujourd'hui)
> I'll always remember **that** day.
> Je n'oublierai jamais cette journée (là).
>
> Listen to **this** song, you'll like it.   **That** was nice!
> Écoute cette chanson, tu vas   C'était beau !
> l'aimer.

Retenez les expressions **these days** (« ces temps-ci »), **in those days** (« en ce temps-là »).

ENTRAÎNEZ-VOUS !

Mettez *this*, *that*, *these* ou *those*.

1. Come and look at ... pictures. 2. Who are ... people across the street? I'm sure I know them. 3. I didn't like ... music very much. 4. Sit down and listen to ... — it's important. 5. Do you remember ... holiday in 2010? 6. ... is a wonderful holiday — I m having a great time. 7. I'm having trouble with ... maths exercise — can you help me? 8. What did you think of ... film yesterday?

CORRIGÉ

1. these 2. those 3. that 4. this 5. that 6. This 7. this 8. that

❸ *This* et *that* peuvent aussi porter une **valeur affective** : *this* est **positif** (acceptation, intérêt, etc.), *that* est **négatif** (rejet).

Comparez :

> So I met **this** really nice boy ...
> Alors, j'ai rencontré ce garçon vraiment sympa...
> I've got to have lunch with **that** fool Jackson.
> Je suis obligé de déjeuner avec cet imbécile de Jackson.
>
> I ll tell you about **these** monsters that I keep dreaming about.
> Je vais te parler de ces monstres dont je rêve tout le temps.
> I don't want to hear any more about **those** monsters.
> Je ne veux plus entendre parler de ces monstres.

NOTEZ

« Cet été » (passé ou à venir) = **this** *summer* (s'il s'agit de l'été « de cette année ».)

Pour la traduction de « cette nuit », **391**.

391 tonight et last night

❶ **Tonight** = « ce soir » ou « cette nuit » (la nuit qui vient).

See you **tonight**.
À ce soir.
I'm going to sleep well **tonight**.
Je vais bien dormir cette nuit.

❷ **Last night** = « hier soir » ou « cette nuit » (la nuit dernière).

I stayed at home **last night**.
Je suis resté chez moi hier soir.
I had a strange dream **last night**.
J'ai fait un rêve bizarre cette nuit.

392 toujours

❶ « Toujours » (« à chaque moment », « à chaque fois ») = **always.**

She **always** looks calm.
Elle a toujours l'air calme.
I **always** go and see my sister when I'm in Edinburgh.
Je vais toujours voir ma sœur quand je me trouve à Édimbourg.

❷ « Toujours » (« encore ») = **still** (**374**).

Is she **still** asleep?   I'm **still** waiting for your answer.
Est-ce qu'elle dort toujours ?   J'attends toujours votre réponse.

ENTRAÎNEZ-VOUS !

Mettez *always* ou *still*.
1. I ... have tea for breakfast. **2.** She ... has all her ex-husband's letters. **3.** Have you ... got that book that I lent you? **4.** It ... rains here in August.

CORRIGÉ

1. always 2. still 3. still 4. always

393 tout

« Tout » peut se traduire de plusieurs façons selon le contexte.
Voici les principaux équivalents.

❶ « Tout » + nom (« la totalité de ») = **all** (**20**).

all my life   **all** day
toute ma vie   toute la journée

❷ « Tout » + nom (« n'importe quel ») = **any** (**34**).

You can come at **any** time of the day or night.
Tu peux venir à toute heure du jour ou de la nuit.

❸ « Tout » + nom (« chaque ») = **every** (**20**).

Every family in difficulty is entitled to state aid.
Toute famille en difficulté a droit à une aide de l'État.

4 « Tout » sans nom = ***everything*** (21).

> She's lost **everything** (et non ~~She's lost all.~~)
> Elle a tout perdu.

5 « Tout » + nom (« entier ») = ***whole, the whole of*** (22).

> She spent a **whole** year preparing for the journey.
> Elle a passé toute une année à préparer le voyage.
> I've read **the whole of/all of** Shakespeare.
> J'ai lu tout Shakespeare.

6 « Tous » = ***all* ou *every*** (20).

> He's eaten **all** the chocolates.   I worked **every** day.
> Il a mangé tous les chocolats.   J'ai travaillé tous les jours.

ENTRAÎNEZ-VOUS !

Traduisez en anglais.
1. toute cette semaine **2.** Il peut *(may)* arriver à tout moment. **3.** Toute voiture garée *(parked)* dans cette rue sera enlevée *(removed)*. **4.** J'ai tout oublié. **5.** Il a passé toute une nuit à faire des projets *(making plans)*. **6.** Tous mes amis sont en vacances.

CORRIGÉ

1. all this week **2.** He may arrive at any moment. **3.** Any car parked in this street will be removed. **4.** I've forgotten everything. **5.** He spent a whole night making plans. **6.** All my friends are on holiday.

394 *travel, journey, trip, voyage*

1 ***Travel*** = « les voyages en général », « le fait de voyager ». C'est un indénombrable (256), qui s'emploie sans article et (normalement) au singulier.

> **Air travel** is becoming cheaper.
> Les voyages en avion deviennent moins chers.

Le verbe « voyager » = *to travel*.

> I like **travelling**.
> J'aime voyager/les voyages.

2 Attention :

« un voyage » = ***a journey / a trip*** (et non ~~a travel~~)

> It was a very pleasant **journey.** (et non ~~...a very pleasant travel.~~)
> C'était un voyage très agréable.

3 ***A trip*** s'emploie pour parler d'un voyage d'assez courte durée, effectué dans un but précis (travail ou plaisir). On peut dire *to go on a trip* ou *to take a trip*.

> I've just **been on a business trip** to Copenhagen.
> Je viens de faire un voyage d'affaires à Copenhague.
> When we were just married we **took a trip** to Venice.
> Quand nous étions jeunes mariés, nous avons fait un voyage à Venise.

4 « Faire un bon/mauvais voyage » = ***to have a good/bad journey*** ou ***a good/bad trip.***

> Did you **have a good journey**?
> Est-ce que vous avez fait un bon voyage ?

5 ***A voyage*** signifie uniquement « un voyage en bateau », et s'emploie peu.

ENTRAÎNEZ-VOUS !

Mettez *travel, journey, trip* ou le verbe qui convient.
1. The … was long and very tiring. 2. Cheap … has opened up the world to young people. 3. I … a business … to New York every month. 4. Yes, we … a very good journey, thank you.

CORRIGÉ

1. journey 2. travel 3. go on (take) … trip 4. had

395 trop

« Trop » peut se traduire par *too, too much* ou *too many*.

1 ***Too***

too + adjectif/adverbe

> It's **too cold**.
> Il fait trop froid.
> She drives **too fast.**
> Elle conduit trop vite.

2 ***Too much***

too much + nom singulier (exprimé ou sous-entendu)

> He's got **too much money**.
> Il a trop d'argent.
> I've eaten **too much**. (= too much food)
> J'ai trop mangé.

Too much peut aussi s'employer comme adverbe.

> She talks **too much**.
> Elle parle trop.

3 ***Too many***

too many + nom pluriel (exprimé ou sous-entendu)

> There are **too many people** here.
> Il y a trop de gens ici.
> "How many girlfriends have you got?" "**Too many** (girlfriends)."
> « Tu as combien d'amies ? » « Trop. »

4 Devant un déterminant ou un pronom, on emploie ***too much/many of***.

> Don't eat **too many of those** biscuits.
> Ne mange pas trop de ces petits gâteaux.
> There were **too many of them**.
> Il y en avait trop.

ENTRAÎNEZ-VOUS !

Traduisez en anglais.
1. trop chaud 2. trop de neige 3. trop de chats 4. Il fume trop. 5. trop lentement
6. trop de travail 7. C'est trop cher. 8. Ces chocolats sont à moi, n'en prends pas trop.

CORRIGÉ

1. too warm (hot) 2. too much snow 3. too many cats 4. He smokes too much. 5. too slowly 6. too much work 7. It's too expensive. 8. These (Those) chocolates are mine, don't take too many (of them).

Pour l'ordre des mots dans *too long a novel*, **40**.7 .

396 try + « to + V » ou V-ing

1 *Try* + *to* + V = « essayer », au sens de « **faire un effort** ».
I **tried to understand** what she was saying.
J'ai essayé de comprendre ce qu'elle disait.

2 *Try* + V-*ing* = « essayer », au sens de « **tenter une expérience** ».
I **tried putting** sugar in the soup to see what it was like.
J'ai essayé de mettre du sucre dans la soupe pour voir ce que ça donnait.

ENTRAÎNEZ-VOUS !

Mettez l'infinitif avec *to* ou la forme en *-ing*.
1. Try ... smoking: it's very important. (stop) 2. If you can't light the fire, try ... paraffin. (use) 3. I tried ... twenty kilometres, but it was too far. (run) 4. "I don't know what to do." "Try ... to music." (listen) 5. "I don't want to listen to music." "Then try ... an interesting book." (find) 6. I'm going to try ... a very difficult exam this year. (pass)

CORRIGÉ

1. to stop 2. using 3. to run 4. listening 5. to find 6. to pass

Pour *try and ...*, **29** .

397 unless

Unless = « à moins que », mais aussi parfois « **si… ne… pas** » ou « **sauf si** ».

I'll take the job **unless** the pay **is** too low.
J'accepterai le travail à moins que le salaire ne soit trop bas.
Unless you work regularly, you won't make progress.
Si vous ne travaillez pas régulièrement, vous ne progresserez pas.
Mum doesn't let me out in the evening, **unless** someone can drive me back.
Maman ne me laisse pas sortir le soir, sauf si quelqu'un peut me raccompagner.

Notez que « à moins que… ne » = *unless* + verbe **affirmatif**.

ENTRAÎNEZ-VOUS !
Traduisez en anglais.
1. Je serai là *(here)* à huit heures, à moins que le train ne soit en retard. 2. Si vous ne lui expliquez pas *(explain … to)* la situation, elle ne comprendra pas. 3. Je ne vais pas au cinéma, sauf s'il y a un bon vieux film. 4. Allons au restaurant, à moins que tu ne préfères manger à la maison.

CORRIGÉ
1. I'll be here at eight (o'clock) unless the train is late. 2. Unless you explain the situation to her, she won't understand. 3. I don't go to the cinema unless there's a good old film. 4. Let's go to the restaurant, unless you prefer to eat at home.

398 used to

❶ *Used to* s'emploie pour parler de faits ou d'habitudes passées qui **ne se produisent plus maintenant**.

used to = « avant »/« autrefois » + imparfait

They **used to** live in Manchester. Now they live in London.
Avant, ils habitaient à Manchester. Maintenant, ils habitent à Londres.
People **used to** work much more than they do now.
Autrefois, les gens travaillaient beaucoup plus que maintenant.

❷ Les questions et les négations peuvent se construire **avec *did*** (style familier) ou **sans *did*** (style formel).

Did you use to play football at school? (ou **Used you to** play …?)
Est-ce que tu jouais au football à l'école ?

> I **didn't use to** like folk music, but now I do. (ou I **used not to** …)
> Avant, je n'aimais pas la musique folk, mais maintenant j'aime bien.

❸ Attention à la prononciation. Dans cette tournure, le *s* se prononce /s/, et non /z/ comme dans le verbe *to use* (« utiliser », « se servir de »).
Used to = généralement /juːstə/.

ENTRAÎNEZ-VOUS !

1 **Transformez les phrases suivantes en employant *used to*.**
Ex. : *He's rich. (poor)* → *He used to be poor.*
1. I like dancing. (hate) 2. We live in Edinburgh. (Glasgow) 3. I smoke two cigarettes a day. (twenty) 4. I'm quite good at English. (bad)

2 **Traduisez en anglais.**
1. Avant, j'étais grosse *(fat)*. 2. Avant, mon frère faisait du piano. 3. Autrefois, les gens voyageaient très peu *(very little)*. 4. Avant, je n'aimais pas la nature *(nature)*.

CORRIGÉS

1 1. I used to hate dancing. 2. We used to live in Glasgow. 3. I used to smoke twenty cigarettes a day. 4. I used to be (quite) bad at English. **2** 1. I used to be fat. 2. My brother used to play the piano. 3. People used to travel very little. 4. I didn't use to like nature.

❹ *Used to* est impossible lorsque la **durée** de l'action est mentionnée dans la phrase. Il faut alors employer le prétérit.

> I **lived** in Chester for three years. (et non ~~I used to live … for three years.~~)
> J'ai habité trois ans à Chester.

❺ ***Used to* n'existe pas au présent**. Pour parler d'habitudes actuelles, on emploie normalement le présent simple, éventuellement avec *usually* ou *normally*.

> He **comes** to see me every weekend. (et non ~~He uses to come~~ …)
> Il vient me voir tous les week-ends.
> I **usually** get up at 7.
> Je me lève généralement à 7 heures.

❻ Ne confondez pas ***used to* + V** et ***be used to* V-*ing***. Le sens est très différent (**400**).

399 *used to* et *would*

Used to et *would* s'emploient tous deux pour parler d'actions ponctuelles répétées dans le passé.

> When I was a child I **used to/would** go to church every Sunday.
> Quand j'étais enfant, j'allais à l'église tous les dimanches.

Mais seul ***used to*** peut s'appliquer à un état permanent à une certaine époque **qui n'existe plus** aujourd'hui. (On a alors souvent en français « **avant/ autrefois** » + **imparfait**.)

> I **used to live** in the country. (et non ~~I would live in the country.~~)
> Avant, j'habitais à la campagne.
> I **used to have** a car. (et non ~~I would have a car.~~)
> Avant, j'avais une voiture.

ENTRAÎNEZ-VOUS !

Récrivez les phrases dans lesquelles *used to* peut être remplacé par *would*.
1. When we were children we used to fight all the time. 2. My mother used to work in a bank. 3. My father often used to take us to the seaside. 4. My sister used to suffer from asthma.

CORRIGÉ

1. When we were children we would fight all the time. 3. My father would often take us to the seaside.

400 *used to* + nom ou + V-*ing*

❶ *Be used to* = « être habitué à », parfois « avoir l'habitude (de) ».
Get used to = « s'habituer à », « s'y faire ».

— *I'm used to* … **ne s'emploie pas** pour parler d'une simple habitude présente. Il s'y ajoute l'idée de « cela ne me dérange pas », « ce n'est plus nouveau (étranger/difficile) pour moi ».

> I've lived in Paris for three years, so **I'm used to** the traffic.
> J'habite à Paris depuis trois ans, alors je suis habitué à la circulation.
> (= Elle ne me dérange pas.)
> I**'m not used to** the London underground.
> Je ne suis pas habituée au métro de Londres.
> (= Il est nouveau pour moi.)
> It takes a long time to **get used to** a new school.
> Il faut longtemps pour s'habituer à une nouvelle école.
> You'll **get used to** it.
> Tu t'y feras.

— Attention à la **prononciation** : /ˈjuːstə/.

❷ *Be/get used to* + V-*ing*. Lorsque ces expressions sont suivies d'un verbe, il est en -*ing* et non à l'infinitif (parce que *to* est ici une préposition, 202).

> **I'm used to driving** in Paris. (et non *I'm used to drive* …)
> Je suis habitué à conduire dans Paris.
> I'll never **get used to living** in England.
> Je ne m'habituerai jamais à vivre en Angleterre.

❸ « Je suis habitué ! » / « J'ai l'habitude ! » (sans complément) = ***I'm used to it*** (et non *I'm used.*).

> "You don't mind your husband snoring ?" "I**'m used to it**."
> « Ça ne te dérange pas que ton mari ronfle ? » « Je suis habituée ! »

ENTRAÎNEZ-VOUS !

Traduisez en anglais.
1. Il est difficile de s'habituer à une nouvelle voiture. 2. Je ne suis pas habitué à son accent. 3. Je suis habitué à la solitude *(loneliness)*. 4. Elle s'est habituée à sa nouvelle vie petit à petit *(little by little)*. 5. Je suis habitué à voyager.

CORRIGÉ

1. It's difficult to get used to a new car. 2. I'm not used to his (her) accent. 3. I'm used to loneliness. 4. She got used to her new life little by little. 5. I'm used to travelling.

V

401 verbes à deux compléments

❶ Certains verbes peuvent être suivis de deux compléments d'objet :
un complément **direct** et un complément **indirect**.
Exemples :

bring	pass	write
buy	promise	take (au sens de
give	send	« emmener »,
lend	show	« apporter », etc.)
offer	teach	
owe	tell	

En général, le complément indirect se rapporte à une personne et se place avant le complément direct.

She sent **her mother** a present.   He gave **me** a letter.
Elle a envoyé un cadeau à sa mère.   Il m'a donné une lettre.
I bought **Susie** a toy.   Take **your father** a glass of beer.
J'ai acheté un jouet à Susie.   Apporte une bière à ton père.

❷ Lorsque le complément indirect est un nom, il peut aussi **suivre** le complément direct et être introduit par **to** ou **for**.

She sent a present **to her mother**.
I bought a toy **for Susie**.

Ceci est la structure normale lorsque les deux objets sont des **pronoms**.

She gave **it to me**.   I showed **it to him**.
Elle me l'a donné.   Je le lui ai montré.

❸ Attention aux verbes suivants : **explain** (133), **suggest** (378), **describe, hide, open, take** (au sens de « prendre »). Contrairement à leurs équivalents français, ils ne sont jamais immédiatement suivis d'un complément indirect.

I **explained** the problem **to her**. (et non I explained her the problem.)
Je lui ai expliqué le problème.
Can you **suggest** a solution **to me**? (et non Can you suggest me …)
Pouvez-vous me suggérer une solution ?
Describe the man **to me**. (et non Describe me the man.)
Décrivez-moi l'homme.
I **hid** the money **from them**.
Je leur ai caché l'argent.
Lucy **opened** the door **to us**.
Lucy nous a ouvert la porte.
She **took** all the papers **from me**. (et non She took me all the papers.)
Elle m'a pris tous les papiers.

ENTRAÎNEZ-VOUS !

1 Récrivez ces phrases en utilisant la structure sans préposition (complément indirect + complément direct).

1. I gave all the money to my mother. 2. Don't buy cigarettes for Lewis, please. 3. He owes a lot of money to his sister. 4. I sent a telegram to my boss.

2 Traduisez en anglais.

1. Montre-moi tes photos. 2. Je vais écrire une carte à Philip. 3. Peux-tu me décrire ta maison idéale (ideal) ? 4. Expliquez-moi votre projet (plan).

CORRIGÉ

1 1. I gave my mother all the money. 2. Don't buy Lewis cigarettes, please. 3. He owes his sister a lot of money. 4. I sent my boss a telegram.
2 1. Show me your photos. 2. I'm going to write Philip a postcard (...a postcard to Philip.). 3. Can you describe your ideal house to me? 4. Explain your plan to me.

Pour le passif des verbes à deux compléments, **285**.

402 verbes irréguliers

Voici une liste des verbes irréguliers les plus courants. Les traductions ne sont données qu'à titre indicatif.

Selon le contexte, un verbe peut se traduire de différentes façons.

infinitif	prétérit	participe passé	traduction
be	was, were	been	être
beat /biːt/	beat	beaten	battre
become	became	become	devenir
begin	began	begun	commencer
bend	bent	bent	plier, ployer, courber
bet	bet	bet	parier

bite /baɪt/	bit	bitten	mordre
bleed /bliːd/	bled	bled	saigner
blow	blew	blown	souffler
break	broke	broken	casser
bring	brought	brought	apporter, amener
build /bɪld/	built	built	construire
burn	burnt/burned	burnt/burned	brûler
burst	burst	burst	éclater
buy	bought	bought	acheter
catch	caught	caught	attraper
choose	chose /tʃəʊz/	chosen /tʃəʊzn/	choisir
come	came	come	venir
cost	cost	cost	coûter
cut	cut	cut	couper
deal (with) /dɪːl/	dealt /delt/	dealt /delt/	s'occuper de
dig	dug	dug	creuser
do	did	done	faire
draw	drew	drawn	dessiner
dream /drɪːm/	dreamed/dreamt /dremt/	dreamed/dreamt /dremt/	rêver
drink	drank	drunk	boire
drive /draɪv/	drove	driven /drɪvn/	conduire (véhicule)
eat	ate /et/	eaten	manger
fall	fell	fallen	tomber
feed /fiːd/	fed	fed	(se) nourrir
feel	felt	felt	(se) sentir, éprouver
fight	fought	fought	se battre
find /faɪnd/	found	found	trouver
fly	flew	flown	voler (dans les airs)
forget	forgot	forgotten	oublier
forgive	forgave	forgiven	pardonner
freeze	froze	frozen	geler
get	got	got	obtenir, devenir
give	gave	given	donner
go	went	gone/been	aller

grow	grew	grown	grandir
hang	hung	hung	accrocher, suspendre
have	had	had	avoir
hear	heard /hɜːd/	heard /hɜːd/	entendre
hide /haɪd/	hid /hɪd/	hidden /ˈhɪdn/	(se) cacher
hit	hit	hit	frapper
hold	held	held	tenir
hurt	hurt	hurt	faire mal (à)
keep	kept	kept	garder
kneel /niːl/	knelt /nelt/	knelt /nelt/	s'agenouiller, être à genoux
know	knew	known	savoir, connaître
lay (the table)	laid /leɪd/	laid /leɪd/	mettre (la table)
lead /liːd/	led	led	conduire, mener
learn	learnt/learned	learnt/learned	apprendre
leave /liːv/	left	left	laisser, quitter
lend	lent	lent	prêter
let	let	let	laisser, permettre
lie /laɪ/	lay /leɪ/	lain /leɪn/	être couché, étendu
light	lit/lighted	lit/lighted	allumer
lose /luːz/	lost	lost	perdre
make	made	made	faire, fabriquer
mean /miːn/	meant /ment/	meant /ment/	vouloir dire, signifier
meet	met	met	rencontrer
pay /peɪ/	paid /peɪd/	paid /peɪd/	payer
put	put	put	mettre, poser
read /riːd/	read /red/	read /red/	lire
ride /raɪd/	rode	ridden /ˈrɪdn/	faire du vélo, du cheval
ring	rang	rung	sonner
rise /raɪz/	rose	risen /ˈrɪzn/	s'élever, se lever (soleil)
run	ran	run	courir
say /seɪ/	said /sed/	said /sed/	dire
see	saw	seen	voir

sell	sold	sold	vendre
send	sent	sent	envoyer
set	set	set	poser, fixer
shake	shook	shaken	secouer
shine	shone /ʃɒn/	shone /ʃɒn/	briller
shoot	shot	shot	tirer (arme à feu)
show	showed	shown	montrer
shut	shut	shut	fermer
sing	sang	sung	chanter
sink	sank	sunk	couler, sombrer
sit	sat	sat	être assis
sleep	slept	slept	dormir
smell	smelt/smelled	smelt/smelled	sentir
speak	spoke	spoken	parler
spell	spelt/spelled	spelt/spelled	épeler
spend	spent	spent	passer (temps), dépenser (argent)
spill	spilt/spilled	spilt/spilled	renverser (un liquide)
spread /spred/	spread	spread	étaler
stand	stood	stood	être debout
steal	stole	stolen	voler (dérober)
stick	stuck	stuck	coller
sting	stung	stung	piquer (insectes)
strike /straɪk/	struck	struck	frapper
swear /sweə(r)/	swore	sworn	jurer
sweep	swept	swept	balayer
swim	swam	swum	nager
take	took	taken	prendre
teach	taught	taught	enseigner
tear /teə(r)/	tore	torn	déchirer
tell	told	told	dire, raconter
think	thought	thought	penser
throw	threw	thrown	jeter
understand	understood	understood	comprendre
wake (up)	woke (up)	woken (up)	(se) réveiller

wear /weə(r)/	wore	worn	porter (des vêtements)
win	won /wʌn/	won /wʌn/	gagner
write /raɪt/	wrote /rəʊt/	written /rɪtn/	écrire

Pour *feel, fall, fly, leave, lie, lay*, voir aussi **241**.

Pour *forbid*, **205**.

403 verbe + particule

❶ Préposition et particule

Il existe deux sortes de verbes composés en anglais : **verbe + préposition** (ex. : *look at, listen to*) et **verbe + particule adverbiale** (ex. : *get up, take off*). Voici comment les distinguer.

La **préposition** n'existe qu'en présence d'un complément. Sans complément, le verbe s'emploie seul. Comparez :

Look at the sky.   **Look**!
Regarde le ciel.   Regarde !

La **particule** fait partie intégrante du verbe et ne dépend pas de l'existence d'un complément.

Get up.
Lève-toi.

❷ Place de la particule

Avec un complément (nom ou pronom), l'ordre des mots est le suivant.

verbe + particule + nom *ou* verbe + nom + particule	verbe + pronom + particule
He put **on his coat**. He put **his coat on**. Il a mis son manteau.	He put **it on**. (et non ~~He put on it.~~) Il l'a mis.
I picked **up my glasses**. I picked **my glasses up**. J'ai ramassé mes lunettes.	I picked **them up**. (et non ~~I picked up them.~~) Je les ai ramassées.

ENTRAÎNEZ-VOUS !

Dans chaque phrase, remplacez le nom par un pronom.
Ex. : *I filled in the form.* → *I filled it in.*
1. I threw away the letters. 2. She took off her shoes. 3. I'm going to put on my anorak. 4. The supermarket has put up its prices. 5. We'll have to put the party off. 6. Let's ring up *(telephone)* Rebecca.

CORRIGÉ

1. I threw them away. 2. She took them off. 3. I'm going to put it on. 4. The supermarket has put them up. 5. We'll have to put it off. 6. Let's ring her up.

404 verbes sans formes progressives

❶ Certains verbes n'ont **presque jamais de formes progressives** (en *be* + V-*ing*). Ce sont surtout des verbes qui se rapportent aux activités mentales. Les plus importants sont :

believe	doubt	hate	know	like, dislike
love	mean	need	prefer	recognise
remember	suppose	understand	want	wish

>I **believe** you.
>Je vous crois.
>I **want** an ice-cream now.
>Je veux une glace maintenant.
>You **know** I'm right.
>Tu sais que j'ai raison.

Notez que, même avec ces verbes, les formes progressives s'emploient parfois, surtout lorsqu'il s'agit d'un changement ou d'une nouveauté.

>I**'m understanding** English much better since I went to Britain.
>Je comprends beaucoup mieux l'anglais depuis que je suis allé en Grande-Bretagne.
>I**'m loving** it. (publicité pour une marque de fast food)
>J'adore !

❷ Certains verbes s'emploient **avec ou sans forme progressive selon le sens.**

— ***Be*** s'emploie à la forme progressive pour parler du comportement actuel de quelqu'un, et lorsqu'il est auxiliaire du passif (**283**).

>He**'s being** ridiculous!
>Il se comporte d'une façon ridicule !
>You**'re being** watched.
>On vous regarde.

Dans les autres cas, *be* n'a pas de forme progressive.

>It**'s** cold.
>Il fait froid.

— ***Feel*** peut s'employer à la forme progressive au sens de « (se) sentir », mais pas au sens de « croire ». Comparez :

>I **feel** fine. / I**'m feeling** fine.
>Je me sens bien.
>I **feel** he's right. (et non I'm feeling he's right.)
>Je crois qu'il a raison.

— ***Have*** s'emploie à la forme progressive pour parler des activités (**170**), mais pas pour parler de la possession, des relations, etc. (**169**).
Comparez :

>We**'re having** a wonderful holiday.
>Nous passons des vacances formidables.
>She **has** no friends.
>Elle n'a pas d'amis.

— ***See*** s'emploie à la forme progressive au sens de « rencontrer », « avoir rendez-vous avec », mais pas dans les autres sens. Comparez :

> I**'m seeing** her tomorrow.
> Je la vois demain.
> I **see** what you mean.
> Je vois ce que vous voulez dire.

— ***Think*** ne s'emploie pas à la forme progressive lorsqu'on parle d'opinions. Comparez :

> "What are you doing?" "I**'m thinking**."
> « Qu'est-ce que tu fais ? » « Je réfléchis. »
> I **think** you're wrong.
> Je pense que vous avez tort.

405 vouloir bien

N'utilisez pas *want* pour traduire « vouloir bien ».

1 « Vouloir bien (que) » peut exprimer une permission. Il correspond alors généralement à ***don't mind.***

> You **don't mind** if I go with them?
> Tu veux bien que j'aille avec eux ?
> I can bring my boyfriend home, my parents **don't mind**.
> Je peux amener mon copain chez moi, mes parents veulent bien.

2 « Je veux bien » peut être une forme atténuée de « oui ». Il faut alors le traduire par ***yes, please*** ou ***all right / OK***.

> "Would you like some coffee?" "**Yes, please**."
> « Tu veux du café ? » « Je veux bien. » (= « Oui. »)
> "Do you want to see my photos?" "**All right**."
> « Tu veux voir mes photos ? » « Je veux bien. » (= « D'accord. »)

ENTRAÎNEZ-VOUS !
Traduisez en anglais.
1. Tu veux bien que j'invite Yves et Dany ? 2. « Tu veux du fromage ? » « Oui je veux bien. » 3. Je vais souvent seul en vacances, mon mari veut bien. 4. « Tu veux entendre mes projets *(plans)* ? » « Je veux bien. »

CORRIGÉ
1. "You don't mind if I invite Yves and Dany?" 2. "Would you like (some) cheese?" "Yes, please." 3. I often go on holiday alone, my husband doesn't mind. 4. "Do you want to hear my plans?" "All right (OK)."

Pour « si vous voulez bien » = *if you will/would ...*, **186**.1 .

406   *wait* et *expect*

❶ « Attendre » ne se traduit par *wait* que lorsqu'on pense au passage du temps. Au sens de « **s'attendre à** » (« savoir/penser que quelque chose va arriver »), il faut utiliser ***expect***. Comparez :

> He's late again. I'm tired of **waiting**.
> Il est encore en retard. J'en ai assez d'attendre.
> **I'm expecting** a phone call from Gabriel today.
> J'attends un coup de fil de Gabriel aujourd'hui.
> (Je m'attends à ce qu'il m'appelle.)

Mais *expect* se traduit souvent par d'autres verbes en français (« supposer », « penser », « prévoir », etc.).

> **I expect** Alice will understand.   I didn't **expect** to find you here.
> Je suppose qu'Alice comprendra.   Je ne pensais pas te trouver là.

❷ *Wait* est toujours suivi de ***for*** devant un **nom** ou un **pronom**.

> I'm still **waiting for** an answer.   **Wait for** me!
> J'attends toujours une réponse.   Attends-moi !

❸ *Wait for* et *expect* peuvent tous deux être suivis d'une **proposition infinitive** (196).

> I'm waiting **for Lara to come back**.
> J'attends que Lara revienne.
> The children can't wait **for Christmas to come**.
> Les enfants attendent Noël avec impatience.
> They didn't expect **her to win**.
> Ils ne s'attendaient pas à ce qu'elle gagne.

❹ *I can't wait for … / to …* correspond souvent à « **Vivement (que)**… ! »

> I **can't wait for** the holidays.   I **can't wait to** see her again.
> Vivement les vacances !   Vivement que je la revoie !

ENTRAÎNEZ-VOUS !

Traduisez en anglais, en utilisant *wait* ou *expect*.
1. Je ne peux pas attendre plus longtemps *(any longer)*. 2. J'attends un coup de téléphone à deux heures. 3. Je t'attendrai jusqu'à onze heures. 4. Je m'attends à ce qu'il nous invite à dîner *(to dinner)*. 5. Je suppose que l'hôtel sera complet *(full)*. 6. Vivement mon anniversaire !

CORRIGÉ
1. I can't wait any longer. 2. I'm expecting a (tele)phone call at two o'clock. 3. I'll wait for you until eleven (o'clock). 4. I expect (I'm expecting) him to invite us to dinner. 5. I expect the hotel will be full. 6. I can't wait for my birthday.

407 want

1 Le verbe qui suit *want* est toujours **précédé** de **to**.

> She **wants to come**.
> Elle veut venir.
> She **wants me to come**. (et non ~~She wants (that) I come~~.)
> Elle veut que je vienne.

Pour les détails, 192 et 196 .

2 Une réponse courte comme « Non, je ne veux pas. » ne peut pas se terminer par *want*. Il faut ajouter **to** ou **me to**, **her to**, etc. (197).

> "Give me a kiss." "No, I don't **want to**."
> (et non ~~"No, I don't want."~~)
> « Donne-moi un baiser. » « Non, je ne veux pas. »
>
> "Why don't you come with us?" "My parents don't **want me to**."
> (et non ... ~~"My parents don't want."~~)
> « Pourquoi tu ne viens pas avec nous ? »
> « Mes parents ne veulent pas. »

3 « Vouloir » se traduit souvent par **would like** (moins direct, donc plus poli que *want*, 219). De même, « si tu veux » = **if you like** et « comme tu veux » = **as you like**.

ENTRAÎNEZ-VOUS !

Traduisez en anglais sans utiliser *would like*.
1. Il veut te parler. 2. Il veut que tu viennes ici. 3. « Tu vas acheter une moto ? » « Non, ma femme ne veut pas. » 4. « Dis-moi pourquoi tu es déprimé *(depressed)*. » « Non, je ne veux pas. » 5. « Je peux prendre une bière ? » « Si tu veux. » 6. Je veux qu'elle me dise la vérité *(truth)*.

CORRIGÉ

1. He wants to speak (talk) to you. 2. He wants you to come here. 3. "Are you going to buy a motorbike?" "No, my wife doesn't want me to." 4. "Tell me why you're depressed." "No, I don't want to." 5. "Can I have (take/get) a beer?" "If you like." 6. I want her to tell me the truth.

NOTEZ

« Vouloir bien » ne se traduit jamais par *want* (405).

408 well : adverbe ou adjectif (bien)

1 *Well* s'emploie surtout comme adverbe.

> She sings very **well**.   It's **well** built.
> Elle chante très bien.   C'est bien construit.

2 *Well* ne peut s'employer comme adjectif que pour parler de la **santé**.

> "How are you?" "**Well**, thank you."
> « Comment allez-vous ? » « Très bien, merci. »
> I don't feel **well** today.
> Je ne me sens pas bien aujourd'hui.

3 Dans les autres cas, l'adjectif « bien » se traduit généralement par **good**, parfois par **fine**, **good-looking** ou un autre mot selon le contexte.

> The actors are very **good**. (et non ~~The actors are very well.~~)
> Les acteurs sont très bien.
>
> He's a **good** teacher.   His girlfriend is **good-looking**.
> Il est bien comme prof.   Elle est bien, sa copine.
>
> I feel **good/fine** here. (et non ~~I feel well here.~~)
> Je me sens bien ici.

ENTRAÎNEZ-VOUS !

Traduisez en anglais.
1. Vous conduisez bien. 2. C'est très bien comme hôtel. 3. Son dernier livre n'est pas bien. 4. Le film était très bien. 5. C'est très bien écrit. 6. « Comment allez-vous aujourd'hui ? » « Pas très bien. »

CORRIGÉ

1. You drive well. 2. It's a very good hotel. 3. His latest book isn't good. 4. The film was very good. 5. It's very well written. 6. "How are you today?" "Not very well."

Pour la traduction de « bien », voir aussi *all right/OK*, **23**.

409 *what? et which?*

« Quel ? » se traduit généralement par *what?* mais on emploie *which?* lorsque le **choix** est **nettement limité**. *Which?* peut aussi correspondre à « lequel ? »

> "**What** countries have you been to?" "Germany, Italy and Spain."
> « Dans quels pays es-tu déjà allé ? » « L'Allemagne, l'Italie et l'Espagne. »
> "**Which** of the three do you prefer?" "Italy."
> « Lequel des trois préfères-tu ? » « L'Italie. »

ENTRAÎNEZ-VOUS !

Mettez *what* ou *which*.
1. …'s your favourite sort of cake? 2. … side of the house faces south? 3. … is my glass: this one or that one? 4. … writers do you like? 5. … colour are her eyes? 6. … colour would you like — green, red, blue or yellow?

CORRIGÉ

1. What 2. Which 3. Which 4. What 5. What 6. Which

410 *when* + présent ou futur

❶ On ne peut pas mettre le futur après *when* dans la plupart des propositions subordonnées (**155.1**).

> **When I'm old** I'll live in the country.
> (et non ~~When I'll be old~~ …)
> Quand je serai vieux, je vivrai à la campagne.

② Mais on peut mettre le futur après *when* au **discours indirect** (après *tell, know, wonder, I'm sure,* etc. (104)).

> I don't know **when she'll come.**
> Je ne sais pas quand elle viendra.
> I wonder **when the rain will stop.**
> Je me demande quand la pluie s'arrêtera.

③ On peut aussi mettre le futur après *when* **dans une question**.

> **When will you come** to see us?
> Quand viendras-tu nous voir ?

ENTRAÎNEZ-VOUS !
Mettez le présent ou le futur selon le cas.
1. Will you still love me when I ... 64? (be) 2. I wonder when I ... you again. (see) 3. When ... you ... your exam results? (know) 4. I'm not sure when this letter ... to you. (get) 5. I'll phone you when I ... in Belfast. (arrive) 6. When you ... ready, let's go and have a drink. (be)

CORRIGÉ
1. am ('m) 2. will ('ll) see 3. will ... know 4. will get 5. arrive 6. are ('re)

411   *whether*

① Dans les interrogations indirectes (104), on peut employer *whether* à la place de *if*.

> I don't know **whether / if** I'll have time.
> Je ne sais pas si j'aurai le temps.

Avant *or*, on emploie plutôt **whether**, surtout dans un style formel.

> Let me know **whether** you can come **or** not. (...*if* ... est possible en anglais informel)
> Dites-moi si vous pouvez venir ou non.

② *Whether ... or* peut aussi correspondre à « que... ou ».

> **Whether** you like it **or** not, you'll have to do it.
> Que cela te plaise ou non, il faudra que tu le fasses.

ENTRAÎNEZ-VOUS !
Traduisez en anglais.
1. Je ne sais pas si elle va venir. 2. Demande à Laetitia si elle sort ce soir. 3. J'aimerais savoir si la voiture est prête ou non. 4. Qu'il arrive ou non, nous commencerons à huit heures.

CORRIGÉ
1. I don't know whether (if) she's going to come. 2. Ask Laetitia whether (if) she's going out this evening. 3. I'd like to know whether the car is (the car's) ready or not. 4. Whether he arrives or not, we'll start at eight (o'clock).

412 *while et whereas*

❶ *While* a deux sens : « pendant que » (**sens temporel**) et « alors que » (**contraste**).

> I don't like you to have fun **while** I'm working.
> Je n'aime pas que tu t'amuses pendant que je travaille.
> She's got a fair complexion, **while** her brother is very dark.
> Elle a le teint clair alors que son frère a la peau foncée.

❷ *Whereas* ne s'emploie que pour exprimer un **contraste** entre deux faits ou deux idées (« alors que », « tandis que »).

> In a town you may pass unnoticed, **whereas** in a village it's impossible.
> Dans une ville on peut passer inaperçu, alors que dans un village c'est impossible.

413 *who? et whom?* (qui ?)

En anglais moderne, *whom?* est rare. On emploie *who?* comme sujet et complément d'objet dans les questions.

> **Who** said that?   **Who** did you invite?
> Qui a dit ça ?   Qui est-ce que tu as invité ?

Notez bien que *did* ne s'emploie pas dans les questions où *who* est sujet (**344**.4).

414 *will et would* (sens fréquentatif)

❶ On emploie parfois *will* pour parler d'une habitude actuelle ou d'une caractéristique permanente. En français, on a alors le **présent**.

> She **will** forget things.
> Elle a tendance à oublier les choses.
> Wolves **won't** usually attack people.
> Normalement, les loups n'attaquent pas les gens.

❷ Pour parler d'une habitude passée, on emploie parfois *would*. On a alors l'**imparfait** en français.

> When I was a child I **would** spend hours reading in my room.
> Quand j'étais petit, je passais des heures à lire dans ma chambre.

ENTRAÎNEZ-VOUS !

Mettez *will* ou *would* selon le contexte.
1. I ... sometimes smoke a cigar when I'm watching TV in the evening. 2. My dog ... not bite if you talk nicely to him. 3. When my father was working, he ... forget everybody. 4. When nobody is looking at her, she ... go into the kitchen and take some biscuits. 5. In my family, when I was young, we ... begin to celebrate Christmas on December 22. 6. A knife ... not cut a diamond *(diamant)*.

CORRIGÉ

1. will 2. will 3. would 4. will 5. will 6. will

Pour la différence entre *would* et *used to*, **399**.

415 *will* et *would* (volonté)

1 *Will* peut exprimer une idée de **volonté**, surtout lorsqu'il s'agit de **demander** ou de **donner** un accord pour faire quelque chose. Dans certains cas, *will* correspond à « vouloir ».

> **Will** you listen to me for a few minutes?
> Voulez-vous m'écouter pendant quelques minutes ?
> "Can somebody help me?" "I **will**."
> Est-ce que quelqu'un peut m'aider ? » « Je veux bien. »
> Please **will** you close the door when you go out?
> Veuillez fermer la porte en sortant.
> If you **will** come this way ...
> Si vous voulez bien me suivre...

On emploie *will you?* comme tag (**380**) après un impératif.

> Stop talking, **will you**?
> Arrête de parler.

2 Pour rendre une demande plus polie, on emploie *would* au lieu de *will*.

> **Would** you listen to me ...?
> Voudriez-vous m'écouter ?

3 Un refus s'exprime par *won't (will not)*; au passé par *wouldn't*.

> "Tell me where you've been." "No, I **won't**."
> « Dis-moi où tu es allé. » « Non, je ne veux pas. »
> The car **won't** start.
> La voiture ne veut pas démarrer.
> She **wouldn't** tell me her name.
> Elle ne voulait pas / Elle n'a pas voulu me dire son nom.

ENTRAÎNEZ-VOUS !

Traduisez en anglais.
1. Voulez-vous me donner votre adresse ? 2. « Est-ce que quelqu'un peut venir avec moi ? » « Moi, je veux bien. » 3. Si vous voulez bien attendre quelques minutes... 4. Voudriez-vous m'attendre dans le salon ? 5. Elle ne veut pas expliquer ce qui s'est passé. (prétérit) 6. La porte ne voulait pas s'ouvrir.

CORRIGÉ

1. Will you give me your address? 2. "Can anybody (somebody/anyone/someone) come with me?" "I will." 3. If you will wait (for) a few minutes … 4. Would you wait for me in the living room? 5. She won't explain what happened. 6. The door wouldn't open.

Pour les autres traductions de « vouloir », 407 et 219.
Pour « vouloir bien », 405.
Pour *will* comme auxiliaire du futur, 148.

416 *(I) wish*

I wish s'emploie pour exprimer des souhaits (souvent irréalisables) ou des regrets. Il est très proche de ***if only*** (« si seulement… ! »), et il est généralement suivi des mêmes temps.

1 Pour parler d'un **souhait relatif au présent**, on emploie le prétérit.

I wish + prétérit

I **wish** I **was** rich. (ou, plus formel, I wish I **were** rich.)
Ah ! Si j'étais riche !
I wish I understood.
Si seulement je comprenais !

ENTRAÎNEZ-VOUS !

Traduisez en anglais.
1. Ah ! Si j'étais jeune ! 2. Si seulement j'avais un frère ! 3. Si seulement tu savais conduire *(drive)* ! 4. Si seulement je pouvais rester au lit toute la journée ! 5. Si seulement je te voyais plus souvent ! 6. Si seulement ils n'habitaient pas si loin *(so far away)* !

CORRIGÉ

1. I wish I was (were) young. 2. I wish I had a brother. 3. I wish you could drive. 4. I wish I could stay in bed all day. 5. I wish I saw you more often. 6. I wish they didn't live so far away.

2 Pour parler d'un **regret concernant le passé**, on emploie le pluperfect.

I wish + pluperfect

I wish I **had** never **met** him.
Si seulement je ne l'avais jamais rencontré !
I wish I **had learnt** Spanish at school.
Si seulement j'avais appris l'espagnol à l'école.

ENTRAÎNEZ-VOUS !

Traduisez en anglais.
1. Si seulement je n'avais rien dit ! 2. Si seulement tu étais venu ! 3. Si seulement je n'avais pas quitté l'école ! 4. Si seulement je t'avais cru ! 5. Si seulement nous n'avions pas acheté cette maison ! 6. Si seulement tu m'avais écouté !

CORRIGÉ

1. I wish I hadn't said anything. (I wish I'd said nothing.) 2. I wish you had (you'd) come. 3. I wish I hadn't left school. 4. I wish I had (I'd) believed you. 5. I wish we hadn't bought this house. 6. I wish you had (you'd) listened to me.

❸ *I wish ... would* exprime le **mécontentement** ou l'**irritation** à propos de ce qui se passe ou ne se passe pas.

> *I wish ... would*

> **I wish** she **would stop** playing that stupid music.
> Si seulement elle arrêtait de jouer cette musique idiote !
> **I wish** the postman **would** come.
> Je voudrais bien que le facteur arrive.

Notez que la structure avec *would* est impossible à la première personne : on ne dit pas ~~I wish I would~~ ...

❹ Pour parler de souhaits qui se réaliseront **peut-être dans l'avenir**, il faut employer *I hope + will*, et non ~~I wish~~.

> *I hope ... will*

> **I hope** I**'ll** pass my exam. (et non ~~I wish I'll pass~~ ...)
> Je souhaite réussir mon examen.
> **I hope** he**'ll** be able to come.
> Je souhaite / Pourvu qu'il puisse venir !

ENTRAÎNEZ-VOUS !

1 **Transformez les phrases comme dans l'exemple.**
Ex. : *She won't stop singing.* → *I wish she would stop singing.*
1. She won't make an effort. 2. They will never accept. 3. My uncle will never come back. 4. Pete won't look for a job.

2 **Traduisez en anglais, en utilisant *hope + will/won't*.**
1. Je souhaite te revoir. 2. Je souhaite qu'il ne m'oublie pas. 3. Pourvu qu'elle comprenne ! 4. Pourvu qu'il ne pleuve pas !

CORRIGÉS

1 1. I wish she would (she'd) make an effort. 2. I wish they would (they'd) accept. 3. I wish my uncle would come back. 4. I wish Pete would look for a job. **2** 1. I hope I'll see you again. 2. I hope he won't forget me. 3. I hope she'll understand. 4. I hope it won't rain.

417   *work* (nom)

❶ *Work* (indénombrable) = « du travail », « le travail ».

> I'm looking for **work**. **Work** is tiring.
> Je cherche du travail. Le travail, c'est fatigant.

« un travail » = ***a job***, et non ~~a work~~

> I've found **a job**.
> J'ai trouvé un travail.

❷ *A work* (dénombrable) = « une œuvre ».

> Her garden is **a work** of art.
> Son jardin est une œuvre d'art.
> the Complete **Works** of Shakespeare
> les Œuvres complètes de Shakespeare

❸ Notez également qu'« une bonne situation » se dit ***a good job*** ou ***a good position*** (plus formel).

> Her mother's got **a good job/position.** (et non ... a good situation.)
> Sa mère a une bonne situation.

ENTRAÎNEZ-VOUS !

Mettez *work*, *works* ou *job*.
1. Katie's looking for a new ... 2. In the North-East, it's very difficult to find ... 3. They're playing Schubert's complete ... on the radio this month. 4. I've got an interesting ...

CORRIGÉ

1. job 2. work 3. works 4. job

418 *worth (+ V-ing)*

❶ *To be worth* + V-*ing* = « valoir la peine de ». Cette expression peut se construire de deux manières. Comparez :

> **It's worth visiting** Edinburgh.
> Edinburgh **is worth visiting**.
> Ça vaut la peine de visiter Édimbourg.
> **It's not worth reading** the book.
> The book **isn't worth reading**.
> Ça ne vaut pas la peine de lire le livre.

❷ « Ça ne vaut pas la peine », « ce n'est pas la peine » = ***it's not worth it***, ***it's not worth the trouble*** ou ***it's not worth while***.

ENTRAÎNEZ-VOUS !

Exprimez la même idée en modifiant la structure, comme dans les exemples.
Ex. : *She's not worth talking to.* → *It's not worth talking to her.*
It's worth seeing Venice. → *Venice is worth seeing.*
1. His ideas are not worth listening to. 2. It's worth visiting Cornwall. 3. His latest book isn't worth reading. 4. It's not arguing with her.

CORRIGÉ

1. It's not worth listening to his ideas. 2. Cornwall is worth visiting. 3. It's not worth reading his latest book. 4. She's not worth arguing with.

419 *would rather*

I would rather (ou *I'd rather*) =

« je préférerais », « j'aimerais mieux » ou « je préfère », « j'aime mieux »

❶ Would rather + V

I'**d rather go** home.
J'aimerais mieux rentrer.

I'**d rather not see** her.
Je préférerais ne pas la voir.

"**Would** you **rather stay** here or come with us?"
« Est-ce que tu préfères rester ici ou venir avec nous ? »
"I'**d rather stay**."
« Je préfère rester. »

Après *rather*, *than* s'emploie pour exprimer l'idée de « (plutôt) que ». (*Rather* est un ancien comparatif.)

I'**d rather live** in England **than** in the US.
J'aimerais mieux vivre en Angleterre qu'aux États-Unis.
I'**d rather be** a bird **than** a fish.
Je préférerais être un oiseau plutôt qu'un poisson.

ENTRAÎNEZ-VOUS !

Traduisez en anglais (en utilisant *rather*).
1. J'aimerais mieux rester chez moi. 2. « Une bière ? » « Je préférerais prendre *(have)* un jus d'orange. 3. Est-ce que tu préfères voir un film ou aller au théâtre ce soir ? 4. Qu'est-ce que tu aimerais mieux faire ?

CORRIGÉ

1. I'd rather stay at home. 2. "A beer?" "I'd rather have an orange juice." 3. Would you rather see a film or go to the theatre this evening? 4. What would you rather do?

❷ Would rather + sujet + prétérit

I'**d rather you came** tomorrow.
Je préférerais que tu viennes demain.
My mother **would rather we didn't see** each other any more.
Ma mère aimerait mieux qu'on ne se voie plus.
"Shall I open the window?" "I'**d rather you didn't**."
« J'ouvre la fenêtre ? » « J'aime mieux pas. »

ENTRAÎNEZ-VOUS !

Traduisez en anglais (en utilisant *rather*).
1. Je préférerais que tu restes chez toi. 2. Elle préférerait qu'on arrête de jouer. 3. « Je ferme la porte ? » « Je préfère pas. » 4. J'aimerais mieux que tu ne dises rien.

CORRIGÉ

1. I'd rather you stayed at home. 2. She'd rather we stopped playing. 3. "Shall I close the door?" "I'd rather you didn't." 4. "I'd rather you didn't say anything (said nothing)."

NOTEZ

- *Would sooner* s'emploie comme *would rather* mais est moins courant.
- *Had rather* (ancienne variante de *would rather*) ne s'emploie plus en anglais moderne.

Z

420 zero

1 En anglais britannique, le chiffre 0 se dit **nought.**

0 25 = **nought** point two five (= 0,25 **253.3**)

Quand on dit un nombre chiffre par chiffre, 0 se prononce souvent /əʊ/ (comme la lettre).

My telephone number is four three seven **O** six two five.
Mon numéro de téléphone est le 4370625.

2 Dans les mesures, on dit **zero** /ˈzɪərəʊ/.

Water freezes at **zero** degree**s**.
L'eau gèle à zéro degré.

Notez le pluriel après *zero.*

Dans les sports, « zéro » se traduit généralement par **nil**.

Manchester three, Liverpool **nil**.
Manchester trois, Liverpool zéro.

3 Dans des sports comme le tennis, le ping-pong et le badminton, on dit **love** au lieu de *nil*.

Fifteen-**love**.
Quinze-zéro.

ENTRAÎNEZ-VOUS !

Lisez les phrases suivantes.
1. 650 grams is 0.65 kilograms. 2. My account number is 3046729. 3. Maximum temperature 17° ; minimum temperature 0°. 4. England won the football match 3-0.

CORRIGÉ

1. Six hundred and fifty grams is nought point sixty-five kilograms. 2. ... three O four six seven two nine. 3. ... seventeen degrees; ... zero degrees. 4. ... three – nil.

NOTEZ

Les Américains emploient **zero** à la place de *nought* et *nil*.

Index

Les numéros **en gras** renvoient aux **fiches** ; les numéros en maigre, aux paragraphes dans les fiches.
Les expressions en plusieurs mots (ex. : *in front of*) peuvent se trouver au premier mot.

a

a et *an* **39-40**
   a/an et *one* **270**
   a/one hundred, etc. **253**.1
   not a/an et *not any* **260**
   place de *a/an* **40**.6,7

a bit, *(a) few*, *(a) little* **221**
a long time et *long* **222**
a long way et *far* **137**

a lot
   a lot of, *lots of* **226**
   a lot, *many*, *much*, etc. **243**
   a lot + comparatif **84**.1
   place de *a lot* **294**

a ... of mine **302**

à
   at et *to* (lieu) **54**
   from **146**
   non traduit (*three miles from here*, etc.) ... **52**.3

à condition que/de = *as long as* **48**.1
à moins que = *unless* **397**
à qui ? = *whose?* **301**
a- (préfixe) **305**

able
   be able to **62**
   be able to et *can* **72**
   was able to et *could* **76**

about
   about to **3**
   au sujet de **1**
   environ **2**
   talk/tell/be about (parler de) **280**

accent
   accent tonique et accent de phrase **338**
   accentuation emphatique **341**

accepter **4**
according to **5, 240**

across et *through* (à travers) **6**
actor/actress **257**.1
actual : faux ami **138**
actually : faux ami **138, 240**

adjectifs
   adjectifs composés **11**
   adjectifs en *-ly* **10**
   adjectifs substantivés **12**
   comparaison **80-90**
   emploi de *and* **9**
   ordre des épithètes **8**
   place et accord des adjectifs **7**

adjectifs démonstratifs **390**
adjectifs interrogatifs **301, 409**
adjectifs possessifs **299**
   avec forme en *-ing* **198**.4

admettre **13**

adresses **218**
   prépositions **52**.2

adverbes
   comparaison **81**
   place **292-295**

advice (indénombrable) **256**.3
   faux ami **138**

afford (*I can't afford*, etc.) **289**.3

afraid **14**
   afraid et *frightened* **14**.2
   afraid of + V-*ing* et *afraid to* + V **15**
   avec *be* **14, 61**.2
   be afraid to (et *dare*) **96**
   I'm afraid so/not **366**

after
   after, *afterwards* et *after that* **37**
   after + V-*ing* (après avoir...) **203**
   emploi des temps **155**

afternoon (*in the* –) **53**.3, **307**.2

again
  again et *back* **16**
  déjà **99**.4
  encore **120**.4

age avec *be* **17**
âge : comment l'exprimer **17**

ago **18, 188**.2
  ago et *before* **18**.3

agree **19**
  accepter de **4**.1
  être d'accord **127**.1

ah oui ? ah bon ? **381**
ain't **94**.2

all
  all et *all of* **265**
  all et *every* **20**
  all et *everything* **21**
  all et *whole* **22**
  all day, all night, etc.,
    sans article **20**.3
  all ... but **70**

all right
  all right et *OK* **23**
  d'accord **127**.3
  je veux bien **405**.2

all that **330, 331**
all the better **87**.3
all the more **87**.2
all the same **240, 353**.2

allow
  be allowed to **63**
  not allow (interdire) **205**
  permettre **289**

alone, *by oneself* et *lonely* **356**
alphabet : noms des lettres **24**
alphabet phonétique **337**

already
  avec present perfect **316**.2
  déjà **99**.1,2

also
  also, as well et *too* **25**
  also et *so* **26**
  place de *also* **292**

although, *though* et *in spite of* **27**

always
  always et *still* (toujours) **392**
  avec les formes en *be* +V-*ing* **28**
  place de *always* **292**
  place avec impératif **189**.2

amazed (at) **306**.1
américain (anglais), voir **anglais britannique et américain**

among (chez) **79**
and
  après *hundred*, etc. **253**.2
  après *try*, etc. **29**
  avec les adjectifs **9**
  omission de mots après *and* **30**

anglais britannique et américain **31, 32**
  orthographe américaine **272**
  voir aussi **47**.2, **97** NOTEZ, **169**.4, **377, 378**.2, **384**.2

angry (with) **306**.1
annoy (ennuyer) **124**

another **33**
  encore un, *another two*, etc. **120**.3
  one another **113**

any
  any ... but **70**
  any et *no* **249**.1
  any et *no* : adverbes **35**
  any et *some* **370**
  après *without* **249**.2
  avec comparatif, *any different,*
    any good, any use **35**
  n'importe quel **34**
  not ... any longer **262**
  not ... any more **262**
  not ... any, not ... a, no, none **260**

anybody
  anybody et *somebody* **371**
  n'importe qui **34**
  not ... anybody et *nobody* **261**
  repris par *they*, etc. **327**

anyone
  anyone et *someone* **371**
  n'importe qui **34**
  repris par *they*, etc. **327**

anything
  anything et *something* **371**
  n'importe quoi **34**
  anything for ... to + V **142**.7
  not ... anything et *nothing* **261**

anyway **240**

anywhere
  anywhere et *somewhere* **371**
  n'importe où **34**
  not ... anywhere et *nowhere* **261**

apologise (for) **306**.1
appointment (rendez-vous) **351**.1
apprendre **36**
après **37**
  après avoir + participe passé **203**
Arab et *Arabic* **247**
aren't I? **380**.4
arrange for ... to + V **142**.6

arrive (at/in) **38**.1, **54**.3
arriver **38**

articles **39-43**
 (pour les détails, voir *a/an* ou *the*)
 article avec cas possessif **303**.3
 article avec forme en *-ing* **198**.4
 article français = possessif anglais ... **299**.4

as
 as + *I* ou *me*, etc. **323**.5
 as et *like* **45**
 as et *since* **46**
 as, *than*, *that* **386**
 as, *while* + verbe progressif
  (en + participe présent) **119**
 place de *a/an*, ... **40**.7

as ... as **44**
as a matter of fact **240**
as a result **240**
as a rule **240**
as far as (jusqu'à) **212**.1
as far as I know **137**.2
as far as ... is concerned **240**
as few/as little ... as possible **83**.5
as for **240**
as if et *as though* **47**

as long as **48**
 emploi des temps **155**

as much/many as **49**
 jusqu'à **212**.3

as regards **240**

as soon as
 emploi des temps **155**

as though **27**.2
 as though et *as if* **47**
as well, *also* et *too* **25**
as well as **25**.2

ask (for) **50**
 ask + proposition infinitive **196**.2
 passif **286**.1
 sans préposition **306**.3

asleep, *sleeping* et *sleepy* **51**

assez
 enough **125**
 fairly **136**
 quite **347**
 rather **348**

assis = *sitting* **126**.2

at
 at, *in*, *on* (lieu) **52**
 at, *in*, *on* (temps) **53**
 at, *in*, *to* **54**
 chez **79**

 expressions **306**.1,2, **307**
at all: place **294**
at first et *first* **55**
at home **177**
at last et *finally* **140**
at least **83**.6, **240**
at no time + inversion **206**.1
at the same time **353**.2
athletics singulier **255**.5

attendre **406**
 faire attendre quelqu'un **135**.3

au début = *at first* **55**.1
au moins **83**.6
aucun = *no*, *none* **260**.3

aussi **56**
 aussi... que = *as ... as* **44**.1
 moi aussi **57**
 however **130**
 so et *such* **367**

autant
 as much/many **49**.1
 so much/many **368**
autre (*else*) **118**
 (*other*) **277**

auxiliaires
 omission de mots **266**

auxiliaires modaux **237, 238**
 au discours indirect **103**.2

avant **58**
avoid + V-*ing* **198**.1
avoir faim, soif, chaud, etc. **61**.2
avoir l'air **224**
avoir la permission/*le droit de* **63**
avoir l'habitude (de) **395**.4, **398**.5

b

back et *again* **16**
bad (at) **306**.1
baggage: indénombrable **256**.3

be
 formes **59**
 be + -*ed* ou -*ing* **114**
 be + *to* + V **60**
 be et *have* **61**
 être + participe passé **127**
 forme progressive **404**.2
 subjonctif (*I be*, etc.) **377**

be able to **62**
 be able to et *can* **72**.2
 was able to et *could* **76**

be about (parler de) **280**

be about to 3
be afraid 14, 96
be allowed to 63
be born 64
be going to 149
be in charge of (s'occuper de) 264
be likely to 220
be supposed to 65
be used to (+ V-*ing*) 400, 202
bear : *can't bear* + V-*ing* ou *to* + V 200.2

beaucoup 226, 243
   + comparatif 84.1

because et *because of* 66
bed sans article 43.11
been et *gone* 159

before
   avant 58
   déjà 99.3
   before et *ago* 18.3
   before et *in front of* 101
   before + V-*ing* (avant d'avoir...) 203
   emploi des temps 155

begin + V-*ing* ou *to* + V 200.2
behave yourself 328.5

believe : passif 287
   sans forme progressive 404

beside et *besides* 241
   besides 240

better
   better et *best* 82
   had better 163

bicycle (*by* –) 307.1
bien 408
bien que = (*al*)*though* 27
big, *large*, *great* et *tall* 162
billion(s) 251
bit : *a bit*, (*a*) *few*, (*a*) *little* 221
blind : *the blind* 12
boat (*by* –) 307.1
bon voyage, *bonnes vacances*, etc. 144.5

bore et *annoy* 124
   bored et *boring* 114

born : *be born* 64
borrow (*from*) 306.1

both 67
   both et *both of* 265
   both et *every* 112.4

breakfast (*to have* –) 170
bride/(*bride*)*groom* 257.3

bring
   verbe à deux compléments 401
   bring et *take* 68

Britain, *the United Kingdom* et *England* 69
British, *Briton* 247
bus (*by* –, *on a* –) 307.1

but
   but + V 193.4
   but = *except* 70
   but for 70.4

buy
   verbe à deux compléments 401
   buy, *pay (for)*, *give* et *offer* 288

by
   by + complément d'agent 284.1
   by + V-*ing* (en + participe présent) 119.4
   by (*the time*) 71
   by bicycle, etc. 307.1
   by = *de* 306.1, 253.6

by far 137.3
by myself, etc. (seul) 328.4
by oneself, *alone* et *lonely* 351
by the way 240

C

ça fait... que
   it is ... since 364
   present perfect + *for*/*since* 317

c'est 326
   c'est moi qui... = *I* 323.2
   c'est... qui/*que* 341.1, 209

can, **could** 72-77
   can/*could* + infinitif passé 77
   can et *know* (savoir) 214
   can see, *can hear*, etc. 75
   can't : déduction 244.3, 245.2
   capacité, possibilité 73
   could après *so that* 369
   could et *was able to* 76
   discours indirect 103.2
   formes 72
   permission 74

can afford 289.3
can't bear + V-*ing* ou *to* + V 200.2
can't help + V-*ing* 200.1
can't stand + V-*ing* 200.1
capable (*able*) 62
car (*by* –) 307.1
   sans article 43.11
cas possessif 303, 304
   impossible avec adjectifs substantivés 12.3
   cas possessif, nom composé
   ou préposition ? 259

ce 326
   ce dont 331.4
   ce qui, *ce que* 331

censé : être censé = *be supposed to* **65**
century *(in the 16th –)* **307**.1
certainly, *sure, surely* **379**
certains = *some* **372**
chairman/*chairperson* **262**.4
chaque = *each ou every* **112**
chercher **78**
chez **79**
Chinese **247**
Christmas *(at –)* **53**.2
clever *(at)* **306**.1
cloth et *clothes* **241**
coach *(by –)* **307**.1
cold avec *be* **61**.2

combien (de)…? **181-183**
   combien de fois…? **183**.2
   combien de temps…? **181**

come (arriver) **38**.4
   come and **29**
   come + V-*ing* **161**

comme = *as/like* **45**
   comme tu veux **407**.3

comme si = *as if / as though* **27**.2

comparaison **80-90**
   adjectifs **80**
   adverbes **81**
   beaucoup/encore + comparatif **84**
   comparatif ou superlatif **90**
   doubles comparatifs **86**
   formes irrégulières **82**
   moins, le moins **83**
   than + pronom **85**
   the + comparatif **87**
   the + superlatif **88**
   préposition après superlatif **89**

comprehensive : faux ami **138**
comprendre : se faire comprendre **135**.3

concordance des temps
   après *wish* **416**
   avec *if* **185**
   discours indirect **103**
   subordonnées (après *when*, etc.) **155**

conditionnel **91-93**
   conditionnel et futur **91**
   conditionnel et futur : temps après *when, after*, etc. **155**
   conditionnel passé **93**
   conditionnel présent **92**

congratulate *(on)* **306**.1

conjonctions
   after **155, 203**.2
   (al)though **27**
   and **29, 30**
   as **45, 46, 119**

as if **47**
as/so long as **48**
as soon as **155**
as though **27**.2, **47**
because **66**
before **155, 203**.2
either **57**.2, **115**
either … or **116**
even if **128**.3
even though **27**.2
for (car) **240**
hardly … when **206**.1
however **130**
if **185, 186, 411**
in case **155, 191**
in order that **369**
neither **57, 383**
neither … nor **116, 249**.1
no sooner … than **206**.1
nor **57, 383**
now (that) **263**
once **263**
provided (that) **48**
since (puisque) **46**
since (depuis que, etc.) **363, 364**
so **56, 57**
so that **319**
that **386, 387**
till **212**.2, **155**
unless **397**
until **212**.2, **155**
whatever **130**
when **155, 410**
whenever **130, 155**
whereas **412**
wherever **130, 155**
whether **411**, **104**.2
whichever **130, 155**
while **111, 119, 155, 412**
whoever **130, 155**

conjugaisons
   actives **385**
   passives **283**

connaître **214**.2
consequently **240**

consider
   consider + V-*ing* **200**.1
   I consider it important that …, etc. **208**

consonnes : redoublement **275**
continue + V-*ing* ou *to* + V **200**.2
contractions **94**
couché = *lying* **126**.2
could, voir **can**
country *(in the –)* **307**.1
course : faux ami **138**
courses : faire des/les courses **134**.4

cover (with) **306**.1
crossroads : singulier **255**.5
cry, shout et *scream* **95**
customs : pluriel = la douane **255**.3

d

d'abord **55**
d'accord **127, 23**
d'après **5**
d'autant plus... que **87**.2
dare **96**
date (rendez-vous) **351**.2
dates **97**
de = *by* **306**.1, **253**.6
  = *from* **146**
  = *some* ou *any* **370**
de... à = *from ... to* **146**.4
de rien = *all right / OK* **23**

dead, *died* et *death* **98**
  the dead **12**

deaf : *the deaf* **12**
deal with (s'occuper de) **264**
death, *dead* et *died* **98**
décimales **253**.4
déjà **99, 129**
delighted (with) **306**.1

démonstratifs **390**
  avec forme en *-ing* **198**.4

depend (on) **306**.1

depuis **100**
  depuis combien de temps, etc. **181**

dérivation **305**
des **39**.3, **370**
dès = *from* **100**.3
describe : structures **401**.3
déterminants
  articles **39, 43**
  possessifs **299, 301**
  démonstratifs **390**
  quantifieurs **343**

devant **101**
devenir = *go* ou *get* **160**
devoir **102**
died, *dead* et *death* **98**
different (from) **306**.1

difficult
  difficult for ... to + V **142**.3
  I find it difficult to + V, etc. **208**

dinner (to have —) **170**
dis- (préfixe) **305**
disappointed (with) **306**.1

discours indirect **103-105**
  temps **103**
  questions **104**
  pronoms, déterminants et adverbes **105**

discuss : sans préposition **306**.3
discuter de **306**.3, **280**.4

dislike
  dislike + V-*ing* **200**.1
  sans forme progressive **404**

divide (into) **306**.1
divorce, *be/get divorced* **228**
do you ever ...? **38**.6, **129**.1

do
  avec *be* **59**.2
  avec *have* **167**.3
  avec impératif **189**.2
  dans les questions **344**
  do et *make* **108**
  do some/any + V-*ing* **134**
  do the shopping **134**.4
  insistance/contraste **106**
  reprise (*Yes, I do*, etc.) **107**

do you mind ...? **236**.2
-dom (suffixe) **305**
don't let's **217**.2

don't mind **236**.1
  être d'accord **127**.2
  vouloir bien que **405**.1

dont **109**
double comparatif **86**

doubt
  sans forme progressive **404**
  sans préposition **306**.3

dozen(s) **251**
dressed (in) **306**.1
droit (avoir le droit de) **63**
du, *de la*, *des*, *de* = *some* et *any* **370**
du moins **83**.6
du moment que = *as long as* **48**.1

during
  during et *for* (pendant) **110**
  during et *while* **111**

Dutch **247**

e

each et *every* **112**
each other et *one another* **113**
Easter (at) **53**.2
easy for ... to + V **142**.3
economic et *economical* **241**
economics : singulier **255**.5

-ed et *-ing* **114**
effective et *efficient* **241**

either
  either + nom **115**
  either ... or **116**
  I'm not either, etc. **57**.2
  not ... either et *too* **117**

elder et *eldest* **82**.2
else **118**
-en (suffixe) **305**
en + participe présent **119**
en face de **121**
en vacances = *on holiday* **176**
enable (permettre) **289**.2

encore **120**
  encore + comparatif **84**.2
  encore un = *another, one more* **120**.3

end (in the –) **307**.2
England, *Britain* et *the United Kingdom* **69**
English **247**
  indénombrable **256**.2
  English et *the English* **122, 12**.2

enjoy **123, 296**
ennuyer, s'ennuyer, ennuyeux **124**

enough **125**
  enough for ... to + V **142**.4
  not have enough of (manquer de) **227**.2

enter : sans préposition **306**.3
entrer : faire entrer quelqu'un **135**.3
-er (suffixe) **305**
escape (from) **306**.1
et... et = *both ... and* **67**
étrange, étranger **376**
être + participe passé **126**
être assis/couché, etc. **126**.2
être d'accord **127, 19**

even
  encore **120**.5
  even + comparatif **128**.2, **84**.2
  même **128**
  place **292**

even if **128**.3
even though **27**.2
evening (in the –) **307**.2, **53**.3
eventual(ly) : faux ami **138**

ever
  après *without* **249**.2
  avec *present perfect* **316**.2
  déjà **99**.2
  ever et *never* **129**
  whoever, whatever, etc. **130**

every
  et *all* **20**

et *both* **112**.4
et *each* **112**
... but **70**
every day, every two days, etc. **183**

everybody : singulier **371**
  repris par *they*, etc. **327**

everyone : singulier **366**
  repris par *they*, etc. **327**

everything : singulier **371**
  everything et *all* **21**

except + V **193**.4
exclamations **131, 132**
excuse me et *sorry* **144**.4
excuses **144**.4

expect
  avec proposition infinitive **196**.2
  expect et *wait* **406**
  passif **286**

experiment et *experience* **241**
explain **133**

f

faced with **121**.2
fail an exam (rater un examen) **352**.5

faire
  du cheval, etc. (*go/come*) **161**
  du sport, du théâtre, etc. (*do*) **134**
  faire faire **135, 158**
  se faire comprendre **135**.3

fairly **136**
fall, *feel* et *fill* **241**
fall asleep et *go to sleep* **51**

far
  avec comparatif **84**.1
  et *a long way* **137**
  as far as **212**.1
  as far as I know **137**.2

farther et *further* **82**.2
faux amis **138**
fed up (with) + V-*ing* **201**.1

feel
  as if / as though **47**
  can feel **75**
  + complément d'objet + V **193**.4
  fall et *fill* **241**
  feel like **139, 200**.1
  forme progressive **404**

féminin et *masculin* **257**
fetch (chercher) **78**.2

few
- a few, (a) little, a bit ... **221**
- few et few of ... **265**

fewer et *less* ... **83**.2
- fewer and fewer ... **86**

fewest et *least* ... **83**.4

fill (*with*) ... **306**.1
- fill, fall et feel ... **241**

finally et *at last* ... **140**
find : *I find it difficult to* + V, etc. ... **208**
find out (savoir) ... **214**.3
finish + V-*ing* ... **200**.1

first
- avant ... **58**.3
- first et at first ... **55**
- first + nombres ... **8**.3
- first, second, etc. ... **252**
- this is the first, etc. + present perfect ... **318**

firstly, *secondly*. ... **240**
floor (*on the first –*) ... **307**.1
fly et *flow* ... **241**
fois (une fois, deux fois, etc.) ... **183**
foot (*on –*) ... **307**.1

for
- but (= pour + nom) ... **141**
- car ... **240**
- expressions ... **306**.1,2
- for + complément d'objet + to + V ... **142**
- for et during (pendant) ... **110**
- for et since (depuis) ... **100**.1
- for et since avec pluperfect ... **298**
- for et since avec present perfect en be +V-ing ... **317**.3

for a long time et *long* ... **222**
for ever ... **129**.4
forbid ... **205**.2
- passif ... **286**
foreign, *foreigner*, *strange* et *stranger* ... **376**
forget
- forget + « to + V » ou V-ing ... **349**
- forget et leave ... **143**
- forgive : sans préposition ... **306**.3
formes
- en -ing, voir **-ing**
- contractées ... **94**
- fortes et faibles ... **340**
- interronégatives dans les exclamations ... **132**
- progressives, voir **présent progressif**, etc.
formules de politesse ... **144**
fractions ... **253**.5
franglais ... **145**

French ... **247**
- the French ... **12**.2

friendly : adjectif ... **10**
frightened et *afraid* ... **14**.1,2

from ... **146, 306**.1, **100**.3
fruit : indénombrable ... **256**.3
- -ful (suffixe) ... **305**
funny et *fun* ... **241**
furniture : indénombrable ... **256**.3
further et *farther* ... **82**.2

futur ... **147-155**
- be + to + V ... **60**
- antérieur ... **152**
- dans le passé ... **155**
- et conditionnel ... **91**
- et conditionnel : temps après when, after, etc. ... **155, 410**
- futur progressif (be + V-ing) ... **153**
- going to ... **149**
- présent français = présent anglais ... **150**
- présent français = will/shall + V ... **151**
- structures de base ... **147**
- will et shall ... **148**

g

generally speaking ... **240**
genre ... **257, 325**

get
- auxiliaire du passif ... **157**.2
- chercher ... **78**.2
- get + complément d'objet + participe passé (faire faire) ... **135**.2
- get + objet direct + to + V ... **158**
- get + participe passé ... **157**
- get et go (devenir) ... **160**
- get to (arriver à) ... **38**.1
- have got ... **169, 171**

get divorced ... **228**
get married ... **228**
get used to ... **400**

give
- give, pay (for), buy, offer ... **288**
- passif ... **285**
- verbe à deux compléments ... **401**

give up + V-ing ... **200**.1

go
- been et gone ... **159**
- go +V-ing ... **161**
- go and ... **29**
- go et get (devenir) ... **160**
- go on + V-ing ou to + V ... **200**.2
- go shopping ... **134**.4
- go to sleep et fall asleep ... **51**

going to ... **149**
gonna ... **94**.3

gone
- parti ... **126**.4

gone et been	**159**
good et well	**403**
good at	**306**.1
it's no good + V-ing	**199**
got: have got	**169, 171**
gotta	**94**.3
government: singulier ou pluriel	**255**
grand	**162**
great, large, big et tall	**162**
Great Britain	**69**
guess (so/not)	**361**

h

habitude : avoir l'– (de)	**398**.5, **400**
had	
had I ... (= if I had)	**206**.3
had better	**163**
had rather	**419** NOTEZ
had to et must have	**245**.3
hair : indénombrable	**256**.3
half	**164**
happen	**165, 38**.2
happy (with)	**306**.1
hardly	
avec verbe affirmatif	**249**.2
hardly et hard	**166**
inversion	**206**.1
place	**292**
hardly ever: place	**292**
hate	
hate + V-ing ou to + V	**200**.2
hate + proposition infinitive	**196**.2
sans forme progressive	**404**
have	
activités (have a drink, etc.)	**170**
auxiliaire	**168**
formes	**167**
have + complément d'objet + participe passé (faire faire)	**135**.2
have (got)	**169**
have (got) to	**171**
have (got) to et must	**246**
have et be	**61**
he	**323**
he, she et it (genre)	**325**
headache: article	**40**.5
hear	
can hear	**75**
hear (about) = apprendre, savoir	**36**.4, **214**.3
hear +complément d'objet + V	**193**.4
hear + V ou V-ing	**355**
hear et listen (to)	**172**
hear from, of, about	**173**
hear that ...	**214**.3
ordre des mots	**207**.3
sans forme progressive	**404**
help	
can't help + V-ing	**200**.1
help + complément d'objet + V	**193**.4
help yourself	**328**.5
her: possessif	**299**
her: pronom personnel	**324**
here et **there**	**174**
here is et **this is**	**174**.2
hero/heroine	**257**.3
hers	**300**
herself	**328**
heure: expression de l'heure	**175**
hide (from)	**306**.1
structures	**401**.3
him	**324**
himself	**328**
his	**299, 300**
holiday(s)	**176**
on holiday	**307**.1
sans article	**43**.11
home	
home et house	**177**
sans article	**43**.11
homework et housework	**108**.2
-hood (suffixe)	**305**.2
hope (souhaiter)	**416**.4
I hope so/not	**366**
hospital : sans article	**43**.11
host/hostess	**257**.1
hot avec be	**61**.2
hour et time	**178**
house et home	**177**
housework et homework	**108**.2
how	
how ...!	**131**
how ...? et what ... like?	**179**
how far ...?	**184, 213**.1
how should ...?	**360**
know how to + V	**214**.1
ordre des mots	**207**.1
place de a/an	**40**.7
how about?	**1**.2
how are you?	**180**
how dare you?	**96**.2
how do you do?	**180**
how far?	**184**
how high?	**184**
how long? (durée)	**181**
how long? (mesure)	**184**

how many? et *how much?* **182**
how often? et *how many times?* **183**
how old are you? etc. **17**
how tall? **184**
how wide? **184**

however
   conjonction **130**
   adverbe **240**

hundred(s) **251**
hungry avec *be* **61**.2

i

I **323**
   I ou *me* après *and* **323**.3
   I ou *me* après *as* **44**.4
   I ou *me* après *than* **85**

I can't wait for ... (vivement que...!) ... **406**.4
I dare say **96**.2

I don't mind **236**.1
   I don't mind + V-*ing* (j'admets que) **13**

I don't object to + V-*ing* (j'admets que) **13**
I hope (je souhaite) **416**.4
I'm afraid (= I'm sorry to tell you) **14**.3

I think **240**
   et *according to* **5**.2

I were*, he were*, etc. **307**.1
I wish **416**
-ics singulier **255**.5

if **185, 186**
   as if / *as though* **47**
   et *whether* **411, 104**.2
   even if **128**.3

if so, if not, if necessary **186**.3
il faut **187**

il y a **188, 388**
   il y a... que... .... **188**.3, **359**
   il y a... qui... .... **188**.4

im- (préfixe) **305**.1
imagine ... + V-*ing* **200**.1

impératif **189**
   impératif + *will you?* **380**.4
   let's **217**

important : faux ami **138**
important for ... *to* + V **142**.1
impossible for ... *to* + V **142**.3

in
   in, at et *on* (lieu) **52**
   in, at et *on* (temps) **53**
   in, at et *to* **54**
   in et *into* **190**
   expressions **306**.1, **307**

in a way **240**
in a word **240**
in addition **240**

in case **191**
   emploi des temps **155**

in conclusion **240**
in fact **240**

in front of (devant)
   et *before* **101**
   et *opposite* (en face de) **121**.3

in my opinion **240, 5**
in one's twenties, etc. **17**

in order to + V **195**
   in order that **369**

in other words **240**
in short **240**
in spite of et *(al)though* **27**
in the face of **121**.2
in- (préfixe) **305**
incidentally **240**
indénombrables **256**

infinitif **192-197**
   avec *to, not to*, etc. **192**
   be + *to* + V **60**
   passé, passif et progressif **194**
   proposition infinitive **196**
   reprise par *to* **197**
   sans *to* **193**
   to, in order to et *so as to* **195**

infinitif ou V-*ing* **15, 200**.2, **345, 355, 375, 396**
information : indénombrable **256**.3

-ing **198-204**
   adjectif *(falling leaves)* **204**.3
   après certains verbes **200**
   après *avoir vu* = *after seeing*, etc. **203**
   après les prépositions **201**
   forme progressive abrégée **204**
   -ing et *-ed* **114**

-*ing* ou infinitif, voir **infinitif ou V-*ing***
   it + V-*ing* **199**
   sujet/attribut du sujet/complément ... **198**
   to + V-*ing* **202**

interdire **205**

interested (*in*) **306**.1
   interested et *interesting* **114**

interrogation indirecte **104**

interrogatifs (mots et expressions)
   How...? **179-184, 1**.2
   What ...? **179, 1**.2, **175, 53**.1
   What? Which? **409**
   Who? Whom? **413**
   Whose? **301**

interronégations **346**
   dans les exclamations **132**

into et *in* **190**
   expressions **306**.1

inversion **206, 207**

Irish **247**
   the Irish **12**.2

irritate (ennuyer) **124**
-ish (suffixe) **305**

it **323, 324**
   he et she (genre) **325**
   I find it difficult to + V, etc. **208**
   it is believed/said ... that **287**
   it is/was ... since **364**
   it is ... that (structure emphatique) **209**
   it is the first time, etc. + present
      perfect, etc. **318**

it's all right / OK **23**.2
it's no + V-*ing* **199**
it's no use + V-*ing* **199**
it's time **210**
it's worth + V-*ing* **418**

its **299**
   its et it's **241**

itself **328**

j

jamais = *ever* ou *never* **129**

Japanese **247**
   the Japanese **12**.2

je veux bien **405**.2
je viens de ... = *I have just* **213**
jeans **211, 255**.3
journey, *travel*, *trip*, *voyage* **394**

jusqu'à **212**
   jusqu'à présent **212**.2
   jusqu'à quand ? **181**.1
   jusqu'où **216**.1

just
   I have just ... (je viens de...) **213**
   place **292**

k

keen (on) **306**.1
keep
   keep (on) + V-*ing* **200**.1
   keep someone waiting **135**.3

kind (to) **306**.1

know **214**
   know et can (savoir) **214**.1
   know how to + V **214**.1
   passif **287**
   sans forme progressive **404**

knowledge **256**.3

l

là = *here* ou *there* **174**

lack (manquer) **227**.1
   sans préposition **306**.3

laisser = *let* ou *leave* **215**
large, *great*, *big* et *tall* **162**

last
   last but one, etc. **70**.3
   last night et tonight **391**
   last, the last et the latest **216**
   place **292**
   + nombres **8**.3

latest et (the) *last* **216**
laugh (at) **306**.1
lay et *lie* **241**
learn et *teach* (apprendre) **36**

least **83**.3
   least et fewest **83**.4
   least et least of **265**

leave (laisser, quitter, partir) **215**
   leave et forget **143**
   leave et let **215**
   leave et live **241**

lecture : faux ami **138**
left (parti) **126**.4
lend : verbe à deux compléments **401**
lequel après préposition **334**
-less (suffixe) **305**.2

less ... than **83**.1
   less and less **86**
   less et fewer **83**.2
   less et less of **265**
   the less ... the less **87**

let
   accepter que **4**.2
   être d'accord **127**.2
   let + complément d'objet + V **193**.4
   let et leave (laisser) **215**
   let someone in **135**.3
   ordre des mots **207**.3

let me see/think **240**

let's **218**
   let's ..., shall we? **380**.4
   not let (interdire) **205**

lettres (courrier) **217**

lie et *lay* **241**
life (la vie) **42**.1
like (préposition)
   like et *as* **45**
   like et *as if* / *as though* **47**
   préposition ou verbe **179**.3
   what ... like? **179**
like (verbe)
   plaire **296**
   like + proposition infinitive **196**.1
   like + V-ing ou *to* + V **200**.2, **219**.2
   like et *would like* **219**
   sans forme progressive **404**
   verbe ou préposition **179**.3
likely **220**
listen (*to*) et *hear* **172**
little, *a little*, (*a*) *few*, *a bit* **221**
   little et *little of* **265**
little et *small* **365**
live
   live et *leave* **241**
   live on **306**.1
lonely, *by oneself* et *alone* **356**
long (durée) et (*for*) *a long time* **222**
   as long as **48**
   how long? **181**
   long after **37**
   no longer, *not any longer* **262**
long (mesure)
   avec *be* **61**.2
   a long way et *far* **137**
   how long? **184**
look + adjectif et *look like* **223**
   look as if / *as though* **47**
look after (s'occuper de) **264**
   look after et *look for* **241**
look at, *see*, *watch* **224**
look for (chercher) **78**.1
   look for et *look after* **241**
look forward to **225**
   look forward to + V-*ing* **202**
look like **179**.2
loose et *lose* **241**
lot : *a lot of*, *lots of* **226**
love
   love + V-*ing* ou *to* + V **200**.2
   sans forme progressive **404**
love (zéro) **420**
lovely **10**
lucky avec *be* **61**.2
luggage : incénombrable **256**.3

lunch (*to have –*) **170**
-ly (suffixe) **305**

m

madam **242**
made (*of*) **306**.1
mainly : place **292**
majorité : la majorité de **239**
majuscules **273**
make
   make + complément d'objet + V
   (faire faire) **193**.4, **135**.1
   make et *do* **108**
   ordre des mots **207**.3
   passif **286**
make it possible (permettre) **289**.2
make oneself understood **135**.3
make yourself at home **328**.5
manage (réussir, arriver) **352**.3, **38**.3
manquer **227**
many, *much*, *a lot*, etc. **243**
   many et *many of* **265**
marry, *be/get married* **228**
   married (*to*) **306**.1
masculin et *féminin* **257**
*mathematic*s : singulier **255**.5
matter : *what's the matter ...?* **38**.5
may et *might* **229-234**
   formes **229**
   may et *might* + infinitif passé **232**
   may et *might* au discours indirect ... **103**.2
   may, *might*, *can* et *could* **234**
   might après *so that*, etc. **369**
   permission **230**
   possibilité, probabilité **231**
   souhaits avec *may* **233**
maybe : place **293**
me **324**
   me et *I* après *as*, *than* **323**.5
   me too **57**.1
me, *te*, etc. = *myself*, *yourself*, etc. **328**.2
mean sans forme progressive **404**
means : singulier **255**.5
meet **235**, **351**.3
même **353**
   même si = *even though* **27**.2
middle ages : pluriel = le moyen âge **255**.3
might, voir *may*
million(s) **251**

mind **236**
   don't mind (être d'accord, vouloir
     bien que) **127**.2, **405**.1
   I don't mind + V-*ing* (j'admets que).......... **13**
   mind + V-*ing* **200**.1

mind you **236**.4, **240**

mine **300**
   a friend of mine, etc. **302**

mis- (préfixe) **305**

miss (manquer) **227**.3,4
   miss + V-*ing* **200**.1

Miss, ***Mr***, etc. **242**

modaux (formes) **237**
   au discours indirect **103**.2
   emploi (synthèse) **238**

moi aussi, etc. **378**.1, **57**.1
moi non plus, etc. **378**.2, **57**.2
moi, je... = *I* **320**.2
moi-même, etc. = *myself*, etc. **325**
moi si, pas moi **382**.2

moins, *le moins* **83**
   moins... que = *not as/so as* **44**.2

more
   more and more **86**
   more et *more of* **265**
   no more, *not ... any more* **262**
   one more (encore un) **120**.3
   the more ... the more **87**
   voir aussi **comparaison**

moreover **240**
morning (*in the* –) **307**.2, **53**.3
mort **98**

most
   most et *most of* **239, 265**
   voir aussi **comparaison**

mostly : place **292**

mots de liaison **240**
   voir aussi **conjonctions**

mots dérivés **305**
mots interrogatifs, voir **interrogatifs**
mots voisins **241**
mountains : pluriel (la montagne) **255**.3
Mr, *Mrs*, *Ms*, *Miss*, *sir*, *madam* **242**

much, *many*, *a lot*, etc. **243**
   as much/many as **49**
   much + comparatif **84**.1
   much et *much of* **265**

must **244**
   il faut **187**.1
   must et *have (got) to* **246**
   must et *should* **362**
   must have + participe passé **245**

my **299**
   my + V-*ing*, etc. **198**.4
myself **328**
   by myself **356**

n

namely **240**
n'est-ce pas ? **380**

n'importe quel = *any*
   n'importe qui = *anybody*, etc. **34**

naître = *be born* **64**
nationalités **247**
nature (la nature) **42**.1
ne... nulle part **261**
ne... pas de **260**
ne... personne **261**
ne... plus **262**
ne... rien **261**
nearly : place **292**
necessary *for ... to* + V **142**.1

need **248**
   il faut **187**.2
   need + proposition infinitive **196**.2
   sans forme progressive **404**

négation **249**
neither
   neither + nom **115**
   neither am I, etc. **57**.2, **383**.2
   neither et *not ... either* **115**.4
   neither ... nor **116, 249**.1

-ness (suffixe) **305**

never
   avec present perfect **316**.2
   never + verbe affirmatif **249**.1
   never et *ever* **129**
   never to + V **192**.2
   place **292**
   place avec impératif **189**.2

nevertheless **240**
news singulier, indénombrable .. **255**.5, **256**.3

next
   next but one, etc. **70**.3
   next et *the next* **250**
   next + nombres **8**.3

nice (*to*) **306**.1

night (*at* –) **53**.3, **307**.2
   sans article **43**.11

nil (zéro) **420**

no
   no + comparatif, *no different*, *no good*,
     no use **35**

no ... but **70**
no et any **249**.1
no et any : adverbes **35**
no, not ... any/a, none **260**

no longer **262**
no more **262**
no sooner + inversion **206**.1

nobody
nobody + verbe affirmatif **249**.1
nobody et not ... anybody **261**
repris par they, etc. **327**

no one et not ... anyone **261**
repris par they, etc. **327**

nombres **251-253**
après first, next, last **8**.3
dates **97**
nombres ordinaux **252**
ponctuation **253**.4

noms **254-259**
formation du pluriel **254**
indénombrables **256**
masculin et féminin **257**
noms composés **258, 259**
nom composé, cas possessif
    ou préposition ? **259**
singulier et pluriel (emploi) **255, 296**.5

non plus (ne pas –) **117**

none
none but **70**
none, not ... any/a, no **260**

nonetheless **240**

nor
nor am I, etc. **57**.2, **383**.2
nor me **57**.2

normal for ... to + V **142**.2
not : I hope not, etc. **366**
not ... a, not ... any, no, none **260**
not all **20**.4
not ... any, not ... a, no, none **260**
not ... any longer **262**
not ... any more **262**
not ... anybody et nobody **261**
not ... anything et nothing **261**
not ... anywhere et nowhere **261**

not ... either **117**
not ... either et neither **115**.4

not only + inversion **206**.1
not to + V **192**.2
not yet (pas encore) **120**.2

nothing et not ... anything **261**
nothing for ... to + V **142**.7

notice + complément d'objet + V **193**.4

nought (zéro) **420**
now (that) : conjonction **263**
nowhere et not ... anywhere **261**
nulle part **261**
numéros de téléphone **253**.3

O

o'clock **175**
object to + V-ing **202**
I (don't) object to + V-ing (j'admets que) **13**
occuper : s'occuper de **264**
of après some, many, all, both **265**
of which (dont) **109, 332**
offer (proposer) **342**.2
offer, pay (for), buy et give **286**
verbe à deux compléments **401**
offrir **288**

often : place **292**
how often? **183**

OK (d'accord, je veux bien) **127**.3, **405**.2
OK et all right **23**

old : the old **12**

omission de mots
après and et or **30**
après un auxiliaire **266**
en début de phrase **267**
omission de l'infinitif après to **197**
omission de that **387**
omission de that, who(m), which
    (proposition relative) **329**.2, **330**.2

on
expressions **306**.1, **307**.1
on, at, in (lieu) **52**
on, at, in (temps) **53**
on et onto **190**
on + V-ing (au moment de...) **201**.2

on the contrary **240**
on the one/other hand **240**
on the way to (en allant à) **119**.7
on the whole **240**
on : équivalents anglais **268**
on dirait que **47**
once : conjonction **263**
once a week, etc. **183**

one, you, we, they, people (= on) **268**
one's **299**
oneself **328**

one et a/an **270**
one et a avec hundred, thousand, etc.. **253**.1
one(s), a ... one **269**

one another et *each other* **113**
one day **270**.2-3
one more time (encore) **120**.4
only (seul) **356**

only (seulement) : place **292**
   only +inversion **206**.2

onto et *on* **190**

open et *opened* **271**
   open : structures **401**.3

opinion
   préposition *(in)* **307**.1
   in my opinion **240, 5**.2

opposite (en face de) **121**
or : omission de mots **30**
or else **118**.4
order + proposition infinitive **196**.2

ordre des mots
   adjectifs **7, 8**
   ago **18**
   always et *never* avec impératif ... **189**.5
   cas possessif **303**.2
   compléments indirects et directs ... **401**.2
   enough **125**
   exclamations **131**.2,3
   first, next, last + nombres **8**.3
   interrogation indirecte **104**
   inversion **206**
   inversion en français, pas en anglais .. **207**
   même pas = *not even* **128**
   not to +V **192**.2
   perhaps et *maybe* **293**
   place de *a/an* avec *half ;* **164**
   avec *quite, rather, as, so, too* et *how* **40**.6,7
   place des adverbes **292-295**
   préposition en fin de groupe verbal **308**
   présentations **144**
   pronoms compléments **324**.2
   pronom complément et particule ... **324**.3
   quite **347**.2
   rather **348**.2
   verbe + particule **403**
   very much, well, a lot, at all **294**

orthographe **272-276**
   orthographe américaine **272**
   majuscules **273**
   quelques mots difficiles **274**
   redoublement de la consonne finale **275**
   y et *i* **276**

other et *others* **277**
   another **33**

otherwise **240**

ought **278**
   ought + infinitif passé **279**

our **299**
ours **300**

ourselves **328**
   ourselves et *each other, one another* **113**.3

out (sorti) **126**.4
out of = sur (+ nombre) **253**.6
over- (préfixe) **305**
owe : verbe à deux compléments **401**

p

pants **211**
pardon, *sorry* et *what* **144**.4
parler de **280**
participes : *-ed* et *-ing* **114**
particules **403**
partir (il est parti, etc.) **126**.4
pas de = ne... pas de **260**
pas encore = *not yet* **120**.2

pas mal = *all right / OK* **23**
   pas mal (de) **221**.3

pas moi **382**.2

pass: verbe à deux compléments **401**
   pass an exam (réussir) **352**.4

passé
   emploi des temps **281, 282**
   temps français : équivalents **282**

passé composé français **282**.2

passif **283-287**
   avec *get* **157**.2
   believe, think, say, know, understand **287**
   emploi **284**
   formation **283**
   passif anglais = « on » **268**.4
   verbes à deux compléments **285**
   verbes suivis d'une proposition
      infinitive **286**

past perfect, voir **pluperfect**
pay (*for*), *buy, give* et *offer* **288**
pendant, pendant que **110, 111**

people : pluriel **255**.4
   people et *person* **290**
   people, one, we, they, you = « on » **268**

perhaps : place **293**
   ordre des mots **207**.4

permettre **289**

person
   person et *people* **290**
   repris par *they*, etc. **327**

personne **261**
peu (de) **221, 370**.1,3

phone (on the –) **307**.1
phonétique, voir **prononciation**
physics : singulier **255**.5
pick up (chercher) **78**.2
place des adjectifs, articles, etc.,
  voir **ordre des mots**
place des adverbes **292-295**
place et *room* **291**
plaire **296**
plane (by –) **307**.1
play : sans préposition **306**.3
pleased (with) **304**.1
plenty **243**
plupart : la plupart de **239**

pluperfect
  après *it was the first time*, etc. **318**
  progressif **298**
  simple **297**

pluriel et singulier **254, 255**
  pluriels irréguliers **254**
  pluriel après possessif (= singulier
    français) **299**.5

plus = ne... plus (*not ... any more*, etc.) .. **262**
plus... que, *le plus...* .... **80-82** et **84-90**
plus-que-parfait **297, 298**
police : pluriel **255**.4
polite (to) **306**.1

politics : singulier **255**.5
  politics et *policy* **241**

poor : *the poor* **12**

possessifs **299-304**
  a friend of mine, of John's **302**
  cas possessif **303, 304**
  déterminants (« adjectifs
    possessifs ») **299**
  possessif anglais = article français ... **299**.4
  possessif avec forme en -*ing* **198**.4
  possessif + pluriel (= singulier
    français) **299**.5
  pronoms **300**
  whose ...? **301**

possible
  as ... as possible **44**.5
  as much/many as possible **49**.3
  make it possible (permettre) **289**.2

pour : *for* ou *to* + V **141**
pour moi **5**.3
pouvoir = *can, be able to, may* **73, 74, 62, 230**
practise + V-*ing* **200**.1
prefer + V-*ing* ou *to* + V **200**.2
  prefer + preposition infinitive **196**.2
  prefer V-*ing* to V-*ing* **202**
  prefer sans forme progressive **404**

préfixes **305**

prépositions **306-308**
  après verbe, adjectif, nom **306**
  après un superlatif **89**
  en début d'expression **307**
  en fin de groupe verbal **308**
  + V-*ing* **201**
  voir aussi les fiches sur diverses
    prépositions **1, 6, 45, 52-54, 71, 79, 100,
    101, 110, 121, 141, 146, 190, 212, 253**.6

présent **309-313**
  et present perfect progressif **317**.3
  présent français (traductions) **317**

present perfect progressif **317**
  comparaison avec présent français .. **317**.3
  comparaison avec present perfect
    simple **317**.4

present perfect simple **315, 316**
  après *this is the first time*, etc. **318**
  au lieu du futur antérieur **155**
  et present perfect progressif ...... **317** NOTEZ
  et prétérit simple **316**

présent progressif **311, 312**
  avec *always* **28**
  comparaison avec présent simple **313**
  sens futur **150**.1

présent simple **309, 300**
  comparaison avec présent progressif. **313**
  sens futur **150**.2

présentations **144**.1, **180**.1, **174**.2
presque pas (de) **166**.2

prétérit progressif
  avec *always* **28**
  et prétérit simple **321**

prétérit simple **319, 320**
  au lieu du conditionnel **155**
  comparaison avec present perfect
    simple **316**
  comparaison avec prétérit progressif. **321**

pretty (assez, plutôt) **322**
price et *prize* **241**
prince/princess **257**.1
prison sans article **43**.11
probably : place **292**
progress : indénombrable **256**.3
promise : verbe à deux compléments **401**
pronoms démonstratifs **390**
pronoms interrogatifs **301, 409, 413**

pronoms personnels **323-327**
  après *as* **44**.4
  après *than* **85**
  c'est **326**
  compléments **324**
  genre (*he, she, it*) **325**
  I ou *me* après *and, as, than* **323**.3,5

sujets **323**
they = he or she **327**
pronoms possessifs **300, 302**
pronoms réciproques **113**
pronoms réfléchis **328**
pronoms réfléchis et *each other*,
   one another **113**.3
pronoms relatifs **329-336**
   ce qui, ce que **331**
   non emploi de *that* **335**
   non emploi de la proposition relative **336**
   ordre des mots **207**.2
   préposition + qui/lequel **334**
   that **330**
   when, where, why **333**
   who(m) et *which* **329**
   whose et *of which* **332**

prononciation **337-341**
   accent tonique et accent de phrase **338**
   accentuation emphatique **341**
   alphabet phonétique **337**
   -ed **319**
   formes fortes et formes faibles **340**
   la voyelle /ə/ **339**
   -s, -es **254**.9, **303**.1, **309**

proposer **342**
proposition infinitive **196**
propositions relatives, voir **pronoms relatifs**
provided (that) **48**
put off + V-*ing* **206**.1
pyjamas **211**

q

quantifieurs/quantité (synthèse) **343**
que = *than, as, that* **386**
   who(m), which **329**

quelques (-uns) **221**.1, **370**.3

questions **344-346**
   question tags **380**
   au discours indirect **104**

qui ? = *who(m) ?* **413**
   à qui ? = *whose ?* **301**

qui = *who, which, that* (relatifs) **329-336**
   qui après une préposition **334**
   qui (non traduit) **336, 341**.1

quiet et *quite* **241**

quite (assez, tout à fait) **347**
   place de *a/an* **40**.6
   quite a bit (of), quite a few, quite a lot (of) **221**.3

quite et *quiet* **241**
quoique = (al)*though* **27**

r

radio (on the –) **42**.3, **307**.1
rain (in the –) **307**.1
rarely : place **292**
rather (assez, plutôt) **348**
   place de l'article **40**.6
   would rather **419**

re- : traduction **16**
really place **292**
reason (for) **306**.1
   reason why **333**
recognise : sans forme progressive **404**
redoublement de la consonne finale **275**
refuse to let/*allow* (interdire) **205**
relatifs, voir **pronoms relatifs**

remember + « *to* + V » ou V-*ing* **349**
   sans forme progressive **404**
   sans préposition **306**.3
   remember et *remind* **350**

remerciements **144**.2
remind et *remember* **340**
rencontrer (des problèmes, etc.) **235**.2
rendez-vous **351**
réponses courtes (tags) **382, 383**
reprises interrogatives (tags) **381**
responsible (for) **306**.1
retrouver (quelqu'un) **235**
réussir **352**
rich : *the rich* **12**
rien **261**
right avec *be* **61**.2
risk + V-*ing* **200**.1
rob et *steal* **373**
room et *place* **291**
rude (to) **306**.1

s

's et **s'** (cas possessif) **303-304**
s'attendre à **406**
s'occuper de **264**
salutations **144**.3
same **353**
satisfied (with) **306**.1
savoir **214**.1, **62, 73**

say et ***tell*** **354**
   say : passif **287**

school : sans article **43**.11
scream, cry et *shout* **95**

se
 = *get* + participe passé **157**
 = passif anglais **284**.2
 each other, one another **113**
 oneself **328**.2

se faire comprendre **135**.3
seat et **sit** **241**

see
 can see **75**
 forme progressive **404**.2
 ordre des mots **207**.3
 see (avoir rendez-vous) **351**.3
 see + complément d'objet + V **193**.4
 see + V ou V-*ing* **355**
 see, look at, watch **224**
 see to (s'occuper de) **264**

seek (chercher) **78**.1
seem **223**.3, **47**
seldom : place **292**
selon **5**.1
send : verbe à deux compléments **401**
sensible : faux ami **138**
sentir : se sentir **139**
separate (from) **306**.1
series : singulier **255**.5
serve (s'occuper de) **264**
seul **356**
shall et **will** **148, 357, 151**

she **323**
 she, he et *it* (genre) **325**

-ship (suffixe) **305**

shopping : *go shopping / do the*
 shopping **134**.4
short : *be short of* (manquer) **227**.2
shortly after **37**
shorts **211**

should (je devrais, je dois) **358**
 après *how* et *why* **360**
 après *if* **186**.5
 après *in case* **191**
 après *so that* **369**
 après *that* **361**
 should + infinitif passé **359**
 should et *must* **362**
 should I ... = *if I should ...* **206**.3

should et **would** (conditionnel) **92**.1, **93**
shout, *cry* et *scream* **95**

show : verbe à deux compléments **411**
 passif **285**
 show someone in/round **135**.3

si = *if* ou *whether* **104**.2, **411**
si (mais si) **341**.2
si = *so, such* **367**
sick : *the sick* **12**

side (*on the other* –) **307**.1
similarly **240**

since : temps **363, 317, 298**
 it is/was ... since **364**
 since et *for* (depuis) **100**.1

since et **as** **46**
single : *a single* (un seul) **356**
singulier et **pluriel** **254-255**
 singulier français = pluriel anglais
  après possessif **299**.5

sir **242**
sit et **seat** **241**
sleeping, *sleepy* et *asleep* **51**
 sleepy avec *be* **61**.2
small et **little** **365**
snow (*in the* –) **307**.1

so (aussi) **56**.2,3
 I think so, etc. **366**
 if so **186**.3
 place de *a/an* **40**.7
 so am I, etc. **57**.1, **383**.1
 so as to **195**
 so et *also* **26**
 so et *such* **367**

so far **137**.2
 avec present perfect **316**.2

so long as **48**

so much et **so many** **368**
 so much the better **87**.3

so that ... *should/could/would* **369**
society (la société) **42**.1

some et *any* **370**
 some (certains) **372**
 some et *some of* **265**

somebody et *anybody* **371**
 repris par *they*, etc. **327**
 somebody (= on) **268**.5

someone et *anyone* **371**
 repris par *they*, etc. **327**
 someone (= on) **268**.5

something et *anything* **371**
 something for ... to + V **142**.7

sometimes et *some time* **241**
 sometimes : place **292**

somewhere et *anywhere* **371**
soon : place **292**
 as soon as : emploi des temps **155**

sooner : *would sooner* .... **419** NOTEZ
 no sooner + inversion **206**.1

sorry, *pardon* et *what* ; *sorry* et
 excuse me **144**.4

sortir (il est sorti, etc.) **126**.4
souhaits **144**.5, **233**
   avec *may* **233**

sound (avoir l'air) **223**.4
spaghetti : indénombrable **256**.3
space (l'espace) **42**.1
Spanish **247**
speak et *talk* **384**
species : singulier **255**.5
spend *time/money* + V-*ing* **200**.1
spend (... *on*) **306**.1
spokesman/spokesperson **257**.4
sport : *do some sport*, etc. **134**.2
stand : *can't stand* + V-*ing* **200**.1
start + V-*ing* ou *to* + V **200**.2

steal et *rob* **373**
   steal (*from*) **306**.1

still
   encore **120**.1
   place **292**
   still et *always* (toujours) **392**
   still et *yet* **374**
   toutefois **240**

stop + « *to* + V » ou V-*ing* **375**
strange, *stranger*, *foreign* et *foreigner* **371**
style indirect, voir **discours indirect**
subjonctif **377**

succeed (réussir) **352**.1
   succeed in **306**.1

successful : *be successful* (réussir) **352**.2

such et *so* **367**
   such a, *what a* **40**.3

suffer (*from*) **306**.1
suffisamment = *enough* **125**
suffixes **305**.2

suggest **378, 342**.1
   suggest + V-*ing* **200**.1

sun (*in the* –) **307**.1
superlatif, voir **comparaison**

suppose : sans forme progressive **404**
   I suppose so/not **366**

supposed : *be supposed to* **65**
sure, **surely**, **certainly** **379**
surprised (*at*) **306**.1
Swiss **247**
sympathetic : faux ami **138**

t

tags **380-383**
   question tags **380**
   réponses courtes **382**
   réponses courtes avec *so* et
      neither/nor **382**
   reprises interrogatives **381**

take (emmener, apporter) ; **401**.1
   (prendre) **401**.3
   it takes ... to (il faut) **187**.3
   take care of (s'occuper de) **264**
   take et *bring* **68**
   take from **306**.1
   take part in **306**.1

talk about (parler de) .... **280 ; 1**
   talk et *speak* **384**

tall, *great*, *large* et *big* **162**
   how tall? **184**

tant de = *so much/many* **368**
tant mieux **87**.3
tant que = *as long as* **48**.2

teach : verbe à deux compléments **401**
   passif **286**
   teach et *learn* (apprendre) **36**

team : singulier ou pluriel **255**

television : sans article **43**.11, **42**.3
   on television **307**.1
   watch television **224**.2

tell : verbe à deux compléments **401**
   apprendre **36**
   passif **285-286**
   tell ... about (parler de) **280**
   tell et *say* **354**
   tell ... not to + V **205**

tellement = *so* **56**.2
   tellement (de) = *so much/many* ... **368**

temps
   be et *have* **59, 157**
   conjugaisons actives **385**
   conjugaisons passives **283**
   emploi du passé **281, 282**
   traduction du présent français **314**
   (pour les détails, voir **futur**, **présent simple**, etc.)

temps progressifs avec *always* **28**
   conjugaisons **385**

than, *as*, *that* **386**
   than + *I* ou *me* **323**.5, **85**
   than ever **129**.4

thank you, *thanks*, etc. **144**.2
   thank you for + V-*ing* **203**

that, *as*, *than* **386**
   omission de *that* **387**
   that ... should **361**

that : relatif **330**
   non emploi **335**

that, this, these, those	390
that is to say	240
that's all right / OK	23.2
that's why	326
the	41-43
the + adjectif (the dead, etc.)	12.1
the Irish, etc.	12.2
the + comparatif	87, 90
the + superlatif	88
the last, last et the latest	216
the less ... the less	87
the more ... the more	87
the next et next	250
their	299
their, there et they're	241
theirs	300
them	324
themselves	328
themselves et each other, one another	113.3
there et **here**	174
there, their et they're	241
there is (il y a)	188.1, 388
therefore (par conséquent)	56.3, 240
they	323
they = he or she	327
they, one, we, you, people (= on)	268
they're, there et their	241
think	
forme progressive (be + V-ing)	404.2
I think so	366
passif	287
prépositions	389.1, 306.1
structures	389.2,3
think about	1
thirsty avec be	61.2
this, that, these, those	390
this is et here is	174.2
this is the first ... etc. + present perfect	318
this is why	326
though, although et in spite of	27
as though	27.2
thousand(s)	251
and après thousand	253.2
through et across (à travers)	6
throw (at/to)	54.3
thus	240
till (jusqu'à)	212.2
time (for)	306.1
at the same time	307.1
time et hour	178
it's time	210
this is the first time, etc.	318

to	
chez	79
infinitif avec et sans to	192, 193
jusqu'à	212.1
to à la place de l'infinitif entier	197
to, at et in	54
to, too: mots voisins	241
to + V-ing	202
to + V ou V-ing? voir **infinitif ou V-ing**	
to begin/start with	240
to sum up	240
tonight et last night	391
too (trop): place de l'article	40.7
too ... for ... to + V	142.4
too, too much et too many	395
too et **to**	241
too (aussi), as well et also	25
me too, I am too	57.1
toujours = always ou still	392
tous, tout = all ou every	20
tout = all, whole	22
tout = any	34
tout = everything	21
tout, tous (traductions)	393
tous les combien...?	183.1
tous les deux (both)	67
tous les deux jours, etc.	183.1
train sans article	43.11
by train, on a train	307.1
translate (into)	306.1
travel, journey, trip, voyage	394
traverser	6
trip, journey, travel, voyage	394
trop	395
trousers	211
try + « to + V » ou V-ing	396
try and	29
turn (into)	306.1
TV (on -)	307.1
sans article	42.3
watch TV	224.2
twenties: in one's twenties, etc.	17
twice a month, etc.	183

u

UK	69
un- (préfixe)	305.1
un peu (de)	221, 370.1,3
unable	62.3
understand: passif	298
sans forme progressive	404

United Kingdom, *Britain* et *England* **69**

United States singulier **255**.5
   article **43**.9

university : sans article **43**.11
unless **397**
unlikely **220**.2

until (jusqu'à) **212**.2
   emploi des temps **155**

unusual *for ... to* + V **142**.2
up to (jusqu'à) **212**.2,3
us **324**
use : *it's no use* + V-*ing* **199**

used to + V (= avant + imparfait) **58, 398**
   there used to be **388**.4
   used to et *would* **399**

used to : *be used to* + nom ou + V-*ing*
   (être habitué à) **400**
usual *for ... to* + V **142**.2
usually : place **292**

V

verbes
   à deux compléments **401**
   au passif **285**
   à particule **403**
   auxiliaires, voir **auxiliaires**
   conjugaisons **385, 283**
   voir aussi **futur**, **présent simple**, etc.
   irréguliers **402**
   sans formes progressives **404**

very much : place **294**
visiter : faire visiter **135**.3
vivement (que) ... ! **406**.4
voice (*in* ...) **407**.1
vouloir **407, 405**
vouloir bien **405, 186**.1
voyage, *journey*, *trip*, *travel* **394**

W

wait et *expect* **406**
   wait and see **29**
   wait for **306**.2, **406**.2
   wait for ... to + V **142**.6, **196**.2

waiter/*waitress* **257**.1
wanna **94**.3
want **407**
   sans forme progressive **404**
   want + proposition infinitive **196**.1

warm avec *be* **61**.2

watch, *look at*, *see* **224**
   watch + complément d'objet + V **193**.4

way : *on the way to* **119**.7
   a long way **137**

we **323**
   we, one, you, they, people (« on ») **268**

weather : indénombrable **256**.2
weekend (*at the ...*, etc.) **53**.2

well : adverbe ou adjectif **408**
   place **294**

Welsh **247**

were : *I were*, etc. **377**.1
   were et *was* après *if* **186**.4
   were I ... = *if I were* **206**.3

what? et ***which?*** **409**
   ordre des mots **207**.1
   what a, such a **40**.3
   what ...! **131**
   what, sorry et *pardon* **144**.4
   what (sujet) ...? **344**.4

what (ce qui, ce que) **331**
   emploi des temps **155**

what about ...? **1**.2
what ... like? **179**

what time ...? **175**
   sans préposition **53**.1

what's more **240**
what's the matter ...? **38**.5
whatever **130**
when : emploi des temps **410, 155**
   the day when **333**

whenever **130**
   emploi des temps **155**

where : ordre des mots **207**.1
   where (relatif) **333**
whereas et *while* **412**

wherever **130**
   emploi des temps **155**

whether **411**
   whether et *if* : interrogation indirecte **104**.2

which et *who(m)* : relatif **329**
   of which (dont) **109**

which? et *what?* **409**
which (sujet) ...? **344**.4
whichever **130**

while : emploi des temps **155**
   while, as + V-*ing* (= en + participe
   présent) **119**
   while et *during* **111**
   while et *whereas* **412**

who? et *whom?* **413**
who (sujet) ...? **344**.4

who(m) et *which* : relatif **329**
   emploi des temps **155**

whoever **130**
whole et *all* **22**

whose? **301**
   whose et *who's* **241**

whose : relatif (dont) **332, 109**

why (relatif) **333**
   why not ...? **193**.3
   why should ...? **360**

wide avec *be* **61**.2
widow/ *widower* **257**.3

will et *shall* **148, 151, 357**
   will après *if* **186**.1,2
   will et *would* : sens fréquentatif **414**
   will et *would* : volonté **415**
   will have + participe passé **152**

wish **416**
   sans forme progressive **404**

with (chez) **79**

without *any/ever* **249**.2
   without + V-*ing* (sans avoir...) **203**

work, *job*, etc. **417**
worse et *worst* **82**

worth + V-*ing* **418**
   it's (not) worth + V-*ing* **199**

would + V (= conditionnel français) **92**
   would après *if* **186**.1,2
   would après *so that* **369**

would et *used to* **399**
would et *will* : sens fréquentatif **414**
would et *will* : volonté **415**
would have + participe passé **93**

would like et *like* **219**
   would like + proposition infinitive **196**.1

would rather **419**
would sooner .... **419** NOTEZ
would you mind + V-*ing* **?** **236**.3
write : verbe à deux compléments **401**
wrong avec *be* **61**.2

yz

-y (suffixe) **305**
year-old(s) **17**.3
yes please (je veux bien) **405**.2

yet
   avec *present perfect* **316**.2
   déjà **99**.2
   not yet (pas encore) **120**.2
   pourtant **240**
   yet et *still* **374**

you **323, 324**
   you, one, we, they, people (« on ») **268**

you dare! **96**.2
young : *the young* **12**
your **299**
yours **300**
yourself **328**

yourselves **328**
   yourselves et *each other, one another* .. **113**.3

zero **420**

Achevé d'imprimer par Rotolito Lombarda à Seggiano di Pioltello - Italie
Dépôt légal : 94732-2/07 - Janvier 2018